笠征教授華甲紀念論文集

編輯委員會　編

臺灣 學生書局 印行

美疆逢軍

卓元鑾亭王仁鈞謹誌時七十有二

三軍居福因四十載無一日不昌攏繫牽引中曰學人相
見相識以至相稔相知為任儔若輞轅津渡而其襄贊
化成之原惡出性情尤足資人仰莱銚戴耆也 詩有云
兇魷其餱言酒思柔值昇六秩壽慶爰著此四言止頌

黃　序

　　臺灣島位於太平洋之西南，北與日本九州遙遙相望，西與中國大陸一衣帶水之隔，南通南洋群島，東臨太平洋，為南半球交通之中心，東南海之重鎮。島之上群峰環遶，山嶺重疊，有時花春草，蒼松翠柏，風光明媚，景色宜人，古稱蓬萊仙島。而梨山聳立於島之中央，其上有陂，號稱武陵。陵之上有池，名為天池，鍾靈毓秀，甲於他邑，而劉三富教授即生長於斯。

　　劉教授先代，累世務農，家道貧寒，然其自幼好學，勤勉上進，自小學而中學，皆能半工半讀，以優異成績完成學業。繼而排除萬難，參加當時最艱難之大學聯考，於十餘萬人之中，脫穎而出，進入臺北淡江大學中文系肄業。劉教授在學期間，發憤忘食，夜以繼日，孜孜不倦，究心中國文學，深得師友稱許。畢業後，以漢學資料，日本收藏最富，乃毅然參加留學考試，幸得錄取，即遠渡東洋，入九州大學中國文學系研究，受名教授岡村繁先生之指導，學業大進。以研究《柳宗元及其非國語》與《世俗與超俗──陶淵明新論》，深有創見，獲得各界之好評，由九州大學先後頒授文學修士及文學博士學位。劉教授在日研究期間，生活之艱苦，自不待言，幸蒙時任九州大學中國哲學系教授町田三郎先生，見其年輕有為，好學不倦，乃介紹其往西南學院大學、九州大學任教，講授「中國語」、「中國文學」、「東洋文化」等課程，生活得以改善。於是埋頭著述，先後出版《中國文學專題三講》，及與北京大學教授張少康先生合撰《中國文學理論批評發展史》等專著，其他有關魏晉、唐代文學論文，不下數十篇。日本友人以其為中日文化交流，貢獻卓著，堅邀其永留日本教育青年，劉教授以「山川異域，風月同天」，即順應情實，申請入籍，更名「笠征」，並受聘任福岡大學人文學部教授，以至於今。

　　劉教授在日擔任教學期間，得町田三郎教授之助，極力促進中日文化交流，推介大陸及臺灣青年到日本留學，不計其數。其夫人劉綠英女士亦從旁協助，照顧留學生食宿，使離家背井之青年，有賓至如歸之感，咸稱古人「座上客常滿，樽中酒不空」，於今猶見之，傳爲美談。今歲欣逢劉教授六十壽慶，其摯友、同窗、門人共議印行論文集，以資慶賀。予與劉教授共學，已有數十年，今當祝壽論文集出版之際，不能無言，謹獻蕪辭，以祝嵩壽。辭曰：

　　　梨山蒼蒼，禹嶺綿長，武陵三富，既壽且昌。

　　　　　　　　　　　　　　　　辛巳年秋分前一日于臺北晚學齋

町田序

　劉三富さんの還暦を心からお祝い申し上げます。

　劉さんとは三十年に近いおつき合いである。かつて九州大學で同僚であった頃、彼の研究室は私の室へ行く通りみちにあり、そこに立つよってしばらく雑談すゐのが日課であった。まもなく彼の恩師である前台灣師大學教授の黃錦鋐先生が私の研究室た訪問研究員として滞在することとなった。當然劉さんと黃先生、そして私の往來は以前に増して頻繁となり、やがては研究室あげての台灣旅行となり、さらに台灣學術界との交流へと展開した。その最たるものが一九八七年に發足した『中國域外漢籍國際會議』であゐ。東京・台北・ソウル・ハワイ等で會議がもたれ、多くの研究成果をあげることができた。こうしたことが契機となって九洲大學と台灣の大學との學術交流や人的交流は年をおって盛んとなり、今日に至っている。すべて劉さんあってのことである。

　九大での外國人講師の職から福岡大學人文學部教授に轉じて早くも十五年になる。私も福大へ非常勤で出講し、コーヒータイムを相變わらずの雑談で樂しんでいる。劉さんのこの頃は、以前の輕捷さはすっかり影をひそめて、いささか肥り氣味のせいもあるが、もっぱら重厚な雰圍氣を漂わすものへと變った。學問を背にした者の風姿である。

　劉さんから時折り食事の誘いがある。彼は氣輕に夜の食事た友人を招くのである。ところが出かけてみるとそこたは見知らぬ顔が一人二人必ずまじっている。新來の留學生である。福岡の土地・大學の事情など一切不案內な彼らは、ひたすら劉さんを頼るのである。彼らにとって劉さんは、

またとない案内人であり保護者であった。かつての留學生は往時をふり返って「先生の家へ行けば腹一杯のご飯が食べられた」「有り難かった」と述懷する。劉家は「留學生の家」でもあった。感謝する留學生は數多いのである。

　まだ私の子供が小學であった頃、冬休みを利用して一家で劉さんの故郷、梨山を訪ねた。その夜は劉一族總出の歡迎宴で、子供らも大はしゃぎであった。宴も終わりた近づいた時、彼のお母さんが小さなハーモニカを吹いた。夜の靜寂の中に、日本のむかしの歌が流れていった。時間が止まり、なぜか一瞬息も止まる思いであった。それから二十數年、お母さんはいまも健在と聞く。劉さんもお母さんも、いつまでも健康で日本と台灣とのために力を盡していただきたい。心からそう願って已まない。

張　序

　　在笠征先生六十大壽之際，我能夠爲他的朋友和學生所編輯的紀念文集前寫序，是一件非常榮幸的事。

　　笠征先生是我的摯友，我們相識於一九八八年十一月中國廣州的《文心雕龍》國際學術討論會。那時，我們還是初次見面，但是他熱情、誠摯、和善、詼諧的性格，就給了我很深很深的印象。時隔一年多，也就是一九九〇年四月，我受聘日本九州大學文學部擔任客座教授，爲中國文學研究室的學生講授中國文學，有幸和笠征先生在福岡重逢。在我到九州大學工作的兩年裡，得到笠征先生在各方面的無微不至的關懷和照顧。我住的地方和笠征先生家很近，所以我們的往來非常頻繁，友誼也與日俱增，終於成爲無話不談的知己之交。我們經常一起在假日出去遊覽、訪友，或在笠征先生家喝茶、聊天，也時常砌磋學業，暢談對中國文學，特別是古代文學的一些看法。由於我們的觀點很接近，我還邀請他參加我正在寫作的《中國文學理論批評發展史》的工作，他欣然同意了，我非常高興，爲我們有機會合作而興奮不已！由於笠征先生非常忙，他執筆寫的部分比較少，而且爲了統一文風，我還要作點必要的修改，然後請他看，他每次都非常認眞，看得很細，考慮得極爲周到。笠征先生對中國古代文學有相當深入的研究，尤其是對唐代古文家和明清小說的研究有很深的造詣。他的許多看法，都是很新穎的、並有獨到之處。所以我們在探討中國文學理論批評發展的時候，在很多方面都從他那裡獲得了很有益的啓發。當我們友誼的學術結晶在福岡大學《人文論叢》上連載的時候，確實使我們感到十分愉快的！可惜，我們的合作由於我的離任回國而中斷了，但是畢竟在日本、在福

岡留下了不可磨滅的痕跡！

　　笠征先生是一個心地善良、極其平易的人，對朋友極其熱心，每一個認識他的人都會強烈地感受到這一點。不管是他的老朋友，還是剛認識的新朋友，有什麼事請他幫忙，他都是有求必應的，甚至很主動地想到朋友會需要些什麼，他總是不顧自己休息為幫助朋友東奔西跑。我初到福岡時人地生疏，生活不便，他幾乎每天給我來電話，詢問我需要什麼，有什麼困難，他給我送來了被子，送來了鍋碗瓢盆等日常用品。夏天到了，他詢問我房間的空調好不好，有沒有電扇；冬天來臨，他又及時為我送來取暖爐，他的誠摯之心使我深深感動。作為教授，他從來沒有架子，也非常謙虛；作為老師，他關心和愛護年青學生，使每個學生都覺得十分親切。笠征先生原籍中國臺灣，是高山族人，數十年在日本生活、學習、工作，加入了日本籍，但他對自己祖國有著極其深厚的感情。凡是在福岡的中國人很多都知道他，認識他。很多人，特別是對一些初到日本求學的中國留學生，有大陸的有臺灣的，都得到過他真誠的關照。他對他們的幫助是無私的，懇切的，不僅是物質上的支援，還諄諄教導他們如何正直地做人。這也許是和他自己的經歷有關係的，笠征先生也是從一個普通的貧困留學生艱苦奮鬥出來的。雖然，後來他的地位改變了，已經成為文學博士、大學教授，但是他仍然沒有忘記過去，沒有忘記曾經走過的艱難歷程，對那些和他當年一樣踏上留學海外征程的學子，充滿了深厚的同情和強烈的愛心。然而，不管怎麼說，一個大學教授能夠經常自己開著車，幫助一些萍水相逢的青年人，解決許多求學和生活上的困難問題，這在當今世界上可能也是極為罕見的事。他這種默默地為大眾獻身的精神是非常可貴的，笠征先生也為此贏得了人們廣泛的尊敬。

　　笠征先生是一位非常聰明，非常能幹，又非常詼諧、幽默的人。他對一切新鮮事物有強烈的興趣和好奇心，喜歡學習模仿，從中可看出他的純潔天真，童心未泯。他很喜歡開玩笑，但是極有分寸，在他的許多極為風趣的談話中，

可以清楚地體會到他對美好事物的欽敬和對醜惡事物的嘲諷。他對人、對事，從不抱惡意去揣摩，總是和善友好地對待，然而，在他心裡都是涇渭分明、是非清晰的，善善惡惡是一點也不混淆的。他有高尚的人品、節操，正直的做人原則，在這方面是絕對不含糊的。這也是我特別尊敬他的地方，我為有這樣的摯友而感到驕傲！

　　笠征先生是一位淵博的學者，一位和藹的教授，也是一位青年學子的良師益友。我衷心祝賀他歡樂地度過花甲之年，並永遠健康長壽！也祝願我們深厚的友誼像松柏一樣冬夏長青！

笠征教授履歴書

ふりがな	りゅう	まさお	男
氏　名	笠	征	
生年月日	1943年　1月　15日		
勤務先職名	福岡大学人文学部　教授		
住　所	〒814 福岡市早良区百道3丁目17－15 ☎(092)822-8216		
本籍都・道・府・県	福　岡　県		

学　歴	
1962. 9 － 1966. 7	台北淡江大学　中国文学科卒業
1968.10 － 1969. 3	九州大学文学部研究生
1969. 4 － 1971. 3	九州大学大学院文学研究科修士課程修了
1971. 4 － 1974. 3	九州大学大学院文学研究科博士課程満退

資格・学位・免許等	
1986・2月	文学博士（九州大学）

職　歴	
1966.8 － 1967.7	義務兵役（空軍少尉任官）　1ヶ年
1967.8 － 1968.5	台湾台中県立東勢中学校教員　　（国語科担当）
1973.4 － 1974.3	西南学院大学非常勤講師　　（中国語担当）
1974.4 － 1976.3	西南学院大学文学部講師　　（中国文学・中国語担当）
1976.4 － 1977.3	西南学院大学文学部助教授　　（東洋文化史・中国語担当）
1977.4 － 1986.3	九州大学文学部外国人教師　（学部及び大学院生の中国語・中国文学担当）
1986.4	福岡大学人文学部教授　　（現在に至る）
1991.4 － 1994.3	山口大学人文学部集中講義講師　（中国事情概論担当）

学会ならびに社会における活動	
1970. 4	九州中国学会会員
1971.10	日本中国学会会員
1972.4 － 1972.7	全日空中国語夏期講座担当（福岡空港にて）
1973.1 － 1973.7	佐賀県文化協会主催の中国語講座講師
1976.5	東方学会会員
1984.4	中国域外漢籍学会会員、理事
1987.4	東大社会文化学会会員

笠征教授業績目録

著書、学術論文等の名称	発行又は発表の年月日	発行所、発表雑誌等又は発表学会等の名称	頁	共著者名等
（著書）				
柳宗元及其非国語	1985. 9	台湾・彌勒出版社	1~449	
中国文学専題三講	1983.10	台湾・淡江大学出版	1~ 95	
世俗与超俗～陶淵明新論	1990. 8	台湾書局出版	1~152	陸暁光
中国文学理論批評発展史（上巻）	1995. 5	北京大学出版	1~480	張少康
（論文）				
1. 李華の思想と文学	1974. 5	九州大学『中国文学論集』第4号	62~ 71	
2. 韓愈の創作態度について	1974.10	西南学院大学『文理論集』15巻1号	89~106	
3. 獨孤及の文学について	1976. 3	九州大学『中国文学論集』第5号	15~ 22	
4. 梁粛の思想と文学	1979. 3	九州大学『文学研究』第76	55~ 73	
5. 裴鉶の伝奇小説 〝聶隠娘〟をめぐる諸問題	1981. 2	九州大学『文学研究』第78	47~ 63	
6. 韓愈詩考～感春詩を中心として	1981.12	中国哲学史研究論集 葦書房出版	305~326	
7. 漢代・唐代の『国語』学について	1983.12	九州大学『中国文学論集』第12号	66~ 83	
8. 柳宗元が『非国語』を撰した意図について	1985. 8	台湾学生書局出版『古典文学』第七		
9 李賀詩について	1986. 7	中国詩人論（汲古書院出版）		岡村先生退官論文集
10. 張恨水とその作品	1990. 3	中国現代文学論集		樋口進先生定年記念論文集
11. 浅見絅斎的『靖献遺言』	1990. 9	中国域外漢籍論文集（3）聯合報出版	189~200	
12. 九州儒学者～亀井昭陽の生涯と学風	1991. 9	同上（4）	211~220	
13. 中国志怪小説の日本における伝播と影響	1991. 4	九州大学『中国文学論集』第12号		
14. 中国文学理論批評発展史	1990.10	福岡大学人文論叢22/2	1~ 49	
15. 日本文論漢訳選	1991.11	福岡大学総合研究所報第136号	287~302	

16. 周代政治与『詩』的政治功用	1991.11	福岡大学総合研究所報 第136号	303~317	
17. 漢代的文学理論批評	1991. 3	福大人文論集 22/4	1061 ~1114	
18.《冥報記》対漢訳佛典的受容	1992. 3	中国域外漢籍学会 (5) （聯合報出版）	121~136	
19. 魏晋玄学与文学理論批評的新発展	1991. 8	福岡大学人文論叢 23/1	123~162	
20. 南北朝の文学理論批評（上）	1991.10	福岡大学人文論叢 23/2	445~500	
21. 南北朝の文学理論批評（下）	1992. 3	福岡大学人文論叢 23/4	1063 ~1086	
22. 初盛唐的文学理論批評	1992.12	福岡大学人文論叢 24/3	1~ 34	
23. 白居易和中唐詩歌理論	1993. 3	福岡大学人文論叢 25/3	1071 ~1108	
24. 唐代古文理論和韓愈、柳宗元的文学思想	1993.12	福岡大学人文論叢 25/4	1611 ~1656	
25. 日本蔵漢籍小説的学術價値之一	1993.10	中国域外漢籍学会 (6) 聯合報出版		
26.『大唐西域記』与東方文学之交流	1993. 6	九大・ソウル大学 学術交流会論文集	21~30	
27. 新儒学在中国和日本之研究	1994. 7	中国天津師範大学 『環太平洋伝統文化会』		
28. 司空圖和晩唐五代的文学理論批評	1994. 9	福岡大学 人文論叢26/2		
29. 瘋狂的時代与瘋狂的詩～中国1958年新民歌運動批評	1994.12	福岡大学 人文論叢 26/3	1073 ～1100	
30. 論唐碑以佛説入文	1995. 3	町田三郎先生 退官記念論文集	401~421	
31. 九十年代中国大陸文学的基本態勢	1995. 7	福岡大学 人文論叢 27/1	1~ 28	
32. 儒教道統体系与時代文化精神的價値	1995. 6	吉林大学 社会科学学報(3)	56~ 63	
33. 唐代の婚姻と文学 ～傳奇を中心として	1995. 9	福岡大学 人文論叢 27/2	971~987	
34. 中国及び日本における新儒学	1995.11	福岡大学総合研究所報		

翻　訳

中国語学の過去・現在と未来	1976. 8	西南学院大学 『文理論集』27／1	33〜51	
東西思考法の相違について	1976.12	西南学院大学 『文理論集』27／2	74〜90	
王陽明の『四句教』の善悪思想	1986. 2	儒学叢書 （明徳出版社）	39〜49	

笠征教授華甲紀念論文集

目　次

笠征教授玉照

王仁鈞教授題詞

黃　序　————————————————— 黃　錦　鋐　　I

町田序　————————————————— 町田三郎　　III

張　序　————————————————— 張　少　康　　V

笠征教授履歷書 ————————————— 編　委　會　　VIII

笠征教授業績目錄 ———————————— 編　委　會　　IX

學術思想

孟子闢楊墨的倫理意涵 —————————— 高　柏　園　　1

「無爲而治」儒道釋義 —————————— 徐　麗　霞　　23

論儒家禮樂之治的理想社會與庶人生活的差距 ———— 張　才　興　　39

鄒守益與劉宗周 ————————————— 周　志　文　　55

儒教社会における婦女像 ————————— 陳　清　鳳　　87

達摩《易筋經》論考 ——————————— 龔　鵬　程　　127

荻生徂徠的言語觀——何謂「古文辭」 ———— 金　培　懿　　153

太宰春臺《朱氏詩傳膏肓》對朱子的批評 ———— 林　慶　彰　　187

現代の台湾と日本における教育交流 ———— 徐　興　慶　　205

歷史學

漢魏六朝書目考——普通目錄篇 ---------- 王國良 251
從明鄭戶官鄭泰長崎存銀爭訟事件看十七世紀
中葉的日本唐通事 ---------- 鄭瑞明 273
內藤湖南——日本近代的文化史學家 ---------- 連清吉 307

語言和文學

論中國文學中有關鳥的詮釋 ---------- 周彥文 325
神々の時代——古代人の自然崇拝とその終焉---------- 牧角悦子 349
試論向秀〈思舊賦〉中「寫心」一辭的辭義 ---------- 甲斐勝二 369
歐陽脩の古文思想——作品中の「文」という語句
から見た文章論 ---------- 東英寿 383
李夢陽の復古理論の根據 ---------- 西村秀人 403
李夫人故事の継承と変容---------- 桐島薫子 437
『躋春台』——「宣講」スタイルの公案小說集---------- 阿部泰記 465
金庸の小說における道教人物 ----------陸平舟、陳菁、林秀娟 487
陳烺及其《玉獅堂十種曲》 ---------- 陳美雪 507
臺灣國語文教科書之考察——以原住民文學選文爲對象 ---------- 黄文吉 523
漢字傳入日本與日本文字之起源與形成 ---------- 陸曉光 545
編後記 ---------- 林慶彰 571

孟子闢楊墨的倫理意涵

高柏園*

摘　要

本文主要目標，在展示孟子闢楊墨思想中的倫理意涵。本文首先通過孟子對楊朱及墨翟之批判，導出孟子對自由與責任的初步看法，而後，再通過義命對揚的對比，突顯出心的自由、自覺、自律之特質，由此說明孟子乃是重在心在德性實踐上之自由，因而其相對之責任，亦為一道德義之責任，而且此責任會因良知自我實現時所及對象之差異，而有不同之回應內容。其次，再通過義命合一、即命顯義，說明消解義命對立之可能。最後，再以黃俊傑先生所提出之血緣原則及可取代/不可取代原則，說明孟子對「責任不相容」的處理，並提出筆者個人的補充意見。

關鍵詞　無君　無父　兼愛　自由　責任　義命對揚　義命合一　責任的不相容（the incompatibility of responsibilities）

＊　淡江大學中國文學系教授。

一、前　言

　　倫理學誠然是儒家首要的關懷，而且這種倫理學並非是知識上之關心，而根本是一種實踐的關懷。儒家這種重實踐的倫理學關懷，其實是相應於時代背景而起的，此所謂「周文疲弊」。當周文化已然崩解而不足以回應時代之需求時，以孔孟為主的儒家，便試圖為周文尋求積極性之反省，以活化周文使其重生。正是因為重在周文的人文化成，是以對社會與個人之關係，便重在發揚個人自由與社會責任之並重。而這樣的態度正與道家的重個人自由不同，亦與墨家的重社會責任之取向相異，這樣的發展早在《論語》中便已隱然成形。
《論語·微子》中有三段有關孔子與隱者之對話：

　　楚狂接輿歌而過孔子曰：「鳳兮！鳳兮！何德之衰？往者不可諫，來者猶可追。已而，已而！今之從政者殆而！」孔子下，欲與之言。趨而辟之，不得與之言。

　　長沮、桀溺耦而耕，孔子過之，使子路問津焉。長沮曰：「夫執輿者為誰？」子路曰：「為孔丘。」曰：「是魯孔丘與？」曰：「是也。」曰：「是知津矣。」問於桀溺，桀溺曰：「子為誰？」曰：「為仲由。」曰：「是魯孔丘之徒與？」對曰：「然。」曰：「滔滔者天下皆是也，而誰以易之？且而與其從辟人之士也，豈若從辟世之士哉？」耰而不輟。子路行以告。夫子憮然曰：「鳥獸不可與同群，吾非斯人之徒與而誰與？天下有道，丘不與易也。」

　　子路從而後，遇丈人，以杖荷蓧。子路問曰：「子見夫子乎？」丈人曰：「四體不勤，五穀不分。孰為夫子？」植其杖而芸。子路拱而立。止子路宿，殺雞為黍而食之，見其二子焉。明日，子路行以告。子曰：

「隱者也。」使子路反見之。至則行矣。子路曰：「不仕無義。長幼之節，不可廢也；君臣之義，如之何其廢之？欲潔其身，而亂大倫。君子之仕也，行其義也。道之不行，已知之矣。」

就以上引文而言，接輿指出在當時從政者之危殆，從而勸孔子能自清於凡俗之上，此義正是重個人之自由，而將社會責任做不得已之暫緩。至於長沮、桀溺之例，則以辟人之士與辟世之士為對比，依然強調個人自由及存在之優先性。甚至如荷蓧丈人與子路之對話，子路以「欲潔其身而亂大倫」為基點，亦明顯是以社會責任優先於個人之自由與存在也。由此看來，《論語》中的孔子早已面對十分明確的倫理學選擇，也就是在隱者的個人自由為尚與儒者尤重社會責任之間，做出價值優先性之選擇。只是此時尚未加入墨家的立場罷了。更明確地說，在孔子選擇對社會責任之重視時，並未否定個人自由之重要，只是相對於隱者，而提出較為中庸的立場。如果要更為明確地突顯儒家兼容個人自由與社會責任之特殊精神，則孟子闢楊墨的例子就更為明確了。

二、楊朱與墨翟的象徵意義

孟子對楊朱、墨翟的批評，主要的文獻有二段：

孟子曰：「楊子取『為我』，拔一毛而利天下，不為也。墨子『兼愛』，摩頂放踵利天下，為之。子莫『執中』，執中為近之。執中無權，猶執一也。所惡執一者，為其賊道也，舉一而廢百也。」（〈盡心上〉）

聖王不作，諸侯放恣，處士橫議。楊朱、墨翟之言盈天下。天下之言，不歸楊則歸墨。楊氏為我，是無君也。墨氏兼愛，是無父也。無父無君，是禽獸也。公明儀曰：「庖有肥肉，廄有肥馬，民有飢色，野有

餓莩，此率獸而食人也。」楊墨之道不息，孔子之道不著，是邪說誣
民、充塞仁義也。仁義充塞，則率獸食人，人將相食。吾為此懼，閑
先聖之道，距楊墨、放淫辭，邪說者不得作。作於其心，害於其事；
作於其事，害於其政。聖人復起，不易吾言矣。昔者禹抑洪水而天下
平，周公兼夷狄、驅猛獸而百姓寧，孔子成《春秋》而亂臣賊子懼。
《詩》云：『戎狄是膺，荊舒是懲；則莫我敢承。』無父無君，是周
公所膺也。我亦欲正人心、息邪說、距詖行、放淫辭，以承三聖者。
豈好辯哉？予不得已也。能言距楊墨者，聖人之徒也。」（〈滕文公下〉）

問題是，我們由這二段文獻，又該如何說明孟子對自由與責任的態度呢？首先，
我們可以先從確認楊朱及墨翟的思想性格上著手。

　　勞思光先生在其《中國哲學史》㈠曾對楊朱做了詳細的討論。❶勞先生之
所以特別討論楊朱，乃是基於哲學史中對道家思想發展之說明的需要而展開。
易言之，勞先生認為：「專就『道家思想』著眼，吾人乃涉及楊朱之說，觀楊
朱思想之盛衰及內容，有助於吾人斷道家思想興起之年代。」❷勞先生認為，
孟子對楊朱思想之批評乃是十分慎重的，由此可見楊朱在當時的影響力應是十
分可觀，否則孟子也沒有必要如此鄭重其事地加以批評。而楊朱學日後之所以
大衰而不見於其後之哲學家討論中，乃是因為楊朱學為同質且更為成熟之思想
所取代之結果。此為勞先生論楊朱之大意。現在，我們的問題並非是重在哲學
史的發生及發展上，而是重在其思想內容之討論上。除了孟子書之說明外，勞
先生尚舉出以下的文獻：

---

❶　勞思光：《中國哲學史》（一）（台北：三民書局，1991年，增訂6版），頁206-213。
❷　同註❶，頁206。

陽生貴己。（《呂氏春秋・不二》）

全生保真，不以物累形，楊子之所立也，而孟子非之。（《淮南子・氾論訓》）

並謂：

據此數項材料，楊朱學說之大方向似不外以下二點：

第一：楊朱肯定一「我」或「己」。

第二：楊朱否定「物」。❸

我們由「為我」、「貴己」之說，已能直接推出楊朱肯定一「我」或「己」的結論。至於說楊朱否定「物」，這說法有欠嚴謹。嚴格的說法，應該是楊朱否定以物為我或己，並非直接否定「物」也。其次，我們由「全生保真，不以物累形」，亦可見楊朱有道家思想之性格。楊朱一方面貴己、為我，一方面全生保真，又不落物質我之陷阱之中，因而較接近肯定一生命之自由自在，而與老莊之自然義相近。確定了楊朱較接近道家思想之性格後，我們比較能了解孟子批評楊朱時的象徵意義。

我們的問題是，楊朱拔一毛利天下不為，這樣的行為可以被理解為「無君」嗎？可以被理解為對個人自由的肯定以及對社會責任的逃避嗎？其實，「拔一毛利天下」應該是美德而並非義務。易言之，我們拔一毛而有利於天下之行為，當然是應該受到讚美的，然而不拔此一毛，卻也並非必然要受到譴責，至多也只是不受讚美而已。果如此，則我們至多不去讚美楊朱，卻不應對其不拔一毛而利天下的行為加以譴責。然則，孟子又為何會以「無君」批評楊朱呢？

---

❸　同註❶，頁210-211。

筆者以爲，此中之理由並不在楊朱「爲我」及「拔一毛利天下不爲」這二件事上，而是孟子反對楊朱這樣的態度作爲生命價值的決定者。易言之，孟子並不必反對「爲我」，也不必不接受「拔一毛利天下而不爲」之行爲，因爲「爲我」並非不道德，「拔一毛利天下而不爲」也不必是不道德（至多不是美德而已），其中的重點乃在其「執一」，在其「舉一而廢百也」。孟子說：「所惡執一者，爲其賊道也，舉一而廢百也。」（〈盡心上〉）楊朱之所以爲「無君」，並不是因爲他主張「爲我」、「拔一毛利天下而不爲」，而是因爲他將以上原則視爲是生命價值的首要原則，由是而排斥了其他道德的可能，此所謂「舉一而廢百」。舉一者、爲我、拔一毛利天下不爲也，此非錯誤，猶有進者，其爲「一」亦正有其價值在，然其問題乃在「廢百」上，也就是偏離了中庸之道，而成爲偏激之論。如果將爲我、拔一毛利天下不爲，當成是生命價值的首要原則，自然會否定社會責任與義務，而成爲「無君」之論了。易言之，「爲我」沒有錯誤，「拔一毛利天下而不爲」也可以成立，但是如果以「爲我」爲唯一的價值，進而排斥「拔一毛利天下」的美德，便造成了孟子對楊朱思想批評的主要理由所在了。

當然，「爲我」並不表示就是對個人自由的肯定，要看「爲我」的「我」究竟重點何在？如前所論，楊朱思想乃道家思想之一部份，其全生保眞，不以物累形，正是對個人生命自由的肯定，如莊子之逍遙遊正是其中之高峰。果如此，則楊朱對個人自由的肯定，是可以由其道家思想性格中得到間接的證成。唯孟子之批評楊朱並非對個人自由之否定，而是對楊朱思想可能否定社會責任之批評也。

現在，我們可以看看墨翟的想法。

墨子在〈兼愛上〉即明白說明其學說之用心，也就是要止亂，要爲當時社會尋求安定之法則：

聖人以治天下為事者也，必知亂之所自起，焉能治之，不知亂之所自

起，則不能治。（〈兼愛上〉）

止亂以治天下乃是聖人之事，亦是墨學之根本關懷，墨子於是進一步發現人間之亂乃起自人之不相愛，因此，若能以兼愛取代不相愛、別愛，當可去爭、止亂、而治天下。然而，人為什麼要兼愛呢？理由有二，其一是兼愛能帶給個人及社會最大的利益；其二則是因為兼愛乃是天志之內容，而天志又是一宗教之權威，因此根據權威主義原則，我們應該遵天志之兼愛。如果人不遵守天志之兼愛，則天便經由鬼神來施賞罰，假若天之鬼神無效，便轉移利用政治權威──天子來實施賞罰，以求兼愛之落實。

對墨子而言，人對所有人都有「兼相愛、交相利」的責任，而且一定要嚴格遵守，人在此是沒有自由可言的。易言之，墨子十分強調人對社會的責任，兼愛正是此中的核心概念，而且，兼愛是由天──宗教的權威所決定，此非吾人之意志所能決定，而為吾人非接受不可的責任，此其所以為權威主義也。

孟子對墨子兼愛思想之批評，並沒有從權威主義的他律道德是否能充分證成上說，也就是並沒有將批評告子的義外說加在墨子身上，而是針對其對人性的扭曲上說，此即所謂「無父」之說也。所謂「無父」，乃是指墨子的兼愛之說無法充分顧及個人與親人的特殊關係，視人父若己父的結果，使得自己與父親的特殊性隱而不見，這必然造成人心的不安，此孟子之所以反對也。

然而，一如楊朱之論，墨子的兼愛之說果真一無是處嗎？其實未必。因為儒家在原則上亦是要親親仁民愛物，要兼善天下。問題是，儒者強調此原則之實踐必有其階段性及層級性，由是才能由本而末，由近而遠。才能一方面不委屈人類理想之無限，一方面也不抹殺個人之有限及其實踐時必有之次第。如果墨子的兼愛乃是象徵著社會責任的必要性，孟子並不反對。然而，如果忽視了個人的自覺性，如果忽視了人在實踐社會責任時的有限性與層級性，顯然便

是孟子所反對的。在此，吾人再套用「執一」之誤在其「舉一而廢百」之意，我們可以說，墨子舉兼愛之說誠然是有價值的，然而此兼愛之見卻忽視了個人之自覺以及人之有限性及實踐之層級性，進而造成父子特殊關係之消失，這不正是「廢百」了嗎？

若以上所論無誤，則歷來對孟子批判楊朱墨翟之說的理解依然是可成立的，但是，如果我們將重點回到文獻本身，專以「舉一廢百」做爲孟子批評的主要理由，則似乎更有價值，亦更合理。子夏嘗謂：「雖小道，必有可觀者焉；致遠恐泥，是以君子不爲也。」（《論語·子張》）楊朱、墨翟之說不無所見，然仍非中正之道，是以有舉一廢百之病，進而致遠恐泥了。如果再就自由與責任的角度來論孟子對楊朱、墨翟之批評，則孟子既不贊成個人在完全不顧社會責任的意義下強調「爲我」、「拔一毛利天下不爲也」的個人自由，也不接受個人只有無自覺，無條件地接受社會責任的要求，完全的兼愛，而使個人之自覺、自由，以及由此自覺、自由而有之尊嚴與意義，完全被忽視。我們由楊朱及墨翟在孟子批評時所具有之象徵意義，不難發現孟子對自由與責任的初步態度，然而由於這些態度只是在批評楊朱、墨翟思想時所隱含者，尚爲消極，其積極之內容又果爲何呢？此即爲下節之主題，唯孟子認爲「能拒楊墨之言，聖人之徒也」，則對自由與責任之釐清與說明，相信亦正是孟子思想中極爲核心的問題，此孟子之所以不得不辯之理由所在。

三、義命的對揚與合一

勞思光先生在論及「孔子對文化問題之態度」時，曾清楚地區分了孔子對義命觀念之看法，它事實也暗示有關自由與責任的問題。❹首先，義的意義

---

❹　同註❶，頁136-147。

在其合理、合宜，然而人對合理合宜之討論，不正是預設了人的自覺、自由而後有之論嗎？喪失了自覺與自由，義的合理性亦無法提出，一切只是中性的事實罷了。其次，由於人是自由的、自覺的，是以其能提出義的合理性與價值性問題，而人對此合理之價值的實現，也就成為人的責任之所在。由於人的價值實現並非僅在觀念中觀想所能成就，而是須在具體生活中實踐加以完成，因而，人也必須面對現實存在及其可能之限制，此即「命」的產生。易言之，人是由自覺、自由而產生責任，由責任的實現而接觸到命的問題，筆者認為孟子等儒者之態度，除了在證成自家心性之自由與自覺，由是而有義與責任的提出外，也在責任提出的同時，接觸到命的問題，而後更進一步，以道德實踐之無憾，來消解義命對揚的緊張，而達到義命合一的境界，也就是自由與責任合一的境界。由此看來，孟子等儒者並未將自由與責任完全視為是對立、排斥的兩橛，而是視為一種動態的、辯證的一體發展。現在，先讓我們看看勞先生的說明：

> 孔子對文化之態度，簡言之，即「人之主宰性之肯定」；此所以為「人文之學」。但肯定人之「主宰性」時，必涉及正反兩面之問題。從正面說，欲肯定人之「主宰性」，必須對此「主宰性」本身有一說明；從反面說，肯定人之「主宰性」時，對於一切客觀限制與「主宰性」之衝突，亦必應有一確定態度。孔子對前一部份問題，已通過「仁」、「義」二觀念予以解答；換言之，人之「主宰性」即表現於人能立「公心」，求「正當」；關於此點，前已說明。就第二部份問題而言，人雖有此「主宰性」，但在具體人生歷程中，顯然有種種不為人之自覺所能控制之限制。對此種限制，應持何種態度，又是另一問題。孔子對此問題之看法，表現於其「義命分立」之說。❺

---

❺ 同註❶，頁136。

此後，勞先生引伯牛有疾及公伯寮其如命何二章，說明人之命限所在；再引子路與晨門之對話，以及子路對荷蓧丈人之回應，說明孔子之態度。勞先生指出：

> 「自覺主宰」之領域是「義」之領域，在此領域中只有是非問題；「客觀限制」之領域是「命」之領域，在此領域中則有成敗問題。孔子既確切分劃此二領域，一切傳統或俗見之糾纏，遂一掃而清。而「道德心」之顯現，亦於此透露曙光；文化意義之肯定，亦從此獲得基礎。❻

人一方面有命之限制，一方面又有價值之自覺，落在具體的生命情境之中，自然產生責任的問題，也就是價值如何在有限的情境中表現與回應的問題。此中，人倫便是明顯的例子。勞先生謂：

> 然孔子並非不承認生命基本責任一概念。不過，此一責任不在人神之間，亦不在人物之間，而在人與人之間；此即孔子之人倫觀念；擴而充之，即成為一文化意義之歷史觀念。❼

有名的三年之喪的例子，正可以顯出人對父母以及人對社會之酬恩之觀念。而且此觀念不僅在父子、社會，更涉及歷史文化中之一切，此即孔子對文化之肯定以及對歷史之重視的重要原因所在了。

如果我們把焦點從孔子轉移到孟子，我們可以清楚地發現孟子基本上仍是繼承孔子之理路而繼續加以發揮，孟子指出：

---

❻　同註❶，頁 138。
❼　同註❶，頁 144。

口之於味也，目之於色也，耳之於聲也，鼻之於臭也，四肢之於安佚
也；性也，有命焉，君子不謂性也。仁之於父子也，義之於君臣也，
禮之於賓主也，知之於賢者也，聖人之於天道也；命也，有性焉，君
子不謂命也。（〈盡心下〉）

此章是孟子論性命對揚十分明白且精要的一章。口目耳鼻四肢，乃是生而有之
的內容，就其生而有之，亦可謂吾人之性，告子便是如此主張。然而，孟子卻
認為這雖是生而有之，但是仍屬命的領域，人在此中並無自由可說，因而並不
以之為性，不以之為吾人自由及責任的根源。至於人間是否能充分實現仁、義、
禮、智、天道，這仍是有外在條件之限制，然而，它卻正是吾人責任之所在，
由是而成為吾人之性，而不視為人之命之限制。由此看來，孟子在此顯然是將
仁義禮智看做是吾人的道德責任，是吾人必須努力加以實現者。此中值得注意
的是，這種道德責任並非外鑠我也，而是我固有之的，因為這樣的道德責任正
是吾人本性的內容，為什麼這就是人性的內容呢？這就必須由人的心上說。

孟子將仁義禮智的道德責任視為是人性本有之內容，在此，他提出二個
前提。首先，孟子肯定性善論，其二則是孟子肯定人與他人、人與社會、人與
世界乃是連續而非斷裂的，因此人的性善之自我實現，也必然是與他人、社會、
世界一體而成，由是而形成其道德責任。孟子之性善論乃是由心說性，由良知
說心，由四端說良知而逐步建構之體系。孟子認為人皆有惻隱等四端，而此四
端是不慮而知、不學而能者，此所謂良知良能。而此良知即是心之表現，也就
是表現出對是非善惡之判斷，所謂「知是知非」；同時，也表現出對是非善惡
之取捨，所謂「好善惡惡」。由「知是知非」說知，由「好善惡惡」說行，如
是良知乃是知行合一之存在。此良知之知是知非，其好善惡惡之心因而乃是純
然至善的，是一切道德行為之基礎，此所以其性亦為純然至善者，此所謂「性
善論」。

其次，人的性善論即使成立，也不表示人對其他事物有何道德責任可言，此中，必然假設人與他人、社會、世界有一體之連續性，而後，個人之知行表現也就與他人、社會、世界息息相關，進而由自身美善之追求，形成對他人、社會、世界之道德責任也。關於孟子思想中個人與他人、社會、世界之爲連續性關係，台灣學者黃俊傑先生有甚詳細之論證。

黃先生首先由孟子思維方式的特徵下手，說明「具體性思維方式」及「聯繫性思維方式」乃是孟子思維方式的主要特徵，而此特徵也正是其思想內容之反應。❽由此，在說明孟子所謂的群己關係，也就是「社會」與「個人」之關係應如何定位。我們看看黃先生的說明：

> 孟子思想中的「自我」是一個多層次的、多面向的存在。孟子所認知的人性，不僅有其生物性、社會性、政治性，而且更有其主體性。但是，值得注意的是，孟子從不偏執一個面向來看人的存在的問題，他從一個整體性的觀點來思考人的問題。所以，在孟子思想裡，人的道德心與生理結構之間、「自然」與「人文」之間、以及「無限」與「有限」之間，都有一種強烈的連續性。用傳統的語彙來說，孟子思想中的身心、天人、天命與人性之間皆不斷為兩橛，兩者之間皆通貫而為一體。孟子思想中的這項特質，部份地展現了中國古代文化的特色在於連續性而不在於斷裂性。我希望透過對於這三個問題的分析，說明孟子思想中的個人與社會之間，也形成一種連續性的關係，兩者構成一個「連續體」。個人與社會取得聯繫的途徑是通過「心」的普遍必然性，而且「個人」的「心」具有自主性，而「社會」則沒有自主性，

---

❽ 黃俊傑：《孟學思想史論》（卷一）（台北：東大圖書公司，1991 年 10 月，初版），頁 4-26。

所以前者可以支配後者。在孟子的論述中，個人作為「私人領域」(private realm)，在某種情境之下，可能與社會之作為「公共領域」(public realm) 產生緊張性。在這種價值取向的困境之中，孟子主張以血緣關係作為解決困境的依據，這就是他所提出的「一本」的理論。❾

以上引文是以說明黃先生的主要論點。筆者以為，人與他人、社會、世界之為一連續性關係，此中有二義可說，首先，若就存在義及實然義說，人原本就是存在於與他人、社會、世界之種種關係之中，此種連續性是存在上的連續性，吾人無法想像一個人是完全孤絕於他人、社會、世界之外的。然而，這種存在的連續性也僅僅是實然的存在，這裡並沒有充分的理由將他人、社會、世界視為個人責任之對象，因為責任顯然是一價值的、應然的觀念。因此，此種連續性的第二種意義乃是價值的、應然的，而此種由實然的、存在的關係，轉化為應然的、價值的關係，其中關鍵正在心上。依孟子，人的良知四端，所謂惻隱之心，原本是無有界限的，它乃是以一切存在為其感通之對象，是以自我、他人、社會、世界，無一不是良知感通的對象，也無一不是自我實現的對象，也無一不是道德責任之對象，如是而使得我與他人、社會、世界之連續性賦予了道德及價值上的色彩，這裡，我們可以從《孟子》文獻中找到支持：

> 人皆有不忍人之心。先王有不忍人之心，斯有不忍人之政矣。以不忍人之心，行不忍人之政，治天下可運之掌上。所以謂人皆有不忍人之心者，今人乍見孺子將入於井，皆有怵惕惻隱之心；非所以內交於孺子之父母也，非所以要譽於鄉黨朋友也，非惡其聲而然也。由是觀之，無惻隱之心非人也，無羞惡之心非人也，無辭讓之心非人也，無是非

---

❾ 同註❽，頁92。

> 之心非人也。惻隱之心，仁之端也；羞惡之心，義之端也；辭讓之心，
> 禮之端也；是非之心，智之端也。人之有是四端也，猶其有四體也。
> （〈公孫丑上〉）

人皆有不忍人之心，能擴充此心便能形成種種道德行為的實現：

> 凡有四端於我者，知皆擴而充之矣，若火之始然、泉之始達。苟能充
> 之，足以保四海；苟不充之，不足以事父母。（〈公孫丑上〉）

擴充而能保四海，表示此道德責任可及於之對象甚廣，包含了他人、社會、世
界。也因此，他人、社會、世界之和諧與否，端賴每個個人能否擴充其良知本
心。此所謂：

> 人有恆言，皆曰「天下國家」，天下之本在國，國之本在家，家之本
> 在身。（〈離婁上〉）

此義由〈大學〉的誠意正心直至治國平天下，亦可說是同一義之不同說法而已。
此義既明，我們可以簡單敘述孟子對自由與責任之看法。

首先，孟子說：「學問之道無他，求其放心而已矣。」（〈告子上〉）良
知本心雖為純粹至善，但是良知本心仍須存在於一具體生命之中，須通過現實
之生命才能實現其理想。也因此，良知本心之存在於具體生命中，便有可能在
具體的生命之中專注於對象而忘卻自我之自覺性，此即心由物交物引之而放
心。孟子在此亦正是要以人的自覺性為主要訴求，是而才會有「學問之道無他，
求其放心而已矣」之說。顯然良知本心的自覺或放失仍是開放的，也即是自由
的。因為是自由的，所以才必須對生命的正面內容負有責任。如果我們是由良

知本心之自覺與否來說心的自由，則此自由基本上仍是以道德爲主要內容。易言之，個人的癖好或性向，此乃屬於「生之謂性」的範疇，孟子並不在此言自由與否，而是將自由針對個人德性的自覺上說，因而相對於此的責任亦是德性意義的責任。

　　心雖然有放失的可能，但是良知的好善惡惡之自覺仍時時存在、時時呈現，甚至時時要求自身的充分自我實現，此即構成個人的責任，也就是由自由的良知所涉及之內容，做爲個人的責任。果如此，我們也可以看到幾種形式的責任。孟子說：

> 自暴者，不可與有言也；自棄者，不可與有爲也。言非禮義，謂之自暴也；吾身不能居仁由義，謂之自棄也。仁，人之安宅也；義，人之正路也。曠安宅而弗居，舍正路而不由，哀哉！（〈離婁上〉）

仁義禮智既是天所予我、我固有之者，而今日卻完全背離本心的內容，此所謂自暴；自謂不能實現生命美善之內容，此所謂自棄。由此看來，居仁由義乃是人自我的責任，不能盡此責任便是自暴自棄的生命。不但自暴自棄是違背了個人的責任，即使不能充分實現自我，亦仍然是個人責任的不足。孟子曰：

> 盡其心者，知其性也。知其性，則知天矣。存其心，養其性，所以事天也。殀壽不貳，修身以俟之，所以立命也。（〈盡心上〉）

盡心知性知天，存心養性事天，居義以俟命，這正是良知自我的要求，也是個人給予自己的終極責任。然而，良知之自我實現也正是在具體生活中實現，於是相應於此終極責任，便可因具體情境之差異而有不同。孟子曰：

人皆有不忍人之心。先王有不忍人之心，斯有不忍人之政矣。以不忍
人之心，行不忍人之政，治天下可運之掌上。所以謂人皆有不忍人之
心者，今人乍見孺子將入於井，皆有怵惕惻隱之心；非所以內交於孺
子之父母也，非所以要譽於鄉黨朋友也，非惡其聲而然也。由是觀之，
無惻隱之心非人也，無羞惡之心非人也，無辭讓之心非人也，無是非
之心非人也。惻隱之心，仁之端也；羞惡之心，義之端也；辭讓之心，
禮之端也；是非之心，智之端也。人之有是四端也，猶其有四體也。
有是四端而自謂不能者，自賊者也；謂其君不能者，賊其君者也。凡
有四端於我者，知皆擴而充之矣，若火之始然、泉之始達。苟能充之，
足以保四海；苟不充之，不足以事父母。（〈公孫丑上〉）

從以上文獻看來，「自賊者」即是前文所謂自暴自棄者。其次，不忍人之心人
皆有之，因而謂其君不能行仁政，亦是否定了君王的不忍人之心，這是對君王
的不敬。能充分擴充吾人責任的完成，則包含了父母、天下，此即顯示吾人對
父母及社會國家之責任。孟子在論及「大丈夫」時亦重申此義：

居天下之廣居，立天下之正位，行天下之大道；得志與民由之，不得
志，獨行其道；富貴不能淫，貧賤不能移，威武不能屈——此之謂大
丈夫。（〈滕文公下〉）

得志與民由之，正是不忍人之政的表現。現在，再將責任推進一步，便是前文
所言盡心知性知天之境界了。這境界的具體的描述，便是「萬物皆備於我」（〈盡
心上〉）的境界。楊祖漢先生對此的解釋如下：

若將物解作存在物，則萬物皆備於我即是孔子所說的「一日克己復禮，

天下歸仁焉」的「天下歸仁」之意，即當人呈現其仁心時，萬事萬物
都在仁心的感通的範圍之內，即渾然與物同體。因仁心的感通範圍是
無限的，故當人克服私欲，呈現仁心時，天地萬物都在仁心的涵融底
下。**❿**

此義，亦正是儒者對天地萬物的終極責任之所在。凡此，皆是由道德而發為道
德責任，此亦是儒學的基本立場所在。

　　必須說明的是，個人的內聖修養，當然是「我欲仁，斯仁至矣」的當下
即是。然而，由自己推而至社會國家及天下，便涉及現實存在及其限制的問題，
此即是義命對揚的問題。然而，這樣的對揚並非是義命關係之全義，而尚可有
「義命合一」之論，以消融此間之緊張。簡言之，命為一事實義及限制義之概
念，由是而使吾人理想之實現遭受限制。然而，吾人亦可謂每一命限之呈現，
其實都是提供一種可能，等待、召喚吾人對其做合理之回應。果如此，則命之
所在即義之所在，義與命至此當可合而為一。易言之，吾人即就此命所提供之
可能，去實現價值理想之義，即是「即命顯義」，亦即是「義命合一」，亦即
是「自由與責任」的合一。雖是合一，然而吾人在實踐責任之時，仍有選擇之
優先次序的問題，例如孟子在論及禹、稷、顏子，易地而皆然時，便舉一例以
明之：

　　禹、稷當平世，三過其門而不入，孔子賢之。顏子當亂世，居於陋巷，
　　一簞食，一瓢飲，人不堪其憂，顏子不改其樂，孔子賢之。孟子曰：
　　「禹、稷、顏回同道。禹思天下有溺者，由己溺之也；稷思天下有飢

❿　王邦雄、曾昭旭、楊祖漢合著：《孟子義理疏解》（台北：鵝湖出版社，1989年6月，
　　4版），頁93-94。

者，由己飢之也。是以如是其急也。禹、稷、顏子易地則皆然。今有
同室之人鬥者，救之，雖被髮纓冠而救之，可也。鄉鄰有鬥者，被髮
纓冠而往救之，則惑也，雖閉戶可也。」（〈離婁下〉）

此即是說明同一事件，然因其發生背景之差異，導致吾人面對方式之不同，此
並非吾人良知之異，而是良知面對不同情境之表現，其原則仍為一也。此外，
〈離婁下〉論及曾子、子思之同道，亦是同義。

此外，值得討論的是有關「責任衝突」的問題，讓我們以例子來加以說
明。

四、幾個例子的說明

黃俊傑先生引用勞思光先生所提出之「責任的不相容」（the incompatibility
of responsibilities）觀念，來說明《孟子》中一個十分突出的例子⓫：

桃應問曰：「舜為天子，皋陶為士，瞽瞍殺人，則如之何？」孟子曰：
「執之而已矣」「然則舜不禁與？」曰：「夫舜惡而禁之？夫有所受
之也。」「然則舜如之何？」曰：「舜視棄天下，猶棄敝屣也。竊負
而逃，遵海濱而處，終身訢然，樂而忘天下。」（〈盡心上〉）

黃先生指出：

桃應所提出的這個假設性的問題的要旨在於：如果屬於「私人領域」

⓫　同註❽，頁104。

的責任（舜作爲瞽瞍之子應保護父親），與屬於「公共領域」的責任（舜作爲天子應尊重國法）兩者在特定條件下發生衝突，那麼，「個人」應如何自處？⓬

易言之，孝的責任與忠的責任顯然都是合理的責任，然而兩者卻發生了衝突，此時應如何抉擇呢？黃先生認爲孟子是採取二個原則做爲取捨之判準：

㈠血緣原則：這就是孟子所謂的「一本」（《孟子·滕文公上·5》）原則，以父子血緣關係為主軸，展開一個「差序格局」的倫理觀。

㈡可取代／不可取代原則：不可取代的倫理責任，在實踐上優先於可取代的倫理責任。⓭

基本上，筆者接受黃先生之分析，但仍有二點需要補充：第一，所謂血緣原則誠然是孟子所據以判斷之原則，然而血緣原則尚非最後的。易言之，在周文化以親親定尊尊，又以血緣來定親親的原則下，血緣原則誠然成立。然而，這畢竟只是時代與文化上的偶然罷了，眞正的基礎仍應在吾人的仁心上。血緣原則在此例子中所優先的只是政治原則，但不是道德原則，而血緣原則之所以優先於道德原則，乃在第二個「可取代／不可取代原則」。因此，血緣原則只是較政治原則爲不可取代，因而有優先性，但不表示血緣原則能超越道德原則也。易言之，可取代／不可取代原則，應較血緣原則爲優先，而可取代血緣原則。黃先生謂：「就這個個案而言，『不可取代的責任』與『血緣的原則』正巧重

⓬ 同註❽，頁 104-105。

⓭ 同註❽，頁 106-107。

疊爲一。」❹然血緣原則之重要性，不正是因爲血緣的不可取代性嗎？第二，如果我們面對父母的爭執，而不得不在父母中做出選擇之時，請問，此時血緣原則及可取代／不可取代原則還能發揮判準的作用嗎？父母與我在血緣上等距，而且同爲不可取代者，則當父母衝突之時，或相關於父母之責任衝突時，孟子又該如何回應呢？筆者以爲，果如此，則任何選擇都是對的也都是錯的，更正確地說，是此中之判準已沒有道德上的問題，因爲我們找不出判斷的標準，此時也只有決定於個人的直覺了。

此外，讓我們再看以下的例子：

> 淳于髡曰：「男女授受不親，禮與？」孟子曰：「禮也。」曰：「嫂溺則援之以手乎？」曰：「嫂溺不援，是豺狼也。男女授受不親，禮也。嫂溺援之以手者，權也。」曰：「今天下溺矣，夫子之不援，何也？」曰：「天下溺，援之以道；嫂溺，援之以手。子欲手援天下乎？」（〈離婁上〉）

在此例中，嫂溺不救與男女授受不親之間造成了衝突，孟子的回答乃是以經與權的觀念回應之。易言之，男女授受不親是禮、是經，也就是一種常態性、一般性的參考原則。然而，在嫂子溺水這樣緊急而特殊的狀態下，吾人是可以根據事實的急迫性，而權變地採用以手救之。顯然，在這個例子裡，孟子似乎既不是根據血緣原則，也不是根據不可取代原則，而是訴諸良知的自由心證或直覺。此中何者爲經固然有客觀性，然而何者爲權並無法提出客觀之標準，如是只好訴諸個人良知的直覺或自由心證，然而，這樣的立場卻也可能因每個人直覺及自由心證之差異，而造成道德判斷上的不同。此例如同前例，仍是孟子在

---

❹　同註❽，頁109。

「責任衝突」問題上未解的公案。

五、結　語

　　本文主要目標，在展示孟子闢楊墨思想中的倫理意涵。本文首先通過孟子對楊朱及墨翟之批判，導出孟子對自由與責任的初步看法，而後，再通過義命對揚的對比，突顯出心的自由、自覺、自律之特質，由此說明孟子乃是重在心在德性實踐上之自由，因而其相對之責任，亦為一道德義之責任，而且此責任會因良知自我實現時所及對象之差異，而有不同之回應內容。其次，再通過義命合一、即命顯義，說明消解義命對立之可能。最後，再以黃俊傑先生所提出之血緣原則及可取代/不可取代原則，說明孟子對「責任不相容」的處理，並提出筆者個人的補充意見。凡此，尚祈學者方家不吝賜正之。

「無爲而治」儒道釋義

徐麗霞[*]

一、前　言

　　「無爲而治」一詞，乃中國政治哲學之最高指導原理，運用廣泛，除吾人所熟悉的老莊而外，儒家亦言及之，並予以極崇高之評價。郭象《莊子注》曰：「無爲者，非拱默之謂也，直各任自爲。」（卷四）可見，「無爲而治」不是尸位素餐、無所事事，而是重在「順」與「因」與「化」，此爲二家運用此一政治原理之通則。但儒家、道家於天道、人性、治術諸論題，觀點原本差異，職是之故，其言「無爲而治」，當然學理不同，各具面目。本文寫作之目的，即重在釐清二家名同實異之梗概，藉以展現語詞移義、複義的存在事實，期盼於瞭解儒家、道家之政治思想外，並洞矚思想用語的名實，以避免混淆駁雜與似是而非，尤其在知古鑑今方面多用工夫，則筆者甚幸。

　　儒家、道家是先秦「諸子百家」中，舉足輕重的大學派。當然，先秦思想有名者不止於此，司馬談「六家」（儒、墨、道、法、名、陰陽）以及班固「九流」（儒、道、陰陽、法、名、墨、縱橫、雜、農）的分類，都十分切合事實。因此，本文只言儒道之因由必須先明確交待。大體言，有下列幾個因素：

---

[*]　銘傳大學應用中國文學系副教授。

⑴就先秦諸子的起源觀，諸子是因應特殊政治背景而產生。春秋戰國時代，井田經濟與宗法社會都步入結構轉型期，於是以此為基礎之姬周封建制度乃土崩瓦解，天下動盪不安，為針砭此一時弊，諸子便蠭出並作。所以《漢書》說：「皆起於王道既微，諸侯力政，時君世主，好惡殊方，是以九家之術蠭出並作，各引一端，崇其所善，以此馳說。」（〈藝文志〉）可見，他們初時起源同，最終目標亦同，只因理論取捨差異，遂走出不同路線，形成類別的學派。因此，此派創見正彼派以為偏蔽，然而創見與偏蔽適顯現了該學派之特質。譬如名家「鉤鈲析亂」，側重離合名實，屬於詭辯；陰陽家講陰陽五行，與數術結合，跌進「舍人事而任鬼神」（《漢書·藝文志》）。以上兩個學派固然也懸掛革新政治的鵠的，就學理本質觀，到底與政治較疏離。至於縱橫家，原以實際運用為主，其本身未建立完整的學理體系；而農家者流，文獻不足，無法徵引。所以司馬談「六家」不備縱橫、雜、農。本文以「無為而治」為題，「無為而治」是扣緊政治哲學言，因此，凡與此中心議題無關或關聯太鬆者，概剔除之。

⑵墨家是政治色彩濃厚之學派，墨子曾親自語其弟子魏越曰：「凡入國，擇而從事焉：國家昏亂，則語之尚賢、尚同；國家貧，則語之節用、節葬；國家熹音湛湎，則語之非樂、非命；國家淫僻無禮，則語之尊天、事鬼；國家務奪侵陵，則語之兼愛、非攻。」（〈魯問篇〉）可見墨家十大學說都針對政治而發，然而墨家也不在本文討論範圍。何故？蓋墨家雖重政治，唯其政治思想不作「無為」論，就算勉強同意「尚賢」、「尚同」有略與「無為而治」湊合處，湊合不是學術研究忠實負責的態度。何況《墨子》一書從未出現「無為」二字，其義不彰；義不彰，那麼立論根基不穩當，隨時有推翻的可能。學術貴明確，不可無謂比附。

⑶法家是先秦諸子中，實用態度最熱切的學派，也是最能視社會問題為客觀問題處理的學派。它順應時代的轉型而完成其轉型，中國的國家主義、國

家體制、成文法典都在法家努力下逐步實施。牟宗三先生說法家「完全是從政治著眼」。（《中國哲學十九講》）而且集法家學理大成的《韓非子》一書也說：「體道，無爲，無見也。此最宜於文王，不使人疑之也。」（〈難篇〉二）「權不欲見，素無爲也。事在四方，要在中央。聖人執要，四方來效。虛而待之，彼自以之。」（〈揚權篇〉）那麼，法家亦及於「無爲而治」，何以本文不論？蓋韓非學說乃集法、勢、術三者爲一。勢爲位勢，是勝眾之資，權力之源。至於法與術則：用術以御臣，行法以統民。法爲君臣上下共守，必成文明定天下，術爲君王所獨運，重在秘不可測，所以「法莫如顯，而術不欲見」（〈難篇〉三）。所謂無爲即專就術言，在韓非眼中人性極惡，人心只有自私自爲，君王的左右近習，莫不時時窺伺君王好惡，以矯飾其能，隱匿姦詐，而人主對於人臣必智愚難分，忠奸莫辨，爲避免此弊，君王必須用術。一方面去好去惡，不予人臣可逆測之形色跡象，一方面藏執胸臆，以偶眾端，暗中督責。如此一來，「親愛近習，莫之得聞」（〈難篇〉三），臣下便無法乘隙壅主，此曰無爲。此種無爲乃一種「用人也鬼」（〈八經篇〉），極端周密難測之秘術，能令臣下恐怖畏懼而不敢有覬覦非分之妄念。所以韓非說：「明君無爲於上，群臣竦懼乎下。」（〈主道篇〉）以上爲法家無爲論之大略。嚴格言，此種無爲只是一套狹窄嚴密的治臣之術，而不是實用完整的治國之法。政治體系有治人、有被治，治才能作用，「民、社稷、君」已見諸典籍，而法家無爲囿於君臣一級，故此不論。

二、儒家之無爲而治

儒家遠宗堯、舜，憲章文、武，以孔子爲創始宗師，推崇三代爲政治之邦境。孔子稱美堯、舜、禹之有天爲「巍巍乎」（《論語·泰伯》），而於三代的行政，則曰：「無爲而治者，其舜者也與！夫何爲哉？恭己正南面而已。」

（《論語·衛靈公》）又曰：「黃帝、堯、舜，垂衣裳而天下治。」（《易·繫辭上》）。「垂衣裳而天下治」即是「無爲而治」。凡此，在在昭示儒家對「無爲而治」的正面肯定。

先秦諸子中，儒家是一支「溫和改革」的學派，雖然與其他學派相較，顯得守舊，但不表示儒家死守窠臼，食古不化。事實上，他們汰舊存菁而外有極大開創，富積極意義。中國歷史發展到周初，已進入人文自覺的時代，周公姬旦順應現實須要與事實運用，將人文精神直接表現於具體文化生活中，而創制垂統，制禮作樂。可惜，輾轉到末季，周公所創制的周文，因周人生命的腐敗墮落，掛空而僵化爲虛文，人們機械地循禮樂形式舉動，卻早已將禮樂制作的內在精神意義丟失。儒家面對周文迷失，深深考察，認清禮制乃客觀的個體，實行禮制的人類才是眞正的主體，周文所以失效，並非周文對錯，而是人類偏頗。於是一方面肯定舊禮制，一方面著手禮制生命化。所謂「禮制生命化」，即是開闢出人類的主體，將普遍的「道德性」注入禮制政典中，使禮制政典在人類道德實踐裡找到附著之根源與靈性，「外文」與「內情」合一。這就是儒家努力的方向。韋政通先生曰：

> 由文之敝因而反思及人，由人之仁進而成就文，這一主客體之間的往復，奠定了儒家人文思想的基本規格。孔、孟、荀的人文思想，分別地看，儘管各有其意義與內容，但這一切思想總不外是就主客體之間（即人與文間）之貫通諧和如何可能之問題之探討而匯成。（《荀子與古代哲學》）

這一人類主體的開闢，爲空前創舉。不但導正姬周禮制，甚且決定了中國文化之前途。牟宗三先生以下的一段話，可以爲我們提供很好的說明。他說：

儒家並不是抱殘守缺，死守著那個周禮。周文的本身不是不實用，如果你本身有生命，它一樣可行的。最重要的問題在使人的生命站起來，這問題一轉轉到這裡，就成了儒家的思想。所以我們從這個地方說，儒家的思想開闢價值之源，挺立道德主體，這方面沒有能超過儒家者。開闢價值之源，就是道德價值，人生價值。儒家對人類的貢獻，就在他對夏商周三代的文化，開始作一個反省，反省就提出仁的觀念。觀念一出來，原則就出來。原則出來，人的生命方向就確立了。所以他成一個大教。這個大教，我平常就用幾句話來表示，「開闢價值之源，挺立道德主體，莫過於儒」，儒家之所以為儒家的本質意義就在這裡。

（《中國哲學十九講》）

孔子學說一言舉之，曰「仁」。〈中庸〉說：「仁者，人也。」（第二十章）易言之，仁是人類所以成為人類的條件。就《論語》觀，其最基本意義應該是「對他」的關切愛護，其最廣義則指人的「道德之總體」；所以仁就是道德。禮制由人制作，國家由人組合，「人」為基本。所以人的主體苟不彰明，禮制政刑再好依舊枉然。無意識麻木行著繁縟禮樂儀式，豈止無聊，更屬盲目荒謬。整齊人民用政刑，獲得結果只是規避犯罪而已，引導人民用德禮，就可以經由羞惡之心的啟迪而真正改正過愆，否則是治標，而非治本。孔子說：「人而不仁，如禮何？人而不仁，如樂何？」（《論語·八佾篇》）「禮，與其奢也寧儉。喪，與其易也寧戚。」（同上）「道之以政，齊之以刑，民免而無恥。道之以德，齊之以禮，有恥且格。」（《論語·學而篇》）都是就這方面立論。如此作，方是拯救人心陷溺、道德淪喪者正本清源的唯一效劑。孟子與〈中庸〉，繼續前進，內轉一層專就道德的根源處立論，剔除感官等物欲之性於人性之外，同時將心的功能納入人性義理中，結合心性，使心性成為「純粹道德本體」，強調人類的尊貴，人與禽獸之分別，正由於擁有此一點幾希的良善之心性，這

就是思、孟的「性善論」。其後荀子出，分離「心」與「性」，性只涵自然感官本能與欲求，循此種本能與欲求發展，只有物欲橫流、人爭我奪，因為外在物質有限而內在欲望無窮，因此荀子說：「人之性惡，其善者偽也。」（《荀子·性惡篇》）人性本惡，人性無善。但是他主張人「心」異於人「性」，人心是人類至高主宰，乃認知、理智、思辨諸功能的發動點，道德之創立，即「心」發揮功能「積思慮，習偽故」（《荀子·性惡篇》）而來的結果，禽獸無文化正由於無此心，這就是荀子的「性惡論」。有了以上基本瞭解，吾人不難看出：不論道德為內在本性所有，如思、孟；或為外在認知結果，如荀子；或未明白指明何出，如孔子。道德還是孔、孟、荀的共同理想，是人類所以成為人類的條件，人的特質。職是之故，一般學者稱儒家哲學為道德哲學。

那麼，這與「無為而治」有何關聯性呢？我們不妨從西方論點反溯觀之。西方哲學有視道德為「自然律」者，強調：「生存之理即是活動之理。」（Ratio essendiest ratio operandi）這句話的意思是說：物的生活準則就是物本身的特質，有什麼樣的物就有什樣的活動，因為沒有物能違反自己的特質。他們叫物的特質曰「本體組織」（Ontological element），每一物都必須依照該物的本體組織以發揮正常性質，這是富規律性，有系統，有目的，而非盲目勉強。為了方便瞭解，姑引述王瑞臣先生〈倫理自然律與道德價值〉一文之釋例，如下：

> 一架鋼琴，有鋼琴的本體組織因素，一枝鉛筆有鉛筆的本體組織因素。因此，鋼琴有鋼琴的自然律，鉛筆有鉛筆的自然律，它們的自然律就是它們被製造時所有的意義或目的，換言之，就是發揮它們功能的正常性質。鋼琴被製造的目的是在於發音，鉛筆被製造的目的是在於書寫，鋼琴越是能發出優美的聲音，越是一架好鋼琴，鉛筆越能書寫的流暢，越是一枝好鉛筆。如果鋼琴不能發音，鉛筆不能書寫，便失掉它的本體組織因素的目的。所以一個物如果願意是它本應是的物，或

者真物、好物，就應當依照它的本體組織因素去發揮它應有的功能。這就如同一匹馬，如果願意是良馬，就應當照馬的本體組織因素去活動。如果一匹馬叫起來像狗，跑起來像牛，決不能稱爲良馬。

人既是宇宙萬物之一種，當然人也有人的自然律，探討人的自然律便得探討人的本體組織，在主張道德爲人類特質之人士眼中，道德便爲人類之自然律。所以王先生又說：

人與其他的物不同，人有理智和意志，人可以認識真理，可以自由行事；在是非善惡之間，何去何從，可以自行抉擇；他可以遵從他的自然律，也可以違反他的自然律，因此，自然律對於人來說，便稱爲「倫理自然律」。相反地，宇宙間其他的物，沒有理智，沒有意識，不認識真理，不能選擇，只能照自己固定的規律去存在或活動，所以自然律對於普通的物來說，便稱爲「物理自然律」。

按照以上說法，考察儒家性善、性惡兩派，其間就無大衝突了。思、孟主張人被製作時，天賦人以性，而人性內涵攝：惻隱、羞惡、辭讓、是非諸善端，此爲人所以異於禽獸者，故發揮人性善端，正與人特有之本體組織相符合，此爲自然律。荀子否認天能生物與性中之善，但荀子堅持人的心官屬於自然，是「天官」，當人被製作時此心即具備著主宰認知諸功能，所以稱曰「天君」，人能在心的功能下運用理智去思辨去善群，亦人之所以異於禽獸者，因此他呼籲人須維持天君虛壹而靜的「大清明」狀態，進行積思慮與習僞故的工作，以創立道德、改善社會，並促進文明進展，此種擴充心官功能者，也正與人特有的本體組織符合，此亦自然律。至於孔子的仁，更是當下就人把仁這個道德實踐言，阮元說：「若一人閉戶齋居，瞑目靜坐，雖有德理在心，終不得指爲聖人所謂

之仁也。」（《揅經室集》）徐復觀先生亦云：「仁是一個人的自覺精神狀態，……它必須包含兩方面，一方面是對自己人格的建立及知識的追求，發出無限的要求。另一方面是對他人毫無條件地感到有應盡的無限的責任。」（《中國人性史論》）對他的責任與義務，乃就道德發揮極至言；對己的建立與追求，則就道德在主體自身的成就言。可見，他也看重人類特質表現，豈不與人的本體組織相符合嗎？亦為自然律。「無為」釋曰：各任自為。（郭象語，見前）非他，直指物發揮物的特質言，物除因順本有的特質，以變化因扭曲本質所造成的偏頗外，不必待他，物便自然伸展無遺，便自然良善，此即是「無為」。由此觀之，儒家的道德哲學可謂無為的道德哲學。

有關儒家無為說明如上。但此種說明，仔細斟酌，還祇拴在「單位人」，並未切入「政治」範疇。清楚地說，只談「無為」，未及「無為而治」。所以，接著必須看儒家如何把這個「無為」應用於「政治」。原來，崇揚道德的儒家洞矚了人類特質的重要性後，主張政治應以「無為」為總綱領。蓋禮制政刑既然只是被實行的客體，人類特質才是真正的實行主體；而且客體隨環境轉移，必須因時制宜、隨時變化，像周禮損益殷禮，殷禮損益夏禮，三代禮制不同，而道德卻具有永恆之普遍性，放諸四海皆準。那麼，膚淺者耗盡思慮，追逐客體去制作修整，聰明的聖王則掌握主體，以不變應付錯綜複雜的萬變。聖王居位，莫不是先發揮領導者自身的特質，然後天下百姓自然從化，如草上之風所向披靡，如不動之北辰，受眾星的拱繞而成其壯觀。這就是「無為而治」。此政治哲學，〈大學〉〈中庸〉說得最直截了當。〈大學〉以三綱：明明德、親民、止于至善；為治國平天下之大法，並且強調這個大法乃循序漸進，有本末之分。「明明德」為本，即是要領導者彰顯自己的道德。「親民」居次，就是啟發天下庶民人人彰顯其道德。如此，在上下各明其道德至「止于至善」之境，政治即能和諧圓融。政治之成敗繫乎此。所以勞思光先生說這是：「政治生活受德性決定。」（《中國哲學史》）錢穆先生更指出：

〈大學〉的貢獻，在把全部複雜的人生界，內外，本末，先後，舉出一簡單的觀念與系統來統通包括了。這是人生哲學裡的一元論，也還是一種德性一元論。……在這人生一元論裡，政治只是一種文化事業，只是一種道德事業。（《中國思想史》）

〈中庸〉開宗明義第一章即曰：「天命之謂性，率性之謂道，修道之謂教。」點明人類的自然本質直是一切人類文明創作之根基，政治不過返其本而已。徐復觀先生《中國人性論史》有極佳的闡釋，曰：

實現中庸之道的即是政治之教，亦即是政治。中庸之道出於人性；實現中庸之道，即是實現人性；人性以外無治道。違反人性，即不成爲治道。所以修道之謂教，即是（〈中庸〉）十三章之所謂「以人治人」。「以人治人」的究極意義，是不要以政治領導者的自己意志去治人，而是以各人所固有的中庸之道去治人，實則是人各以其中庸之道來自治。

明顯地，「以人治人」之人，不是指形軀的個體人，而是指道德的主體人。「以人治人」，即以道德治道德。唯有「以道德治理道德」，天下才有「自治」的可能。「自治」不就是「各任自爲」的「無爲而治」嗎？所以，儒家的無爲而治，爲一種道德的無爲而治，此乃「人治主義」、「德治主義」，而非「自然主義」，亦非「法治主義」。

三、道家之無爲而治

道家以老聃、莊周爲代表，《道德經》五千言，出現「無爲」二字者凡

七章（二章、三十七章、四十三章、四十八章、五十七章、六十三章、六十四章），全書八十一章要在透過宇宙本體與人生社會反覆闡釋「無爲而無不爲」（四十八章）旨義。莊子《南華經》，大體接承老子，而自有發明，然其本歸旨於老子之言，主張「君子不得已而臨莅天下，莫若無爲，無爲也而後安其性命之情」。（〈胠篋篇〉）〈在宥篇〉敘述黃帝問道於廣成子，〈徐无鬼篇〉記載黃帝遇牧馬童子諸段，更將「無爲而治」之大理描繪淋漓盡致，他如此者比比皆是。所以「無爲而治」原屬道家哲學之中心論題，自不贅言。

　　道家思想是中國哲學中層次極高的一支，開啓境界型態之形而上學，要人類解放操縱把持，透視虛象假名，清醒覺悟於真正的性原道體，以追求人心的徹底自由。所以唐君毅先生說道家是「超於人文」，而牟宗三先生說「超於人文而開出一個境界來。」（《中國哲學十九講》）超人文的境界用呈現重體悟，難用蹄筌筆墨去解析，因此一般人較難契合。但道家也不這麼難解，從它產生的因緣、逐步推展，仍然極易掌握其綱領。大體言，它起源於對現世紊亂之反省，而上推現世之根源，再下來互應這個現世。套用哲學語詞說，它是由人生界上推本體界，再應用本體論於人生論。所以一方面將本體論與人生論分開描寫，實際卻真正結合兩者爲一體而闡釋之。

　　首先，面對禮樂疲弊、變亂紛乘的動盪社會，道家採取與儒家截然對立之態度。將周制之禮樂政刑通通視諸外在，指陳現世人文虛妄，感官知覺不實，什麼禮樂制度、社會倫常、甚而人際關係都必須一概否定。此種堅決否定的思想，只就《道德經》之習慣用字，即可一目瞭然。鄔昆如先生曾指出：

　　　　其獨白式的語言，以及從來不用任何「你」或「他」的人稱代名詞，
　　　　祇有三十七次的「吾」「予」「我」等的第一人稱，似乎根本不理會
　　　　社會中的人際關係；……再來就是《道德經》五千言中，用了五百四
　　　　十五詞次的否定詞。從比較輕微的「小」「柔」「弱」「寡」「稀」

等，發展到「莫」「非」「不」「外」「絕」「棄」等，一直結束到「無」，共有六十四層不同等級的否定形式；其中一個「不」字就出現二百三十七次，「無」字出現九十八次。（〈先秦道家社會哲學之研究〉）

　　這一「否定」原則，老子、莊子以及其他歸屬於道家類之人物，從頭到尾都有認同和共識。否定後，道家唾棄儒家關心人與人的橫面關係之研究，冷靜反省人生宇宙的縱線關係。現世背後究竟何種面目？天地到底真如傳統敘述否？凡存有之生從那兒來，之死打那兒去？思維復思維，結果發現：現有皆源自第一元的「道」。此所謂「道」，乃「一形而上之存在實體或實理」（唐君毅《中國哲學原論》），是宇宙之本母，萬有於現世之存在與消滅，全為此道的運動作用。但「道」非主宰之人格神，與《詩》《書》等所言天帝、天志者迥異，絕無意志、感情與欲望，無心憑藉物之毀以表現其憎恨和厭惡，亦無心通過物之成以彰顯其恩惠和慈愛。老子說這個做為萬有本母的道，以「無」為內容，寂寥無相，廓然虛空，永恆而超越於萬物之上與天地之外。但是無相與虛空並非「烏有」（Nothingness）或「空無所有」（Emptiness），應該為「抽象」，因為它於恍惚中「其中有象」、「其中有精」、「其中有物」（《老子》二十一章），胎孕著形而下的天地萬物。當關涉及存有，便向前推出，下落成就具體有形之客體物，下落之精象即名曰「德」。經驗世界的所有，便如此生出。就像鑄鐵之橐籥（鼓風爐），內體不見有物，風卻源源滾滾不斷不止。最後，這個下落之德，經過運動再運動，變化再變化，仍舊回歸於本體之「道」。老子稱此一反復循環的道律曰「常」，如果執著於存有以觀道律即曰「歸根復命」（《老子》十六章）。

　　莊子發展老子的思想，將「道」作兩個修正。其一，在「無」之上提出「無無」，曰「泰初有無無」（〈天地篇〉）。因為「無」易墜入「有」的相對面，似是而非，不如「無無」消泯「無」之相狀。「無」字無處安著，才不

滯留於「無」，始爲最高境界。其二，把形而上的、超越的道，降凡下來，使其內存於萬有。〈知北遊篇〉東郭子質疑：所謂道惡乎在？莊子答曰「無所不在」、「無乎逃物」，人不用「必」（定指）於一個本體。這說明道之特質在：「同時先在，同時實現」（王煜《老莊思想論集》）。淺顯言，即離開了物便無道，離開了道便無物。所以莊子指出動物之螻蟻，植物之稊稗，礦物之瓦甓，乃甚廢物之屎溺，都是道的一體。萬有雖雜多紛如，形像狀貌各自不同，但全以道爲本質。這些分別個體於條理與安排下，遵循：「本無氣」、「氣變而有形」、「形變而有生」、「生變而之死」（〈至樂篇〉），像春、夏、秋、冬周而復始的循環規律機械地運動著。雖然如此，這並非代表：道即物，物即道。因爲「一體」（分別個體）僅爲部分，不等於全體。換言之，必須統合經驗世界每一個循環不已的存有，「道」才真正顯現出來。譬如人體，內具百骸、九竅、六臟等諸器官，必得全部包括，賅而存焉，才是人體；若單指其一，都只是器官而非人體。所以王煜先生說莊子是「大道顯現爲無限的雜多」（同上），並繪製圖表，說明如下：

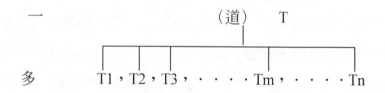

此中 T 指渾全的大道，在其原始的絕對性之中（in its orginal absoluteness），在本體論上佔著「一的層級」，（level of unlty），萬物在較低的「多之層級」（level of multiplicity）。如居於萬物之層次，必須承認每物（Tn，n 爲正整數），均爲自存的實體（self-subsistent entity），而且具備異於他物的邊界：Tm 永遠不是 Tn（m n 爲正整數）。這是我們日常經驗中，對於所謂「實在」的圖象（Schematic Picture）。然而，假如回歸到萬物共同的形上根據 T，那麼 Tm Tn 之間的差異甚至矛盾，便自然冰消互解了（liquefied）。（同上）

T1，T2，T3，Tm，Tn⋯⋯，存在差異性甚至矛盾性，差異性與矛盾性即王先生所謂「物的邊界」，「物的邊界」即物類與物類以及類中各物相異之處，莊子說「物有際」，叫「物際」（〈知北遊篇〉）便是此。在「多之層級」觀層級內部的多物，物物不同；在「一之層級」觀眾多之多物便悉數全同。歸納而簡單說，此「多之層級」乃形而下的「現象界」、「人生界」，而彼「一之層級」乃形而上的「本體界」。這兩個層次於莊子學說中既不可分割亦無法分割。「多之層級」每個物類（T1，T2，T3，Tm，Tn⋯⋯）的循環不已爲「自化」、「物化」，而「一之層級」之「道」（T），即在分別「自化」、「物化」之個體裡流行不殆，沒有障礙與干擾，此曰「大化」或「道化」。所以，到了莊子，道已經不再是高高在上、超越天地萬物，而是化作內存於物質世界之東西。

就以上考察，莊子雖對老子作若干修正。但其間仍相同者，如：

⑴道非人格神與創造者，僅爲生滅過程中或物質循環的調節者。

⑵道與物之運動皆屬「自然且必然」，而此「自然且必然」之運動都有遵循之路徑、法則或規律。

⑶就道觀物，物與物不異，所有的現象差異全屬非自然之假相。

引伸之，則道除機械運動外，道無其他，因此道體爲「無」、「無無」，道用爲「無爲」；而「無」、「無無」、「無爲」非「死寂」，必轉化出無限生機的「有」與「無不爲」。成爲「有」與「無不爲」的「物」及「物律」（自化、物化），亦除去機械運動外無其他。以上一切全是「自然而然」，非「人爲造作」。職是之故，所有不合「自然」之「人爲」、「人工」以及經由「人爲」、「人工」所造成之具象或抽象之結果，不但違反道與物的本質，而且迫使道與物喪失其本質，凡此種種，勢必消滅，道及物始克存其本。「無」、「無爲」、「消滅人爲」諸基本論點，老子如是主張，莊子亦如是主張。基於這種論點，居下流之聲色狗馬理當揚棄，甚至人們所尊尙之知識美譽亦當斬斷，因爲它們都起源自「人爲」，而非「自然」，兩者都會製造機巧榮華以及煩惱痛苦，兩

者愈衍愈多，人生必遭滅頂。追求物質自以爲養形體，與追求知譽自以爲養精神，同樣「以有涯隨無涯」（《莊子·養生主篇》），浪擲本眞，認不清眞正的性原道體，危殆至極。所以老子要人「去甚」、「去泰」、「去奢」（《老子》二十九章），「不尚賢」、「不貴難得之貨」、「不見可欲」（三章），「絕聖棄智」、「絕仁去義」、「絕巧棄利」（十九章），對於一切人爲「損之又損」，一直減損到「以至於無爲」（四十八章），至此，未變色於污染的道「素」才會顯現，未戕害於斲削的道「樸」才能抱執。莊子也說，理想的物，必與物爲一，必與道並生，此曰「天地與我並生，而萬物與我爲一」（〈齊物論篇〉）。類與不類（同類與異類）、秋毫與太山、殤子與彭祖、是是與非非、活的與死的、非謗與贊美……，甚至我莊子與彼蝴蝶，全是人自己用「形官」與「心官」所矯揉出來之拘摯，人抓住累贅與枷鎖，卻在小窪裡坐井觀天，竊竊自喜，栩栩然自喻適志，此眞所謂「生人之累也」、「人間之勞乎」（〈至樂篇〉）。這些由「形官」與「心官」所幻出的假，必然「有待」於形官與心官而後存在。現在，人於整體宇宙的大化流形中不過是一個機械的點，請問人生豈不成「皮之不存，毛將焉附」嗎？解除之，破除之，滅除之，化「有待」直達「無待」，人就徹徹底底眞眞正正「大自由」了，此曰「逍遙」；人這樣地活著，便叫「逍遙遊」。〈人間世篇〉「心齋」，指引人去掉「耳」之形官與「心」之心官，以道悟道。〈大宗師篇〉「坐忘」，指引人墮離「肢體」之形官與黜去「聰明」之心官，與道化合。都是從根本處去人爲求自然。

擁有如此之本體論與人生論，道家的政治思想不言可喻。國家政府、典章制度，是「人爲」發展的極至，人文之結晶。而就道家看，人文正是反自然之結果。嚴密的社會體制與政府組織，斤斤計較統治者私心制作的假是非與僞標準，不但無法提升人生的意境，反而剝奪損傷人性的純眞，在矛盾對立交織成的團體關係裡，人必然失落苦悶。於是老子對政治採取不干涉之「放任」態度，莊子則進一步希望取銷政府，提倡「無政府主義」。他們理想中的社群生

活，如下：

> 小國寡民，使有仟佰之器而不用，使民重死而不遠徙。雖有舟輿，無
> 所乘之。雖有甲兵，無所陳之。使民復結繩而用之。甘其食，美其服，
> 安其居，樂其俗。鄰國相望，雞犬之聲相聞，民至老死不相往來。(《老
> 子》十八章）
>
> 至德之世，其行填填，其視顛顛。當是時也，山無蹊隧，澤無津梁。
> 萬物群生，其屬相連。禽獸群生，草木遂長。是故禽獸可係羈而遊，
> 鳥鵲之巢可攀援而闚。夫至德之世，同與禽獸居，族與萬物生。惡知
> 乎君子小人哉？同乎無知，其德不離。同乎無欲，是謂素樸。素樸而
> 民性得矣。(《莊子・馬蹄篇》)
>
> 昔者容成氏、大庭氏、伯皇氏、中央氏、栗陸氏、驪畜氏、軒轅氏、
> 赫胥氏、尊盧氏、祝融氏、伏羲氏、神農氏。當是時也，民結繩而用
> 之，甘其食，美其服，樂其俗，安其居，鄰國相望，雞狗之音相聞，
> 民至老死不相往來。若此之時，則至治已。(《莊子・胠篋篇》)

文明發達，人文提高，離自然越懸遠，因此道家的歷史觀爲「退化論」，他們
嚮往之樂土必須遠溯太古，以上諸敘述，正是衝決現世體制之超拔描寫，把人
類的社群生活帶到「純理想化」之素樸時代。欲達此理想，爲政者要放棄私心
不爲，完全效法自然之「道律」與「物律」，只能順應，不能攖拂。爲政者苟
眞能無心順應，百姓便可以人人各遂本性而發展，天下不用治理自然治理，此
之謂「無爲而治」。老子說：「民之難治，以其上之有爲。」（七十五章）「我
無爲而民自化，我好靜而民自正，我無事而民自富，我無欲而民自樸。」（五
十七章）「聖人無常心，以百姓心爲心。」（四十九章）莊子也說：「彼民有常
性，織而衣，耕而食，是謂同德。一而不黨，命曰天放。」（〈馬蹄篇〉)「聞

在宥天下，不聞治天下也。在之也者，恐天下淫其性。宥之也者，恐天下遷其德也。天下不淫其性，不遷其德，有治天下哉？」（〈在宥篇〉）對天放同德的百姓強立禮樂刑法以治之，正是淫遷其性，無異斷鶴續鳧，非徒無益，而又害之，天下將脊脊大亂。因順民之本性，令其自化正樸，始為上上治策。所以道家的無為而治，應該是道化之無為而治，乃「道治主義」、「自然主義」，與儒家之「德治主義」、「人治主義」異趣。

四、結　語

　　德治主義與自然主義的「無為而治」，其不同有如前文所述。然而，「無為而治」之基礎建立於統治者尊重國家每一組成分子的本質發展，民自治而非君統治，此點則為儒家、道家所共同嚮往者。更明白言，儒、道雖異趣，卻是異曲同工。他們同時堅信人類具備平等、和平、自由、自重、自愛等諸美質，而且人類必然要因順本質發展去追求其實現。為維護本質發展之不受剝奪迫害，儒、道反對任何侵略主義與極權專制。反對侵略便是和平主義者，反對極權專制便是民本主義者。雖然尚未步入治灌在民之民主政治，實已相去不遠。數千年前，儒、道二家已知洞矚機先，掌握健全政治之關鍵，給予人類高度的人性尊嚴，開拓人民的心靈自由，實乃各家所不及。這也是儒、道思想成為中華文化主流之主要原因，影響至深且鉅。

　　今日，世界局勢，無論具體實務或抽象政論，不啻陷入一個「新春秋戰國」泥淖，在面對新思想、新體制時，我們固然不可固執傳統，頑固地堅持狹隘之民族主義，但更不可以全然放棄自己的優點，盲目漫逐。在深切反省傳統儒、道二家「無為而治」思想後，我不禁對中國文化中普遍而永恆之指導性，致十分之欽佩。我堅決相信，於此種基礎上，吸取兼採他人長處為吾用，並在東、西方共同努力下，人類追求民主自由、和平共存之理想，必有實現之日。

論儒家禮樂之治的理想社會與
庶人生活的差距

張才興*

一、前　言

　　儒家「禮樂之治」是我國傳統文化思想精華之所在，也是自古以來人類文化的代表，更是東西文化分野的象徵。孔子所創立的儒家學說，是他對傳統文化進行整理和反省所得的結果，而禮樂之治在儒家全體學說中是最為重要的一部分，因為它是治理天下教化萬民的至德要道。禮樂在最初的時候雖然各自獨立，但是在社會教化上則有共同的功能。❶因此，自孔子以來，禮樂便成為儒家教學的基本教材。❷不過，禮樂之治並不容易實行，因此，當孔子談論到禮樂的時候也不得不感慨當時的禮樂只是徒具虛文而已。❸雖然如此，筆者對於傳統儒學思想始終都懷著仰慕崇敬的心情，尤其對禮樂之治所展現出來的崇高治國理想，及以「仁」

---

*　逢甲大學中國文學系副教授。

❶　關於禮樂的教化功能，《禮記・樂記》說：「禮以道其志，樂以和其聲。」用禮來誘導人心，用樂來調和人聲，因此從社會教化的觀點來看，禮樂的終極目的都是一樣的。

❷　《禮記・王制》說：「春秋教以《禮》、《樂》，冬夏教以《詩》、《書》。」雖然《禮》、《樂》和《詩》、《書》同樣是教學的教材，但是到了後來，卻產生了整個儒學幾乎被「禮」之名所涵蓋的現象。如《左傳・昭公二年》：「韓宣子見《易》象與魯《春秋》曰：『周禮盡在魯矣，吾乃今知周公之德與周之所以王。』」之說即是。

❸　可參考《論語・陽貨》：「禮云禮云，玉帛云乎哉？樂云樂云，鐘鼓云乎哉？」之說。

作為主體並尊重「人」的道德性的教學理論也從不感到懷疑。不過，當思及禮樂之治在自古以來的治道中從未取得主導的地位時，則不免要懷疑《禮記·曲禮》「禮不下庶人，刑不上大夫」的階級觀是否就是影響禮樂之治不能實施的原因？以及庶人在日常生活的禮儀規範之中是否只要遵守「上行下效」的原則即可？為了探究這些疑問，筆者嘗試遵循舊說，拾掇前人的智慧，乃以「論儒家禮樂之治的理想社會與庶人生活的差距」為題，希望一探問題的癥結，並提出管見，以就教於諸前輩賢達。

二、禮樂之治的文化背景

自周武王死後，成王年幼，周公居攝，繼武王而治理天下，一直到成王既冠成人，周公才把天子之位歸還給成王。關於這件事，《荀子·儒效》稱許周公是一位「大儒」。❹周公在居攝期間，曾以成王之命來詔誥東土諸國及殷的遺民要順從天命，並倡導宗教祭祀活動。❺然而，當周公隨武王征討商紂王之時，則破除對於鬼神的迷信而取得了天下。❻這兩件事看似矛盾，實則不

---

❹ 周公屏退成王，繼武王而治天下，是因為怕天下之人背棄周朝的緣故。在此期間，周公殺管叔、虛殷國，而天下的人也不說他暴戾。其後立了七十一國，姬姓的就佔了五十三人，而天下的人也不說他偏私。他教導成王，使之明白道理，而能繼承文、武之業，然後把周的天下交還給周，把天子之位還給成王，而自己又北面稱臣朝覲成王。周公以枝子代替主上而不僭越，讓天下和順如一。因此，荀子認為，如果不是聖人是無法做得到的。這樣的人就是「大儒」。

❺ 見《尚書·多方》：「周公曰：王若曰：『猷，告爾四國多方，惟爾殷侯尹民。我惟大降爾命，爾罔不知。洪惟圖天之命，弗永寅念于祀。』」之說，這是周公利用殷人敬鬼的信仰來達到政治統治的措施。

❻ 見《荀子·儒效》：「武王之誅討也，行之日以兵忌，東面而迎太歲，至氾而氾，至懷而壞，至共頭山遂。霍叔懼曰：『出三日而五災至，無乃不可乎？』周公曰：『刳比干而囚箕子，飛廉惡來知政，夫又惡有不可焉！』遂選馬而進，朝食於戚，暮宿於百泉，厭旦於牧之野。鼓之而紂卒易鄉，遂乘殷人而誅紂。」之說。這是周公在治理天下和取得天下時所採用的不同策略。

然，因爲殷人尙鬼，所以周公才如此詔誥殷的遺民。然而在這個時期的政治思想之中，「天」就是一切的主宰者❼，因此，舉凡國家大事都必須以「天」之名來決定可否，這種現象顯示了當時的政治領導者在治理國事時只是處於被動的地位。不過，這種以「天」爲宰者的政治現象到了周成王之時產生了一些變化，也就是說，當統治者發現原來秉承天命而有天下的王朝最後也會滅亡的事實之後，他們便開始反省失去天下的原因。而周公在居攝期間，殺武庚、管叔，又放蔡叔，並且制定禮樂制度及冠昏喪祭之儀，將治理國家的領導權完全掌握在手裡。到了周公還政於成王之時，即作「召誥」以勉勵成王要「敬厥德」（《尚書·召誥》）。周公在〈召誥〉說：

> 我不可不監于有夏，亦不可不監于有殷。我不敢知日，有夏服天命，惟有歷年；我不敢知日，不其延，惟不敬厥德，乃早墜厥命……今天其哲命，命吉凶，命歷年。知今我初服，宅新邑，肆惟王其疾敬德。

周公這段話的用意是要爲政者在治理國家時必須具備自覺的態度與精神，換言之，治國者不能完全聽命於天，而是要「敬厥德」。「敬厥德」之意就是爲君者要謹愼於自己的德行。

　　相傳周公在居攝時期曾作《周禮》，但後世學者則持懷疑的態度，認爲是戰國末年儒家後學，爲了實踐孔、孟的政治主張所蒐集的周代典章制度，並揉合法家、陰陽家的言論而成的一部理想的政府組織法，並以此作爲後代君主

---

❼ 這種聽命於天，卜筮以決大事的思想是當時的主流思想。如《禮記·表記》：「殷人尊鬼，率民以事神，先鬼而後禮。」之說即是。又如《尚書·洪範》記載周武王訪箕子時說：「嗚呼！箕子。惟天陰騭下民，相協厥居，我不知其彝倫攸敘。」武王克殷而有天下之後，亦無改天是陰騭人民的主宰者的思想，而不知道該如何制定那經常的要道。足見當時的政治思想還不能脫離神的觀念。

的治國藍圖，達到「託古改制」的目的。❽學者的推論雖然有道理，但是從孔子推崇周公的言論看來❾，建立禮樂之治的理想社會是孔子最想完成的政治理想。因此，自孔子以來，推行禮樂之治就是完成「王道」❿的必經之道。儒家以禮樂作爲治國之道的思想起源很早，不過那時候的「禮樂之治」的政治概念比較淡薄，最多也只是上位者在誓約或祭祀之中命令所屬官員把有關禮樂方面的事情要謹慎完成而已。有關這方面的資料，我們可以從《尚書》的記載中得知。在「禮」方面，如〈堯典〉的「修五禮」⓫、「岱禮」⓬之說即是；在「樂」方面，如堯帝指示樂官夔而有「命汝典樂，教冑子」之說。堯帝希望夔能以「樂」來教導冑子，使他們正直溫和，寬大謹慎，剛強不苛虐，簡易不傲慢，以達到人神和睦的境界。另外，在〈皋陶謨〉的「天秩有禮，自我五禮有庸哉」之說，即謂天所規定的爵位，有其一定的禮法，而「五禮」尤其不可廢棄，要時時地維持著。在那個時代，社會的風氣純樸，政府的法令規章比較容易推行，所以禮樂在政治上只是扮演「輔助」政治的角色，有時候也只是作爲典祭的「三禮」（天神、地祇、人鬼之禮）而已。然而，在〈洛誥〉所記周公「王肇稱殷禮」、成王「惇宗將禮」、「于宗禮亦未克敉公功」，以及〈君奭〉「殷禮陟配天」等所說的「禮」，雖然屬於祭祀之禮，但是已經表現出相當程度的政治意義。

---

❽ 劉德漢：〈三禮概述〉，《三禮研究論集》（臺北：黎明文化事業公司，1982年10月，再版），頁26；又見同書黃沛榮：〈論周禮職方氏之著成時代〉，頁104-122。

❾ 孔子稱頌周公禮樂之治的記載雖然不多（如《論語·八佾》：「周監於二代，郁郁乎文哉！吾從周。」〈述而〉：「甚矣吾衰也！久矣，吾不復夢見周公。」）但是，對於禮樂之治的殷切期盼之情卻是可以理解的。

❿ 如《禮記·樂記》：「禮樂刑政，四達而不悖，則王道備矣。」之說。「王道」乃儒家治理天下，以道德感化庶民之道理。

⓫ 「五禮」，即吉、凶、賓、軍、嘉等禮。

⓬ 「岱禮」，即岱宗之禮。「岱宗」，即泰山。《禮記·王制》云：「五月南巡守，至於岱宗。」

　　關於禮樂和政治的關係，大陸學者楊華認為，禮樂文化政治化、典章化的過程，決非周公旦一人所為，而是經過周朝前期的武王、周公、成王、康王、昭王、幾代統治者近百年的努力，最後由穆王所完成的綜合性文化建構過程。❸禮樂之道雖非一朝一夕一人所能完成，不過，周公以禮樂之道來治理天下必定是事實，而所謂「禮樂之治」，乃是指自孔子以來作為一種政治的最高理想境界，而這個理想一直是儒者全力以赴的終極目標。然而，禮樂在最早的時候並沒有必然的關係。《禮記·樂記》說：「五帝殊時，不相沿樂；三代異世，不相襲禮。」禮樂的本質各有不同，在不同的時代所表現出來的精神也不一樣。不過，當我們讀到同篇「樂者為同，禮者為異。同則相親，異則相敬。樂勝則流，禮勝則離。合情飾貌者禮樂之事也」，以及「樂由中出，禮自外作」等文字的時候，又可以發現禮和樂在教化上具有相輔相成的特質。又據〈樂記〉所說，「樂」是內心的表現，而「禮」則是外貌的表現，因此，可以從一個人的「內心」得知其真情，從「外貌」得知其風範。「大樂必易，大禮必簡。樂至則無怨，禮至則不爭。揖讓而治天下者，禮樂之謂也」（同上）以禮樂之道作為一種政治教化，甚至國家的典章制度，這是禮樂文化隨著時代趨勢演進的必然階段，而這個階段據推測可能是在周代開國的初期。

三、禮樂之治的理想社會

　　「禮樂之治」是先秦儒家教化萬民、治國平天下的最高政治原則。依儒家之說，禮樂由先王所制定。《論語·季氏》說：「天下有道，禮樂征伐自天子出。」當天下政治清明時，國家的一切禮樂教化及討伐有罪臣民的政令都從天子那裡發出，這種理想的禮樂教化狀態，就如《孝經·廣要道章》「移

---

❸　楊華：《先秦禮樂文化》（漢口：湖北教育出版社，1997年），頁48。

風易俗，莫善於樂，安上治民，莫善於禮」所說的那樣。此外，我們又可以從《孟子‧盡心》「無禮義則上下亂」的記載看來，「禮」所表現的政治意味是相當濃厚的。而《荀子‧樂論》「先王導之以禮樂而民和睦⋯⋯樂合同，禮別異；禮樂之統，管乎人心矣。窮本極變，樂之情也；著誠去偽，禮之經也」之說，很明顯的也是針對禮樂之治的理想社會而設立的言論。

關於禮樂之治的目的，在《禮記‧樂記》之中還有更完美的敘述：

> 凡音者，生於人心者也。樂者，通倫理者也。是故，知聲而不知音者，禽獸是也；知音而不知樂者，眾庶是也。唯君子為能知樂。是故，審聲以知音●審樂以知政，而治道備矣。是故，不知聲者不可與言音，不知音者不可與言樂。知樂，則幾於知禮矣。禮樂皆得，謂之有德。

將禮和樂視為一種政治教化，主要是因為先王可以利用禮樂來教導人民，使人民知道如何分辨好惡而返於人道天性的純真，如此，治國平天下的目的就可以達成，這就是為什麼禮樂和政治總是不能分開的原因。

在儒家的政治思想之中，禮樂之治道常被推到超乎理想的至高境界，因此，禮樂的意義就更加廣泛了。首先就「禮」的政治功能方面來說，《荀子‧王霸》說：「國無禮不正。禮之所以正國家也，譬之猶衡之於輕重也，猶繩墨之於曲直也，猶規矩之於方圓也，既錯之而人莫之能誣也。」荀子把禮喻為「衡」、「繩墨」、「規矩」三種度量衡的標準，是沒有人可以誣妄的，可知禮有端正及規制事物的作用。其次再就「樂」的社會教化方面來說，《荀子‧樂論》說：「夫聲樂之入人也深，其化人也速，故先王謹為之文。樂中平則民和而不流，樂肅莊則民齊而不亂。民和齊則兵勁城固，敵國不敢嬰也⋯⋯故禮樂廢而邪音起者，危削侮辱之本也。故先王貴禮樂而賤邪音。」在以上的引文中，荀子認為禮樂的政治意義遠重於倫理的意義，因此，創造一個理想的社會就是

禮樂之治的最終目的。

除了《荀子》之外，《大戴禮記·禮察》也談到禮的功能。如：「夫禮之塞，亂之所從生也。」禮的阻塞不行是禍亂發生的原因，換句話說，禮如能被推行，就可以阻止禍亂的發生。事實上，即便是君臣關係的好壞也必須以禮為準。因此《大戴禮記·朝事》則有「諸侯相屬以禮」之說。鄭玄《注》說：「禮也者，體也，履也，統之於心曰體，踐而行之曰履；體為之聖，履薇之賢。」依鄭玄所說的禮看來，這恐怕是禮學思想在漢代自然發展的結果。關於這方面的資料，我們還可以在《史記·太史公自序》看到「春秋者，禮義之大宗也」這樣的記載，以及《漢書·律曆志》劉歆以春秋制禮之說❹，恐怕所表現的也是同一種思想。

四、禮樂之治與刑罰之治的特殊關係

在儒家禮樂之治的思想之中，不論它所代表的意義是甚麼，都是齊民的要道。《孝經·三才章》說：「導之以禮樂而民和睦。」照這樣說來，治理人民是不須經由刑法罰的。這和賈誼在〈陳政事疏〉所說的「刑罰積而民怨倍，禮義積而民親和」❺的意思是一樣的。一般而言，法家的「法」和儒家的「禮樂」雖然都是為政者重要的施政依據，但是，法家的「法」所依據的主要是刑和罰，而儒家的「禮樂」所依據的則是仁和德，即使儒家在談到「刑罰」時也不特別強調它的威力，這是儒家思想的特色之一。事實上，不論是禮樂也好，刑罰也好，當要禁止人們某些行為時，也都同樣地表現出消極、不妥協的一面，

---

❹ 《漢書·律曆志》第一上：「至孝成世，劉向總六曆，列是非，作〈五紀論〉。向子歆究其微眇，作《三統曆》及譜以說《春秋》，推法密要，故述焉。」

❺ 《漢書·賈誼傳》。

如《禮記·坊記》的「坊」就含有這種意義。❻此外，《禮記·經解》有「夫禮，禁亂之所由生，猶坊止水之所自來也」之說，而《大戴禮記·禮察》也有「夫禮之塞，亂之所從生也；猶防之塞，水之所從來也」這樣的說法。關於禮和法的區別，賈誼在〈陳政事疏〉說：「禮者禁於將然之前，而法者禁於已然之後，是故法之所用易見，而禮之所為生難知也。若夫慶賞以勸善，刑罰以懲惡，先王執此之令，堅如金石。」❼據此可知，禮和法所禁止的狀態是有差異的，這也是用德和用罰的區別。不過，事實上在儒家的典籍中也有記載用「刑罰」的地方❽，然而，荀子在這方面討論得最積極。❾在我們所引述荀子的話之中可以發現一個很有意思的地方，那就是，教和刑對於社會的秩序有時候也具有相同的價值。

在遇到上述情況的時候，儒家的基本看法是以禮樂為主而刑罰為從，或者是以禮樂為本而刑罰為末，而荀子則把禮和刑當作是王道的樞要。關於這一點，《論語·子路》也有「禮樂不興，則刑罰不中」之說。雖然禮樂和刑罰的關係似乎有些含混的感覺，但是當刑罰得當的時候，禮樂之治是否也能夠順勢達成就很難論定了。不過，從《論語·子路》的話看來，刑罰和禮樂的確存在著不尋常的關係。又根據《荀子·王制》「聽政之大分，以善至者，待之以禮，以不善至者，待之以刑，兩者分別，則賢不肖不雜，是非不亂」之說

---

❻ 如鄭玄《目錄》：「名曰坊記者，以其記六藝之義，所以坊人之失者也。」之說。

❼ 《漢書·賈誼傳》。

❽ 如《尚書·康誥篇》「王曰：『嗚呼！封，敬明乃罰。』」「汝陳時臬司，師茲殷罰有倫」；「乃其速由文王作罰，刑茲無赦」之說。又如〈多方篇〉「乃有不用我降爾命，我乃其大罰殛之」；「則惟爾多方探天之威，我則致天之罰，離逖爾土」之說。

❾ 如〈王制篇〉「漸賞慶以先之，嚴刑罰以糾之」；「無功不賞，無罪不罰」；「為不善於幽而蒙刑於顯也」。又如〈正論篇〉「殺人者死 傷人者刑」。又如〈致士篇〉「賞不欲僭，刑不欲濫」。又如〈議兵篇〉「狃之以慶賞，由茜之以刑罰」。又如〈富國篇〉「不教而誅，則刑繁而邪不勝；教而不誅，則姦民不懲」等說皆是。

看來，社會上有「善」與「不善」兩種不同的人，善者待之以禮，不善者待之以刑，當然對於「不善至者」而言，縱然是給予教化也是枉然的。此外，《荀子‧富國》又有「由士以上則以禮樂節之，眾庶百姓則必以法數制之」之說，這種說法和前者一開始就有截然不同的區別，這是因爲實施禮樂之教的對象是士以上的人，而庶人則不在此規範之內的緣故。而賈誼〈陳政事書〉「古者，禮不及庶人，刑不至大夫」及《禮記‧曲禮》「禮不下庶人，刑不上大夫」[20]的說法，極有可能是原封不動地繼承荀子的思想而來的。

至於禮和庶人的關係又是如何？ 關於此，《荀子‧禮論》說：「不法禮，不足禮，謂之無方之民；法禮，足禮，謂之有方之士。」所謂「有方」和「無方」原是相對的，而「有方」者稱爲士，「無方」者稱爲民。在同一篇中當說到祭祀之儀的時候則說：「其在君子，以爲人道也，其在百姓，以爲鬼事也。」據此，君子把祭祀看爲人道之事，庶人百姓則以爲是鬼神之事。不過，由此可知，庶人並不能對人道之事加以辨知。如前所說那樣，當儒者論說人道的時候並沒有考慮庶人階級在內，其對象只是士大夫以上的階級而已。所以古代的爲政者對於庶人，不是誘之以利就是迫之以刑，孟子的仁義之政乃屬於前者，而荀子的行刑罰之說則屬於後者。當儒家在倡導禮樂之治的同時，又不能完全屏棄刑罰而不用，所以到最後禮樂之治恐怕還是停留在理想的階段而已。

五、禮樂之治在庶人生活中的可行性

儒家禮樂思想最大的特色就是必須經由「講習」的過程才具備意義，否則它還是一種「想像」而已。關於儒者講習禮樂，它的內容及形式如何，我們

---

[20] 孫希旦說：「禮不下庶人者，不爲庶人制體。」聖人不爲庶人制禮，而庶人之行事，以士大夫爲榜樣。孔子說：「民可使由之，不可使知之。」禮不及於庶人之說，至此甚明。

實難想像得知。不過，如果根據《墨子·非儒下》「孔某盛容修飾以蠱世，弦歌鼓舞以聚眾，繁登降之禮以示儀，務趨翔之節以觀眾」㉑之說看來，禮樂的講習內容大致是可以瞭解的。儒者在講習禮樂時必須粉墨盛容，場面想必也是極其鋪張的。此外，《莊子·漁父》也用「絃歌鼓琴」來形容儒者講習禮樂的盛況，不過，這也是類似墨子對孔子的非難之辭。㉒儒者講習禮樂之事是不能中斷的，根據《史記·孔子世家》「孔子為兒嬉戲，常陳俎豆，設禮容」的記載來看，「陳俎豆」是常備的祭器，而「設禮容」則是經常的動作。儒者不論身在何處，或遇到甚麼狀況，講習禮樂的事情都不會停止。又根據《史記·儒林列傳》的記載，孔子在宋國時也常常和弟子「習禮大樹下」；即使在陳絕糧，依然「弦歌不衰」。當孔子歿後，「諸儒亦講禮鄉飲、大射於孔子冢」。到了秦末之際，天下紛亂，群雄並起，當陳涉稱王時，「魯諸儒持孔氏之禮器，而往歸陳王」；又當高祖滅了項籍，舉兵圍魯時，「魯中諸儒尚講誦習禮樂，弦歌之音不絕」。儒者為了講習禮樂，個個都表現出舍我其誰的大無畏精神。漢興以後，「諸儒始得修其經藝，講習大射、鄉飲之禮」。（以上諸說，皆見於《史記·儒林列傳》）這些現象顯示了自孔子以來儒者就是以這種方式來講習禮樂的。而公孫弘在武帝時初為博士，亦在其「奏請」中強力主張「勸學」、「興禮」，目的就是倡導禮樂之道。㉓然而，當司馬談〈論六家要指〉時則給予嚴

㉑　這些話和《晏子春秋·外篇》「仲尼見景公欲封晏子以為不可第一」的說法大致相同。

㉒　《莊子·漁父》：「孔氏者，性服忠信，身行仁義。飾禮樂，選人倫，上以忠於世主，下以化以齊民，將以利天下。此孔子之所治也。」莊子之言，常有嬉笑怒罵之語，對於孔子之道更是極盡揶揄之能事，不過，我們或許可以從這些文字之中發現一些有關當時儒者的實際生活情況。

㉓　見《漢書·儒林傳》：「今禮廢樂崩，朕甚愍焉，故詳延天下方聞之士，咸登諸朝。其令禮官勸學，講義洽聞，舉遺興禮，以為天下先。」之說。

厲的批評。㉔如果根據這個說法，儒者想藉由禮樂的講習來實踐禮樂之治恐怕是一件不容易的事情。從基本上說，禮、樂和《詩》、《書》、《易》、《春秋》都是儒家的基本教材。所以，《禮記・王制》有「春秋教以《禮》、《樂》，冬夏教以《詩》、《書》」、〈文王世子〉有「春頌夏弦……秋學《禮》……冬讀《書》，《禮》在瞽宗，《書》在上庠」等的記載。雖然《禮》、《樂》和《詩》、《書》同樣是教學的教材，但是到了後來卻產生了整個儒教幾乎被「禮」之名所覆蓋的現象。㉕根據荀子所說，禮、樂都是由「先王」所制作。㉖而《禮記・樂記》也有「知禮樂之情者能作，識禮樂之文者能述。作者謂之聖，述者謂之明，明聖者，述作之謂也」之說。所謂「聖」即是「聖人」，亦即是「先王」之意。如果照此說看來，聖人就是制作禮樂的人，而禮樂的地位必然是崇高的，因此，即便是具有相當程度的儒者或士以上的人，恐怕也很難達到禮樂所規範的境界，更遑論是庶人了。

此外，一如在上文所提過的一樣，孔子在兒時嬉戲時即常陳俎豆，設禮容，因此被喻為年少而好禮。孔子在宋國時，曾和弟子習禮於大樹下，他們講習的內容都和揖讓周旋等禮有關。不過，這種禮在當時是否被天子、諸侯、公卿大夫所接受卻是令人懷疑的。關於這一點，我們可以從《荀子・禮論》「王者天太祖，諸侯不敢壞，大夫士有常宗，所以別貴始；貴始得之本也。郊止乎天子，而社止於諸侯，道及士大夫，所以別尊者事尊，卑者事卑」所說的郊社宗廟之制來看，就可以知道天子、諸侯、公卿大夫的禮和諸儒所講的應該是不一樣的。另外，在喪禮方面，「三

㉔ 見於《史記・太史公自序》：「夫儒者，以六藝為法。六藝經傳以千萬數，累世不能通其學，當年不能究其禮。故曰：博而寡要，勞而少功。」之說。

㉕ 如《左傳・昭公二年》有「韓宣子見《易》象與魯《春秋》曰：『周禮盡在魯矣，吾乃今知周公之德與周之所以王』」之說；又如《禮記・禮運》記孔子答言偃問禮時，也有「我欲觀夏道，乾坤之義，夏時之等，吾以是觀之」這樣的記載。

㉖ 如《荀子・禮論》：「先王惡其亂也，故制禮義以分之。」〈樂論〉：「是先王立樂之方也。」之說。

年之喪」是「自天子達於庶人」的通行喪禮。❷不過，就當時的社會來說，「三年之喪」是否適用於所有的人也是值得懷疑的，因爲自天子至於庶人，各個階層都有不同的階級，所以他們之間所採用的禮恐怕也是不盡相同的。而在《禮記》〈檀弓上〉、〈王制〉、〈喪服四制〉❷等所看到的相關記載，大體上和戰國時代儒者所說的沒有甚麼差別。不過，有些禮則完全看不出它的來龍去脈。例如說，當秦始皇和漢武帝在泰山舉行封禪之禮時，都因爲沒有故禮可循，於是便向儒者諮詢有關的儀禮，但是儒者都說得不清楚。❷而在《史記·封禪書》中只提到封禪是天子之禮，至於封禪的禮則付之闕如。因此可知，封禪之禮並不是儒家的正統思想，而似乎是後來爲了封禪的儀式臨時雜編出來的一種禮，不過，它和郊祀的禮是極不相同的。甚至自古以來儒家所說的郊祀之禮，恐怕也不是儒家傳統的東西，這個現象或許是叔孫通爲漢室制作儀禮時沿襲了許多秦國傳統的儀禮所致。❸《史記·叔孫通傳》說：

> 五帝異樂，三王不同禮，禮者因時世人情為之節文者也。故夏殷周之禮，所損益可知者，謂不相復也。臣願頗採古禮與秦儀，雜就之。

又《史記·禮書》說：

---

❷ 《孟子·滕文公上》。

❷ 《禮記·檀弓上》：「致喪三年」、「喪三年以為極」；〈王制篇〉：「三年之喪，自天子達于庶人」；〈喪服四制篇〉：「故為君亦斬衰三年」等說皆可參考。

❷ 見於《史記·封禪書》：「（始皇）即帝位三年，東巡郡縣，祠騶嶧山，頌秦功業。於是徵從齊、魯之儒生博士七十人，至乎泰山下。諸儒生或議曰：古者封禪為蒲車。惡傷山之土石草木。掃地而祭，席用葅稭，言其易遵也。始皇聞此議，各乖異難施用，由此絀儒生。」之說。

❸ 見於津田左右吉：《津田左右吉全集》（東京：岩波書店，1963-1966年）之說。

至秦有天下，悉內六國禮儀，采擇其善，雖不合聖制，其尊君抑臣，朝廷濟濟，依古以來典法行之。至於高祖，光有四海，叔孫通頗有所增益減損，大抵皆襲秦故。

所謂「古禮」或「聖制」，似乎都是指儒家所說的禮而言。不過，上文所記載的禮果真是叔孫通所說？這確實是令人懷疑的。此外，不論是儒家的禮和秦的禮是否真的能夠「增益減損」、「雜就之」，或者是將兩者折衷為一，這也值得商榷，因為這兩個時代的制度和思想是不相同的。然而，由於叔孫通所制定的禮乃是「大抵皆襲秦故」，因此可知，所謂的「登降之禮，趨降之節」的禮恐怕也是出於推測而已。至於古代諸侯、公卿的禮似乎也有可疑的地方。例如《孟子·滕文公上篇》在講到滕定公的喪禮時就遇到了一些問題。❸❶孟子雖然向然友提出三年之喪的古禮，但是由於並非依循先例，所以滕國的百官都認為不可。因此，孟子的「三年之喪」之說，也只能作為參考之用而已。不過，事實上我們可以從許多記載得知，儒家所講的喪禮並不容易實施，所以主張三年之喪，很顯然的只是儒家的定論，而且此說亦止於儒家。而《韓詩外傳卷七》記齊宣王對田過也有「吾聞，儒者親喪三年」之說。不過，這些話是不是出自漢人，也是一個疑問。從常識方面來說，如果實行三年之喪的話，若靠勞動為生活的庶人百姓，不但一開始就不可以，即便是那些士大夫階級以上的人也會曠職敗身。《墨子·節喪》認為，如果實施三年之喪，王公大人官府的職務

---

❸❶　如《孟子·滕文公上篇》所載，滕定公薨。世子請其師傅然友去請教孟子有關如何辦理喪禮之事。孟子曰：「不亦善乎！親喪，固所自盡也。曾子曰：『生，事之以禮；死，葬之以禮，祭之以禮；可謂孝矣。』雖然，吾嘗聞之矣：三年之喪，齊疏之服，飦粥之食，自天子達於庶人，三代共之。」然友反命。定為三年之喪。父兄百官皆不欲也，故曰：「吾宗國魯先君莫之行，吾先君亦莫之行也。至於子之身而反之，不可……」滕國不採三年之喪，認為是違反前代的舊典。可見「三年之喪」，在當時並不一種通行的喪禮。難怪乎孟子只能說「吾嘗聞之矣」。

必然廢弛不張；農夫之稼穡，百工之雜役，婦人之紡織等勢必不能執行，而且任何人都會傷身發病。對於《墨子》之說，我們必須承認它是事實。因此，三年之喪的制度並不可能實行。此外，《荀子·禮論》所說的「三年之喪」，其實是二十五個月，也只不過限於「送死有已，復生有節」而已。又據《禮記》所載，在喪禮之中為了避免因死傷身，因此制定了一些規定。❸如果照二十五月之喪不致傷身看來，不實行三年之喪是極有可能的事。不僅如此，悲哀之情如果長時間持續下去的話，在心理上也很難接受親人死亡的事實。所以，根據「哀痛未盡，思慕未忘」❸的實際情況所制定的禮，荀子認為是在矯飾人情而已。此外，在《論語·陽貨》關於宰我所說的居喪期限是可以參考的❸，這是儒家人物對於三年之喪感到懷疑的言論。這種喪禮不能行之於世是必然的事情，而且，如果實行三年之喪的話，許許多多的禮、喪服等的制度，以及儒家的許多主張將隨之中止也是有可能的。根據《禮記·曾子問》所提到有關於喪禮種種疑問的記載，都是假託孔子之言來解決。所以這種禮很難行之於世，充其量也只是儒家的理想而已。喪禮如果像上述那樣的話，其他如冠、昏、祭祀等禮所面臨的困難也大概會如此。又如果說《儀禮》所記的冠昏喪祭之禮就是士禮的話，這恐怕也和卿大夫的不同，這是因為不同的階級就有種種不同的禮所致。如果禮的實施對於士以上的人的地位有影響的話，那麼他們往往會藉助於禮的實行來提高自己的地位，這是一種自然的傾向。❸果真如此，則很有

---

❸ 如〈喪服四制篇〉：「禿者不髽，傴者不袒，跛者不踊，老者不止酒肉。」〈曲禮上〉：「居喪之禮，頭有創則沐，身有瘍則浴，有疾則飲酒食肉，疾止復初。不勝喪，乃比於不慈不孝。五十不致毀，六十不毀，七十唯衰麻在身，飲酒食肉，處於內。」以上引文之內容，都是為方便喪禮而設計的一些權宜措施。

❸ 《荀子·禮論篇》。

❸ 《論語·陽貨篇》：「宰我問：『三年之喪，期以久矣！君子三年不為禮，禮必壞；三年不為樂，樂必崩。舊穀既沒，新穀既升，鑽燧改火，期可已矣』」

❸ 同註❸。

可能會牽涉到權力的問題,因為在封建時代,在「禮」的後面往往伴隨著「權力」這個東西。當然,在實際上由於人有貧富貴賤之別,即使是同樣的「禮」也存在著許多不同的等差。

雖然儒者把禮當作是一種教材來傳授,但是在生活上或許未必能夠具體的去實行冠昏喪祭等一些社會生活的禮。至於禮為何要有一些特別的舉止動作,關於這一點,雖然我們可以用前面再三引述的「登降之禮,趨降之節」的話來加以說明,但是這些動作或許都是靠「想像」而來。至於喪禮,大概就不是可以憑想像便可以講習傳授的。

至於在樂方面,樂也和禮一樣要講習才具備實質的意義。事實上,樂和禮具有類似的性質。如前面所引述的那樣,戰國之際,魯國的儒者也是「弦歌之音不衰」。❸❻在《儀禮》之中,〈鄉飲酒禮〉、〈鄉射禮〉、〈燕禮〉、〈大射〉等禮都有音樂的伴奏。❸❼這些禮樂想必也是儒者平時所要學習的,可知樂是隨禮而生的,因此,可以推測在講習禮的時候也必定用樂。不過,這種樂不是普通流行於世俗的樂,而是一種異於平常的樂。當然,這種樂並不是庶人所能理解的,庶人既不能理解,又如何將樂落實於庶人的生活之中?所以《禮記·樂記》才有「知音而不知樂者,眾庶是也」之說。

六、結 語

儒家在倡導「禮樂之治」的同時還加上刑罰之說,原因是禮樂之治在實行上有其困難之處。雖然如此,把禮樂之治作為君主的理想政治仍然是被儒者

---

❸❻ 《史記·儒林列傳》。

❸❼ 如〈鄉飲酒禮〉:「乃合樂〈周南〉:〈關雎〉、〈葛覃〉、〈卷耳〉;〈召南〉:〈鵲巢〉、〈采蘩〉、〈采蘋〉。」〈鄉射禮〉:「奏〈騶虞〉。」〈燕禮〉:「奏〈南陔〉、〈白華〉、〈華黍〉。」〈大射〉:「奏〈狸首〉。」

所重視。關於這一點，荀子在〈王制篇〉提出「修禮者王，為政者強」的主張，然而在〈大略篇〉所說的「君人者，隆禮尊賢而王，重法愛民而霸，好利多詐而危」，恐怕也是一種「假設」之辭。這些「假設」的主張雖然在政治上沒有機會讓它去充分實現，但是千載以來，這種「思想」還一直被傳承著。事實上，由於歷來的政治領導者都必須面對不同性格的社會大眾，不論是採用禮樂之治或嚴刑峻罰也很難收到教化的理想效果，這一點恐怕儒者也很難否認。不僅如此，當國君治理天下的時候，如果僅靠「禮樂之治」的理想恐怕也很難達成目標。特別是到了漢代，由於儒學和陰陽災異之說相互結合，因此，導致儒家傳統禮樂之治的價值自然而然地日趨低落，而在政治上的重要性也必然降低。當然，漢代的儒者是察覺不到這種情況的。儒家的禮樂思想雖然有其傳統的延續性，但是由於時代的更迭和思想的轉變，使得禮樂思想在持續的發展中受到當代客觀因素的影響而不得不作一些調整，或者也會因改變而失去原有的精神，這種情況也是有可能發生的。因為禮樂實際上是屬於一種接近「模糊」狀態的形而上的意識思想，它是依賴特殊階級的上層社會透過感情而非理性的維繫而存在的。因此，當庶人想從現實的生活中試圖去遵行禮樂的規範時，則會因為禮樂特殊階級的不平等性而遭到被屏棄於外的命運。而自古以來庶人所傳承的禮樂和善良風俗，也必定不是上層階級所講求的。因此，由於「禮不下庶人，刑不上大夫」階級觀的建立，對於想用禮樂教化萬民而達到治國平天下的目的，恐怕也只是儒者的崇高理想而已。至於庶人的禮樂，其內容為何，就要另闢專題來討論了。

鄒守益與劉宗周

周志文*

摘　要

鄒守益（1491—1562）是王陽明後學「江右派」的領導人物，黃宗羲以為江右王門真正繼承了陽明的絕學，因而說：「陽明一生精神，俱在江右。」黃宗羲的判斷當然有學術上的理由，但主要是從他老師劉宗周（1578—1645）的意見而來。劉宗周主張「慎獨」，與鄒守益主張「戒慎恐懼以致良知」是十分相似的。其次劉對陽明後學的「禪化」及「猖狂」現象極為不滿，相形之下，江右王門態度保守，但比較遵守師說，甚少超越，自然認為江右派是陽明的正傳了。

本論文分三部分：

一、介紹鄒守益的為學主旨，及與陽明學之間的關係。

二、說明劉宗周對陽明學的批評態度，他贊同鄒守益，黃宗羲將他的意義擴大，變成對整個江右派的肯定。

三、整體論斷劉、黃批評的合理性，並試圖找出真象。

大致而言，劉、黃的批評有其合理性，但不夠全面。陽明學有其積極活動的一面，江右則比較保守而主靜；陽明學雖不是禪學，但與禪學

＊　臺灣大學中國文學系教授。

難脫干係，他的後學，如有儒釋不分，亦可說是受到陽明的影響。因此劉、黃以為江右為陽明唯一真傳，其他家派為野狐外道，可能尚有的商榷之餘地。

一

鄒守益（1491－1562）字謙之，號東廓，江西福安人。是最受陽明重視的弟子之一。

陽明一生在江西的時間不短。正德五年（1510）三月，陽明從貴州龍場「赦還」之後的第一件差事就是「陞盧陵縣知縣」，這是他最早與江西建立的關係。只是這個知縣他只做了七個多月，當年十一月進京入覲，此後就待在京師。正德八年（1513），陽明被發布為南京太僕寺少卿，便道歸赴越省親，先後遊歷了天台、雁蕩及南京附近的滁州。正德十一年（1516）十一月，他陞任都察院左僉都御史，職務是巡撫南、贛、汀、漳等處。十二年正月他至贛州，從此到嘉靖元年（1522），這重要的五年，他都在江西度過，陽明在政治上最重要的事蹟如平宸濠之亂，便是在這段時候在江西進行的。❶

在江西時雖政事軍務紛冗，但陽明所到之處依然講學不輟。這段時候，與他結為師生關係的人士頗多，其中大多是籍貫江西者。《明儒學案》中所列的「江右王門」，大部份是這段時候所結識的弟子。

在《學案》中，列為「江右王門」之首的是鄒守益，可見他地位的崇高及在學術上的重要。《學案》說：「陽明一生精神，俱在江右。」❷在黃宗羲的眼光中，鄒守益代表的江右王學，不僅是陽明學的嫡系真傳，是王學的血脈

---

❶ 見錢德洪編：《王文成年譜》。
❷ 黃宗羲：《明儒學案》，卷16，〈江右王門學案〉一。

精神之所在，而且是「唯一」的眞傳。我們分析「陽明一生精神，俱在江右」一語，黃宗羲用了「俱在」一詞，意指江右王門，源源本本，鉅細靡遺的完整的繼承了陽明之精神，另外，「俱在江右」又意指其他諸門雖無不以陽明絕學相標榜，但掛一漏萬，總不如江右的周全淳正，所以「俱在」一詞是有排他性的，黃宗羲肯定了江右，意即否定了其他的門派；或者至少，他並不肯定其他的門派。

在討論「江右王門」論學的重點所在之前，必須先討論鄒守益。事實上，列名在江右王門的學者甚多，如鄒守益、歐陽德、羅洪先、聶豹、王時槐、胡直等人，他們同質性雖多，但主張不同，互相齟齬之處亦復不少。這正如同列名「浙中王門」的王畿與錢德洪一樣，「四有四無」之說就見出立場與見解的迴異，此外，泰州學派的諸儒，學問與行事作風則幾乎個個不同，足見列名同派，當然有一道相貫的理由，然而也有因爲敘述方便，在學術史上強分門派的結果。

鄒守益是個具有內歛而恭謹性格的人，這跟陽明門下捷悟警敏的王畿，意氣高、行事奇的王艮，以及「赤身擔當，無有放下時節」的泰州諸後學比較，無疑是個合乎傳統標準的學人，黃宗羲稱鄒守益之學：「得力於敬，敬也者，良知之精明，而不雜以塵俗者也。」❸《學案》記鄒守益前兩次見陽明的經過曰：

> 初見文成於虔臺，求表父墓，殊無意於學也。文成顧日夕談學，先生
> 忽有省，曰：「往吾疑程朱補〈大學〉，先格物窮理，而〈中庸〉首
> 慎獨，兩不相蒙，今釋然格致之即慎獨也。」遂稱弟子。又見文成於

---

❸　鄒守益曰：「聖門要旨，只在修己以敬。敬也者，良知之精明而不雜以塵俗也。」《明儒學案》卷 11〈東廓論學書〉引，黃宗羲之語，是從此語轉化而來。

越，留月餘，既別而文成念之曰：「以能問於不能，謙之近之矣。」

關於陽明對守益批評之詞，耿定向在〈東廓鄒先生傳〉中有較詳的記錄，守益別後，「陽明念之深」，而將鄒守益比喻成孔子門中的顏淵，陽明說：「曾子云：以能問不能，以多問寡，若無若虛，犯而不校。謙之近之矣。」❹可見陽明對他的器重。

鄒守益固守陽明之學的正統，而被視爲陽明的眞傳，所以他的學說基本上是本於師說，而較少作大規模的超越。守益之學大致而言有三個重點：一是證明〈學〉、〈庸〉合一之旨，二是提倡戒愼恐懼以致良知，三是主張「寂感體用」合一之說，以下分別說明：

(一)〈學〉〈庸〉合一

所謂〈學〉〈庸〉合一，是主張〈大學〉的格致之學與〈中庸〉之愼獨其目的是一致的，守益初見陽明，在陽明處忽有省，這最初的感悟即是「釋然格致之即愼獨也」。

其實「〈學〉〈庸〉合一」，是陽明一貫的論學方式，如陽明說：

> 〈大學〉之所謂誠意，即〈中庸〉所謂誠身也。〈大學〉之所謂格物致知，即〈中庸〉所謂明善也。博學、審問、愼思、明辨、篤行皆所以明善，而為誠身之功也。非明善之外，別有所謂誠身之功也。格物致知之外，又豈別有所謂誠意之功乎？❺

---

❹ 見耿定向：《耿天台先生文集》，卷14，〈東廓鄒先生傳〉。
❺ 《傳習錄》中〈答王某〉，又《明儒學案》卷十〈語錄〉引。

又說:

> 致知者,致吾心之良知於事事物物也。致吾心之良知於事事物物,則
> 事事物物皆得其理矣。獨即所謂良知也,慎獨者所以致其良知也,戒
> 謹(慎)恐懼所以慎其獨也。〈大學〉、〈中庸〉之旨一也。❻

鄒守益的「〈學〉、〈庸〉合一」論,是來自陽明,這是無庸置疑的,然而在
陽明,〈學〉、〈庸〉合一是他諸多的理論之一,而在鄒守益,〈學〉、〈庸〉
合一則是他學問的宗旨,這個觀念和見解來自陽明,但守益比陽明更看重這個
觀念。據耿定向〈東廓鄒先生傳〉,鄒守益的〈學〉、〈庸〉合一之旨是這樣
的:

> 〈大學〉以家國天下納諸明明德,〈中庸〉以天地萬物納諸致中和。
> 天地萬物,家國天下之總名也。中和者,明德之異名也。明德、新民
> 而止至善,安焉曰率性,復焉曰修道,而本本源源不越慎獨一脈。慎
> 獨則意誠,誠則忿懥好樂無所滯而心得其正,命之曰中;親愛賤惡無
> 所辟而身得其修,命之曰和;立中達和,溥博而時出之,以言乎家庭
> 曰齊,以言乎閭里曰治,以言乎四海九州曰天下平。人人有家國天下,
> 人人有天地萬物,自天子至於庶人無二學,自唐虞至於洙泗無二功。
> 世欲位育而不致中和,欲致中和而不戒懼,聞見日博,測度日巧,摹
> 擬日精,而至善日遠矣。

鄒守益的這個說法是得自陽明的「眞傳」,但與陽明略有不同的,在於陽明說

---

❻ 耿定向〈東廓鄒先生傳〉引陽明語。

〈大學〉的「致知」，即「致吾心之良知」，〈中庸〉的「慎獨」，即是「致其良知」，因此〈大學〉的慎獨與〈中庸〉的慎獨之旨是相合的。守益的說法則更為擴大，他不但認為〈學〉、〈庸〉之旨是致良知，甚至他認為〈大學〉的「明德」、「新（親）民」及「止於至善」和〈中庸〉的「率性」、「修道」都完全出於「慎獨」一脈。除此之外，鄒守益更喜歡將陽明的「致良知」與宋以來諸儒的看法相互溝通，這可說是〈學〉、〈庸〉合一之旨的推廣，他在〈復黃致齋使君〉書中謂：

> 主靜、寡欲皆致良知之別名也。說致良知即不消言主靜，言主靜即不消言寡欲，說寡欲即不消言戒慎恐懼。蓋其名雖異，血脈相同，……此先師所謂凡就古人論學處說工夫，更不必摻和、兼搭，自然無不吻合貫通者也。❼

在這裡，他把周敦頤的「主靜」說與二程的「寡欲」說混同在一起，他說「主靜」與「寡欲」皆是陽明「致良知」的別名，與子思、孟子的「戒慎恐懼」實同一血脈。他有意以陽明學來歸攝先儒有關修養論的說法，當然，這個說法是得到陽明的啟沃與首肯的，因為陽明自己就說過：「近來信得致良知，真聖門正法眼藏。」又說：「吾平生講學，只是致良知三字。」徐階在〈王文成公全書序〉中說：「惟文成公奮起聖遠之後，概世之言致知者，求之於見聞，而不可與酬酢，不可與佑神。於是取《孟子》所謂良知，合諸〈大學〉，以為致良知之說。」❽陽明致良知之說原本是集合先聖先賢之集體智慧，所謂是「聖門正法眼藏」，與其他聖門的見解相通貫，是十分自然的事了。

---

❼ 鄒守益：《東廓鄒先生文集》，卷5。

❽ 徐階：《世經堂集》，卷10，又《王陽明全集》卷末附錄。

守益又說：

> 定性之學，無欲之要，戒慎戰兢之功，皆所以全其良知之精明真純而不使外誘得以病之也。❾

「定性之學」指的是程顥的〈定性書〉❿，「無欲之要」指的是周敦頤於《通書》所倡的「聖學可學，一爲要」，所謂一者，「無欲也」的說法⓫，可見鄒守益打算將陽明的致良知之學，與〈中庸〉及濂、洛之學融會貫通。所以鄒守益的〈學〉、〈庸〉合一論，所論的範圍與規模都大過了陽明，可以說是陽明學的發揮。

(二)戒慎恐懼與致良知

戒慎恐懼說可以說是鄒守益學說的核心。「戒慎恐懼」四字來自〈中庸〉，〈中庸〉說：

> 道也者，不可須臾離也，可離非道也。是故君子戒慎乎其所不睹，恐懼乎其所不聞。

---

❾　《東廓鄒先生文集》卷1，〈贈廖曰進〉。

❿　〈定性書〉其實是學者給這篇書信的簡稱，原題〈答橫渠張子厚先生書〉，見《二程文集》卷2。書中曰：「承教，諭以定性未能不動，猶累於外物。世賢者慮之熟矣，尚何在俟小子之言。然嘗思之矣，敢貢其說於左右，所謂定者，動亦定，靜亦定，無將迎，無內外。」

⓫　周敦頤《通書・聖學第二十》：「聖可學乎？曰：可。曰：有要乎？曰：有。請聞焉，曰：一爲要。一者，無欲也。無欲則靜虛動直。靜虛則明，明則通；動直則公，公則溥。明通公溥，庶幾乎。」

鄭玄《注》曰：「小人閑居爲不善，無所不至也。君子則不然，雖視之無人，聽之無聲，猶戒愼恐懼自修正，是其不須臾離道。」朱子《注》云：「道者，日月事物當行之理，皆性之德而具於心，無物不有，無時不然，所以不可須臾離也。若其可離，則爲外物而非道矣。是以君子之心常存敬畏，雖不見聞，亦不敢忽，所以存天理之本然，而不使離於須臾之頃也。」鄭玄與朱熹對這段文字的解釋是相同的，均是指「道」無時無所不在，故君子必須隨時戒愼，常存敬畏，未得道時，不喪失得道的機會，已得道時，以維持此道之不至失墜。這裡所謂的「道」，依〈中庸〉所指，即是「天命之謂性，率性之謂道」的道，也可說是君子行爲的最高標準。「戒愼恐懼」與否，是君子小人在處理道德行爲時的不同方式。道既不可須臾離，君子在面對「道」的時候，並不因爲是否有人看見、聽到而改變態度，換言之，君子處在無人睹、無人聞的環境，依然十分謹愼小心以避免犯錯。所以〈中庸〉繼續說：「莫見於隱，莫顯乎微，故君子愼其獨也。」

君子愼獨，主要在強調眞誠的重要，即使在極幽微之處，也能保持絕對的眞誠，這是因爲「道」具有永恆的性格，而人在面對道時，也自然具有了永恆的特性了。鄒守益的貢獻在於將〈中庸〉的戒愼恐懼與陽明的「致良知」結合起來講。這個說法，其實還是源自陽明，陽明在《傳習錄》中屢言如：「良知是天理之昭明靈覺處。」如：「蓋良知只是一個天理自然明覺發見處。」❷良知是天理昭明靈覺處，所以良知隨處都在，而且是自然存在，不假外求的❸，所以良知的存在沒有問題，問題只處於如何面對良知。眞誠與之相對是最正確的方法，陽明說：「良知原是完完整整，是的還他是，非的還他非，是非只依

---

❷　見《傳習錄》中。

❸　《傳習錄》上：「知是心是本體，心自然會知。見父自然知孝，見兄自然知弟，見孺子入井自然知惻隱，此便是良知，不假外求。」

著他，更無有不是處，這良知還是你的明師。」❶所以將〈中庸〉「戒慎恐懼」
與陽明「致良知」說牽合起來，動機實來自陽明。據耿定向〈東廓鄒先生傳〉
中記，鄒守益早年嘗以〈學〉、〈庸〉之旨就教於陽明，陽明即謂：「獨即所
謂良知也，慎獨者所以致其良知也，戒（謹）慎恐懼所以慎其獨也。」這段話
說明鄒守益「戒慎恐懼所以致良知」是來自陽明，《明儒學案》以爲鄒氏「不
背師說」是有根據的，然而與前面證明〈學〉、〈庸〉之旨合一是一樣的，鄒
守益的說法較之陽明更爲積極。陽明在使用戒慎恐懼這一詞的時候，與其他學
者相似的是大多將之放在消極防範的意義上，如陽明說：

> 必欲此心純乎天理，而無一毫人欲之私，此作聖之功也。必欲此心純
> 乎天理，而無一毫人欲之私，非防之未萌之先，而克於方萌之際不能
> 也。防於未萌之先，而克於方萌之際，此正〈中庸〉「戒慎恐懼」、
> 〈大學〉「致知格物」之功，舍此之外，無別功矣。❶

所謂「防於未萌之先，而克於方萌之際」，可見「戒慎恐懼」是用於防範地方
多，萬一「人欲之私」已經形成，則「戒慎恐懼」則似乎無能爲力了，這並不
是陽明的話，但從陽明上一段話可以「推論」到這個結果，證明陽明在使用「戒
慎恐懼」之詞時，確實消極層面的意義較多。鄒守益就不如此，他說：

> 遷善改過，即致良知之條目也。果能戒慎恐懼，常精常明，不為物欲
> 所障蔽，則即此是善，更何所遷？即此非過，更何所改？❶

---

❶　《傳習錄》下。

❶　《傳習錄》中，〈答陸原靜書〉。

❶　〈答徐子弼〉，《明儒學案》卷 16 引。

鄒守益以爲只要能戒愼恐懼，則自然無過可改，無善可遷，原因戒愼恐懼即是善。所以在守益看來，戒愼恐懼是致善（也可以說是致良知）的最重要手段，絕不僅僅是一種防範人欲之私的工具了。他又說：

> 聖門要旨，只在修己以敬。敬也者，良知之精明而不雜以塵俗也。戒愼恐懼，常精常明，則出門如賓，承事如祭，故道千乘之國，直以敬事爲綱領。**⑰**

耿定向在〈東廓鄒先生傳〉中說：

> 輓近承學有以縱任爲性體自然者，先生肫肫爲申戒謹（慎）恐懼旨，明自強不息爲真性，蓋懼后之流于蕩，而約之于獨知也。

以上兩段引文，都有以「敬」字與「戒愼恐懼」相互聯結的情形，「戒愼恐懼」其實包含了敬的含意，而「懼後之流於蕩，而約之於獨知」，所謂「獨知」，依據劉宗周所說：「東廓以獨知爲良知，以戒愼恐懼爲致良知之功。」**⑱**因此「獨知」即是良知，以良知約「後之流於蕩」者，足見鄒守益在講良知時，態度是極爲嚴肅恭謹的，這就是「敬」。

這一點和陽明就不太相同，陽明解釋良知的時候，習慣使用活潑一點的形容詞，很少搬出「敬」之類的詞語來，鄒守益卻頗喜使用此詞，如〈簡徐郢南大尹〉中說：「戒愼以致中和，裁成輔相，皆修己以敬作用，非外鑠也。」

---

⑰ 〈與胡鹿崖〉，《明儒學案》引。
⑱ 《明儒學案》卷首，〈師說〉。

❶他在〈簡復馬問庵督學〉中說：「克己復禮即是修己以敬工夫，敬也者，此心之純乎天理而不雜以人欲。雜之以欲便為非禮。非禮勿視聽言動，便是修己以敬之目。」❷

　　鄒守益的語言習慣（很喜歡使用「敬」字）使人聯想起程頤的「涵養須用敬」的說法，其實鄒守益以「敬」字來解說戒慎恐懼，與程頤乃至朱熹的「主敬」說幾乎沒有任何衝突，這豈不是與陽明的意旨不合嗎？因為陽明並不以敬字解說〈中庸〉的戒慎恐懼。

　　程朱、陸王為學之宗旨與方法雖頗有不同，但論經義、論事理，相同之處亦復不少❸，鄒守益解說戒慎恐懼一方面引師說，以為戒慎恐懼是致良知的工夫，另方面則運用程朱習慣的詞語與方式，這說明他匯通雙方觀念，「敬也者，良知之精明而不雜以私欲也」。可見鄒守益雖有調和的企圖，但依然嚴守師訓，沒有作太大的超越。

(三)寂感無時、體用無界

　　「寂感無時、體用無界」之說基本上是針對同屬江右王門的聶豹學說而起的。聶豹（1478—1563）字文蔚，江西永豐人，後徙居浙江雙溪（今餘姚縣內），自號雙江。《明儒學案》敘其與陽明交往經過云：

　　　　陽明在越，先生以御史按閩，過武林，欲渡江見之。人言力阻，先生

---

❶ 見《東廓鄒先生文集》卷6。
❷ 見《東廓鄒先生文集》卷5。
❸ 陽明主知行合一，其實程頤嘗曰：「知至則當至之，知終則當遂終之。須以知為本。知之深則行之必至，無有知而不能行者。知而不能行，只是知得淺。飢願不食烏喙，人願不蹈水火，只是知。人為不善，只為不知。」（見《二程遺書》卷15）是程頤亦主知行合一也。

不聽。及見而大悅曰：「君子所為，眾人固不識也。」猶疑接人太濫，上書言之。陽明答曰：「吾之講學，非以蘄人之信己也，行吾不得已之心耳。若畏人之不信，必擇人而與之，是自喪其心也。」先生為之惕然。陽明征思田，先生問「勿忘勿助」之功，陽明答書：「此間只說必有事焉，不說勿忘勿助。專言勿忘勿助，是空鍋而爨也。」陽明既歿，先生時官蘇州，曰：「昔之未稱門生者，冀再見耳，今不可得矣。」於是設位，北面再拜，始稱門生。以錢緒山為證，刻兩書於石以識之。

與其他江右的「同門」比較，聶豹見陽明甚晚，相交亦淺，陽明生前，二人並未師弟相待，直到陽明逝後，聶豹始設案再拜稱弟子。《明史》本傳謂：

豹初好王守仁良知之說，與辨難，以益服。後聞守仁沒，為位哭，以弟子自處。及繫獄，著《困辨錄》，於王守仁說頗有異同云。❷

本傳稱「於王守仁說頗有異同」，是指聶豹提倡「歸寂」之說，引起王門後學的群起攻擊，《明儒學案》謂：

先生之學，獄中閒久靜極，忽見此心真體，光明瑩徹，萬物皆備。乃喜曰：「此未發之中也，守是不失，天下之理皆從此出矣。」及出，與來學立靜坐法，使之歸寂以通感，執體以應用。是時同門為良知之學者，以為「未發即在已發之中，蓋發而未嘗發，故未發之功卻在發上用，先天之功卻在後天上用。」其疑先生之說者有三：其一謂「道

---

❷ 《明史》卷202，列傳第90。

不可須臾離也」，今曰「動處無功」，是離之也。其一謂「道無分於動靜也」，今曰「功夫只是主靜」，是二之也。其一謂「心事合一，心體事而無不在」，今曰「感應流行，著不得力」，是脫略事為，類於禪悟。王龍溪、黃洛村、陳明水、鄒東廓、劉兩峰各致難端，先生一一申之。唯羅念庵深相契合，謂：「雙江所言，真是霹靂手段，許多英雄瞞昧，被他一口道著，如康莊大道，更無可疑。」兩峰晚乃信之，曰：「雙江之言是也。」

聶豹的「歸寂」之說始於獄中獨處時，這一點與陽明在龍場「忽中夜大悟格物之旨」的遭遇十分相近，然而正如《明史》中說與陽明之說是「頗有異同」的，其中的「異同」在於聶豹與羅洪先等人都贊同陽明的「良知本體」是「未發之中」、「寂然不動」的，然而在「致良知」的問題上卻自創新說，他們以為「主靜」、「歸寂」才是致良知的工夫，聶豹說：

> 良知本寂，感於物而後有知。知其發也，不可遂以知發為良知，而忘其發之所自也。心主乎內，應於外，而後有外。外其影也，不可以外應者為心，而遂求心於外也。故學者求道，自其主乎內之寂然者求之。[23]

「歸寂」派是以心之未發為「寂」、為「靜」、為「體」，心之已發為「感」、為「動」、為「用」，所謂涵養的工夫，即是離「感」以求「寂」，離「動」以求「靜」，離「用」以求「體」，這即是所謂的「寂感有二時，體用有二界」說。鄒守益嚴詞批駁這個說法，他說：

---

[23] 〈與歐陽南野〉，《明儒學案》卷 17〈雙江論學書〉引。

寂感無二時，體用無二界，如稱名與字。然稱名而字在其中，稱字而
名在其中，故中和有二稱，而慎獨無二功。今執事毅然自信，從寂處、
體處用功夫，而以感應、運用為效驗，無所有其力，環起而議之，無
一言以當意者。竊恐有隱然意見，默制其中，而不自覺。此於未發之
中，得無已有倚乎？倚乎感，則為逐外；倚乎寂，則為專內，雖高下
殊科，其病於本性均也。❷❹

鄒守益所謂的「寂感無二時」是說「寂」與「感」（其實即是「靜」與「動」）
在時間上是不可分的，所謂「體用無界」，意即在空間上，體與用並不能分為
二物，寂與感、動與靜、體與用就如同名與字一般「稱名而字在其中，稱字而
名在其中」，如果排斥工夫而求本體，不睹不聞，無形無聲，則本體亦渺然不
可求。他在〈答聶雙江〉一文中說：

越中之論，誠有過高者，忘言絕意之辨，向亦駭之。及臥病江上，獲
從緒山、龍溪切磋，漸以平實。其明透警發處，受教甚多。夫乾乾不
息於誠，所以致良知也。懲忿、窒慾、遷善、改過，皆良知之條目也。
若以懲忿之功為第二義，則所謂「如好好色，如惡惡臭，己百己千」
者，皆為剩語矣。源泉混混以放乎四海，性之本體也，無所壅蔽，則
決而排之，未嘗以人力加損，故曰：「行所無事。」若忿慾之壅，不
加懲窒，而曰「本體原自流行」，是不決不排，而望放乎海也。苟認
定懲窒為治性之功，而不察流行之體，原不可以人力加損，則亦非行
所無事之旨矣。❷❺

---

❷❹　〈與余柳溪〉，《明儒學案》卷 16〈東廓論學書〉引。
❷❺　〈答聶雙江〉，《明儒學案》卷 16 引。

在這封信中，鄒守益極力反對聶豹的「體用有二界」的說法。依然強力主張體用不可割裂，強調本體論者，絕不可將懲忿、窒慾、遷善、改過這些工夫當作第二義看待。

對於聶豹提倡的「歸寂」說，他當然也不表同意，因為歸寂說的基點是將感應、體用、動靜分作兩面來看，這跟鄒守益作統攝合一的看法是相反的。然而，從聶豹的「歸寂」說而延生的「主靜」說，鄒守益尚能包容。黃宗羲說守益之學「得又於敬」，敬與敬分別處雖夥，但亦有相通之處，羅念庵（洪先）、劉兩峰（文敏）後來與聶豹能夠「深相契合」，其中亦有原因。黃宗羲說：「夫心體流行不息，靜而動，動而靜。未發，靜也。已發，動也。發上用功，固為徇動；未發用功，亦為徇靜，皆陷於一偏。而〈中庸〉以大本歸之未發者，蓋心體即天體也。……天無一息不運，至其樞紐處，實萬古常止，要不可不歸之靜。故心之主宰，雖不可以動靜言，而惟靜乃能存之。此濂溪以主靜言人極，龜山門下以體夫喜怒哀樂未發前氣象為相傳口訣也。」❷❻是黃宗羲雖不贊成「歸寂」說，但對主靜的理論則予以相當之肯定也，這一點鄒守益與之同調。

二

陽明死後，其門下後學分為幾個流派，其中以浙中、江右與泰州可謂陣容最大、影響最大的三個學派。浙中王門是指陽明在故鄉浙江所有的弟子與後學，籍貫以浙江為主，江右王門則指陽明在江西時期所結識的學生，籍貫也以江西為主，泰州學派的分子就比較複雜，他們聚集在一起也許不是因為地緣的關係，而是「聲氣」相通、互為感召，起初集合在泰州王艮的周圍，後來就以泰州學派稱之。

---

❷❻ 見《明儒學案》卷17，〈江右王門學案二·貞憲聶雙江先生豹〉。

陽明後學當然不只這三派。譬如《明儒學案》中有「南中王學」，門下包括了薛應旂、唐順之、徐階等人，而「北方王門」有穆孔暉、張後覺；「楚中王門」有蔣信、冀元亨；「粵閩王門」有薛侃、周坦等人。這些門下後學，也許學識能力都有成就，在某些部分甚至是有相當的影響力，如唐順之、薛應旂等人。但他們因為散居各地，較少活動，聲氣不易呼應，力量也不易集中；另外就是他們在陽明學中也許深有體悟，亦能由講學、著作申張師說，但發明之處甚少，較難形成一種旗幟鮮明、論點突出的學術勢力。

黃宗羲在《明儒學案》中總論「江右王門」云：

> 姚江之學，惟江右為得其傳。東廓（鄒守益）、念庵（羅洪先）、兩峰（劉文敏）、雙江（聶豹）其選也。再傳而為塘南（王時槐）、思默（萬廷言），皆能推原陽明未盡之旨。是時越中流弊錯出，挾師說以杜學者之口，而江右獨能破之，陽明之道，賴以不墜。蓋陽明一生精神，俱在江右，亦其感應之理宜也。

由這段話總論可以看出黃宗羲於陽明門下三派獨鍾江右。而黃宗羲在《明儒學案》中的重要意見，大致不出他的老師劉宗周的看法❷❼，劉宗周對江右王門重要學者鄒守益的評語是：

> 按：鄒文潔公稱：「陽明必為聖學無疑。及門之士，概多矛盾其說，而獨有取於念庵。」然何獨近遺東廓耶？東廓以獨知為良知，以戒懼

---

❷❼ 《明儒學案》康熙癸酉本原序：「羲為《明儒學案》上下，諸先生深淺各得，醇疵互見，要皆功力所至，竭其心之萬殊者，而後成家，未嘗以懵懂精神冒人糟粕。於是為之分源別派，使其宗旨歷然，由是而之焉，固聖人之耳目也。間有發明，一本先師，非敢有所增損其間。」

慎獨為致良知之功，此是師門本旨，而學焉者失之，浸流入猖狂一路。

惟東廓斤斤以身體之，便將此意做實落工夫，卓然守聖矩，無少畔援，

皆不落他人訓詁良知窠臼，先生之教，率賴以不敝，可謂有功師門矣。

後來念庵收攝保任之說，實恕諸此。

可見黃宗羲對江右的判斷，完全從劉宗周處來。略為不同的是黃宗羲泛論江右，而劉宗周只評論鄒守益。不過從劉宗周的結語：「後來念庵收攝保任之說，實恕諸此」看來，他評論鄒守益也評了羅洪先，江右人物已包含了兩家，而念庵的「收攝保任」之說，大致是江右一派的最重要特色了。

劉宗周為什麼如此重視鄒守益呢？這須要從劉宗周自己的學術思想談起。

劉宗周（1578—1645），浙江山陰人，因講學山陰蕺山，學者稱之蕺山先生。劉宗周幼年曾受教於外祖章穎門下，二十六歲，始從許孚遠學，許孚遠是唐樞（一庵）的弟子，而唐樞又是與陽明同時的湛若水（甘泉）的學生，所以劉宗周本人自有心學的源流。依據〈子劉子行狀〉中載，他的外祖章穎「喜與門士激揚風節」，而據《明儒學案》記，許孚遠是「信良知，而惡夫援良知以入佛者」❷⑧，這早年的兩位老師，對劉宗周一生都有極重要的影響。

一般研究宋明學術史的人，都會把劉宗周看成陽明學的最後的一個「殿軍」型的人物，然而劉宗周之對陽明學，一生都包持著一種不離不即的態度。黃宗羲在〈子劉子行狀〉中說：「先生於新建之學凡三變：始而疑，中而信，終而辨難不遺餘力，而新建之旨復顯。」依據黃宗羲的看法，劉宗周之學的宗旨是「慎獨」，而思想的大端有四：一、靜存之外無動察；二、意為心之所存，非所發；三、已發未發以表裏對待言，不以前後際言；四、太極為萬物之總名。

---

❷⑧　《明儒學案》，卷41，〈甘泉學案〉五，〈侍郎許敬庵先生孚遠〉。

可見劉宗周的主張，有極大部分是針對陽明學或後學的「流弊」所提出來的針砭意見，〈子劉子行狀〉中說：

> 當是時，浙河東之學，新建一傳而為王龍溪，再傳而為周海門（汝登）、陶文簡，則湛然澄之禪入之；三傳而為陶石梁（奭齡），輔之以姚江之沈國謨、管宗聖、史孝咸，而密雲悟之禪又入之。會稽諸生王朝式者，又以捭闔之術鼓動以行其教。證人之會，石梁與先生分席而講，而又會於白馬山，雜以因果僻經妄說，而新建之傳掃地矣。

劉宗周為浙江山陰人，陽明死後即葬在山陰，在地緣上，他親近「浙中王學」是固然，而浙中王學是陽明的「嫡系」，為陽明的真正傳人也是應然，但浙中王學，在劉宗周的眼中，卻是背離師說最嚴重的一派，此無他，浙中王學在王畿的時代，就不太顧忌的朝向「禪學化」的方向發展，此後風氣熾然，難以阻遏。❷而劉宗周的老師許孚遠，是「惡夫援良知以入佛者」的，與之相交甚篤的東林人物如顧憲成、高攀龍、魏大中、丁元薦、黃尊素等人，都有這種「排佛」的傾向，所以釐清儒、佛的界線，是劉宗周論學的重要手段。

而真正要為良知學與禪學混淆負責任的，劉宗周認為是陽明本人，〈子劉子行狀〉中說：

> 先生（劉宗周）以謂新建之流弊，亦新建之擇焉而不釋，語焉而不詳有以啟之也。

---

❷ 黃宗羲〈子劉子行狀〉云：「浙中之為禪學者，以為忠義無關於理學。……蓋聞之子朱子矣：風俗頹弊，浙中為甚，大率習為軟美之態，依阿之言，不分是非、不辨曲直為得計，不復知有忠義名節之可貴。萬曆以來排擯詆辱，出而殺君子者，多自浙人。」可見劉宗周、黃宗羲師徒二人不僅不喜浙中王學，甚至浙人也一併厭惡矣。

所謂「擇焉而不精」是指陽明到處講學，頗能如孔子的「有教無類」，然而門下混雜，幾乎各式人物都有；所謂「語焉而不詳」則一方面指陽明成學的過程充滿了變易性，前後之見頗有矛盾，而陽明對此矛盾並未解釋清楚，另方面，則是指陽明的個性寬大包容，對弟子所提的不同意見，其中即使有矛盾衝突之處，陽明亦多做回護，少做責備，以致語焉不詳。最有名的例子是王畿與錢德洪有關「四無」、「四有」之爭，陽明生前並未做任何釐清的工作❸，陽明死後，浙中王學王畿的影響力超過錢德洪甚多，到劉宗周之世，講良知之教甚至「雜以因果僻經妄說」，而使人覺得有「新建之傳掃地矣」的窘境。

因此劉宗周對陽明良知之教雖然接受，但在許多地方，總是抱持著批判的態度。他評陽明說：

> 先生命世人豪，龍場一悟，得之天啟，亦自謂從五經處印證過來，其為廓然聖路無疑。特其急於明道，往往將向上一幾，輕於指點，啟後學躐等之弊有之。天假之年，盡融其高明卓絕之見，而底於實地，而安知不更有晚年定論出其間？而先生且遂以優入聖域，則範圍朱、陸而進退之，又不待言矣。❸

---

❸ 關於「四有」、「四無」之說，陽明一直未作釐清，這是後人爭議的來源之一。如《明儒學案》載：「〈天泉證道記〉謂師門教法，每提四句：『無善無惡心之體，有善有惡心之動，知善知惡是良知，為善去惡是格物。』緒山以為定本，不可移易。先生（王畿）謂之權法，體用顯微只是一機，心意知物只是一事，若悟得心是無善無惡之心，意知物俱是無善無惡。相與質之陽明，陽明曰：『吾教法原有此兩種，四無之說為上根人立教，四有之說為中根以下人立教。上根者，即本體便是工夫，頓悟之學也。中根以下者，須用為善去惡工夫以漸復其本體。』」見《明儒學案》卷 12，〈浙中王門〉二，〈郎中王龍溪先生畿〉。

❸ 見《明儒學案》卷前，〈師說〉，〈王陽明守仁〉。

他認爲陽明良知學爲「廓然聖路」無疑，然陽明後學紛擾四出，這卻是陽明「急於明道」，於「向上一幾，輕於指點」的緣故；其次，他雖認可良知之學，但以爲陽明的良知之學至少尙未能躋身「聖域」，其原因是陽明早逝，未能做更周密的思考，以及缺少融匯豐厚的生命經驗的條件，也許陽明活久些，他的學識更形成熟，則他的良知學可以達到更高、更完美的境界，屆時「範圍朱、陸而進退之」，是可以預期的。

劉宗周對良知學的禪學化極不贊同，他對後儒的「猖狂」亦極爲不滿，他說：「小人只是無忌憚，便結果一生。至〈大學〉止言閒居不爲善耳，閒居時有何不善可爲？只是一種懶散精神，漫無著落處，便是萬惡淵藪，正是小人無忌憚處，可畏哉！」❷因此他中年之後，即從〈大學〉與〈中庸〉拈出「愼獨」一詞做爲他爲學的宗旨，他說：

> 君子之學，愼獨而已矣。❸

又說：

> 〈大學〉言愼獨，〈中庸〉亦言愼獨，愼獨之外，別無學矣。❹

「愼獨」一個道德的概念，也是實踐道德的最重要的途徑。依據〈中庸〉所說：「君子戒愼乎其所不睹，恐懼乎其所不聞，莫見乎隱，莫顯乎微，故君子愼其獨也」的說法，愼獨是指一個人在獨處無人注意的時候，也絲毫不苟且，而且

---

❷　《明儒學案》卷62，〈蕺山學案〉，〈語錄〉。

❸　〈書鮑長孺社約〉，《劉宗周全集》第三冊下。

❹　〈大學古記約義〉，《劉宗周全集》第一冊。

人只有在絕對孤獨的時候，他對自己的省察與考驗，才是眞切的，這時湧現的一點靈明，既可以說是天理，也可以說是良知，他說：「吾心之良知，即所謂天理也。」又說：「致良知只是存天理之本然。」**❸❺**

「愼獨」是要人謹愼的處理自己孤獨的時候的思想與行為，因為這時候的思想與行為是純眞無假的。愼字原本有敬重的意義，由於獨處不與人交，身心都處在安寧靜謐的狀態之下，孟子指的「夜氣」，便像是這樣的一種精神狀況，因此講愼獨的人，都多少對周敦頤的「主靜」說、程頤的「主敬」說採取贊同的態度。〈語錄〉中載：

> 問：「未發氣者，從何處看入？」曰：「從發處看入。」「如何用工
> 夫？」曰：「其要只在愼獨。」問：「兼動靜否？」曰：「工夫只在
> 靜，故云主靜立人極，非偏言也。」**❸❻**

又載：

> 動中有靜，靜中有動者，天理之所以妙合而無間也。靜以宰動，動復
> 歸靜者，人心之所以有主而常一也。故天理無動無靜，而人心惟以靜
> 為主。以靜以為主，則時靜而靜，時動而動，即靜即動，無靜無動，
> 君子盡性命之極則也。

可見他對「主靜」說的認同。至於「主敬」，他亦十分贊同，他說：

---

❸❺ 見〈陽明傳信錄〉一，《劉宗周全集》第四冊。

❸❻ 〈學言〉上，《劉宗周全集》第二冊，又《明儒學案》卷62〈蕺山學案〉引，下同。

〈曲禮〉曰：「毋不敬，儼若思，安定辭，安民哉。」小學之功，非禮無以立，而敬又禮之本也。儼若思，貌之敬；安定辭，言之敬。非禮勿視聽言動，如斯而已。安民，言其效也。凡人自有生以後，此心隨物而感，而逐於物，則五官為之牖矣。一向放失在外，一旦反求，欲從腔子內覓歸根，又是將心覓心，惟有一敬焉為操存之法。隨處流行，隨處靜定，無有動靜、顯微、前後、巨細之歧，是千聖相傳心法也。❸❼

他以為主敬，是「千聖相傳心法」，可見他對「主敬」說的尊重。崇禎五年（1632）夏五月，他在山陰建了一所小型的祠堂，名曰「古小學」，其中主祀宋儒尹焞（和靖），《年譜》記其事曰：

古小學者，祀宋儒尹和靖先生也。先是，天啟間周海門（汝登）盛標良知，遊其門者率流於放逸，先生思表章和靖以救正之。方謀所以修葺祠舍為崇祀地，會遭學禁而罷。至是，復具牒，當事者鳩工庀材鼎新之，享堂落成，迎和靖先生神位入祠，行釋奠禮，乃大會生徒，發明伊、洛「主敬」之旨。❸❽

這段記錄一方面證明劉宗周認可伊、洛「主敬」之旨，另方面證明劉之提倡「主敬」，是為了糾正周海門、陶石匱（望齡）等人及門下之「率流於放逸」的嚴重現象。

在陽明所有的弟子之間，劉宗周找到了認同的對象，那就是江右王門，

---

❸❼ 〈學言〉上，《劉宗周全集》第二冊。
❸❽ 劉汋編《年譜》，《劉宗周全集》，第五冊。

因爲江右派的王門子弟，有的講主靜，有的講主敬，與劉宗周的「調子」基本上切近，其中有的講主靜過了頭，變成「歸寂」一派了，但究竟還是從主靜的源流分流出來的，總比「肆無忌憚」的猖狂一派要規矩許多。尤其是鄒守益，他提倡「戒愼恐懼以致良知」與劉宗周的「獨之外，別無本體；愼獨之外，別無工夫」，是完全相通的，因爲〈中庸〉在「君子戒愼乎其所不睹，恐懼乎其所不聞。莫見於隱，莫顯乎微」的後面，緊跟著的句子是：「故君子愼其獨也。」證明戒愼恐懼即所謂的愼獨。❸❾

鄒守益不贊成聶豹的「歸寂」說，其中一個原因是歸寂之說「脫略事爲，類於禪悟」（詳前說）。所以基本上言，鄒守益是反對禪悟的，這點又與劉宗周的看法一致。當然主靜派一直和禪學保持著一種相當複雜的關係，但北宋周敦頤就主張了，主靜可以說在宋明理學中是有源流可尋的；主敬派就更是如此，程頤最早提出「涵養須用敬」的口號，指出「主一之謂敬」，「無適之謂一」，「但存此涵養，久之自然天理明」❹，朱子承此，而提出「敬之一字，眞聖門之綱領，存養之要法」❹❶，可見「主敬」一派，亦是淵遠流長。在劉宗周看來，由主靜變成歸寂，有禪化的影子，而既不靜又不敬的「猖狂」者，則是佛教裡的「祖師禪」，禪化得更爲嚴重，所以到了後來，「主靜」、「主敬」成了儒學與禪學的兩個重要指標，劉宗周以爲鄒守益的「戒愼恐懼以致良知」是主敬一派的，而鄒守益的反對「歸寂」，又可視爲他嚴守儒者的矩矱，維持著先師的思旨於不墜。因此，劉宗周認可鄒守益爲陽明的眞正傳人，而黃宗羲更發揚師說，以爲江右一派爲陽明一生精神之所在。

---

❸❾ 這一點，鄒守益也認為如此。他說：「戒愼恐懼便是愼，不睹不聞便是獨。」見《東廓鄒先生文集》卷7，〈沖玄錄〉。

❹ 《河南程氏遺書》卷15，〈語錄〉，下同。

❹❶ 《朱子語類》卷12。

三

現在要討論的是劉宗周與黃宗羲的判斷是否正確的問題。

劉宗周爲鄒守益的「以戒愼恐懼爲致良知之功」爲師門之本旨，陽明之教卒賴以不敝，而黃宗羲除了推崇鄒守益之外，他更將之「推愛」到整個江右王門，而說「陽明一生精神，俱在江右」。背景前文已作分析，劉宗周以爲陽明之後「學焉者失之，浸流入猖狂一路」，而黃宗羲認爲「是時越中流弊錯出，挾師說以杜學者之口，而江右獨能破之」。似乎劉、黃師徒都認爲能破「猖狂」「流弊」的只有鄒守益與江右，所以認爲鄒氏與江右才爲陽明之眞傳。

然而其中仍有須辨明者，首先用「猖狂」一詞來形容整個浙中王門並不公平，因爲首先反對王畿「四無」說，而力主「四有」說的就是他的同學錢德洪，錢在陽明死後主編陽明年譜，當然是眾所認可的陽明的「傳人」。浙中王門之中如季本、黃綰、陸原靜、張元汴等人，與王畿這一派基本上並不同調，當然王畿及其後學確實有「猖狂」的現象，但因王畿而將浙中王門在陽明學上的貢獻一體抹煞，則是以偏概全的手法。

眞正可以擔當「猖狂」一詞的，反而以泰州派的學者與信徒比較合適，這一點，黃宗羲是知道的，但他在評論江右時，並未點明，他在〈泰州學案〉序中說：

> 陽明先生之學，有泰州、龍溪而風行天下，亦因泰州、龍溪而漸失其傳。

黃宗羲將泰州（王艮）與龍溪（王畿）並列。又說：

泰州、龍溪時時不滿其師說，益啟瞿曇之秘而歸之師，蓋躋陽明而為禪矣。

可見將陽明學禪學化的不僅是王畿，王艮亦是如此。不僅是躋陽明為禪，而且泰州後學猖狂得以「赤手搏龍蛇」，「非復名教之所能羈絡」，似乎比王畿的主張行事嚴重許多。

尤其可議的是最為劉宗周所看不慣的人物如周海門（汝登）、陶石簣（望齡）、石簣之弟石梁（奭齡）等人皆為泰州學派中人物。除此之外，泰州學派中的羅汝芳、焦竑、趙大洲、方學漸等人，有人主張三教合一，有人主張援佛入儒或援儒入佛，大多是亦儒亦禪的人物，難怪黃宗羲在〈泰州學案〉序中說：

傳至顏山農、何心隱一派，遂復非名教之所能羈絡矣。

「非名教之所能羈絡」，表示這種禪化的王學是「猖狂」的，已可稱之為「狂禪」派了。至於猖狂，指的是放縱輕狂，不守正道，禪學講內修、求頓悟，為什麼王學與禪學結合之後會發生猖狂的現象呢？黃宗羲在《明儒學案》〈趙大洲傳〉中說：

朱子云：佛學至禪學大壞。蓋至於今，禪學至棒喝而又大壞，棒喝因付屬源流而又大壞，就禪教中分之為兩，曰如來禪、曰祖師禪。如來禪者，先儒所謂語上而遺下，彌近理而不亂真者是也。祖師禪者，縱橫捭闔，純以機巧小慧牢籠而出沒其間，不啻遠理而失真矣。今之為釋氏者，中分天下之人，非祖師禪勿貴，遞相囑付，聚群不逞之徒，教之以機械變詐，皇皇求利，其害豈止於洪水猛獸哉！故吾見今之學禪而有得者，求一樸實自好之士而無有，假使達摩復來，必當折棒噤口。[42]

_____

[42] 《明儒學案》卷33，〈文肅趙先生大洲〉。

這段話是由禪學內部分爲如來禪與祖師禪來談其猖狂的現象，至於王學與祖師禪結合是否使祖師禪更加的肆無忌憚，此處並無解釋，但這個問題是存在的，因爲《明儒學案》所要解決的「明儒」的問題而非明代佛學的問題，猖狂如果只是祖師禪內部或佛教內部的事，《明儒學案》當然無須討論。

依據《明儒學案》及《明史》的描述，晚明的王學界，幾乎猖狂者佔的比例甚大，它不僅散布在泰州學派、浙中王門之中，其他的門派，亦多有波及。所以劉、黃在推崇江右時把猖狂一詞推爲浙中王門所獨有，明顯是不合理的。

其次來討論主靜、主敬、歸寂派的屬性問題。

在宋代，「主靜」派與「主敬」派有時合而爲一，有時分別爲二，當合而爲一時彼此包容，當分別爲二時，則各有宗旨，互相敵視了。「主敬」派往往將「主靜」派視爲受佛教影響的產物，如程頤說：

> 敬者只虛靜，不可把虛靜喚做敬。❹

又說：

> 才說靜，便入於釋氏之說也。不用靜字，只用敬字。才說靜字便是忘也。孟子曰：「必有事焉，而勿正，心勿忘，勿助長也。」「必也事焉」便是「心勿忘」，「勿正」便是「勿助長」。

明白劃分主敬與主靜的不同。主敬派反對主靜，最重要的理由就是靜字「便入於釋氏之說」。至於「歸寂」一派，反對的人多數會以爲其更近於禪，雖然鄒守益反倒聶豹的歸寂說並不在此立論，但視歸寂爲近禪，幾乎爲公論，便是聶

---

❹ 《二程遺書》卷15。

豹本人亦於此無法不顧忌也，所以聶豹用了許多方法來解釋他的歸寂理論與禪無關係，如他說：

> 夫禪之異於儒者，以感應為塵煩，一切斷陰而寂滅之。今乃歸寂以通天下之感，致虛以利天下之有，主靜以該天下之動，又何嫌於禪乎？⓸

總之，主靜、主敬、歸寂名詞雖異，但同質性甚高，原因在於皆注意人在靜處安頓，注意與人群隔絕時的道德處境，〈大學〉與〈中庸〉都有慎獨之說，但慎獨之說，不能說是儒家所獨有，佛家亦有，其他的思想、宗教事實都有類於此的說法。所以主靜之說如果得自佛教，則謂之「禪化」固可，得之〈大學〉〈中庸〉謂之固守傳統亦可。另外還有一些人既不得之於儒，亦不得之佛，而是個人經過生命歷練之後的自覺，則歸之任何一派，其實都有不周延之處。因此以其主靜、主敬或歸寂等的說法判定其為儒為禪，本身就有不確定性。

黃宗羲推崇江右，無疑是受劉宗周推崇鄒守益的影響，劉宗周推崇鄒守益是認為周之提倡戒慎恐懼之說與自己提倡的慎獨說是相似的，都是比較接近「主靜」或「主敬」的理論，於晚明王學末流的「猖狂」現象，無疑同具針砭的作用。平心而論，江右派諸儒，與浙中乃至泰州派分子比較，在性格上是內斂與保守的，說他們固守師說也許成立，但如說「陽明一生精神俱在江右」這樣的話，則基本上是可以議的。

討論這個問題之前，必須釐清「陽明一生精神」到底是什麼？「陽明精神」到底具有那些成分？為求簡約，本文僅對主靜與主敬的問題以及引禪入儒的問題略作分析。

談主靜或主敬的問題可以先從陽明對「靜坐」看法談起。因為不論「主

⓸　〈雙江論學書〉，《明儒學案》卷17，〈江右王門〉二引。

靜」派或「主敬」派，都不反對靜坐，有些人甚至積極鼓勵人靜坐。朱子就有教人「半日讀書，半日靜坐」的說法，後來陳獻章乾脆說：「學勞擾，則無由見道，故觀書博識，不如靜坐。」❹⑤《傳習錄》則有記云：

> 一友靜坐有見，馳問先生。答曰：「吾昔居滁時，見諸生多務知解，口耳異同，無異於得，姑教之靜坐，一時窺見光景，頗收近效。久之，漸有喜靜厭動，流於枯槁之病，或務為玄解妙覺，動人聽聞。故邇來只說致良知。良知明白，隨你靜處體悟也好，隨你去事上磨練也好。良知本體，原是無動無靜的，此便是學問頭腦。」❹⑥

又說：

> 只要去人欲，存天理，方是工夫。靜時念念去欲存理，動時念念去欲存理，不管寧靜不寧靜。若靠著寧靜，不惟有喜靜厭動之病，中間許多病痛，只是潛伏在，終不能絕去，遇事依舊滋長。以循理為主，何嘗不寧靜？以寧靜為主，未必能循理。❹⑦

這是陽明兩段對「靜」、「動」看法的話，表面上陽明似不主靜亦不主動，因為良知本體原是無動無靜的，但細察陽明之言，他對「主靜」派的顧慮似乎較多，前文言喜靜厭動會「流於枯槁之病」，後文言喜靜厭動會潛伏許多病痛，可見陽明並不主張「靜中致良知」，這樣看來，《明儒學案》中說陽明之學「未

---

❹⑤ 《白沙子全集》卷3，〈與林友〉。
❹⑥ 《傳習錄》下。
❹⑦ 《傳習錄》中。

嘗不以收斂爲主」的話，恐怕並不正確，而以收斂爲主以發放爲戒的江右爲王學的嫡系傳人，也自然有過當之虞了。**❹**

其次再論禪化與否的問題。浙中的王畿、萬表，泰州的羅汝芳、趙大洲、耿定理、周汝登、陶望齡等，論良知經常引證釋氏，行事往往儒禪不分，說他們是禪化了的王學並不爲過，江右諸儒有此習氣者確實不多，以此判斷江右爲王學的正傳，理由似乎極爲正大；然而其中依然有問題存在。

陽明學非禪學，歷來倡此議者甚多，《明儒學案》曰：

> 或者以釋氏本心之說，頗近於心學，不知儒釋界限只一理字。釋氏於天地萬物之理，一切置之度外，更不復講，而止守此明覺；世儒則不恃此明覺，而求理於天地萬物之間，所以絕異。然則歸理於天地萬物，歸明覺於心，則一也。向外尋理，終是無源之水，無根之本，總使合得，本體上已費轉手，故沿門乞火與合眼見閻，相去不遠。先生點出心之所以為心，不在明覺而在天理，金鏡已墜而復收，遂使儒禪疆界渺若山河，此有目者所共睹也。**❹**

這段文字是很有力的辯論文字，說明陽明之心學絕非禪學，然而黃宗羲承認分別儒釋幾微的差別並不是那麼容易，因爲「釋氏本心之學，頗近於心學」，雖一者「於天理萬物之理置之度外」，一者「求理於天地萬物之間」，然而「歸理於天地萬物，歸明覺於心，則一也」，意思是釋氏的本心之說與陽明的心學，在心理的活動方式是相同的，唯一不同的是取證的對象，儒者是向外求天地萬

---

❹ 《明儒學案》卷 11，〈浙中王門學案一·錢德洪傳〉：「陽明致良知之學發於晚年，其初以靜坐澄心訓學者，學者多有喜靜惡動之弊，知本流行，故提掇未免過重。然曰良知是未發之中，又曰慎獨即是致良知，則亦未嘗不以收斂為主也。」

❹ 《明儒學案》卷10，〈姚江學案〉。

物之理，釋氏則是求證於心。

　　然而依此分辨並不容易。心學並不等於儒學，心學之為心學，並不以向天地萬物求理為滿足，心學是懲理學的疲弊而起的，黃宗羲也說「向外尋理，終是無源之水，無根之木」。雖然由儒學而發展出來的心學與禪學是有差別的，但這個差別並不是說明陽明的心學即是傳統的儒學或傳統的理學。

　　說陽明學不等於禪學是對的，但陽明學乃至於宋明理學都受到佛教思想的影響也是不爭的事實，陽明心學裡面既會有釋氏的成分，則有人以釋氏之學來解釋陽明的心學，也並非不合理的現象。

　　因此，將有禪學影子者視為野狐外道，將主「收斂」者視為陽明的嫡系傳人，也是比較偏頗的看法。鄒守益與江右諸儒守師門矩矱，浙中、泰州諸儒則將陽明學中潛藏的可能發散出來，雙方面各有其功，也各有其病。說江右為陽明學之保守派可，說陽明一生精神俱在江右，則是過重的判斷，似更須斟酌。

參考書目

王陽明全集　王守仁　上海　上海古籍出版社　1992 年 12 月

東廓鄒先生文集　鄒守益　四庫全書存目叢書影北京大學圖書館藏清刻本
　　臺南縣　莊嚴文化事業公司　1997 年 6 月

劉宗周全集　劉宗周　臺北　中央研究院中國文哲研究所籌備處　1998 年

明儒學案　黃宗羲　臺北　世界書局　1961 年 10 月

黃宗羲全集　黃宗羲　臺北　里仁書局　1987 年

龍谿王先生全集　王畿　廣文書局影印日本江戶年間和刻本　不著出版年

重鑄心齋王先生全集　王艮　國家圖書館藏崇禎四年泰州王秉謙重刻本

耿天臺先生文集　耿定向　四庫全書存目叢書影明萬曆二十六年劉元卿刻本
　　臺南縣　莊嚴文化事業公司　1997 年 6 月

世經堂集　徐階　四庫全書存目叢書影明萬曆徐氏刻本　臺南縣　莊嚴文化
　　事業公司　1997 年 6 月

儒教社会における婦女像

陳清鳳*

摘　要

儒教倫理の確立に基づく宗族社会の展開に伴い、旧中国における婦女の地位は次第に変化し男子の附属者となっていった。男尊女卑の倫理秩序を保つために、婦女への礼教的規範・習俗的慣行が重視されたが、婦女は生まれた時からその卑弱かつ服従的な地位を教育され、結婚後も媳婦・妻・母・主婦としての教訓規範を段階的に教育された。

かかる婦女の道徳的規範教育はさらに女訓書の成立によって拡大し固定化した。早くから婦女教化を具体的に説いたのは、後漢・班超『女誡』であり、これ以降、歴代の婦女教訓は漸次重視されていく。そして明成祖・仁孝徐皇后『内訓』で婦女教化はその頂点に達した。ただ後宮王妃等のためだけではなく、後宮外庶民層の婦女も習うべき規範でもあったこと、内容がより増加し複雑になったことから、婦女教化が厳格化したことが伺える。

清代は、明朝の教化政策を継承しさらに拡充した。また、元来、晦

＊　福岡大學人文學部講師。

渋艱深であった女訓書は日常的・常識的な訓誡も多く取り込んでいった。しかし、その基調は決して変わってはいない。婦女の理想像は、依然として卑下・曲従・清貞の抑圧的な従者の婦道に生きることであった。時には才学・知慧も考慮されたが、それは婦徳習得と婦道実践のために過ぎず、婦女の知育教化にはまだ限界があった。

はじめに

　旧中国において「婦女」はどのように理解されていたのか、先ず字義から見よう。段玉裁『説文解字注』において、「婦は服なり、亦た疊韵を以って訓と為す。婦人は、人に服事するを主とする者なり。大戴礼記本命に曰う、女子は男女の教えの如くし、その義理を長ずる者を言うなり。故に之を婦人と謂う。婦人は人に伏すや、これもと専制の義なく、三従の道あり」❶といい、婦女は人に服従すべきものという印象を強く受ける。だが人類社会の発展初期においては婦女中心の母系社会が存在していたと指摘されているが❷、何時、何故にこのような状況が男性中心の父系社会へと変容していったのか。それは言うまでもなく、儒教倫理の確立に基づく宗族社会の展開に伴い、婦女の地位は変化し次第に男子の附属者になったのである。

　宗族社会の下では男女の尊卑関係について、男は天である剛陽であり、女は地であり陰柔であるため、客体たる女がまさしく主体の男に従うべきだ

---

❶　段玉裁『説文解字段注・第十二篇下』（藝文印書館、1964 年）参照。

❷　陳東原『中國婦女生活史』（臺灣商務印書館、1981 年）第二章「古代的婦女生活」参照。

という 考え方が 示されている。従って、宗族社会の倫理秩序を保つために、婦女に対する礼教的な道徳や規範の要請を極めて重大視していた。婦女は誕生してすぐにその卑弱な地位を明示的に教育され❸、そして少女時代の教育を経て、結婚後の夫族での嫁・主婦・母としての教訓まで段階的に教育されていった。このような婦女の道徳教育はさらに女訓書の成立によって拡大し固定化した。当然、婦女に対する教化を厳しくすればするほど、婦女の家庭的社会的な地位も 益々弱化していった。

　　本論文は、先ず旧中国社会における 構造と 倫理に基づいてどのように婦女の道徳教訓・技術養成が行われていたのかを検討し、次いで、婦女の教訓を道徳向上・人格形成の面から 大いに推進した女訓書の内容とその変遷過程について考察し、かかる 分析を通じて、旧中国儒教社会における「期待される婦女像」は如何なるものであったかを究明したい。

一、礼教社会の婦女教化

　　旧中国社会は主として宗族を基礎に構成されていた。宗族全般を統御し、宗族の機能を正常に運営するためには、人々の道徳や行動を一定基準によって規制しなければならない。この基準は即ち礼教と 称される 儒教社会の教訓である。男系血統を中心とする宗族社会にあっては、当然婦女の地位は頗る低かったことが想像されよう。彼らはどのような礼教規範によって、婦女の人格・道徳・行動を要求したのか、それは儒教社会における婦女像を理解する上で重要な問題である。これらの教化は婦女の生涯に渡って行われた

---

❸　范曄『後漢書・巻一一四・列女伝』　「古者生女三日、臥之床下、弄之瓦塼、而斎告焉。臥之床下、明其卑弱、主下人也。弄之瓦塼、明其習労、主執勤也。斎告先君、明当主祭祀也。三者蓋女人之常道、禮法之典教矣」とあり、婦女は生まれてから既に卑弱な地位であったことを示している。

が故に、嫁入り前と嫁ぐ後の二段階に分けて検討したい。先ず結婚前におけ
る婦女の教育についてみよう。

㈠少女時代の教育

　『詩経小雅・斯干篇』に、

　　　乃生男子、載寝之床、載衣之裳、載弄之璋。（中略）乃生女子、載寝
　　　之地、載衣之裼、載弄之瓦。

とあり、男子が生まれると床に寝かせて綺麗な衣類を着せて玉器を弄ばせ、女子
が生まれると地面に寝かせて粗末な衣類を着せて瓦塼を弄ばせた。男女の差別待
遇は誕生の際から明らかであったことが伺えよう。さらに幼い時期からの男女教
育はそれぞれ異なる教育内容であった。女子の場合には、内在的な道徳修養と外
在的な技術訓練の二つの側面を内包していた。それは男子のような入塾読書の教
育方法とは異なって、専ら家庭内における母の教えというものであった。明成祖
の徐皇后『内訓・原序』に、

　　　古者教必有方、男子八歳而入小学。女子十歳而聴姆教。小学之書無
　　　伝、晦菴朱子爰編緝成書、為小学之教者有所入、独女教未有全書。

とあることがそれを示している。女子は十歳から母親の教育を受け啓蒙の教育が
始まった。
さて、女子の内在的な道徳修養はどのように要求されていたのか、それを最も早
く具体的に掲げたのは、前漢・劉向の『列女伝』であろう。❹彼は、「母儀」・「賢

❹　『列女伝』についての研究は、下見隆雄「劉向『列女伝』研究所序説」（『広島大
　　学文学部紀要』第 47 巻特輯号一・1987 年）において、『列女伝』の成立と伝来並
　　びにその特質を詳しく論述している。

明」・「仁智」・「貞順」・「節義」の五項目を設けて、それに相応しい歴史上の婦女典範を選んで女子の道徳を説いた。このような女子の道徳修養の要求は、儒教倫理の社会への深化に伴って次第に細分化されかつ厳格に強調されるようになった。これらの道徳修養は綜合して次のようなものであろう。明世宗の母蔣太后『女訓・閨訓第一』に、

> 蓋女人之訓、徳在安静、性在柔順、不生事以致禍、不驕態以取媚。
>
> （傍点は筆者より。以下同じ）

とあり、女子の徳は安静にあり性は柔順にあることが知られる。また、同書「修徳第二」に、

> 為婦者（中略）身若不脩、則無以成其徳、徳若不養、則無以立其身。故貞静幽閒、端荘誠一、以成其徳也。（中略）養徳而後為貞女、脩身而後能配君子。是故性欲孝敬仁明、情欲慈和柔順。

とあり、「貞静幽閒、端荘誠一」・「孝敬仁明」・「慈和柔順」のような特性を強調している。また、同書「受命第三」に、

> 夫女子坤道也、而主乎静也。（中略）女子慎多言。

とあり、さらには、同書「慎静第十一」に、

> 婦人之徳、莫大乎端己、端己之要、莫重乎慎静。（中略）是故不惰於冥冥、不驕於昭昭、行之以誠、持之以敬、念動有常、動則無失、思

　　　患預防、慎則無禍、此良婦之静徳、貞女之幽行也。

とあって、女子が「慎静」・「敬」・「誠」の徳性を修めることを語っている。
こうしてみてくると、女子の道徳修養は、究極のところは安静・柔順・誠敬を求
めることであると言えよう。

　　さらに、内在的な道徳修養だけでなく、その行動様式をも極めて重視してい
る。『礼記・巻一・曲礼』に、

　　　男女不雑坐、不同？栦、不同巾櫛、不親授。（中略）姑・姉妹女子已
　　　嫁而反、兄弟弗與同薦而坐、坐弗與同器而食。

とあって、男女は必ず雑座しない、槦枷や巾櫛は同じにしない、嫁に行った姉妹
が実家に帰っても兄弟と同じ薦に坐しない、同じ食器を使ってはないことを述べ、
女子の行動様式を全て礼によって行うべきとしている。また、『女孝経・広要道章』
には、

　　　出門必掩蔽其面、夜行以燭、無燭則止、送兄弟不踰于閾、此婦人之
　　　要道。

とあり❺、元・鄭太和『鄭氏規範』には、

　　　諸婦必須安詳恭敬（中略）無故不出中門、夜行以燭、無燭則止。

---

❺　唐・侯莫陳邈の妻鄭氏により撰述され全書は18章に分けられた。

とあり❻、さらに『女訓・閨訓第一』には、

> 内言不出、外言不入、晝動以姆、無姆不敢妄動、夜行以燭、無燭不
> 敢妄行、或見男子、必擁其面。

とあって、女子の晝夜の行動に対する規制が分かる。また、男女内外の規範も要求され、『内訓・事君章第一二』に、

> 外事不渉者、言不與外事也、男不言内、女不言外是也。（中略）男子
> 居外、女子居内、深宮固門闇寺守之、男不入女不出、教令之出者、
> 言教令不出於閨門也。

とある。女子の道徳修養と行動様式は、大要このようなものであった。続いて、外在的な技術養成について見てみよう。『大戴礼記・巻一三・本命』に、

> 従其教令、不出閨門、事在饋食之間而已矣。易曰、無攸遂在中饋。
> 詩曰、無非無儀、惟酒是議也。

とあり、教令に従い閨門から出ることなくただ饋食のみに従事したことが知られる。「婦は中饋を主とし、惟だ酒食・衣服の礼を事とする耳」❼と言われるが、女子の技術訓練は主に家族の飲食・衣服の用意にあったことを示している。『女訓・閨訓第一』に、

---

❻　『筆記小説大観』第6編第5冊収録。
❼　北斉・顔之推『顔氏家訓・巻一・治家』参照。

　　　執麻任織、養蚕治絲、織紃緥縷、皆女人之職、以供衣服也。潔明酒

　　　漿、親執籩豆、理乎葅菜、具乎肉醢、亦女人之事、以供祭祀也。

とあって、麻をもって紡織し蚕を養って絲を治める等家族の衣服を提供すること、
酒漿・籩豆・肉醢等の祖先祭祀を備えることは、全て女子の職事であった。女子
は嫁に行く前に、これらの技術や仕事等に習熟して初めて夫族に入り、「主婦の務」
❽を担うことができるようになったのである。旧中国社会においては、「婦人は中
饋を諳らず、厨堂に入らざれば、以て家を治むべからず」❾という語が流行した
が、女子の家事訓練が如何に重大視されていたかが明らかであろう。

　　こうして、女子の内在的な道徳・行動の修養と外在的な家事技術の養成は、
少女時代の主な教育の内容となった。そして、結婚の時には父母がなおさら主婦
たる道を丁寧に戒めていたが、『白虎通・巻四上・嫁娶』に

　　　父曰、誡之敬之、夙夜無違命、女必有帨繡衣若笄之。母施衿結帨、

　　　曰、勉之敬之、夙夜無違宮事。

とあって、妻が夫に仕える道とは、ただ尊敬・誠懼の態度をもって厲行し、必ず
夫の命令に逆らうことのないことであるとしている。このように、女子が婚姻の
締結によって夫族の一員に組入れられ、妻（夫に対して）・嫁（舅姑に対して）・

---

❽　仁井田陞『中国法制史増訂版』（岩波全書、1967年）第13章「家族法」・第6節「主
　　婦の地位鍵の権」において、古来、中国の主婦の務で主たるものは（中略）その
　　一つは食事を掌ること所謂「中饋」、その二つは機を織ること所謂「女工」・「婦
　　工」、その三つは賓客をもてなすことであった。そして食事を掌ることが主要任
　　務であった関係から、「中饋」といえば「主婦の務」ということであると同時に、
　　主婦の異なる称となっていたと指摘している。
❾　明・温璜録『温氏母訓』（清・曹容輯『学海類編』収録）11頁。

主婦（夫族に対して）・母（子女に対して）としての役割を果たして初めてその家庭的社会的意味における存在意義を得るに至ったのである。当然ながら、この存在意義を得るため、婦女は少女時代に受けた道徳修養と家事技術を継承しつつ、同時に、より一層厳しい多くの制約を要求されたであろう。

（二）既婚婦女への要請

宗族社会における婦女がその地位を確保するのは、嫁として夫族に入ることができた時であった。婦女にとって、夫族におけるその観念上の最重要事は夫族の祖先を祭祀することであるが、実生活の中では、舅姑や夫に仕え、族中の他の族人や叔妹・叔姒と和して協力し、子女を教養することが役割であった。家族にとって婦女の重要性は、元・鄭太和『鄭氏規範』に、

> 女訓云家之和不和、皆繋婦人之賢否、何謂賢、事舅姑以孝順、奉丈夫以恭敬、待娣姒以温和、接子孫以慈愛、如此之類是已。

とあり、婦女の賢いか否かは、家族の和と不和に関わるものと指摘している。賢なる婦女は、必ず孝順をもって舅姑を奉侍し、恭敬をもって夫に事え、温和をもって娣姒に待し、子孫に慈愛を以って接すべきであるとしている[10]。

さて、宗族における婦女の任務は極めて繁雑なものであった。先ず夫に対する妻の務めから見てみよう。儒教の人倫関係については、「五倫・三綱」すなわち「君臣・父子・夫婦・長幼・朋友」という五倫と、「君為臣綱・父為子綱・夫為妻綱」という三綱が挙げられている[11]。このうち、夫婦の人倫関係は他の四倫や二綱の本となり、ことに注目すべきである。『礼記・巻一二・内則』に、

---

[10] 山崎純一『教育から見た中国女性史資料の研究』（明治書院、1986年）13頁。
[11] 『説文解字段注・第十二篇下』参照。

礼、始於謹夫婦（中略）夫婦為人倫之始、不謹則乱其倫類、故礼始於
謹夫婦也。

とあり、また、『女孝経・広守信章第一三』に、

立天之道曰陰與陽、立地之道曰柔與剛、陰陽剛柔、天地之始、男女夫婦、
人倫之始。

とあり、陰陽剛柔の成立によって初めて天地自然界の秩序が立てられ、また男女
夫婦の関係を立てれば初めて人倫の秩序が生じたとされた。既に述べたように、「婦
とは服なり」、「女子とは男子の教えの如くし其の義理を長ずる者を言う。故に婦
人と謂う」、なお「夫婦とは何の謂や。夫とは扶なり、道を以て接扶す。婦とは服
なり、礼を以て屈服す」とあるが、夫に対する妻の服従こそ婦女としての務めの
端緒でもあったと言えよう❷。

　さて、妻の夫に事える道は極めて制約の多いものであった。「陽倡陰随、男行
女随」と言われる様に、婦女が夫に従うべきものであって、たとえ夫に悪行があ
っても妻は夫の元から離れることを許されなかった。『白虎通・巻四上・嫁娶』に、

夫有悪行、妻不得去者、地無去天之義也。夫雖有悪、不得去也。

とあり、天地自然界の秩序の理を援用して、妻の夫への服従・一体化を強調して
いる。班昭『女誡・夫婦第二』には、

---

❷　『礼記・巻十一・郊特性』に「出乎大門而先男帥女、女従男、夫婦之義、由此始也」
　　あり、夫婦主従の従係が説明されている。

　　夫不賢、則無以御婦。婦不賢、則無以事夫。夫不御婦、則威儀廃缺。

　　婦不事夫、則義理堕闕。

とあり、夫賢たらざれば則ち婦を御することができず、逆に婦賢たらざれば則ち
夫を事うることできず、夫が妻を御せざれば則ち威儀を廃缺し、逆に妻が夫を事
えざれば則ち義理を堕闕すると伝えている。そのため賢明かつ徳性のある妻を得
て初めてその夫を助けその家族を治められるようになった。これが婦女を「内助」
と称す所以である❸。

　　妻の夫に仕える道は、『白虎通・巻四上・嫁娶』に、

　　婦事夫有四礼焉、初鳴咸漱、櫛縦笄総而朝、君臣之道也。惻隠之恩、
　　父子之道也。会計有無、兄弟之道也。閨閤之内、衽席之上、朋友之
　　道。

とあり、また、『女孝経・紀徳行章第十』に、

　　女子之事夫也、纚笄而朝、則有君臣之厳、沃盥饋食、則有父子之敬。
　　報反而行、則有兄弟之道。受期必誠、則有朋友之信。言行無玷、則
　　有理家之度。五者備矣。然後能事夫。

とあり、婦女は「君臣の厳」・「父子の敬」・「兄弟の道」・「朋友の信」・「理
家の度」という五つの礼的規範を備えた上で、初めて夫に事えることが可能となっ
った。つまり、妻は、日常生活上の容貌・服飾から、夫との進退対応や寝室内の

----

❸　『女訓・受命第三』に「蓋賢婦有徳、能助夫成徳、故婦人謂之内助也」とある。

交、また家族における家計の処理等に至るまであらゆる面において、礼教の道徳規範内に枠づけられたのである。妻が夫に事える道では如何に厳しいことを要求されていたかが明らかである。

　　夫に対する従属の極まる所は、妻としての貞節を生涯守るべきとする儒教社会において、「一に従いて終う」や「壹に之と斉しくして終身改めず、故に夫死すれば嫁せず」というような教訓を挙げていることであろう。『女誡・専心第五』に、

　　　礼、夫有再娶之義、婦無二適之文、故曰、夫者天也、天固不可逃、
　　　夫固不可離也、行違神祇、天則罰之。

とあり、夫には再娶の義があるのに対し、妻には再嫁の選択はなかった。そもそも儒教社会にあって、婦徳の中で最も提唱されたのは、服従と貞節の二者であった。それは男子を重んじる宗族社会の基盤を強固にするためであり、従って、未婚女性は生家において父に従い服従と孝道を尽くすべきとされたが、既婚婦女は婚姻によって「夫妻一体」❹の関係を生ずるため、父への服従と孝道は、夫への服従と貞節へと転換されていったのである。妻の守節を求める一方、家系の存続という道義を表の理由に夫の再娶を認め蓄妾制の合理化を主張するのは、夫個人の性的放縦❺の側面が存在していたことが伺える。それは礼教を重視する儒教社会では矛盾しているにもかかわらず、妻が夫と完全な没我的に一体関係を結ぶ男主女従・夫尊婦卑の倫理思想が宗族社会では強く肯定され支持されていたことを伺わせる。

---

❹　夫婦一体の原則についての研究は、滋賀秀三『中国家族法の原理』（創文社、1981年）第1章133頁～136頁、第4章「婦女の地位」や仁井田陞氏前掲書248頁等がある。

❺　註❶同書17頁参照。

　　さて、宗族社会において、婦女の夫への服従度がより強調されたのは舅姑への孝道と服従であった。「舅とは舊なり、姑とは故なり、舊故は老人の称なり。（中略）夫の父母を称して之を舅姑と謂う。何ぞ父の如く尊びて父に非る者舅、母の如く親みて母に非る者姑なるや。故に夫の父母を称して舅姑と為す」❶❻とある様に、夫の父母は舅姑と称された。婦女は嫁として夫族に入りと、舅姑に対して自分の父母と同一視しなければならなかった。『女孝経・事舅姑章第六』に、

　　　　女子之事舅姑也、敬與父同、愛與母同、守之者義也、執之者礼也。
　　　　雞初鳴、咸盥漱衣服以朝焉、冬温夏清、昏定晨省、敬以直内義以方
　　　　外、礼信立而後行。

とあって、婦女は敬と愛の心構えによって舅姑に仕えるものとされ、敬と愛の進むところ、婦女自身の容貌・服飾・態度から舅姑への進退対応までに煩瑣な制約が規定された。『礼記大全・巻一二・内則』に、

　　　　婦事舅姑、如事父母。雞初鳴、咸盥漱櫛縱、總衣紳士笄、（中略）衿
　　　　纓綦履、以適舅姑之所、及所、下氣怡聲、問衣襗寒（中略）出入則或
　　　　先或後、而敬扶持之。進盥、少者奉槃、長者奉水、請沃盥、盥卒受
　　　　巾問所欲、而敬進之、柔色以温之。

とあり、また同上書同卷に、

　　　　在父母・舅姑之所、有命之、應唯敬對進、周旋慎齊、升降出入揖遊、
　　　　不敢噦噫・嚔咳・欠伸・跛倚・睇視、不敢唾涕。

---

❶❻　『白虎通・巻三下・三綱六紀』参照。

とあるのがそれを示している。このように舅姑に対する敬愛と服従の究極は、夫
婦の人倫関係までをも犠牲にする没我的一体化さえも要求していた。『女誡』には、
「孝舅姑」の一章が立てられ、

> 舅姑之心、豈当可失哉、物有以恩自離者、亦有以義自破者也。夫雖
> 云愛、舅姑云非、此所謂以義自破者也。然則舅姑之心奈何、固莫尚
> 於曲従矣。姑云不爾而是、固宜従令、姑云爾而非、猶宜順命（中略）
> 此則所謂曲従矣。

とあるように、舅姑の心を決して失ってはならないと強調している。夫が妻を愛
していても、舅姑の歓心が失われた場合、自ら夫婦の婚姻関係を解消しなければ
ならなかった。こうして、心情面から実生活まで舅姑に対する奉養の道は、ただ
ひたすら己を曲げて完全なる「曲従」の徳性を尽くすべきものであった。言い換
えれば、媳婦は徹底的に自己否定の形をもって舅姑に仕えるものとされたのであ
る。

　周知の通り、宗族社会の下で、婦女は実生活の中では舅姑を奉養し夫に仕え
るだけではなく、夫族における他の族人と融和・共存する必要があった。同書「和
叔妹第七」に、

> 婦人之得意於夫主、由舅姑之愛己也。舅姑之愛己也、由叔妹之誉己
> 也。由此言之、我臧否誉毀、一由叔妹、叔妹之心、復不可失也。

とあり、夫族における媳婦の地位を確保するための人倫関係は、局部的に叔妹の
批判により左右される可能性もあったと述べている。そのため、媳婦は、叔妹や
他の族人との融和と同様に、細心の注意、謙虚の徳性と自己犠牲の態度も必要で

あった。

　　また、子女の撫養・教育も婦女の重要な任務であった。婚姻の定義は「初め
二姓の好を合し、中に采徴の誠を篤くし、上には宗廟に事うることを以てし、下
には後世に継ぐを以てす」**⓱**とあるように、婚姻の最重要事は祖先の祭祀と宗祀
の継承にあった。宗祀の継承は子女殊に男の子の撫養と教育が強調されている。
それは妊娠した時からの胎教が極めて重視されていたようである。『女孝経・胎教
第十六』に、

　　　　人受五常之理、生而有性習也、感善則善、感悪則悪、雖在胎養、豈
　　　　無教乎。

とあり、胎教の重要性を示している。そのため妊娠した婦女の日常的な生活、
行動様式において、同書「胎教第十六」に、

　　　　婦人姙子也、寝不側、坐不偏、立不跛。不食邪味、不履左道。割不
　　　　正不食、席不正不坐。目不視悪色、耳不聴靡聲、口不出傲言、手不
　　　　執邪器。夜則誦経書、朝則講礼楽。其生子也、形容端正、才徳過人、
　　　　其胎教如此。

とあって、寝る、座る、立つことにおいて必ず正しい姿勢を求められ、食事は邪
味を食べず、目や耳や口等は悪色・淫靡なことに接触せず、夜は経書を誦し朝に
は礼楽を講じることによって胎教を行うべきでとされた。こうすれば、生まれる
子は、その容貌が端正でありその才能は優秀であったという。このような胎教の

⓱　　『女訓・夫婦第四』参照。

仕方はかなり近代的な医学知識を前提ともしていることに留意しなくてはならない。

それでは、誕生してからの教養はどのように行われてきたのか。『女訓・教子第十』に、

> 子能食飯、教以右手。能言、教以速応。六歳教以一十百千之数目、東南西北之方名。七歳教知男女之別、不同飲食之器。八歳教入小学、教之灑掃応対進退之節。（中略）古之教子、外有厳師友、内有賢父兄、又得其母之教。

とあって、妻たる者は母たる者でもあるので、幼児期の基礎的な学問の開始から、男女分別の礼、進退応対の躾までを教えるべき教育は、師友や父兄の教えと同一視されていたのである。

このように見てくると、婦女は夫・舅姑・族員・子女に対するそれぞれの任務を果たすと共に、幼少時より階段を追って練習されていた中饋・女紅・紡織等の技術を持って、日常家事をも十分に処理できるよう望まれた。こうして、婦女が夫族の一員として迎えられるためには、当初から厳格な制約を受けねばならなかったのである。彼女は日常家政一般を、夫族の主婦たる者（一般的には姑）に従って処理し習得した。夫を始めとする家族諸員に対する曲従と没我の生活を永年に通してきた媳婦は、遂には「主婦の座」❸に登り、夫族における日常家事の全

---

❸　仁井田陞『中国法制史・増訂版』第 13 章家族法・第 6 節「主婦の地位と鍵の権」おいて、「中国では鍵を渡すことは家務を渡すことであり、帯鑰匙的（鍵を持ている人）とは主婦の別名である」、「妻たるものは、同時に主婦の地位を得とは限らなかった」と指摘したように、主婦の座は一般に姑となって得られるのである。

般、時には家政管理、特に金銭財務面の主催者となれたのである。しかしながら、この段階に至れば、婦女自身の人格・自我はもう既に無に等しい存在であり、如何に惨め哀れであったかは言うまでもない。

二、女訓書の変遷より見た婦女像

　　礼教社会におかれた婦女の諸相は以上のようであった。では、このような婦女の教訓が歴史の流れの中において、どのように継承され拡大されていったのか、或いは如何なる変化が起きたのか、それらは旧中国社会の理想的な婦女像を析出する上に重要な問題だと思われる。これらの問題については、婦女の道徳修養または人格形成の面において極めて重要な役割を果たしてきた女訓書を手懸りとして、その変遷過程から究明しよう。

（一）女訓書の意義と内容概況

　　女訓書の意義について、多賀秋五郎氏が、「旧中国の女子教育の規範をしめすものであると同時に、過去の中国女性の生態をしめしているものである」[19]と指摘しており、また、山崎純一氏が「女訓書が道徳教育の書であると同時に、その道徳が説かれる社会のあり方や女性の日常生活を映し出し、女性が惹きおこしたり加わったりした事件をも語る、女性史のすぐれた基礎資料のつである」[20]と指摘しているように、女訓書の重要性は単なる婦女の道徳規範的な生き方を説くだけではなく、それもまた当時の社会のあり方や婦女の実際生活を反映している重要記録であった。女訓書は公的記録と私的記録という二種類に分けられる。公的記録とは即ち正史の列伝に収められた「列女伝」という形態の書であり、これは主として婦女を顕彰する史的記録であると同時に、教化訓示の意味をも含んでい

---

[19]　山崎純一『教育からみた中国女静止資料の研究』1頁参照。

[20]　註❶同書3頁参照。

たものである。本論は主に後者に焦点を当てることとし、正史における女訓書に
ついてはまた論をあらためたい。

　私的記録とは、主として民間人によって著された婦女の訓戒書である。その
中では、家訓や母訓等のような女訓書に注目すべきであり、また宮廷内において
后妃、側室の婦道を確立するための教訓書が特殊な性格を持つことを見落として
はならない。私的女訓書の記載方法はそれぞれ異なっているが、教説の基調にお
いては変わりがないと言える。その内容・性格から見るとこれらの女訓書は凡そ
次の三類型に区別される。一つは典範たる歴史上の婦女例を提示するもの、例え
ば劉向『列女伝』である。一つは教訓を主目的とするもの、例えば班昭『女誡』
である。また一つは前述両者の内容を相互に混合するもの、例えば王相の母親劉
氏の撰述した『女範捷録』である❷。これら女訓書の現存状況は十分に把握され
ていなかったが、近年、山崎純一氏の蒐集による「中国女訓書刊行概況一覧表試
稿」❷が作られた。この表によれば次のことが分かる。まず漢代より清代に至る
までは一四六部あり、そのうち、明代が四十八部、清代が五十二部、合わせて全
体の約三分の二をも占めている。これはどのような意味をもっていたのであろう
か。それはおそらく当時の支配層が婦女の道徳規範、ことに貞節・烈節を社会教
育政策の一環として唱導し、民間側にあっては当然そうした政策の傾向に相応じ
て道徳教訓をさらに一段と著しく重視強調視するようになったため、女訓書の数
が急増していったと考えられる。次に、この一覧表から見ると、女訓書の著者は
女性よりも男性の方がはるかに多数を占めていることが分かる。やはり、女訓書
が、男性本位の宗族や家族を中心とした婦女抑圧の道徳を説く書であったことが

---

❷　山崎純一氏によれば、これらの類型はそれぞれ説話型・教説型・中間型と称され
　　た。

❷　註❶同書24頁〜45頁の表参照。

否定できない。

（二）後漢・班昭『女誡』から明成祖徐皇后『内訓』へ

　前述したように女訓書は婦女の道徳教訓の書だけではなく、それもまた当時の婦女の行き方や社会背景も反映している。女訓書の中で最も古いものは、おそらく前漢・劉向の『列女伝』であろう。本書に見られる婦女倫理は全て儒教道徳の「三従の道」に繋がるものであるから、儒教的な規範としての婦道はここに初めて集成されたものと考えて差し支えなかろう❷❸。『列女伝』以降、婦女教訓の上で大きな影響を与え、後世にまで長く読み継がれたのは後漢・班昭の『女誡』である。これは初めて婦女自身が自らの手によって著した女訓書であるのみならず、その影響力は当時から一千年以上も維持され続け、明代には成祖の皇后徐氏の『内訓』と合刻して天下に頒布されるようになった。さらに、明の王相によって編纂された『女四書』に収められ、女訓書の典範としての地位を確固なものとした❷❹。

　班昭は十四歳の時曹世叔に嫁ぎ、夫に先立たれたが生涯節を守り子供の養育に尽くした。彼女の淑徳の名が当時の和帝に知られ、召されて後宮に入り皇后・貴人の師範として務め、「曹大家」と尊称された❷❺。班昭が『女誡』を撰述した動機と目的については、同書「序」に、

　　　吾性疏愚、教導無素、恆恐子穀、負辱清朝、聖恩横加、猥賜金紫、
　　　実非鄙人庶幾所望也。男能自謀矣、吾不復以為憂。但傷諸女、方当
　　　適人、而不漸加訓誨、不聞婦礼。懼失容他門、取恥宗族。吾今疾在

---

❷❸　拙稿「清代の婦女旌表制度について―節婦・烈女を中心に―」（『九州大学東洋史論集』16、1988 年）102〜103 頁参照。

❷❹　王相『女四書集註・女誡序』参照。

❷❺　同書「序」参照。

　　　　沉滯、性命無常。念汝曹如此、毎用惆悵。間作女誡七章、願諸女各
　　　　寫一通、庶有補益、裨助汝身、去矣、其況勉之。

とある。息子はよく自ら謀ることができるので心配することはない。しかし、嫁
に行く前の娘たちに対しては、親の訓誨をそまず、婦礼を聞かぬことを傷み、「容
を他門に失い、恥を宗族に取る」ことを懼れると考え、『女誡』七章を作った。つ
まり『女誡』は嫁ぎ行く娘たちに与える婦女たる道の訓誡書であったことが分か
る。では、『女誡』にみられる婦女倫理は果たしてどのような内容であったのか。
　『女誡』は「卑弱」・「夫婦」・「敬慎」・「婦行」・「専心」・「曲従」・「和
叔妹」の七章に分けられており、卑弱の徳性に基づいて三従の道と四徳の教えを
展開している。「卑弱章」に、

　　　　古者生女三日、臥之床下、弄之瓦塼、而齋告焉。臥之床下、明其卑
　　　　弱、主下人也。弄之瓦塼、明其習労、主執勤也。齋告先君、明当主継
　　　　祭祀也。三者蓋女人之常道、礼法之典教矣。

とあり、婦女は卑しく弱げに構え人にへりくだることを先ず挙げ、同時に、家事
労働の務めと祖先祭祀とを合わせた三者が、女人の常道であり礼法の典教である
としている。また「敬慎章」に、

　　　　陰陽殊性、男女異行。陽以剛為徳、陰以柔為用。男以彊為貴、女以
　　　　弱為美。故鄙諺有云、生男如狼、猶恐其尪、生女如鼠、猶恐其虎。
　　　　然則修身莫若敬、避彊莫若順。故曰、敬順之道、婦人之大礼也。

とあり、男は「彊きをもって貴しと為し、女は? きをもって美と為す」と

し、「男を生まれば狼の如きも、猶お其の疵（よわ）きを恐る。女を生まれば鼠の如きも、猶お其の虎となるを恐る」という諺を掲げて、婦女が低姿勢で弱そうに人にへりくだる徳性を説き「敬順の道」は即ち婦女の大礼であることを強く強調している。先に述べたように、『女誡』はそもそも嫁ぎ行く前の娘たちに与える婦女の心得書きであったが、三従の内殊に夫への服従の道を最も重大視していたのは当然であろう。

　　また、「夫婦章」・「敬慎章」・「専心章」でその教訓を説いている。例えば、「夫婦章」に、

　　　　夫婦之道、参配陰陽、通達神明、信天地之弘義、人倫之大節也。（中略）夫不賢則無以御婦、婦不賢則無以事夫。夫不御婦、則威儀廃缺、婦不事夫、則義理墮闕、方斯二者、其用一也。

とあり、夫が婦を御せざれば則ち威儀を廃缺し、婦が夫に事えざれば則ち義理を墮闕し、この両者つまり夫の支配と妻の奉仕は、働きは一つであるとしている。また、「専心章」では、夫には再娶の義があるが妻には再婚が許されず、夫一人に心を捧げて顔色を正し清らかに礼義を守ることこそが大切であると述べている❷⓺。さらに、夫への服従から敷衍して、舅姑に対する奉養の道も重要であるとした。舅姑に仕える道はただひたすら「曲従」のみ求めるものである。「曲従章」に、

　　　　舅姑之心、豈当可失哉。（中略）然則舅姑之心奈何、固莫尚於曲従矣。

───────────────

❷⓺　『女誡・専心第五』に「礼、夫有再娶之義、婦無二適之文。故曰、夫者天也。天固不可逃、夫固不可離也。行違神祇、天則罰之、礼義有愆、夫則薄之。（中略）由斯言之、夫不可不求其心」とある。

> 姑云、不爾而是、固宜従令。姑云、爾而非、猶宜順命、勿得違戻是
> 非、争分曲直、此則所謂曲従矣。

とあって、舅姑に対する曲従の徳性を説いている。つまり、舅姑が「そうでない」
と言い、事実それが正しい場合には舅姑の言いつけに従わねばならない。姑が「そ
うだ」といい、事実は違っている場合でもなおその命令に従わねばならない。事
の是非について舅姑に反対したり、事の曲直を明らかにしようと舅姑と争うこと
をしてはならない。これが即ち曲従の真意であると言う。ここから見てくると、
舅姑の前において、婦の自己人格は認められず、ただ没我的に舅姑に尽くすこと
を要求されたことが伺える❷。

　班昭はさらに婦女の四つの徳行について具体的な内容を示している。

> 女有四行、一曰婦徳、二曰婦言、三曰婦容、四曰婦功。（中略）清閑
> 貞静、守節整斉、行己有恥、動静有法、是謂婦徳、擇辞而説、不道
> 悪語、時然後言、不厭於人、是謂婦言。盥浣塵穢、服飾鮮絜、沐浴
> 以時、身不垢辱、是謂婦容。専心紡織、不好戯笑、絜斉酒食、以奉賓
> 客、是謂婦徳。此四者、女人之大徳。

とあり、婦女の四徳の詳細な内容を述べている。

　ここまで見てくると、本書に現れた倫理思想は全て儒教道徳に基づいて典範
化されたものであったことが伺える。『女誡』は女訓書の典型的模範例となり、以
降、『女誡』に倣って様々な女訓書が編纂されたが、勿論、これらの女訓書も全て

---

❷　舅姑への曲従の他に、『女誡・和叔妹章』では、婦の夫族における対人関係は「謙
　順」に徳をもって行うべきであると述べている。

儒教倫理の上に立つものであった。

　ここで時代を降り、明朝ではどのようなものであったか見てみよう。明朝の教化政策は歴代王朝に比しても徹底しており、教化方針は主に儒教の規範意識や道徳実践に基づくものであった。こうした教化政策を民間社会にまで滲透しようとするために、明王朝は政治的社会的支配組織化をより推進した。例えば、既に指摘したように、明朝は下層階級の貞節烈婦の婦女に対してまでも、ただ社会的道徳上の賛称に止まらず、法的奨励による銀両の給与も行った❷❽。かかる教化政策、殊に婦女教化の推進についての王朝の積極的な姿勢は注目すべきことである。ここでは明朝の女訓書のうち、王朝の勅撰によって公刊され広く流布されていた明成祖の仁孝徐皇后の『内訓』❷❾を取り上げて、明朝の婦女教化の内容を考察する。

　徐皇后は、明朝開国の功臣中山王徐達の長女として生まれ、幼くして貞静、読書を好み、「女諸生」と称された。洪武九年（1376）に燕王朱棣の妃に迎えられ、靖難の役では彼女自ら将校・士民の妻を率いて武装し城を守った。燕王が帝位につくと冊立され皇后となり、しばしば成祖の施政に傍らから建議していた❸❶。命婦たちに夫に仕える道は、

　　婦之事夫、奚止饋食衣服而已、必有助焉。朋友之言、有従有違、夫
　　婦之言、婉順易入、吾旦夕侍上、惟以生民為念、汝曹勉之。

---

❷❽　拙稿「清代の婦女旌表制度について―節婦・烈女を中心に―」（『九州大学東洋史論集』16、1988 年）102～103 頁参照。

❷❾　『内訓』の研究について、中山八郎「明朝内廷の女訓書について」（『明代史研究』第 2 号、1975 年）、酒井忠夫「明朝の教化策とその影響」（『中国善書の研究』弘文堂、1960 年）第 1 章、多賀秋五郎「明太宗の学校教育政策」（『近世東アジア教育史研究』学術出版会、1970 年）第 1 章等の論文を参照。

❸❶　『明史・巻一一三・列女伝第一・后妃一』（中華書局。1974 年出版の標点本。3509～3511 頁）参照。

と督励した❸。彼女は永楽五年（1407）七月、四十六歳で逝去したが、臨終の際になお成祖に「愛惜百姓、広求賢才、恩礼宗室、母驕畜外家」と戒めている。

　『内訓』は教説的型でなされた女訓書であり、永楽三年（1405）正月望日、皇后の序文によると、永楽二年冬、高皇后の教訓を基に補充し、これを二十篇にまとめたものであると言う❸。彼女の死後、永楽五年十一月皇太子の建議によって、彼女の他の訓誡書『勧善書』と共に初めて刊行された❸。このように見ると、『内訓』は単に後宮の嬪妃のみに教訓を施しただけではなく、後宮外の他の家庭内にも広まっていたことが認められる。

　さて、皇后徐氏はどのような動機と目的に基づいて『内訓』を撰述したのか。『内訓・序文』に

　　　古者教必有方、男子八歳而入小学、女子十年而聴姆教、小学之書無伝、晦菴朱子爰編緝成書、始有所入、独女教未有全書、世惟取范曄後漢書曹大家女戒為訓、恒病其略。有所謂女憲・女訓、皆徒有其名耳。近世始有女教之書盛行、大要撮曲礼内則之言、與周南召南詩之小序及伝記而為之者。仰惟我高皇后教訓之言、卓越往昔、足以垂法萬世、吾耳熟而心蔵之、乃於永楽二年冬、用述高皇后之教以広之、為内訓二十篇、以教宮壺。

とある。古は教育に必ず道があり、男子は八歳で小学に入り、女子は十歳で姆教

---

❸　註❽同書3510頁参照。
❸　『内訓・序』に「永楽二年冬、用述高皇后之教、以広之、為内訓二十篇」とある。
❸　『明太宗実録・巻五四・永楽五年十一月癸丑』に「皇太子請以仁孝皇后所著勧善書領賜臣民滋之」とあり、また同年十一月乙丑に「以仁孝皇后内訓賜群臣、俾教于家。（中略）書成未上、至是皇太子以進、上覧之愴然、命刊印以賜」とある。

を受けることになっていた。小学の書は伝わらないが、晦庵朱子が編輯して書を成したから、小学を修めるものはようやくその入門の手立てを得られるようになった。それに対して女子の教えはどうなっていたのだろうか。女子の教育についてはまだ完全な書がないので、范曄『後漢書』の中の曹大家『女誡』のみを取り出して女子の教えに当てたのである。しかし、その書は簡略すぎて、またいわゆる女憲、女則は悉くその名のみのものばかりであった。近世に至ってようやく女教の書が盛んに出されたが、それらの大要は『礼記』の曲礼・内則の言葉、『詩経』の周南・召南の詩、『詩経』の小序と古の伝記等を書き記したものに過ぎない。これらに比べてみると、高皇后の教育ははるかに卓越し、手本を萬世後にまで垂れるに足るものである、という動機で女教の書物を編纂しようとした。こうして皇后徐氏が高皇后の教訓を中心にして『内訓』二十篇を作り、後宮の婦女たちに教えることにしたのである。

　　『内訓・序文』によれば、『内訓』二十篇の基礎となったのは高皇后の教訓であったが、因みにその高皇后の教訓とは如何なるものであったのか。『明史・巻九六・芸文志一』に、「高皇后内訓一巻」が載せられているがこの書は現存していない。酒井忠夫氏の推測によれば❸❹、『高皇后内訓』は『高皇后伝』❸❺か又はそれに近い内容をもった女訓書であったらしい❸❻。嫁の皇后徐氏が姑の高皇后の教訓を記憶して、さらにその内容を拡大して書き止めたのが『内訓』であった。『内訓・序文』に、

---

❸❹　註❼酒井忠夫氏の論文 18 頁参照。

❸❺　明世宗母の蒋章聖太后『女訓』所収。

❸❻　皇后徐氏が仏教信仰の下で書いた訓誡の書については、例えば註❿の『勧善書』があり、また『勧善感応』、『勧善嘉言』（前掲山崎純一氏の著書 156 頁参照）等の書がある。

夫人之所以克聖者、莫厳於養其德性以脩其身、故首之以德性、而次之
以脩身、而脩身莫切於謹言行、故次之以慎言・謹行、推而至勤励・警
戒、而又次之節倹、人之所以獲久長之慶者、莫加於積善、所以無過
者莫加於遷善、又次之以積善・遷善、（中略）継之以崇聖訓、遠而取
法於古、故次之以景賢範、上而至於事父母、事君、事舅姑、奉祭祀、
又推而至於母儀、睦親、慈幼、逮下、而終之於待外戚。

とあり、『内訓』の主な項目を挙げており、「德性」・「脩身」・「慎言」・「謹行」・「勤
励」・「警戒」・「節倹」・「積善」・「遷善」・「崇聖訓」・「景賢範」・「事父母」・「事君」・
「事舅姑」・「奉祭祀」・「母儀」・「睦親」・「慈幼」・「逮下」・「待外戚」の二十篇より
りなっていることが分かる。

　その内容を要約すれば、婦女のもつべき「貞静幽閒・端荘誠一」の德性から
始まり、言葉行動の慎み方、勤労・節約の習慣の養い方、夫・父母・舅姑への仕
え方、祖先の祭祀、子供の教育等々の教訓を述べている。要するに、本書に見ら
れる婦女倫理は、班昭の『女誡』より強調され続けてきた儒教的な道徳規範をそ
のまま継承していることが伺える。しかしその内容や要求は前代よりも一段と詳
細かつ具体的になっていることが認められる。二十篇の中で特に留意しなければ
ならないのは、「積善章」と「待外戚章」であろう。

　先ず「積善章」から見てみよう。

吉凶災祥、匪由天作。善悪之応、各以其類。善悪攸積、天降陰隲。
（中略）夫享福祿之報者、由積善之慶。婦人内助於国家、豈可以不積
善哉。古語云、積德成王、積怨成亡。（中略）自后妃至于士庶人之妻、
其必勉於積善、以成内助之美。

とあり、仏教陰隲の倫理を語って、后妃より士庶人の妻に至るまで、必ず善行善
徳を積み内助の美を成し遂げねばならないと述べている。皇后徐氏が自ら仏教信
仰を厚く信奉していたため、しばしば仏教倫理に基づいて訓誡教化を行うことが
あったが、「積善章」はまさにこうした思想信仰の基盤の上になされたものであっ
て、女訓書の中では甚だ稀な例だと言えよう。
　次に「待外戚章」についてみる。

　　　知幾者見於未萌、禁微者謹於抑末。自昔之待外戚、鮮不由於始縱而
　　　終難制也。雖曰外戚之過、亦係乎后德之賢否爾。

とあるのは、外戚への対処は后妃の賢明か否かに関わっていたことを述べている。
その間の厳重さは歴史上の例から見ることができよう。
　　例えば、

　　　漢明德皇后、脩飭內政、患外家以驕恣取敗、未嘗加以封爵。唐長孫
　　　皇后、慮外家以貴富招禍、請無屬以樞柄。故能使之保全。其餘若呂
　　　・霍・楊氏之流、僭踰奢靡、氣燄熏灼、無所顧忌、遂至傾覆。

とある。そのため、外戚を保全しようとする道は、

　　　擇師傅以教之、隆之以恩、而不使撓法。優之以祿、而不使預政。杜
　　　私謁之門、絕請求之路。謹奢侈之戒、長謙遜之風、則其患自弭。若
　　　夫恃恩姑息、非保全之道。

とあって、外戚の一族には師傅を択びつけて教育し、皇恩を盛んに受けても法を

乱させることはしなかった。禄位を賜り優遇しても政務に預らせたりはしなかった。私謁の門を杜ぎ、請求の路を絶ち、奢侈の戒を謹み、謙遜の風気をのばすように努めれば、患は自ら止むことができる。もし皇帝の恩愛を恃んで姑息すれば外戚を保全する道ではない、と厳しく戒めている。「待外戚章」は後宮后妃の教育よりもむしろ外戚一族への対処策・教育方針を如何にすべきかを重視していたかが分かる。

そもそも『内訓』は明朝後宮の后妃に対する教育を目指したものであったが、「自后妃下至卿大夫及士庶人之妻」という言葉からも、上層階級を中心として庶民層の婦女に通じる教訓を備えた性格も持っていたことが窺える。また前述したように、永楽五年の公刊・頒布により『内訓』は後宮外の家庭にまで広がった。『内訓』は明朝の婦女教育に影響を与えただけではなく、清朝に至ると、女訓書の中においてもなお極めて重要な位置を占めていた。

（三）女教の集大成たる清朝

清朝の婦女教育策は、明朝の基本的な思想倫理を受け継ぎさらにそれを整備・拡大したものであったが、清朝の女訓書は単に量的の増大だけではなく、当該社会に流行している宗譜・宗規・家訓等と共に、一般民衆の日常生活の道徳的規範として定着化していった。このような民間社会の秩序を道徳的規範の教化策を通して保持し安定させ、さらにこの安定性によって王朝の政治的社会的支配を民間社会の末端にまで浸透させていったと考えられる。以下、清朝の女訓書に窺えるいくつかの特徴を検討しよう。

清朝の婦女教化の書物は甚だ多く、それらの中で特に普遍性を備えるものは、王相『女四書』と陳宏謀『教女遺規』等である。

1.王相『女四書』

王相、字は晋升、明末清初、臨川の人である。『女四書』の纂修は実は明の天

啓四年（1624）の時にすでに行われていたという❸。しかし当時はそれほど重視されず、清朝の乾隆年間に再刊されて以降数次にわたって続刊されてから注目されることとなった❸。さて、後漢・班昭『女誡』、唐・宋尚宮『女論語』、明・成祖の仁孝徐皇后『内訓』、明・王相の母劉氏『女範捷録』の四書より編纂されたものが『女四書』と称された。前節において既に『女誡』と『内訓』の撰書事情、内容及び影響を見てきたので、ここでは他二書の内容について述べよう。

　『女論語』は、「立身」・「学作」・「学礼」・「早起」・「事父母」・「事舅姑」・「事夫」・「訓男女」・「営家」・「待客」・「和柔」・「守節」の十二章より編述されている。各章の項目から見ると、殆どが従来の婦女道徳教化の内容と一致しており、特に新しい傾向は見出せない。しかし、一つ注目すべきことは、『女論語』が通俗的・白話体に近い言語表現で「四言一句」の型をもって記されていることである。例えば、「早起章第四」に、

　　　　凡為女子、習以為常、五更難唱、起着衣裳、盥漱已了、随意梳妝、揀柴焼火、早下厨房、摩鍋洗鑊、煮水煎湯、隋家豊倹、蒸煮食嘗、云々。

とあるように、極めて卑近・安易な言葉によって表現しているのである。これは当時文字教育を殆ど受けていない庶民層の婦女にとって、識字の能力が無くとも、耳で聴いたり口に馴染ませたりする方法によって教化訓誡が自然と身につくこともあり得た。その点から見て、婦女教育の面において『女論語』の果たした役割は評価されるべきであろう。

---

❸　胡文楷『歴代婦女著作考』（上海古籍出版社、1985年）参照。
❸　前掲山崎純一氏の著書参照。

　次に『女範捷録』であるが、同書「序」に、

　　　　光慈劉氏、江寧人、幼善属文。先厳集敬公之元配也。三十而先厳卒、
　　　　苦節六十年、壽九十歳。南宗伯王光復、大中丞鄭潜庵両先生、皆旌
　　　　其門。所著有古今女鑑、及女範捷録行世。

とあり、劉氏が三十歳の時に夫王集敬に先立たれてから、六十年間も節を守り続
けたこと、『古今女鑑』や『女範捷録』を著したことが分かる。
　さて『女範捷録』の内容はどのようなものであろうか。「統論」を始めに、「后
徳」・「母儀」・「孝行」・「貞烈」・「忠義」・「慈愛」・「秉礼」・「智彗」・「勤倹」・「才
徳」の十一篇より構成され、従来の女訓書の核心に概ね沿っていたが、若干の特
異な新見も示している。一つは「忠義篇」に、

　　　　君親雖曰不同、忠孝本無二致。古云、率土莫非王臣、豈謂閨中遂無
　　　　忠義。（中略）江油降魏、妻不與夫同生。蓋国淪戎、婦恥其夫不死。
　　　　（中略）是皆烈女之錚錚、坤維之表表、其忠肝義胆、足以風百世、而
　　　　振綱常者也。

とあり、君と親とは同じでないといえども、忠と孝はもともと一つのもので、対
立するものではない。昔は「率土、王臣に非ざるは莫し」と言って、婦女も男子
同様「忠義」の徳を体得すべきであることを求めている。そして、歴史上におけ
るその実在した忠義の婦女事蹟を述べている。例えば、三国時代、蜀の江油の守
将馬邈が敵の鄧艾の急襲に無抵抗に投降しようとした時、その妻李氏は不忠の夫
と共に生きようとはせず自殺した。また、春秋時代、蓋国が戎に責め滅ぼされ国
君も殺された時、殉死を遂げなかった副将丘子の妻は、不忠を恥じて夫を罵倒し

て自殺した。これらは皆「烈女の錚錚、坤維の表表」となり、その忠義の肝胆は
百代後の人々までをも感化し人倫綱常を奮い起こすに足るものであると言う。こ
のように忠義の婦女事蹟をもって、婦女も国家への忠義思想や行動を持つべきで
あることを強調している❸。さらに婦女の知育の必要性も主張している。「智彗篇」
に、

　　　治安大道、固在丈夫、有智婦人、勝於男子。遠大之謀、預思而可料、
　　　倉卒之変、冷応而不窮。求之閨閫之中、是亦笄幃之傑。（中略）婦人
　　　之明識、誠可謂知人免難、保国家而助夫子者歟。

とあり、「才徳篇」に、

　　　男子有徳便是才、斯言猶可。女子無才便是徳、此語殊非。蓋不知才
　　　徳之経、與邪正之辯也。（中略）女子之知書識字、達礼通経、名誉著
　　　乎当時、才美揚乎後世、宣其然哉。若夫淫佚之書、不入於門、邪僻
　　　之言、不聞於耳。在父兄者、能思患而預防之、則養正以毓其才。

とある。明らかにこれらは婦女にも書を知り字を識る才智の教育を行うべきであ
ることを呼びかけ、それによって「名誉当時に著され、才の美後世に揚がれり」
とまで言って、婦女の知育に対する要望を強く主張している。このように、『女範
捷録』は伝統的な道徳中心の女訓書の枠を超えて、女訓書の内容をより一段と多

---

❸　『女範捷録』は婦女が国（君主）に忠義意識を持つべきであると考えているが、
　　家庭内の長たる夫に対する貞節の堅守よりも、自ら体を傷害したり命を犠牲にし
　　たりする烈行の実践をより主張していることは『貞烈遺規』からよく示されてい
　　る。

彩化したと言えよう。そこに示される理想的な婦女像は、伝統の婦道を実践する一方で、知育・才学を養成することであった。但し、この段階における婦女の知育・才学の教育には限界があったことには注意しなければならない。

　2.陳宏謀『教女遺規』

　陳宏謀（1696-1771）、広西・臨桂の人であり、字は汝咨、号は榕門である。雍正元年（1723）に進士になってから約五十年近く任宦の生活を過ごしていた。永年政治生涯の経験や感想を持って『従政遺規』・『在官法戒録』を著して官僚の教化に資した。政治の他に、一般庶民の教育や風俗の訓化等においても極めて熱心に意を用い、『養正遺規』・『訓俗遺規』・『教女遺規』等の書を撰述した❹。これらの中で乾隆七年（1742）に公刊した『教女遺規』は、特に婦女子の教化のために編纂されたものである。彼の主張は、『教女遺規・序文』に、

> 天下無不可教之人、亦無可以不教之人、而豈独遺於女子也。（中略）
> 余故於養正遺規之後、復採古今教女之書、及凡有関於女徳者、蒐集
> 成編、事取其平易而近人、理取其顕浅而易暁。蓋欲世人之有以教其
> 子、而更有以教其女也。夫在家為女、出嫁為婦、生子為母、有賢女
> 然後有賢婦、有賢婦然後有賢母、有賢母然後有賢子孫。王化始於閨
> 門、家人利在女貞、女教之所繋、蓋纂重矣。

とあり、閨門の教化の重要性を指摘している。

　さて、『教女遺規』は、「古今の女を教える書及び凡そ女徳に関するものあるを採りて、蒐集して編と成す」と言うように、清朝初期までの諸女訓書を蒐集し

---

❹　『養正遺規』・『訓俗遺規』・『従政遺規』・『教女遺規』・『在官法戒録』の五
　　書は共に『五種遺規』に収録されている。

編述したものある。その内容は上・中・下巻を設けて、巻上には『曹大家女誡』・『蔡中郎女誡』・『宋尚宮女論語』を、巻中には『呂近渓女小児語』・『呂新吾閨範』を、巻下には『王孟箕家訓御下篇』・『温氏母訓』・『史搢臣願体集』・『唐翼修人生必読書』・『王郎川言行彙纂』・『女訓約言』を収めている。同様に、これらの諸女訓書は伝統的な教化思想、方針を継承していた。しかし、もっと広汎な庶民層の婦女たちに理解させるために、これらの書は殆ど晦渋難解な文体を使用しなかった点が特徴と考えられる。ここから彼の婦女教化に対する用心と熱意が伺えよう。

　　　ここで『温氏母訓』❹に伺える婦女教化、特に貞節を守る寡婦に関するものに注目しよう。

　　　　少寡不必勧之守、不必強之改、自有直接相法。只看晏眠早起、悪逸好労、忙忙地無一刻丟空者、此必守志人。身勤則念専、貧也不知愁、富也不知楽、便是鉄石手段。若有半晌偸閒、老守終無結果。

とあるのは、陸氏が若くして寡婦になった婦女の貞節を守るべきかどうかについては全く制限を加えていないが、その中から陸氏の寡婦守節観を重視していることが分かる。陸氏によれば、寡婦に守節の意思があるか否かを見分けるには、勤勉であるかどうかを見れば良い。陸氏は若くして寡婦となった婦女が必ずしも節を守るべきではないという点においてはかなり進歩的であるとは言え、一方で寡婦たる婦女の行動様式については厳格に要求していることも分かる❷。

---

❹　『温氏母訓』は明末・温璜の母陸氏より撰述されたものである。温璜は明崇禎年間に進士になり、清の順治帝の時兵を起こして清師を拒き城が敗れて自殺した。彼は生前母陸氏の訓示を集めており、それが『温氏母訓』となった。

❷　例えば『温氏母訓』に「凡無子而寡者、断宜依向嫡姪為是、老病終無也誅。凡寡婦、雖親子姪兄弟、只可公堂議事、不得孤召密囑。居有婢僕者、夜作明灯往来」とある。

　なお、婦女の知識教育に対して陸氏は、

　　婦人只許粗識柴米魚肉数百字。多識字、無益而有損也。

と述べて、婦女は「柴・米・魚・肉」等のような日常生活の家事や中饋に関わる
程度の知識を持っていさえすれば充分だとした。これは先に述べた王相の母劉氏
の婦女才学を鼓舞する姿勢と全く対照をなすものである。

　以上見てきたように、清朝に入ると、宮廷王室から一般庶民の婦女に至るま
での各階層や立場に置かれた諸女訓書はより一般化し、それらを編纂・整合した
ものとして、『女四書』や『教女遺規』が撰述されたのである。ここに王朝の教化
政策がさらに一段と進められた傾向が伺える。

　ところで、これらの女訓書集成はほとんど清朝以前のものであり、清朝以降
特に普遍性を持ち留意すべきものは陸圻『新婦譜』と藍鼎元『女学』であろう。

　陸圻、字は麗京であり、浙江・銭塘の人である。彼は弟の陸堦・陸培とともに
に文章・経世の才を自任し、時人に重んじられ「三陸」と称せられた。明朝滅亡
に際して、諸弟は殉死し彼自身は僧となって遠遊したが、晩年になると広東の丹
霞山に身を潜めて足跡を絶ったという❹❸。『新婦譜』は順治十三年（1656）に娘が
嫁ぐ前に与えたものである❹❹。『新婦譜』の新婦とは、必ずしも新妻のことを指す
のではなく、夫族において舅姑・夫・族人等の人間関係に対する媳婦の総称であ
あった。彼女の日常生活の様々な面における規則や要求はこの新婦の譜に示され
ている。

　本書に現れる婦女道徳規定は「日常性・常識性を備えた教訓の書」と指摘さ

---

❹❸　『国朝先正事略・巻三七』、『国朝耆類徴・巻四七五』等参照。
❹❹　同書「序」に「今丙申七月、倉卒遣女、肅然無辦、因作新婦譜贈之」とある。

れているように❹、晦渋深奥の道理を言わず、まことに平易的・具体的なもので
あった。その内容は、「做得起」・「得歓心」・「聲音」・「顔色」・「款待賓客」・「答礼
行礼」・「親戚餽遺」・「夫家親戚」・「歳時甘旨」・「早起」・「門戸」・「有過」・「粧飾」・
「孝翁」・「孝姑」・「姑侫仏」・「姑物件」・「背後孝順」・「妯娌姑嫂」・「敬丈夫」・「待
堂上僕婢」・「待本房僕婢」・「偸盗」・「孝母」・「母家奴婢」である。

　　この書が極力説くところは、媳婦の舅・姑・夫三人に対する曲従・敬順の心
構えや態度であった。「得歓心」に、

　　　　新婦之倚以為天者、公・姑・丈夫三人而已。故待三人、必須曲得其歓
　　　　心、不得繊毫觸惱。

とあり、また「做得起」に、

　　　　吾今有一做得起之法、須先要做不起。事公姑不敢伸眉、待丈夫不敢
　　　　使氣、遇下人不妄呵罵。一味小心謹慎、則公・姑・丈夫皆喜、而有
　　　　言必聽、婢僕皆愛而敬之。凡有使会莫不悦従。而宗族郷黨、動皆称
　　　　挙以為法。

とある。婦女の没我的感情による完全なる服従こそが媳婦の務めであると強調し
ている❹。

---

❹　山崎純一氏前掲書第6章「陸圻『新婦譜』」386頁参照。
❹　但し、姑に対し嫁も異を立てることを許される点があった。それは「姑侫仏」
　　「倘姑喜尼衆往来者、新婦当敬而遠之、不可妄有施與及多接譚。倘姑喜入寺焼香者、
　　新婦託病不得随行、或能幾諫、更為賢哲」とあるように、姑が尼衆と付き合ったり、
　　寺廟へ参ったりすることに対して、嫁は敬遠すべきであり、さらに姑へ諫言する
　　ことも要請された。

　　夫への服従は「敬丈夫一」に「夫は天なり、一生須く一敬字を守るべし」と
あり、夫に対する婉曲・細心の態度や行動を説いているが、

　　　　風雅之人、又加血気未定、往往遊意倡楼、置買婢妾、只要他会読書、
　　　　会做文章、便是才子挙動、不足為累。

とあって、夫が廓遊びをしたり婢妾を置いたり買ったりすることまでも主張して
いる。

　　『新婦譜』は舅姑・夫を始めとするあらゆる族内外の人間関係に対する曲従
と犠牲の生活を通して初めて媳婦としての存在意義を獲得できると、期待される
理想的な新婦像を作り出したのである**❹**。

　　続いて『女学』に伺える特徴を見よう。藍鼎元（1680～1732）は、字は玉霖
と言い、鹿洲と号した。福建・漳浦の人である。父親が早死にしたので、母許氏
によって育てられた。彼は康熙五十一年（1712）に『女学』を著した。その動機
と目的については、同書「自序」に

　　　　夫女子之学與丈夫不同。丈夫一生皆為卷之日、故能出入経史、淹貫
　　　　百家。女子入学不過十年、則将任人家事、百務交責、非得専経、末
　　　　易弾究。学不伝則固有獲、泛濫失帰、取栽為難、女学一書、悪可少
　　　　哉。百家衆技、各有専書、当若何訓迪防範。及既不幸不経聖人之述作、
　　　　以附四子六芸之末。又不幸不得程朱諸儒講明采輯、匯諸家之長而進

---

❹　陸圻が『新婦譜』を著した後、彼の友人陳確と松嗣琪がそれぞれ『新婦譜』の訓誡
　　を補って『新婦譜補』を撰述した。しかし、いずれも局部的日常生活の規定を説
　　いたものに過ぎない。

退之。與近思小学流布人間、徒使深閨会淑、若瞽之無相、倀倀其何之、此亦古今一大缺憾也。

とあり、婦女の教育や学問は男子のように一生行われるものではなく、ほんの数年間かしかできないものなので、一つのまとまった婦女の教訓書が必要であると述べている。そのため、経史諸子百家及び列女伝・女誡諸書を采輯し、周礼婦学の法に依って『女学』六巻を編述したのである。

　本書は婦女の卑弱、曲従の三従の教えをはじめ、婦徳・婦言・婦容・婦功の婦女四徳を闡述しているが、その内容は実に煩瑣詳細に規定している、先ず「婦徳篇」に、

班氏曰、婦徳不必才明絶異也。清閑貞静守節整斉。行己有恥、動静有法。是謂婦徳。

とあり、婦徳とは才智が絶異なことではなく、清貞・閑静で節を守ること、事をなすとき恥を心得、動静には法度にかなうことこそが婦徳としている。彼は婦徳の習得を殊に強調しているので、『女学』の前三巻をもって、一二〇章を設け極めて詳しい規則を定めている。それらの内容は、次の項目から伺うことができよう。即ち、「事夫」・「事舅姑」・「和叔妹」・「睦娣姒」・「事父母」・「事兄嫂」・「去妬」・「安貧」・「恭倹」・「敬身」・「重義」・「守節」・「復仇」・「教子」・「慈愛前子」・「仁厚待下」・「脩正闢邪」等の婦徳であり、それぞれの項目についてまた数章に分けて説明している。夫に事える徳性から舅姑・父母・族員に至るまでの進退対応の修養、そして自らの道徳養成を細心に説いている。それらの諸徳性の中に婦女の「復仇の徳」を主張するのは極めて特異なものだと思われる。彼は、同書「巻二・第八七章・復仇之徳」に

　　　礼曰、父之仇弗與共戴夫。婦人事夫、終身不改、喪必三年、則猶之

　　　乎父也。不幸変生意外、父為人所殺、無兄弟可以復仇、身雖女子、

　　　義不容己矣。夫見殺、妻復仇、正也。事刃仇人之胸、則以一死償之、

　　　亦足含笑九原、流芳千古。

とあるように、父や夫のための復讐はたとえ死をもってこれを償うとしても、父
に対する孝道、夫に対する義節を尽くすための表現であって、「雖殺人大罪、官亦
義之」と言うように、人を殺す罪よりも父・夫に対する孝義の復讐の方をはるか
に重視している。

　　婦徳の次に婦言について、同書「巻四・第一章・婦言篇」に、

　　　班氏曰、婦言不必辯口利辞也。擇詞而説、不道悪語、時然後言、不

　　　厭于人、是謂婦言。

とあるように、婦言は必ずしも口達者なことではなく、辞を選んで説き、悪口を
言わず、言うべき時に初めて言い、人に嫌われることは無いことであった。婦言
の規範を「助夫之言」・「訓子之言」・「幾諫之言」・「守礼之言」・「賢智之
言」・「免禍之言」と定めている。舅姑・夫への絶対的服従を重視して説いてい
るが、時には夫・舅姑に対する助言・曲諫も要請し、また時には夫の領域にまで
容喙できる妻の賢智の建言も考慮している。

　　続いて、「婦容篇」に、

　　　班氏曰、婦容不必顔色美麗也。盥浣塵穢、服飾鮮絜、沐浴以時、身

　　　不垢辱、是謂婦容。

とあり、婦言とは必ずしも顔色美麗ではなく、常に塵穢を盥浣し服飾が鮮絜で身に垢つけ辱めをさらさぬことである。そして、「事親之容」・「敬夫」・「起居」・「妊子」・「居喪」・「辟乱」❹等の婦容を規定した。彼が胎教を主張する趣旨は、将来生まれてくるであろう母胎の中の子に好影響を与え、才智・徳性の形成に役立てることであったが、それは清末の梁啓超等による「強国保種」の基盤に立てられた胎教の主張とは、全く相違する立場にあった点に留意したい。

最後に婦功について「婦功篇」には、

　　班氏曰、婦功不必工巧過人也。専心蚕積、劬労女功、潔斉酒食、以奉賓客、是謂婦功。

とあり、衣服の用意や食事の準備に専心に努めることが婦功であると言う。従って先ず「蚕績之功」と「中饋之功」を挙げて、婦女の紡積・女紅・中饋の家事全般を司る職責を持つべきであるとし、舅姑への「養奉之功」、祖先に対する「祭祀之功」をも要請している。さらに婦女の才学・知育における「学問之功」までをも望んでいるのである。

主に『女誡』の三従四徳の要旨に基づいて著した『女学』は、さらに婦女の基本的な在り方、道徳教養を細かく規定している。結局の所、彼の望んでいる婦女像は依然として伝統礼教の要請に応じていたと言えよう。

以上、清代に流布された諸女訓書の内容を考察してきた。清代は、漢代の『女誡』以降の各時代における重要な女訓書を蒐集してさらに同時代の諸女訓書を加

---

❹　「辟乱之容」とは、社会的動乱不安の時に、婦女自ら「慷慨赴死、以全清白之駆」或いは「毀容貌・悪衣服、使人畏忌、不生覬覦之心」というような行動をとって貞操を全うすることであり、婦徳篇の「重義之徳」と「守節之徳」と共に婦女の守節を説いた。徳乱。

えていったため、婦女に与える教訓の繁雑さは空前の盛況を呈していたことが伺える。しかし、女訓書の内容・規制が細分化するに従い、婦女への要請も益々厳格になっていったことも伺える。このように数層か十数層かの厳しい道徳規範を備え、そして実際これを実践し尽瘁して初めて理想的な婦女像の領域に達し得たのであろう。

達摩《易筋經》論考

龔鵬程*

天下武學出於少林、少林武術創自達摩、達摩所著《易筋經》爲天下武學聖典，是現今中國人共知的常識；也是武術派別、拳種、武俠小說、武俠電影電玩等據以發展的基石之一。

我這篇小文，則要說明此一常識概屬虛妄：天下武學固然不源於少林、少林武術也不創於達摩。然後再解說一下《易筋經》究竟是什麼東西、其功法之底蘊又爲何，說明《易筋經》也不是佛教的功夫。

一、少林武術不出於達摩

少林武術出於達摩這個傳說，起源本來就不太早，而且恰好就起於《易筋經》。

《易筋經》，從天啓四年（1642）到道光二年（1822），一直只有傳抄本，道光三年起才印抄兼有。此後版本紛紜，繁簡不一，內容亦多有不同，但大抵都有唐初名將李靖、宋代名將岳飛的部下牛皋的兩篇序文。

據李靖序云：達摩面壁於嵩山少林寺，九年功畢示化，留下一口鐵箱，箱中藏經二部，一名《易筋》，一名《洗髓》。後者被慧可取走，前者經寺僧

---

* 佛光人文社會學院校長。

發揚光大。但寺僧「各逞己意演而習之，竟成旁門，落於技藝，失修眞之正旨。至今少林僧家，僅以角技擅名，是得此經之一斑也」。這個說法推少林武術之源於達摩，且謂後世少林武術皆源於《易筋經》。

但李靖這篇序乃是僞造的。清朝凌廷堪《校禮堂文集》卷二五〈與程麗仲書〉已考證：唐代除了天寶三年至乾元元年改年爲載以外，無稱載者；此序題唐貞觀二載春三月，顯屬僞造。其次，虬髯客、扶餘國事，亦僅爲小說語，非史實。民國十七年，徐震〈易筋經洗髓經考證〉又舉了幾個理由論證其僞：一、李靖序文，自署「李靖藥師甫序」，據《舊唐書·李靖傳》，李靖原名藥師，靖字是後來所改，故撰序時不可能自稱「李靖藥師甫」。二、序中說該經乃天竺僧人般刺密諦譯，「徐鴻客遇之海外，得其秘諦。既授於虬髯客，虬髯客後授於余」。虬髯客的事蹟也不是史實，而是唐末道士杜光庭所造的。三、序文署明寫於貞觀二載三月，這時李靖正任關內道行軍大總管，以備薛延陀。身分與序文中自稱功成身退時的口吻不符。四、序文說般刺密締譯這兩部經典，時在隋代。可是這位般刺密諦是確有其人的，他於唐武則天神龍元年曾譯《大佛頂首楞嚴經》。倘若此僧眞在隋朝便已來華譯《易筋經》、《洗髓》二經，則譯《楞嚴經》時至少已在一百二十歲以上了。五、此序文詞非唐人語。❶

這些證據，都很明晰，足辨其僞。序文既僞，序中云達摩傳經云云，當然也就不足信案了。此即所謂：「皮之不存，毛將焉附？」

但事實上，辨僞也不須如此費勁。因爲佛典中凡稱經者，除少數例外如《維摩詰經》《元祖壇經》之類，概皆爲佛說。其經名、經文均有定式。而《易筋》《洗髓》兩書完全不符佛教經典的慣例，故不僅非達摩所傳，亦必非般刺

---

❶　見徐震：〈辨僞〉中〈易筋洗髓不出於達摩〉、〈辨少林拳術秘訣言師授淵源時代之誤〉二節，《國技論略》上編（臺北：華聯出版社，1975年，重印本）。又唐豪：〈達摩與易筋經〉，《少林武當考》上編（臺北：華聯出版社，1983年，重印本）。

密諦所譯。般刺密諦所譯《楞嚴經》具在，稍一對勘，便知經文純屬杜撰。所以說，這是經僞、序僞、譯僞、所述事蹟亦僞之書。

再說，達摩曾在少林寺面壁之事，本身也是附會而成的。早期文獻，如《洛陽伽藍記》、《續高僧傳》均無達摩長住少林寺或在少林面壁九年之說。玄宗開元十一年裴漼〈嵩岳少林寺碑〉才曾說達摩與弟子慧可「嘗托茲山」。到北宋輯《景德傳燈錄》，始云達摩於後魏明帝太和十年居洛陽，後入少林寺，「面壁而坐，終日默然」，至太和十九年逝世。這是最早講達摩在少林寺面壁的資料，也是後人說達摩面壁九年之張本。因爲由太和十年至十九年，恰好九年。可是，大家忽略了：一、太和十年，嵩山根本尚未建少林寺；少林建寺，在太和十九年。二、太和亦非孝明帝年號，而是孝文帝。三、所有唐代文獻，如武德四年〈秦王告少林寺主教〉、貞觀六年〈發還少林寺賜田敕牒〉、永淳二年〈重修少林寺碑記〉、開元十一年〈嵩岳少林寺碑〉、貞元十四年〈少林寺廚庫記〉等，也都不曾談及達摩面壁和少林武術與達摩之關係。❷

由此可見，少林武術出於達摩、達摩在少林寺面壁九年、曾傳寺僧武術或留下經典等說法，全部都出自附會依託。達摩既未於少林寺面壁，又何來傳經授藝之事？此爲本文第一個要辨明的問題。

二、少林武術不本於佛教

第二個問題，是少林武術之內涵到底爲何？

少林武技，見於史實，是因寺僧幫助李世民征王世充的緣故。原先，在大業末年，天下紛亂時，「群盜攻剽，此寺爲山賊所劫，僧徒拒之」。後來李世民與王世充在洛陽對峙，王世充之侄王仁則據有少林寺附近，李世民致書寺

---

❷ 另參林伯泉：《中國武術史》（臺北：五洲出版社，1996年），第5章第8節。

僧，請其「擒破凶孽，廓茲淨土」。寺僧響應了，率眾與王軍作戰，而得到唐太宗的旌獎。

這時少林寺僧當然已頗有勇武，而這個光榮的歷史當然也可能使少林寺僧以練武爲其傳統。但值得注意的是：一、此後的唐宋金元時期，卻都沒有少林寺僧習武擅名的記載。因此隋唐之際少林寺僧英勇的表現，也可能是鑒於大業末年山賊曾經劫掠該寺，「縱火焚塔院，院中眾宇，攸焉同滅」，所以才奮勇起來護衛自保。也就是說，斯乃一時之激發、偶然之特例，唐宋金元之間，則少林寺未必有習武之傳統。二、「十二棍僧救秦王」之類故事，固然由此衍出，但此時少林武技與佛教思想和僧家生活均無直接或間接之關係。

少林武術之盛，明確可稽者，實在於明代。具詳林伯泉《中國武術史》第八章第八節，此不贅。僅強調三點：

一、當時少林武術以棍爲主，少林拳之威望則不如棍，故程宗猷《少林棍法闡宗·問答篇》說：「少林棍名夜叉，乃緊那羅王之聖傳，而今稱爲無上菩提矣，而拳猶未盛傳於海內」。

二、即使是少林棍，也仍在發展中，廣泛汲取各界之長處。如嘉靖四十年俞大猷路過少林，觀看寺僧練棍，就說其棍法「傳久而訛，其訣皆失矣」；所以挑了兩位僧人來教誨，要他們「轉授寺僧，以永其傳」（《正氣堂集·新建十方禪院碑》）。足證此時還不是「天下武術出少林」，而是少林寺廣泛吸收天下武術之長以豐富其藝。棍法如此，拳法亦然。底下還會談到這一點。

三、少林武術跟佛教扯上關係，也由此時才開始，如程家猷所謂少林棍法乃緊那羅王所傳云云，即屬此類。但此類說法，僅推源於佛教傳說；少林武術與佛學仍乏具體之內在關聯。而且這牽合武術與佛教的工作也仍很罕見。我們只能說這時確實是有不少少林寺僧人在練武罷了。可是他們練的武術與非出家眾並無太大不同。

少林非天下武學之源，乃天下武學匯聚之海，其武術本來就是吸收各界

武術而成的，其拳棍同於方內之士，殊無足詫。據明末王世性〈嵩游記〉稱他在少林寺曾見「中有爲猴擊者，盤旋踔躍，宛然一猴也」。這是象形拳，取擬物類，與佛教思想可說毫無關係。明代已然如此，至今當然更爲嚴重。❸

　　以一九九八年出版的《中國武術百科全書》所載少林各種拳法來看，少林八卦拳，「按八卦相生之數，暗藏先天無極之象」；少林十三抓，「由龍行、蛇變、鳳展、猴靈、虎坐、豹頭、馬蹄、鶴嘴、鷹抓、牛觝、兔輕、燕抄、雞蹬等十三趟仿生動作而成」；少林五行柔術，「模擬蛇、虎、龍、鶴、豹五種動物形象。……演練此拳以氣功爲上乘，而氣功之說有：日養氣、月練氣、氣養而後氣不動，氣不動而後神清，神清而後進退得宜」；少林五行八法拳，「包括龍、虎、豹、鶴、蛇五種拳法和內功，主張練功修心」；連拳，據傳爲岳飛所創。凡此等等，運用應物象形、五行、八卦，精氣神諸觀念構思其拳路，明顯非佛家之思致，而是吸收了社會上各色拳種才形成了這樣的結果。其中連拳本於岳飛、十三抓源於元代山西太原人白玉峰，更是該書業已聲明了的（中國大百科全書出版社，頁109－112）。

　　此外，如上海大聲圖書局纂輯出版的《拳經》，《中國武術百科全書》也說是少林拳術之專集。但該書第二卷論潭腿、太祖長拳三十二圖、內家張三丰內家拳、外家少林宗法等。可見「少林拳」也者，有時甚至包括了張三丰內

---

❸　象形拳，又稱仿生拳。意謂模仿生物而成。其中猴拳起源甚早，《紀效新書》已云：「古今拳家，宋太祖有三十二勢長拳，又有六步拳、猴拳、囮拳，名勢各有所稱，而實大同小異。」曹煥斗《拳經拳法備要》也有站步式，注云：「亦名瘋魔步，猴拳從此化」；鐵拐李顛椿式，注云「醉步此中生出，猴拳亦從此生出」。兩者對勘，可猴拳流傳已久，而少林拳法中亦頗重視猴拳，其法則以顛醉佯狂之步法爲之。然而，後世所謂少林五拳，卻是龍、虎、豹、蛇、鶴，見尊我齋主人編：《少林拳術秘訣》（臺北：華聯出版社，1984年，重印本）。此蓋猴拳在少林宗派中漸中其傳，而亦可證明少林五拳之說屬於後之附會。

家拳而說。什麼拳都可納入其名下，所以說少林已成天下武學匯聚之海。❹

　　不過，把內家拳抱括進少林拳中畢竟是較晚期的現象。在明末，少林拳是以剛硬著名的。所以相對於「內家拳」而有「外家拳」之稱。

　　此一稱謂，起於康熙八年黃宗羲〈王征南墓志銘〉。該銘說：「少林以拳勇名天下，然主於搏人，人亦得以乘之。有所謂內家者，以靜制動，犯者應手即仆，故別少林爲外家。」康熙十四年，黃氏子百家復撰〈內家拳法說〉，昌明其藝。雍正十三年，曹秉仁編《寧波府志》記張松溪與少林僧比武事，也談到：「蓋拳勇之術有二：一爲外家，一爲內家。外家則少林爲盛，其法主於搏人而跳踉奮躍，或失之疏，故往往得爲人所乘。內家則張松溪之傳爲正，其法主於禦敵，非遇困危則不發，發則所當必靡，無隙可乘。故內家之術爲尤善」。這些記載，均將少林拳與內家拳相對來說，而且認爲外家不知內家。

　　少林拳面臨這種內家拳崛起的挑戰，對應之道，仍跟碰到俞大猷而發現棍法已經不行了一樣，其辦法就是以敵爲師，採擷內家拳之長。所以後來少林拳拳經中才會論敘內家的張三丰拳法。

　　故總結來說，少林武技首顯於唐初，以棍法爲主。其拳名不甚彰，至明乃又大盛。不僅傳承棍法，而且開始刻意鑽研拳法，又廣泛吸收社會上各種武技，故越趨成熟，此其發展之大勢也。不過，也由於如此，少林拳，只是僧人習武有成而已，殊難謂其藝與佛教有何內在之關聯。

三、《易筋經》乃道教導引內功

　　跟少林拳比較有關係的，反而是道教思想。這是第三個問題，關於這個

---

❹　尊我齋主人所編《少林拳術秘訣》，亦以少林武術為「柔術」、「氣功」。此即其書晚
　　出之證。

問題，我想藉用《易筋經》來做些說明。

一九一七年上海大聲圖書局另出了一種《少林拳術精義》，題達摩大師著、玉峰余問犀繕校。卷首有李靖貞觀二年序、牛皋紹興十二年序二篇。書末有天台紫凝道人宋衡作於明天啓四年（1624）的跋文，以及祝文瀾嘉慶十年（1085）的序文。內分上下兩冊，內容也分爲兩部分，一是服氣、行功、排打練習圖勢與說明；二是總論、內壯論、膜論、陰陽配合論、靜功十段、動功十八式、神勇八段錦、神勇餘功等。

這本《少林拳術精義》，其實就是《易筋經》的翻版。改成這個名稱，適足以看出《易筋經》在當時人心目中的地位，認爲它就代表了少林拳術之精義。

不過，清朝流傳之《易筋經》也有許多不同的本子。其一體例如上。另一本載十二圖勢，一般又稱爲《易筋經十二勢》，凡有韋陀獻杵三勢、摘星換斗勢、倒拽九牛勢、出爪亮翅勢、九鬼拔馬刀勢、三盤落地勢、青龍探爪勢、餓虎撲食勢、打躬勢、掉尾勢等。

這些勢，其實均非攻擊或禦守的架勢及招式，而是導引的姿勢。正如另一本《易筋經》上記載的靜功十段、動功十八式、神勇八段錦也都是導引勢那樣。

爲什麼少林寺的拳法秘笈卻大談導引呢？

《易筋經》篇首雖有李靖之序，但前文已說過該序乃後人僞作。牛皋之序同樣出於僞造。凌廷堪說：牛序自稱「宏毅將軍湯陰牛皋鶴九甫序」，但牛皋爲汝州魯山人，非湯陰人，亦不字鶴九。宋代更無宏毅將軍、鄂鎮大元帥等官號。序中又云：「徽欽北狩，泥馬渡江。」然而欽宗廟號乃紹興三十一年乃定者，序既自稱作於紹興十二年，焉能預知欽宗廟號？牛皋卒於紹興十七年，卒時欽宗尙在。又，序謂牛皋爲將，乃應岳飛之募，亦誤。皋初隸田師中。序中云云，全與史傳不合。徐震則考證道：牛皋序文中談到宋高宗「泥馬渡江」，

斯乃小說家言，並非史實。其序自署紹興十二年作，並藏其書於嵩山石壁中；可是紹興十一年，宋已將河南割給金國了，牛皋又怎麼可能去嵩山藏書呢？類似的考辨，清周中孚《鄭堂讀書記》亦曾論及，可見清人即已不信其書是唐宋傳下來的。現在因該書有天台紫凝道人宋衡序，故《中國武術百科全書》認為其書即宋衡所撰。

案：宋衡序文寫於天啓四年，然臺灣國家圖書館（舊名中央圖書館）曾藏有述古堂錢遵王抄本《達摩易筋經》，即收有宋衡「後跋」。錢遵王與宋衡年代相仿，又為藏書大家，若該書遲至天啓間始出，遵王不應珍重乃爾，亦不應毫無鑒識能力。故由錢遵王之抄本，可以推想題為達摩所傳之《易筋經》，出現年代當在此稍前。前曾談及程宗猷說少林本以棍法聞名，明末才努力鑽研拳術。其時代在萬曆年間。因此，《易筋經》可能就是這個時候被造出來，用以改良少林拳法的。

其書甫出，天啓崇禎間猶未大行，錢遵王、宋衡，應該都是熱心的推介宣揚者。一九六八年臺灣自由出版社所印《真本易筋經、秘本洗髓經合刊》，另有順治辛丑海岱遊人張月峰敘記。❺蕭天石〈重刊易筋洗髓二經例言〉復云其所據者，為蔣竹莊家藏明版本刻本。則是明末傳抄刊印者已不乏其人。不過，明代已有刻本之說是可疑的，蔣竹莊藏本也不可能是明刻的。且相較於黃宗羲、黃百家對當時少林拳勇的描述，似乎《易筋經》仍剛在推廣階段，對天下傳習少林拳者也尚未發生風行草偃、轉移風氣之作用。少林拳藝，當時仍以剛猛、搏攻、跳踉奮躍見長。

可是這種拳風在當時也正遇到空前的挑戰，無論是黃宗羲的〈王征南墓志銘〉或曹秉仁《寧波府志》，都提到另一種以靜制動、內斂的拳術，而且評價在少林拳之上。這種內家拳術的崛起，事實上是一時風氣，如太極、形意、

---

❺　海岱遊人〈敘記〉，一本題為元中統六年，見注❶引唐范生書。

八卦這類拳術，均由此風氣發展而成；同時大儒顏元亦學運氣術，往往「夜中坐功」，並習雙刀單刀（見《顏習齋先生年譜》）。面對內家拳之崛起，少林拳遂不得不有所更革。或者說，內家拳之崛起，代表著一種的時代新思潮，少林拳也在這一思潮中形成了變革。

內家拳之興起，乃是導引運氣理論與武術的結合。明末清初以前，所有武術著作都沒有練氣的講法。即使是戚繼先的《紀效新書》也沒有這類言論。但明末清初以後，練氣，卻成了普遍之觀點與功法。

乾隆間王宗岳（1763－1795）《太極拳論》明言使拳應「虛領頂勁，氣沉丹田」。同時期萇乃周（1724－1783）《萇氏武技書》也在論拳法時大談〈中氣論〉、〈行氣論〉、〈養氣論〉，謂練拳者必須「練形以合外，練氣以實內」「神與氣合，氣與身合」。一些武術名家，如康熙雍正間的甘鳳池，《清史稿·甘鳳池傳》說甘氏「善導引術」、「拳法通內外二家秘奧」；乾隆時的唐際之，《清稗類抄·技勇類》說他「能運氣。運氣處，有硬塊墳起如核桃，刀石不能傷」。

一些民間宗教教派，如乾隆時八卦教張百祿，據《軍機處錄副奏摺》說其教徒「拜張百祿為師，學拳運氣」、「學八卦拳，並授運氣口訣」；嘉慶初，天理教任四等人「學習義和拳棒」，並「運氣念咒」；嘉慶八年，離卦教首領張景文教授徒眾，「同教中有僅只念咒運氣，學習拳棒者」，直到道光間，該教仍教徒眾「每日坐功運氣」。而這個教即與少林頗有關係，據《那文毅奏議》說，嘉慶間離卦教徒張洛焦，曾習金鐘罩，時常來往少林寺。足證運氣之說已流衍天下，且往往與宗教結合，少林亦受此風氣之籠罩。故《清稗類鈔》說：「少林拳法有練功術，運氣於筋肉，則脈絡突起，筋如堅索，肉如韌革，刀擊之不能傷也。」鄭板橋也說湖北魏子兆「遇少林寺僧，授以運氣傳神之訣。魏習之數年，周身堅硬如鐵」，運氣時，雖刀斧不能傷。其狀大類前面所述及的唐際元。

這種重視氣的新武術觀，必然會將武術由形體動作、趨避騰挪、技巧姿勢、力量速度，轉向內部之血氣運行層面，此所以稱爲「內家拳」。內向化，成爲這個時期一種重要的趨勢。

《易筋經》就是這一趨勢最好的證例。它說練其功法，可使人「臂腕指掌，迥異尋常。以意努之，硬如鐵石。併其指可貫牛腹，側其掌可斷牛項」（〈內壯神勇〉）。這種效能，非一般之勇力，而是靠氣。故非外壯，而是內壯；非一般之勇力，而名爲神勇。〈內壯篇〉說：

> 內與外對，壯與衰對。壯與衰較，壯可久也。內與外較，外勿略也。內壯言堅，外壯言勇，堅而能勇，是真勇也。……凡練內壯，其則有三：一曰守中道。守中者，專於積氣也。……守之之法，在乎含其眼光、凝其耳韻、勻其鼻息、緘其口氣、逸其身勞、鎖其意馳、四肢不動、一念冥心。……守在於是，則一身之精氣與神俱注於是。……二曰勿他馳想。……三曰持其充周。……氣既積矣，精神血脈悉皆附之。守之不馳，揉之且久，氣唯中蘊而不旁溢，氣積而力自積，氣充而力自周。

內壯，是靠守中積氣，以達到積力之效的。其法則有三，而實僅專意守中一法（此法有操作上的下手處，也就是揉，所謂「其下手之要，妙用於揉」，詳下文）。守中，以及勻鼻息、緘口氣、鎖意馳、一念冥心等，誰都看得出來這乃是道家工夫。所以此處講精氣神，〈總論〉更申言易道與陰陽二氣之運，把「易筋」之「易」推原其義到《易經》上去：

> 其所言易筋者，易之為言大矣哉！易乃陰陽之道也，易即變化之易也。易之變化，雖存乎陰陽，而陰陽之變化，實有存乎人。……人勿為陰

　　陽所羅，以血氣之軀，而易為金石之體。

　　這是教人要掌握陰陽（所謂「陰陽為人握也」）。掌握之法，除了上文所說的守中積氣之外，還有採咽陰陽與配合陰陽之法。採咽陰陽，見〈採精華法〉，云：「太陽之精、太陰之華，二氣交融、化生萬物。古人善採咽者，久久皆仙」。這是道教服氣之法，亦甚顯然。配合陰陽，則見〈配合陰陽法〉。說人身為小陰陽，「凡人身中其陽衰者，多患痿弱虛憊之疾，宜用童子少婦，依法揉之。蓋以女子外陰而內陽，借取其陽，以助我之衰」，反之亦然。此乃陰陽調濟之義。

　　也就是說，《易筋經》主張內壯、追求神勇，提出來的方法則是守中積氣、吸日月之氣、借別人之氣等。整個拳術的理論完全沒有談到搏擊的招式技法，而是內向化地教人掌握陰陽氣運，涵養精氣神，以轉弱為強、變靡為壯。這與戚繼光《紀效新書》、程宗猷《少林棍法闡宗》、任伯言《白打要譜》等嘉靖萬曆間武術書實有完全不同的論述取向。

　　而這種路向跟道家道教的關係，則是非常明顯的。除了講《易經》、講陰陽氣運、講修煉、講煉氣、講守中、講採咽、講陰陽配補之外，它還有〈外壯神功八段錦〉，是直接採用道教導引術的。

　　八段錦之名，始見於南宋洪邁《夷堅乙志》卷九。云政和七年起居郎李似矩「以夜半時起坐，噓吸按摩，行所謂八段錦」。曾慥《道樞》卷三五〈眾妙編〉更詳述其法。《易筋經》所講的，其實也就是同一套功法。❻

　　這樣子結合著道教導引運氣之法以改良少林拳，而託名於達摩的著作，在天啟間面世之後，配合著整個內家拳或拳術內向化的潮流，事實上對少林僧

---

❻　八段錦，有繁有簡、有坐有動，詳馬濟人：《道教與氣功》（臺北：文津出版社，1997年）第3章15至19節。

人產生了很大的影響，少林寺逐漸便接受了它。

何以知道呢？據王祖源《內功圖說》云：咸豐四年，他隨兄長住在陝西時，認識了力士周斌，三人同至少林寺，在寺中住了三個月，得少林〈內功圖〉與〈槍棒譜〉而歸。槍棒譜，其實是少林寺的老東西；內功圖，就是新玩藝了。其內容包含十二段錦總訣及圖說；神仙起居法；內功圖說與五臟病因；易筋經十二圖訣；卻病延年法等。這是少林寺已吸收了《易筋經》的鐵證。

十二段錦與八段錦基本上是同一套東西，乾隆三十六年徐文弼編《壽世傳眞》八卷，既錄了八段雜錦歌，又擴充爲十二段錦，同時還有〈修養宜行內功〉一卷，述調息與小周天功法（含靜坐、內視、叩齒、漱津、運氣於任督二脈等）。少林內功圖的「內功」之說，遠昉《易筋經》，近採《壽世傳眞》，是再清楚不過的。後來，光緒二十一年周述官編《增演易筋洗髓內功圖說》，就乾脆併用了「易筋」與「內功」兩詞。❼

四、援道入佛的新典範

採用了《易筋經》，而開始講究內功的少林拳，正是因爲如此，才能把張三丰內家拳也包括進少林拳譜系中來，甚至造出張三丰源出少林的傳說。內家拳所創的點穴法（見〈王征南墓志銘〉），認穴本同於醫家之銅人法，結果也竟成了《少林銅人簿》一類講法，彷彿其技即源出於少林，實在是歷史上極饒興味的發展。❽

不過，銅人之說，《易筋經》卷下〈玉環穴說〉有載：「《王錄識餘》

---

❼ 《少林拳術秘訣》將此八段錦十二式擴充為十八式，稱為「達摩所傳十八羅漢手」。該書並未引用《易筋經》，但這顯然由《易筋經》來。

❽ 點穴法創自內家拳師，且與道流淵源深厚，後少林才傳習其技，另見注❶所引徐震書上編〈存疑〉。

云：『銅人針灸圖，載臟腑一身俞穴有玉環，余不知玉環是何物』。張紫陽《玉清金華秘文》論神仙結丹處，曰心下腎上、脾左肝右、生門在前，密戶居後，其連如環，其白如綿，方圓徑寸，密裹一身之精粹，此即玉環」，則是尚不言點穴，亦不採銅人針灸圖之說。此即可見《易筋經》雖談內功，雖用導引法，其說終究與內家拳術不同。此處徵引張紫陽丹法，下文又談呼吸吐納、存想、咽津等，但事實上道教講這些，是要人養結內丹、修真登仙。《易筋經》雖用其法，卻並不是要讓人成仙。所以說它仍然是與道教功法不甚相同的。

這個分別，就像《易筋經》講內功、論內壯、說積氣，方向上固然與內家拳相同，都呈現著內向化的性質；但把它拿來跟太極八卦形意之類拳法相較，立刻便會發現它們仍究不一樣。

《易筋經》所要達到的，仍是剛的效果。它所謂的「神勇」，比一般的剛猛勇力更勇，「併指可貫牛腹，側掌可斷牛項，拏拳可擘虎胸」、「吾腹，乃以木石鐵椎，令壯漢擊之，若罔知焉」（海岱遊人〈敘記〉）「綿弱之身，可以立成鐵石」、「以血肉之軀，而易為金石之體」（〈總論〉）。內家拳則比較強調柔，因此多說鬆、虛、靜、用意不用力、氣沈丹田等。因此，我們可以推測《易筋經》是少林武者依少林拳之基本特性（剛猛），從內向化的思路上去採擷道教功法而成的，所以與內家拳、道教仍有所差異。

這是目標、性質方面的不同。在具體功法方面，它也不純用導引。而是以藥洗、服食、揉打來配合意守養氣。

所謂藥洗，是用湯藥來洗身體，幫助筋骨堅實。服藥與揉打則一內一外，所謂「外資於揉，內資於藥」。揉，即按摩之法，以揉按心臍之間為主。心臍間的膜，不容易揉按到，則用杵搗槌打。詳見其〈膜論〉、〈揉法〉諸篇。這種揉法及對筋膜的解說，亦是道教所無的。「般剌密諦」對此亦特加按語解說云：

> 易筋以練膜為先，練膜以煉氣為主。然此膜人多不識，不可為脂膜之膜，乃筋膜之膜也。脂膜，腔空中物也。筋膜，骨外物也。筋則聯絡肢骸，膜則包貼骸骨。筋與膜較，膜軟於筋。肉與膜較，膜勁於肉。膜居肉之內，骨之外，包骨襯肉之物也。其狀若此。行此功者，必使氣串於膜間，護其骨、壯其筋、合為一體，乃曰全功。

這才是《易筋經》獨特的功法與見解。❾在此之前，東晉已傳〈天竺國按摩法〉，見《太清道林攝生論》、《正一法文修真要旨》、《備急千金要方》、《雲笈七籤》、《遵生八牋》等書中，共十八勢。又有婆羅門導引法，輯入王仲丘《攝生纂錄》中，凡十二節。其中都有搥打的方法，但前者僅談到「以手反搥背上」，後者只說要「兩手交搥膊並連臂，反捶背上連腰腳」，沒有像《易筋經》這種按揉搗打之法，更沒有筋膜說。不過，我遍考了道教所有導引法門，均無搥打者，故也許可以說搥打為天竺按摩導引法之特色，而《易筋經》就是發展了這個特色。❿

---

❾ 論膜，極為特殊，後世少林拳術亦無承續其說者，僅《楊氏太極拳老譜》附錄有〈太極膜脈筋六解〉一篇，其中說：「膜若節之，血不周流。脈若拿之，氣難行走。筋若抓之，身無主地」、「抓膜節之半死，申脈拿之似亡，單筋抓之勁斷」，此似即與《易筋經》所言有關。該《譜》另有〈太極力氣解〉：「氣走於膜、絡筋脈。力出於血、肉、皮、骨。故有力者皆外壯於皮骨，形也。有氣者是內壯於筋脈，象也。」與《易筋經》內壯的講法也顯然是有關係的。

❿ 《楊氏太極拳老譜·太極字字解》將按、揉、摩、捶、打諸法，由煉功之法，轉為技擊之法，云：「挫、揉、捶、打於人於己，按、摩、推、拿於己於人，開、合、升、降於己於人，此十二字皆用手也。」按摩捶打於己，就是練功之法，施之於人則是技擊之術。此顯然也是由《易筋經》所述按摩捶打之法引申變化而來。同理，〈太極空結挫揉論〉說：「有挫空、挫結；有揉空、揉結之辨。……揉空者，則力分矣。揉結者，則力隅矣。若結揉挫，則氣力反，空揉挫則氣力敗」等等，也是把揉法之用轉為搏擊之術。太極拳法本以掤、攦、擠、按、採、挒、肘、靠為之，初無揉法；抓筋膜、閉六脈，亦非拳式中本有之義，故此均應為吸收自《易筋經》之說。世之論太極拳者，惜尚未考焉。

按摩搥打，是揉按、杵搗、搥打、漸次加重的。木杆木搥之外，尚要輔以石袋石杵。木杵木搥，用於有肉處。骨縫間，則用石袋石杵。它與道教運氣法不同之處，在於道教主要靠存想，以意運氣，讓氣流走於任督二脈；它不是如此，而是在揉打時，意注於揉打之處。所以揉打至何處，意與氣也就到了那個地方。先揉於前身心下臍上，「功至二百日，前胸氣滿，任脈充盈；則宜運入脊後，以充督脈」。共行功十二個月。

按月行功，是宋代發展出來的導引法，相傳出於陳搏。《四庫全書·道家類存目》稱此爲「按節行功法」，指它依照著氣節時令來行功，明朝頗爲流行。《遵生八牋》、《三才圖會》、《保生心鑑》均曾載入，羅洪先《萬壽仙書》稱爲〈四時坐功卻病圖訣〉。《易筋經》沿用了這種按月行功的觀念，所以內中有〈初月行功法〉、〈二月行功法〉、〈三月行功法〉、〈四月行功法〉〈五六七八月行功法〉、〈九十十一十二月行功法〉六篇。

經此十二月行功並服藥洗藥之後，神功已成，氣滿於內，但還有兩事須要補充。一、揉打積氣，只在前胸後臂，故氣僅充於身體上，還不能把氣運到手上，所以接著要練手。怎麼練呢？一是仍用揉打之法，用石袋從肩頭往下打，直至小指尖再用手搓揉；二是也用藥洗；三是藥洗後加以鍛煉。先努氣生力，然後用黑豆綠豆拌在斗中，用手去插，以磨礪其筋骨皮膚，類似後世練鐵沙掌之法。

第二件事，是要學習貫力運力的姿勢和方法。全身積氣，殆如水庫蓄水，水既蓄滿，便須學怎麼行水用水，此所以又有〈貫力運力勢法〉篇。

此類勢法，其實就是八段錦十二段錦之類導引動功，也有些版本稱之爲「易筋經十二勢」，但它說這是佛家功法：

此功昉自禪門，以禪定爲主。將欲行持，先須閉目冥心，握固神思，屛去紛擾，澄心調息。至神氣凝定，然後依次如式行之。必以神貫意

注，毋得徒具其形，若心君妄動、神散意馳，便為徒勞其形而弗獲實
效。初練動式，必心力兼到。

早先所有動功導引八段錦十二段錦廿四勢之類，均只說明動姿勢，很少強調心
的修養，這則是一個特例。後來徐文弼《壽世傳眞》及王祖源傳出的《內功圖
說》皆沿襲之，以十二段錦的第一式爲「閉目冥心坐、握固靜思神」。

它把澄心解釋爲禪定工夫，並認爲除了在練八段錦時要用此工夫外，一
切行功均以此爲基本，是它理論上一大特色。故「般刺密諦」在〈內壯論〉之
後又特加識語謂：

人之初生，本來原善，若爲情欲雜念分去，則本來面目一切抹倒。又
爲眼耳鼻舌身意分損，靈臺蔽其慧性，以致不能悟道。所以達摩大師，
面壁少林九載者，是不縱耳目之欲也。耳目不爲欲縱，猿馬自被鎖縛
矣。……此篇乃達摩佛祖心印先基，其法在「守中」一句，其用在「含
其眼光」七句。

守中，就是「一念冥心，先存想其中道，後絕諸妄念，漸至如一不動」。含其
眼光等七句，是指閉眼、凝耳、匀鼻、緘口、逸身、鎖意、四肢不動、一念冥
心。講的還是澄心靜慮的工夫。它以此爲禪定，乃是援道以入佛，希望達成一
種綜合佛理與道術的新架構。後來佛門接受此經，且將之視爲佛門武術宗源，
亦因它具有這種援道以入佛的型態。

五、仙佛武學的路向與疑難

《易筋經》在明末少林拳發展的關鍵時刻，吸收了道教的氣運學說，講

呼吸吐納、守中積氣、採咽陰陽、修練導引，形成了一套配合少林剛猛拳風的內壯理論與內功功法，當然很快就奠定了它的典範地位。

但這種融合事實上是強水火於一冶，非常困難。《易筋經》也未能達致完美融會之境地，其理論與功法均有不少破綻。

先說功法。《易筋經》吸收道教功法時，混採了好幾種不同的路數，例如守中積氣是一種，服咽日月精華的服氣論又是一種，二者並不相同，經文兼取之，何者為正、何者為輔？守中固然可解釋為禪定，服食日月精華又與佛教思想何干？此即為其疏漏之處。

《易筋經》各本又多有〈內運周天火候歌〉、〈行功要訣〉。此純是內丹法，又與服氣論、積氣論迥異。重點在於「顛倒陰陽，更轉互屬」，添水返火、運用鉛氣。且行功只在子午，要以河車逆運坎水上崑崙，共運三十六度，企求五氣朝元。若用此法，則大談服食日月精華、揉打搓洗，便歸辭費。抽添水火，氣貫泥丸，又與內壯神勇有何關聯？《易筋經》兼收並蓄，而不知實自陷於左支右絀也。

又，道教丹法中是有歧途、有旁門的。所以道教煉丹之士稱好的煉丹法為金丹大道。不好的丹法，例如藉助性交或採陰補陽者，便被稱為泥水丹法。《易筋經》援用了道教煉丹術，卻對此無力檢別，只說功夫若成之後，「修身堅壯，不畏飢寒，房戰取勝，泥水採珠，猶小用耳。修仙成佛，要不外是」（〈易筋經意篇〉）。它認為這只是功夫高下之分，殊不知修仙之法與陰陽採戰乃是兩條路，功夫並不相同。古修房中術者，固然有以性交為登仙秘徑者，但煉內丹之法，大興於宋元，尤其北派全真教均為出家道士，焉能以陰陽採捕或房中征戰為說？故內丹家說龍虎交媾、陰陽配合，主要乃是一身內氣而說。即使是東派男女雙修，亦與房戰採捕者不同。《易筋經》不知此中分判，誤為一談，可謂大謬。

不僅如此，《易筋經》因正面肯定房戰採珠之功效，竟發展出了鍛練陽

具之法。教人攢、挣、搓、拍睪丸；咽、摔、握、洗束、養陽具。洗，指用藥水燙洗。束，指用軟帛束之勿屈。練之久久，陽物便剛強了，「雖木石鐵鎚亦無所憚」（〈下部行功法〉）。海岱游人說在長白山曾逢一西羌人即曾習此功夫，可以「以長繩繫睪丸，綴以牛車之輪，曳輪而走，若馳也」。現今市井間有號稱全真氣功之「九九神功」，練的就是這類繫睪丸、吊陰莖的工夫。這種工夫跟武術有什麼關係？無非乞求增強性能力罷了，故《易筋經》以此自道：「以之戰，應無敵手。以之延嗣，必種元胎。吾不知天地間更有何樂大於是法者！」「設鑾欲戰，則閉氣存神，按隊行兵，自能無敵。若於應用之時，加吞吐呼吸之功，更精神百倍，氣力不衰，晝夜不寢，數日不食，亦無礙矣」。

它如此沾沾自喜其壯陽神效，是否恰當呢？若真是達摩傳經，授予少林寺僧，當然不會談這一套，也用不著這一套。且這種功法中顯示的性態度，是以性為天地間之至樂，以晝夜不寢不食地性交為樂事，更非僧人習武者所宜有。所以像這些地方，明顯地是為它所吸收的道教功法所誤，不及檢別，因而誤入歧途。⓫

經中功法其他妄謬之處，頗與此有關，如〈無敵神功密法〉教人「兩腳盤坐身項直，雙手捧托腎囊前。……此段為運氣到莖卵功夫」。宣統三年梁子瑜刊全圖《易筋經》則引高子曰：「握固二字，人多不考，豈特閉目見自己之目，冥心見自己之心哉？趺坐時，當以左腳後跟曲頂腎莖跟下處，不令精竅洩云耳」。此皆妄談，乃讀丘處機《大丹直指》而誤者。

形成這類混殽與錯誤，可能也不能歸咎於古人造作經論時思慮欠周，而應考慮其時代風氣。宋元以來之道教丹法，本來就有三教揉合的性質；以長生為命功，以釋家明心見性為性功，而講性命雙修，更是普遍。故往往仙佛合言，

⓫　自由出版社所刊蕭天石編《真本易筋經秘本洗髓經合刊》即刪去有關下部行功法的部分，謂其易流於房中採戰，恐為後世重雙修法之房中家所羼入。

混無生宗旨與長生久視於一爐。《易筋經》就顯示了這種理路。〈內運周天火候歌〉說：

> 易筋經，煉氣訣。……定氣凝神鎖心猿，兩手插抱趺足坐，識得先天太極初，此處辨識生身路。冥目調息萬緣定，念念俱無歸淨土。……此是神仙真口訣，君須牢記易筋經。

既歸淨土，又成神仙，口氣與〈易筋經意篇〉說：「修仙成佛，要不外是」相同。都是仙佛合說。而在實際功法操作中，則是以修仙為成佛的。

此種型態，自宋以來已漸形成，至明末而大盛。如顏元就批評他家鄉「萬曆末年添出個黃天道」、「仙佛參雜之教也」、「似仙家吐納採煉之術，卻又說受胎為目連僧，口中念佛」（《四存編·存人編》）。黃天道，亦以煉成金剛不壞之體，撞出輪迴為說；也每日三次參拜日月；也主張雙修法，均與《易筋經》有相同之處。同在天啟年間的道教伍柳派伍沖虛所著《內煉金丹心法》，成於一六二二年，增注本刊於崇禎十二年，改名《天仙正理直論增注》，更是說：「天仙，佛之至者也」。其弟子柳華陽《金仙證論·禪機賦第十三》則云：「恐後世學禪者不明佛之正法，反謂吾非禪道，故留此以為憑證耳。」也以仙佛合宗自命。《易筋經》處此時會，援道入佛，欲修命以成佛，也是可以理解的。❷

此外，我們在前面曾經談過：明清朝時期一些民間教派常習武練氣。這些民間教派，都是混揉三教義理而成的，直至晚清均是如此。如道光年，揚州

---

❷ 為道家功法者，應推萇乃周《萇氏武技書》，次則為王宗岳〈太極拳論〉。但王氏之說與道教丹法無關，萇氏〈中氣說〉則明白指出：「中氣者即仙經所謂元陽，此氣即先天真乙之氣、文煉之則內丹，武煉之則為外丹。」

「周星垣，號太谷，能練氣辟穀，……遨游士商大夫間，多心樂而口諱之，積中師事久，頗得其術，太谷門徒寖盛」（《山東軍興紀略》卷21〈黃崖教匪〉）。「宿州張義法者，從永城魏中沇學彈花、織布兩歌，皆邪教之隱語。又令盤膝靜坐，名爲『坐蓮花』；兩手捧腹，名爲『棒太極』；一日三次，默誦咒語，名爲『三省功夫』」（《金壺七墨》浪墨卷四〈教匪遺孽〉）。光緒年間，「霸州城西魚津窩村，有……密密還鄉道教門，即白蓮教門也。該教宗旨，恭敬孔子、老君、佛，吃常齋。……日日坐功運氣，望死後西方樂土，成仙作祖。」（《拳時北京教友致命》卷八，北京救世堂1920年刻本）。又光緒間，有「一炷香」教。該教創於明末，「以敬佛爲宗旨，不殺生，不害命，吃長齋，焚香，日日坐功運氣，其終向望死後脫下皮囊，往西天成仙作祖，爲樂境也。」

這些教門，有兩方面與《易筋經》關係密切：一是它們都屬於混殽佛道，甚或混揉三教之世俗宗教型態，其教義取便流俗信從，故理論都不嚴密，也不深刻。錯謬之處，往往而有。即使不錯，理境也不高。《易筋經》也有這種現象，重在可以實用奉行，而非造論之幽玄精密。

其次，這些教派，常被官方或正統人士定義爲「邪教」。除了教義未盡正宗之外，這些教派輒舞拳弄棍、練氣習武也是一個極普遍且重要的因素。因此，它呈現的，是一種宗教、煉氣、習武混合的狀態。而《易筋經》所顯示的，也就是這個樣子。假若我們記得「火燒少林寺」的傳說，則這種類似性就更爲有趣了。少林寺在清朝事實上並未被火燒掉。但那是歷史上的事。在武術界，少林涉及天地會反清復明大業，少林寺被燒、少林五祖逃出、分別創立洪拳等等，則是各門派心目中傳承已久之另一事實。這些武術派別，奉達摩爲祖師，謂其藝皆傳自少林，似乎也不能說他們都是神經病，明明沒有的事還相信得如此誠篤，明明沒有的人物偏要供來做祖宗。假若《易筋經》跟那些民間宗教一樣，也有一個教團，用這樣的功法來教其民，將宗教、習武、練氣合而爲一，以致傳其藝者均自稱少林門徒，以致朝廷忌憚而剿滅之，不是也很有可能嗎？

不是比說練武的都是神經病更合理嗎？只不過，這個名喚少林的教團，未必即是嵩山那座少林寺。我們看這些故事，均自稱爲南少林；包括敘述達摩授藝的部分，如尊我齋主人編《少林拳術秘訣》云：「少林技擊、以五拳爲上乘。……五拳之法，傳自梁時之達摩禪師。達摩師由北南來」，亦謂達摩是到南方授拳。豈不分明告訴別人：此少林非彼少林，此達摩非彼達摩嗎？「達摩」，《釋典》通作達磨，此則皆稱「達摩」，也有暗示畛域區隔之意。

這是一種推測。另一種可能性的考量，則是從明末另一本拳經覓線索。那就是乾隆四十九年（1784）曹煥斗整理出版的《拳經拳法備要》。

此書實爲兩書。《拳經》爲張孔昭撰，《拳法備要》則係曹氏自著。❸張氏約爲康熙時期人，其譜中有「少林寺玄機和尚傳授身法圖」，似其法本諸少林，後來張鳴鶚、張孔昭等轉益多師，又頗有自得之處，固已迥非玄機和尚傳授之原貌，但淵源本於少林，應是確實不誣的。據其所述，則明末少林寺拳勇已著盛名，亦有傳授，流布四方，所以《拳經》中已出現「拳法之由來本於少林寺」之說。把宋太祖長拳、溫家七十二行拳、三十六合銷、二十四氣探馬入閃、十二短打、李半天之腿、鷹爪王之拿、張敬伯之打，統統溯源於少林。這些武術，其實均爲《紀效新書》上的記載，可是在戚繼光的敘述中，它們是跟少林寺棍法齊名的，並非源出少林。可見明末清初，少林拳勇聲名漸著之後，少林徒眾張大其說，高自標置，自居爲武術宗祖，把各家武術都講成出自少林，已成爲一種風氣。

而事實上，廣泛吸收各界長處，才是此刻少林拳發展的眞相。例如《拳經拳法備要》中有醉八仙拳，號稱「此乃拳家之祖，從此化出」。佛教少林拳法，緣何而取義於醉八仙？僧家戒酒，又不奉八仙，此類拳法，自是汲取自異

❸ 此書作者，各家考證，見解不盡相同。羅振常認爲全都是曹煥斗作。唐豪認爲一部分爲張鳴鶚編，一部分爲張孔昭或其門弟子所作。我的看法，則與他們不同。

教而來。拳法中又有「走盤太極八步全圖」，又講陰陽、剛柔、借力、偷力，此均與佛理無涉，而是近於道家的理論，與其拳法有醉八仙相似。

此書亦已提到氣的問題，〈提勁運用之法〉云：「大凡運勁之法在乎氣，而氣之虛實全憑小腹下運之。蓋周身運量氣為之先。若氣不在小腹而在上胸，此上實下虛」，把力量歸原於氣，氣力則要由腰轉出。另有〈氣法指要〉云：

> 緊閉牙關口莫開，口開氣洩力何來？須知存氣常充腹，殺手休將氣放懷。迴轉翻身輕展動，灌通筋骨壯形骸，終朝練習常如是，體質堅牢勝鐵胎。

這種氣法，便很像《易筋經》所述導引法。足證少林拳法在明末清初確是朝結合氣論、道教思想、道教導引法之方向發展的。佛、道、武，混而為一。這也是一種「三教合一」，只不過，含有不少混殽與疑難，不可不辨。

六、《易筋經》的流傳與誤解

《易筋》、《洗髓》二經，武學界仰若泰山北斗，傳習者多，深自秘惜者尤夥，影響至為可觀。但傳習誦法者，或不知其來歷，或不明其功法之底蘊，或不辨其謬，更勿能審其於武術史思想史之意義，矜習遺編，詫為奇術，聊資稗販而已。

以民國十八年張慶霖所著《練氣行功秘訣內外篇》考之。其書金一明序，謂其為少林衣缽，推崇曰：「練《易筋》者，不能比其神；練《洗髓》者，不能知其妙。」作者張慶霖本人亦於內篇第十一章〈氣功歌訣秘抄〉，亦即全書結尾處，抄錄〈內運火候篇〉、〈無始鍾氣篇〉、〈四大假合篇〉、〈凡聖同歸篇〉、〈物我一致篇〉、〈六六還原篇〉，然後說：「本歌訣已極氣功之能

事，酣暢淋漓，毫無所諱：其法與《易筋》、《洗髓》兩篇大同小異。至其道，則又高出《洗》、《易》萬萬也。是均在有緣學者熟爛於胸中揣摩之矣。」又說：「《易筋》、《洗髓》訣，蔣竹莊家藏刻本中有，但不及涵芬樓手抄秘笈錄中之詳而雅。至本訣則爲秘抄，從未見刊行過。」其實此六篇歌訣，第一篇即在《易筋經》中；其餘五篇，則爲《洗髓經》之文字。張氏謂其「從未刊行過」，又誇稱其法高出兩經萬萬，眞乃天大之笑話。蔣竹莊家藏本便錄有此數篇歌訣全文，張氏蓋根本未曾寓目。涵芬樓秘笈抄本，確實較蔣藏本爲「詳」，但所多出來的，乃是〈退火法〉及〈服藥十錦丸〉、〈五生丸法〉、〈五成丸法〉、〈十全丸法〉、〈便方〉、〈平起服法〉、〈平起洗法〉等藥方，又何嘗「詳而雅」？此即可見張氏大言欺人，非於《易筋》、《洗髓》兩書毫無所悉，即是陰竊其說，復張揚謂能勝於二經，以驚俗耳、以駭俗目也。此書有段祺瑞、金一明序。段氏非此道中人，或不嫻仙佛武術之事；金一明則爲大行家，曾著《中國技擊精華》、《武當拳術》、《武當三十二勢長拳》、《練功秘訣》等書，乃竟隨聲附和，不知張氏此書不僅抄錄者即爲兩經之歌訣，其所述功法亦衍兩經之緒，誠可怪嘆！

又，宣統三年梁士賢輯刊《全國易筋經》，僅錄第一套十二式、第二套五式、第三套五式，共二十二式。附青萊眞人八段錦坐功圖八式、陳摶睡功圖二式。則是只以八段錦視《易筋經》，可謂管中窺斑，未見全貌。

蕭天石〈重刊易筋洗髓二經例言〉則說二經「爲學佛坐禪之基先工夫」，「洗髓之於禪定，尤爲重要，由此而入，方是坦途」。殊不知依二經之意，《易筋》、《洗髓》均須運用禪定工夫。故非二者爲學佛坐禪之基先工夫，乃禪定爲其入門之坦途。蕭氏恰好說倒了。

蕭氏此刊，又自詡其《洗髓經》係乾隆間排印本，且謂「經前並有慧可序；後有跋，係月庵超昱緒欣據內典翻譯。全部《易筋經》亦係據原本天竺文翻譯」。凡此，亦均爲誤說。兩經皆無梵文本，亦不在《大藏經》內。慧可序、

月庵跋，也均爲僞記。凌廷堪考證謂：慧可序，云：「初至陝西敦煌。」後魏時敦煌焉有陝西之稱（《校禮堂文集》卷25）？《易筋經》乾隆間只有抄本，《洗髓經》時代更晚，是依附《易筋經》而造者，幻中出幻，乾隆間豈能遂有刻本？故此亦大言欺人而不識刊印之源流者也。書中又附所謂「易筋甩手功眞傳」，云出道教《青城秘錄》等書。按，將此類功法與《易筋經》合刊，固足以供讀者參證，使知《易筋經》與道教養生功法之關聯；然甩手僅爲養生之用，與《易筋經》之爲武技內壯者功用殊途，恐不宜牽合。至於練易筋功時，「須絕對斷絕房事。……期滿後，亦以少親房幃爲上，能行而不漏者亦然」云云，懸爲厲禁，而實乏根據，經中毫無證案，乃蕭氏虛聲恫嚇以增人信此功法耳。

蔡雨良另由棲霞山老道處得一兩經合抄本，一九八一年由眞善美出版社印出。較蕭刊本多〈推演易筋洗髓內功圖說〉、〈增廣易筋洗髓內功圖說〉、〈易筋洗髓支流彙纂〉、〈內外功集成〉。易筋之學，流脈頗可考見，可謂洋洋大觀，裨益學林，不爲無功。但刊印其書，旨在「發揚仙學」，提供給「有志性命雙修者」研究。《易筋經》本來乃是吸收道教導引運氣練丹之說，以發展武勇搏擊之術；此則遽以其言導引運氣練丹，而奉之以爲成仙養生秘譜矣，豈不謬哉！

武術界所傳，別有五台山靈空禪師《全圖練軟硬功秘訣大全》一種。凡總論、練軟硬功秘訣、練功印證錄、練功治傷秘方四章。所指軟功，乃硃沙掌一指禪之類；硬功，乃金鐘罩鐵布衫之類。其法實均由《易筋經》所述搓揉、藥洗、努氣生力、以手插豆之法發展而來。其用藥洗手之藥方亦然。第一章第六節並述〈涵虛禪師練功學技談〉，可知該書所論功法與少林《易筋經》肸蠁相通，淵源正不可掩。但區分武功爲內外兩類，云：「內功主練氣，趺坐習靜，與道家之導引術約略相似。外功主練力，則是內外打爲兩截，非以內功爲筋骨力量之助。」又述練外功之法，爲「先練皮肉，次則練筋骨、皮肉筋骨既堅實，更進而練習個部之實力，實力既充，然後更進而練習運行氣力之法。」練皮肉，

用搓摩之法；練筋骨，用八段錦；練各部氣力，用努氣生力法，兼用石鎖鐵槓等器械之助，均與《易筋經》同，然次序顛倒了。《易筋經》是以氣爲主，充氣於內，以壯筋膜血骨，再練皮肉。靈空禪師此法，則有外無內，雖衍《易筋》之緒，而實失其眞傳。❹

　　也就是說，《易筋》、《洗髓》，地位雖高，眞賞殆罕。無論仙學抑或武學，承流接響者固不乏人，但誤解既多，或虛飾而增華，或變本而加厲，或源遠而歧，或流別而分，殊難使人明其來歷、知其底蘊，於明清之際佛、道、武學參合之跡，尤難考案，故本文粗發其凡，以俾考覽。

---

❹ 周述官《增演易筋洗髓內功圖說》18卷，作於光緒21年，刊於1930年，卷帙最高，體例亦較特殊。其特點有三：一、將《易筋》《洗髓》合為一體，認為兩者相輔相成，不可析分。二、兩經合論之後，他將《易筋》視為外壯功夫，謂《洗髓》為養心功夫，而所述功法，實偏於內養煉丹，已非武術神勇之技。三、他非常強調三教合一，是所有《易筋經》中唯一講三教合一的，不止為仙佛合論而已。周氏之術，據他說傳自少林靜一空悟法師。1991年北京科學技術出版社王敬等人編《中國古代密傳氣功》曾將此書重排了一次。

荻生徂徠的言語觀──何謂「古文辭」

金培懿*

一、對語言的覺醒

寬文六年（1666）農曆二月十六日，將軍德川家綱之弟館林侯德川綱吉的侍醫──荻生方庵，其位於江戶二番町的府上，夫人在夢見正月的門松之後，生下了次男，以夢見松樹，故取名「雙松」。後以《詩經》〈魯頌‧閟宮〉有「徂徠之松」，而取「徂徠」爲號，又〈小雅‧斯干〉中有：「如松之茂矣」，〈小雅‧天保〉有：「如松柏之茂」，故以「茂卿」爲字。幼名叫「伝二郎」，通稱「總右衛門」。這是一個聰穎的小孩，侍醫因此也特予琢磨，爾後徂徠在《譯文筌蹄》中追憶說：「夫七八歲時，先大人命予錄其日間行事，或朝府，或客來，說何事，作何事，及風雨陰晴，家人瑣細事，皆錄。每夜臨臥，必口授筆受。」❶稍後果不負侍醫所望，此兒「十一二時，既能自讀書，未嘗受句讀。」❷由這兩段回憶看來，侍醫當是一位儒醫，是男孩開始接觸儒家典籍，記誦經典（素讀）時，最初的老師。在寄給門人山縣周南之父山縣良齋的信中，徂徠說幼時父親就曾教他《詩經》〈魏風‧伐檀〉，「去夏辱尺牘，疊疊數十

---

* 雲林科技大學漢學資料整理研究所助理教授。

❶ 卷首，〈題言〉五，收於戶川芳郎、神田信夫編：《荻生徂徠全集》第 2 卷（東京：みすず書房，1974 年 8 月），頁 10-11。

❷ 《譯文筌蹄》卷首，〈題言〉五，頁 11。

百言,大氐稱引〈國風·伐檀〉弗素餐之義。……僕至贛愚,少小親聞先大夫義方之訓,私心竊慕,誦其詩弗衰者,四十年一日也。」❸而且想必侍醫當年讓幼小的徂徠記日記時所用的文體,恐怕應該也是漢文吧。像這樣自小便直接寫漢文,讀漢文,徂徠從這樣的體驗中獲得的啓示便是:「少小耳目所熟,故隨讀便解,不須講說耳。」❹我們似乎在此找到了「古文辭」萌發的種子。

　　延寶七年(1679),男孩年已十四,這年侍醫卻遭藩主德川綱吉貶謫,流放至上總國長柄郡二宮庄本能村(今千葉縣茂原市西方),這是一個草長人稀的鄉間,當然更是一個文化貧脊之地。少年在旺盛的求知欲驅使下,面對無書可借的苛刻環境,少年只能自力救濟。恰好父親書箱中藏有一本祖父荻生玄甫留下的《大學諺解》,而這本朱子注釋的經典,遂成爲滋潤豐養少年學力的主要源泉。徂徠回憶說:「予十四,流落南總,二十五,值赦還東都,中間十有三年,日與田父野老偶處,尚何問有無師友,獨賴先大夫篋中藏有《大學諺解》一本。實先大父仲山府君手澤。予獲此研究,用力之深,遂得不藉講說,遍通群書也。」❺透過「研究」《大學諺解》,徂徠所謂:「遂得不藉講說,遍通群書也。」的這種回顧,筆者以爲這在我們考慮徂徠學問的特質這一問題點上,有著重要的意義。而關於這本《大學諺解》的作者是誰這個問題,岩橋遵成認爲這是林羅山的著書(見《徂徠研究》,106頁);另一方面,吉川幸次郎則推測說:這應該是用口語中文來注釋儒家典籍的,所謂被稱爲「諺解」的書之一(《仁齋·徂徠·宣長》,95頁),關於這個問題,至今未有定論。即便吉川幸次郎的說法恐怕難以成立,然而岩橋遵成的說法也無確實的證據。但是,筆者以爲:將該書視爲是一本在《大學》一書的原漢文旁,施加訓點和簡單的日語口語翻

---

❸　《徂徠集》卷27,〈與縣雲洞〉,頁286。

❹　《譯文筌蹄》卷首,〈題言〉五,頁11。

❺　《譯文筌蹄》卷首,〈題言〉一,頁3。

譯的書，應當不會有錯。這種性質的書，比起那些逐字逐句添加注解，進而加入一己之說的，所謂後人所注解講說的書籍，確實具有比較強烈的，使讀者之目光望向原文本身的傾向。徂徠所以能夠「遍通群書」，恐怕正在「不藉講說」這點上，因爲一靠講說來理解文本，則思緒在某種程度上便被局限在講說者個人的理解範圍內，所以反而這種只標示訓點和偶爾標注日文翻譯的「諺解」，要比那些逐字逐句解釋，加進不少自身議論的後人注解講說之書，來得更適合，對那些眞正想進入以漢文寫成的文本的人來說，徂徠這麼認爲。爾後在寄給宇都宮遯庵的信中，仍可看出徂徠的此種主張，「不佞茂卿幼讀書海上，蜑戶鹺丁之錯處，雖有疑義，其孰從問決焉。迨乎得先生所爲諸標注者以讀之，迺曰、吁，是惠人哉。二十五六時，還都教授、諸生貧窶者，其所旁引它經史子集，及稗官諸小說，率粲然可聽，退省其私，亦皆資諸先生所爲云。……是故區區之言，迺布胸臆以使其識童子時遙藉先生寵靈者，茂卿亦其人焉耳。」❻根據吉川幸次郎的說法，遯庵的「標注」，是一種「在漢文原文旁施加訓點，並且常常逐字添加進日文翻譯」的注解書，是一種「逐字的解釋，並不加進無用的議論。」（見《仁齋・徂徠・宣長》，95頁）吉川的此種說明，顯然地與前文筆者所認爲的《大學諺解》一書所具有的特性，有著相通之處。因此，筆者以爲：徂徠將「標注」的作者遯庵，視爲「惠人」，並感謝其有恩於己身之所學這點，可以說實在有著不容忽視的意義。如同在本文後面的論述中便可看到的，對於那些逐字添加解釋，進而加入己說的後儒之注解，徂徠大概都持批判的態度，但是對於遯庵那種與《大學諺解》之特性相似的「標注」，則反而給予高度的評價。對具有這種特質的本文，「用力」者「久」一事，筆者以爲這與徂徠日後不爲後人之注解所束縛，力求經書原義一事，應有著很大的關係。因爲在這個時期，這種比什麼都重視原文，也不得不重視原文的閱讀經驗，使得日後徂徠在看到

---

❻　《徂徠集》卷27，〈與都三近〉，頁287-288。

後儒的經典注釋書時，會感到某種格格不入的感覺，這其實也不難想像。由此可見徂徠日後主張以平易的口語日文來代替訓讀的，「合華和而一」❼的「譯學」「崎陽之學」，基本上是源自其切身感受到與其用眼睛去「讀」他人所注釋的文字，不如讓眼精去熟悉適應中華文字這種外文，進而試圖將之翻譯出來，來得更可能掌握住文字符號在語境中的豐饒意涵，徂徠以爲這是一個想從事儒學經典研究者在不通「華音」的情形下，最起碼得做到的。根據本文之前的考察，我們有充分的証據可以看出徂徠的這種想法，受到徂徠自己這個時期的閱讀經驗，影響甚深。這麼看來，上總這個讀書資源缺乏的僻壤，反而使徂徠體得出一個含義更豐富的讀書方法。

　　而在此時期，洗滌灌溉年青徂徠內心深處的，則是宋儒靈動的思想智慧。「如所謂動之端乃天地之心，……此爲學問大綱領處。故程朱諸先生一言一句，莫有不自此處流出者矣。予十七八時，有見於斯，而中夜便起，不覺手之舞之，足之蹈之。」❽但是，僅是如此，尚未能解決年青徂徠心中的不安。當時，大膽批判宋儒之說的伊藤仁齋，人雖沒住在江戶，但仁齋的大名卻如雷貫耳，連住在僻壤上總國的徂徠，亦耳聞仁齋之名聲。日後，徂徠在寄給仁齋的信中，如下說到：「不佞少在南總，則已聆洛下諸先生，無踰先生者也。」❾這時候的徂徠並不見得就已經覺得說：「仁齋所見，終與程朱不殊，其所爭爲在言語耳。」❿但筆者以爲在上總的流放生涯中，徂徠的儒家經典學習閱讀經驗，對衝突哲理的思索，也占有著相當的比重。這點即便在元祿三年（1690）秋後，徂徠在隨父親被赦免而東歸江戶以後，亦未有改變，否則他不會在返回江戶見

---

❼　《譯文荃蹄》卷首，〈題言〉十，頁 15。

❽　《護園隨筆》卷 1，收於今中寬司、奈良本辰也編：《荻生徂徠全集》第 1 卷（東京：河出書房新社，1973 年 2 月），頁 467。

❾　《徂徠集》卷 27，〈與伊仁齋〉，頁 288。

❿　同前註，頁 466。

著仁齋的著作而欣喜雀躍不已。「後值赦東歸,則會一友生新自洛來,語先生長者狀,娓娓弗置也,而益慕焉。迨見先生大學定本、語孟字義二書,則擊節而興,以謂先生眞踰時流萬萬。」⑪

　　然而,年輕的徂徠,似乎對當時江戶的儒學界感到相當地格格不入。徂徠特別對當時流行的所謂「講釋」和「講說」的這種經書教授法,提出嚴格的批判。另外,徂徠提出了他的疑問。「講說亦爲學者崇。凡讀書本欲思而得之,……而講師皆作一場說話,務要其明暢,愜於聽者之耳,莫有阻滯,夫道理豈一場講話所能盡乎。……予十四時,從先大夫流落南總,獨自讀書,未嘗聽世師講說,及值赦還,而見世講書者,別有一種俗學氣習纏繞也。皆與予所見不同」。⑫徂徠批判講說的理由,是因爲其「別有一種俗學氣息纏繞」,是因其內容與「予所見不同」。而我們在此應該注意的是所謂「夫道理豈一場講話所能盡乎」這句話。因爲由此我們可以看出徂徠對於所謂語言及其意義這一問題的敏銳度。另外,從所謂的「獨自讀書,未嘗聽世師講說」這句話,我們亦可窺探出徂徠對自己當初處在不如意境遇中時的學問和讀書方法,充滿自信。而且,徂徠對江戶的私塾老先生們皆以「訓讀」來讀漢文所寫成的典籍,抱著懷疑,因爲怎麼也跟自己在上總時,由上至下反覆讀書的作法不同。「文字皆華人言語,此方迺有和訓顚倒之讀,是配和語于華言者。而中華此方語言,本自不同,不可得而配焉。故此方學者不知字義,皆由此作累,雖仁齋之聰明,亦所未免。」⑬私塾先生的「講釋」,先別說有沒有與徂徠的理解相齟齬,首先冒犯徂徠的便是:所謂經書的「道理」,是透過所謂具有豐富意涵的文字這種符號,來提示給讀者的,而以這種具有豐沛意涵之文字符號所寫成的經書內

---

⑪　《徂徠集》卷27,〈與伊仁齋〉,頁288。
⑫　《護園隨筆》卷2,頁473。
⑬　《護園隨筆》卷2,頁472。

容，又怎能是一場講說就可徹底明白的呢？芝增上寺附近，豆腐店前，徂徠的私塾裡，以「華音」朗誦經典的聲音，勢必響徹整個江戶城內的大小私塾，坊間肯定流傳著上總歸來的年輕塾師的中文能力無人能比的讚嘆。

就這樣，徂徠對當時江戶學界所抱持的疑惑和格格不入之感，以及其基於特殊的讀書經驗所培養出的對語言的敏銳感覺，正引領徂徠朝向「華音」。

二、華音與訓讀

果然，返京後第六年的元祿九年（1669），徂徠三十一歲時，將軍德川綱吉的第一寵臣柳澤吉保（1658-1714），便召見了這個身懷絕才的年輕塾師。徂徠在自己寫成的生平略歷《由緒書》中就說：「元祿九年，子之年，八月二十二日，以學術爲出羽國（現在的山形縣、秋田縣）之長官（現在的知事）所用而仕宦，獲享十五人扶持（一人扶持等於一日五合米）之俸祿。」[14]柳澤吉保與綱吉皆是喜好儒學之人，講經賦詩之外，亦能辨識「華音」，現在有個懂「華音」的才俊在，英雄惜英雄，迫不急待地，隔月的九月十八日便領著徂徠謁見將軍綱吉，綱吉在吉保府邸講經，徂徠便與當時的大學頭林鳳岡議論司馬光《疑孟》一書，頗有初生之犢不畏虎的氣概。《由緒書》說：「同年（元祿九年）九月十八日，常憲院（將軍綱吉）駕臨出羽國長官之官邸時，徂徠首次與將軍會面，受命聆聽將軍之講義，及觀賞能劇。另外又被委派與林大學頭（林鳳岡）討論司馬光《疑孟》之得失，而受到將軍贈頒衣裳一套。」[15]徂徠這一辯的結果，不僅是實質地獲賜一套衣裳，還使他了解到林家學問的衰退，原因是在林羅山

---

[14] 原日文，見岩橋遵成：《徂徠研究》（東京：名著刊行會，昭和 57 年（1982）2 月），頁 124。

[15] 同前註。

和林春齋之後已無人才。他說：「林家之學問，即便是道春、春齋所確立的家法，亦遭破壞，自三、四十年前開始便特別地衰頹。現在，其他流派的儒者亦詆誹林家。此乃因彼等只看見林家的衰微，是那些不知道原本在道春、春齋時，林家的爲學方法本來是很好的人，在詆誹林家。」❻這同時應該也讓他更肯定自己爲學方法的正確性。

事實上，柳澤吉保府上多的是有機會接觸到「華音」。據《德川實紀》〈常憲院殿後實紀・元祿十六年二月十三日〉條的記載，便說：「松平美濃守駕臨柳澤吉保的官邸。如往常一樣，舉行講義、表演猿樂。家臣們，有人講義《詩經》，有人以中文朗誦《大學》，或有以中文相問答者，皆受到褒揚而獲贈衣裳。」在這樣的環境中，無論於公在做爲吉保私人的文書官，或是在參與藩藏版、書肆松會堂計劃發兌的二十一史❼；於私在個人交遊，如寶永四年（1707）九月十七日徂徠四十二歲時，宇治黃檗宗新住持的中國僧人悅峰道章被將軍綱吉召見，徂徠便與之進行了口語筆談。❽想必徂徠一定更加琢磨自己的中文能力，特別是聽、說兩方面。而徂徠的中文口語能力確實有了進步。「東方之學者，囿足跡之所限，聲字之學，悉爲文具，是以其所呻佔畢者，咸在華人之恆言，而宋儒麈尾性命，明士口吻雌黃，方言鄉音，往往乎在，則率皆爲難字之過。……間者，予較二十一史，六朝以還，言之涉俚常者何限，若宋史不耐煩，齊書東西，梁書樓羅透水，南史北史笨，子細、工夫，凡若斯類，

---

❻ 原日文，見《學寮了簡》，收於關儀一郎編：《日本儒林叢書》第三卷（東京：鳳出版，昭和46年（1971）11月），頁1。

❼ 《晉書》、《宋書》、《南齊書》、《梁書》、《陳書》等五史在元祿十四年（1701）到寶永三年（1706）陸續刊行，見平右直昭：《荻生徂徠年譜考》（東京：平凡社，1984年5月），〈元祿十四年〉條，頁50。

❽ 石崎又造：《近世日本における支那俗語文學史》（東京：弘文堂書房，昭和15年（1940）），頁56。

更僕亦未之有能殫焉。」⑲

　　寶永六年（1709）將軍綱吉死，柳澤吉保因而失勢，徂徠此年四十四
歲。稍稍在這之前，吉保准許徂徠可以進出藩邸，方便徂徠可自由地奮勉爲學，
並且激勵之。就這樣，徂徠安置新居於日本橋的茅場町，在翌年的寶永七年
（1710）時，再度開設私塾，重執教鞭。在吉保府邸的歲月中，徂徠所驗證到
而且更加深信不移的，恐怕正是自己年少時在上總的學習方法的有效和正確
性。而且在吉保府邸新學到的「華音」，自不待言地，還使得徂徠的學問和見
識，有了飛躍性的發展。因此，徂徠於正德元年（1711）完成的《譯文筌蹄初
編》，可以將之視爲是徂徠從學習語學中所獲得的見解之結晶。不只如此，這
同時又可看成是徂徠自四十歲邂逅李、王古文辭後，首次開展其自身儒家言語
論的根基。

三、偶遇「古文辭」

　　徂徠自己說他「物」、「名」合一的經學觀乃是得自李攀龍、王世貞的
啓迪。「不佞藉天寵靈，得王李二家書以讀之，始識有古文辭。於是稍稍取六
經而讀之，歷年之久，稍稍得物與名合矣。物與名合，而後訓詁始明，六經可
得而言焉」。⑳換句話說，古文辭是成就徂徠解經方法論的原初。然而，徂徠
從上總時代以來到返江戶後，對仁齋抱持的景仰之心，如果眞像吉川幸次郎所
說的，說徂徠所以記恨仁齋是因爲仁齋沒回信給他也就罷了，居然在其死後兩
年的寶永四年（1707），由京都書肆林文會堂刊行的《古學先生碣銘行狀》中，

---

⑲　《徂徠集》卷10，〈送野生之洛序〉，頁101。
⑳　《弁道》1，頁200。

居然還擅自刊載了寶永元年（1704）他寄給仁齋的信，因而反目成仇的話㉑，徂徠並也沒因此就立刻大唱古文辭。從寶永四年（1707）徂徠四十二歲，到正德四年（1714）徂徠四十九歲爲止，徂徠倒是靠朱子學一邊站而來大罵仁齋的不是，所以正德四年（1714）刊行的《護園隨筆》，便是最好的寫照。如果是這樣，徂徠從邂逅李、王古文辭，到中間經歷反仁齋、舉宋學，終於雙反仁齋、宋學而高唱古文辭這個過程，確實是「歷年之久」。㉒

首先，關於徂徠何時邂逅古文辭？又到何時完成古文辭這一學說主張？向來眾說紛紜，以下試圖論述之。

徂徠弟子山縣周南在《學館公令》中曾說：「昔我徂徠先生年正四十，始修古文辭。」㉓徂徠自己則說：「不佞從幼守宋儒傳注，崇奉有年，積書所錮，亦不自覺其非矣。藉天之寵靈，暨中年，得二公之業以讀之，……。」㉔「蓋不佞少小時，已覺宋儒之說，於六經有不合者，然已業儒，非此則無以施時，故任口任意，左支右吾，中宵自省，心甚不安焉。隨筆所云，乃其左支右吾之言，何足論哉。何足論哉。中年得李于鱗王元美集以讀之，率多古語，不可得而讀之，於是發憤以讀古書，其誓目不涉東漢以下，亦如于鱗氏之教者，蓋有年矣。」㉕徂徠自稱自己入古文辭是在「中年」，「中年」一詞究竟是指幾歲？岩橋遵成以爲當在徂徠四十歲時，「若研究古文辭是在徂徠四十歲時，那就是在其作〈峽中紀行〉的前一年，亦即寶永二年（1705），也就是說：是徂徠仍住在柳澤吉保藩邸時的事。」㉖平石直昭也主張徂徠應該是在四十歲時

㉑ 見吉川幸次郎：《仁齋·徂徠·宣長》（東京：岩波書局，昭和 50 年（1975）6 月），〈徂徠學案〉，頁 115。

㉒ 《弁道》1，頁 200。

㉓ 收於山縣泰恒編：《周南先生文集》（寶曆十年（1760）刊），卷 9。

㉔ 《徂徠集》卷 27，〈答屈景山〉，頁 295。

㉕ 《徂徠集》卷 28，〈復安淡泊〉，頁 302。

㉖ 《徂徠研究》，頁 136。

接觸到李、王的古文辭，他說：「一般認為：在這個時候所統一買進的書籍當中，有李、王的詩文集，徂徠乃斷然地下定決心要學古文辭。」❷吉川幸次郎則較有彈性地說徂徠中年入古文辭，不是三十九歲便是四十歲，「與二家（李攀龍、王世貞）之書的邂逅，其經過，……當是徂徠三十九歲或四十歲時候的事。」❷今中寬司也與吉川幸次郎一樣，主張徂徠開創古文辭，當在寶永一、二年（1704、1705）❷，亦即三十九、四十歲時之事。至於徂徠究竟是在何時完成自己的復古思想體系，而大唱以古文辭來闡明聖人教義這點，岩橋遵成斷定是在五十一歲（享保元年，1716）「徂徠大聲疾呼倡導研究古文辭的必要，並企圖依據古文辭以闡明聖人教義。……這其實乃是徂徠五十一歲，亦即享保元年（1716）時的事」。今中寬司也與岩橋遵成持相同的意見，認為徂徠古文辭學的完成是在五十一歲。❸平石直昭則認為是在五十二歲時，平石直昭說：「會面後，藪震庵寄給徂徠第一封信，徂徠為回覆這封信，乃寫成〈與藪震庵第一書〉一文。作為《徂徠集》中的書簡，徂徠在該文中，首次立足於根據古文辭的方法來解釋《六經》的立場，對宋學提出批判。」❸相對於此種明確斷定徂徠是在幾歲時完成其古文辭學的肯定說法，野村兼太郎於是以階段性的說法，主張徂徠古文辭學的完成應該可以說是五十歲以後的事。❸

---

❷ 《荻生徂徠年譜考》〈寶永二年，1705，乙酉，四十歲〉條，頁57。

❷ 《仁齋·徂徠·宣長》，頁119-120。

❷ 《徂徠學の基礎的研究》，頁153。

❸ 《徂徠學の基礎的研究》，頁153。

❸ 《荻生徂徠年譜考》〈享保二年，1717，丁酉，五十二歲〉條，頁105。

❸ 《荻生徂徠》，頁46。

四、古文辭學的成立

就上述各家的說法看來，大多數的學者幾乎都將四十歲左右徂徠邂逅李、王古文辭以後，到五十歲以後徂徠自身古文辭學完成爲止的約十年的歲月，視爲是一「前古文辭學」時期。因此，吉川幸次郎會將徂徠自四十歲到五十歲這一時期，說成是：「其文學論自宋脫離，高唱李攀龍、王世貞的『古文辭』，成爲文壇中的有力者。然其儒學論卻仍遵守朱子學。此時徂徠活動的重點，乃在成爲一位文學者。」❸吉川幸次郎顯然是將此時期的徂徠視爲一個文學者。大概除了岩橋遵成所說的：「其實徂徠不僅是在詩、文方面天賦異稟，他也在詩文方面用功頗深，而如經學之研究，毋寧只不過是其詩文研究的餘瀝。」❹除了這種將徂徠一生學問的性質全視爲是屬於文學方面的極端論點以外，大概一般學者都同意徂徠的學問有著階段性的變化過程，而吉川幸次郎將徂徠一生學問劃分爲語學者（幼年到四十歲左右爲止）、文學者（四十歲到五十歲）、哲學者（五十歲到六十三歲死時爲止）三階段的說法❸，大概已成爲一種定論。以是，野口武彥也是將在正德年間（1711-1716）以後，亦即五十一歲以前的徂徠視爲「朱子學者徂徠」❸、「朱子學時代的徂徠」❸，野口武彥因此主張徂徠古文辭學思想完成，脫離朱子學者身分的思想轉換，是一種「大變動的轉換」❸，是在五十歲這短短的一年內迅速完成。他說：「此種決定性的回心轉意的時期，

---

❸ 原日文，見《仁齋·徂徠·宣長》，頁87。
❹ 原日文，見《徂徠研究》，頁426。
❸ 《仁齋·徂徠·宣長》，頁87。
❸ 《江戶人の歷史意識》，頁253。
❸ 同前註，頁245。
❸ 同前註，頁254。

是在《蘐園隨筆》刻成的正德四年（1714），和《學則》體裁整備的享保元年（1716）之間的僅有一年的時間，也就是說此種回心轉意的時期，可以鎖定在正德五年（1715），徂徠五十歲這年。」❸野口武彥的此種主張，即便是在六年後出版的《荻生徂徠—江戶のドン．キホーテ》❹書中，還是主張徂徠古文辭思想體系的形成，是以一種「疾風迅雷的速度」❹，野口武彥以爲徂徠以一種迅雷不及掩耳的方式超越了過去的自己。「這位思想家的特色是在……以一種驚人的速度，超越其自身這件事」。❹因此他稱徂徠五十歲以前的階段爲徂徠學尙未誕生之前❹，如果依照野口武彥的解釋來說的話，那麼徂徠五十歲以前的學問就不能稱之爲「古文辭」學了。

但是筆者以爲「古文辭學」這一徂徠思想的代稱，應該不是只像吉川幸次郎在《仁齋・徂徠・宣長》書中所說的一樣，多強調古文辭與文學之間的緊密關連，當然也不像野口武彥所說的那樣，將絕大的比重放在思想內容、哲學理論的蛻變，「古文辭學」應該是徂徠在語學、文學、思想、經學等多方面的總體自我表現法。筆者所以這麼說，是因爲如果享保二年（1717）徂徠五十二歲時所完成的《辨道》、《辨名》二書，我們將之視爲是徂徠在「古文辭學」成立後，對過往自己（朱子學或者是仁齋古義學）檢討後所得出的「己學」的話，則「古文辭」無疑地當是一建構徂徠學說的思維方法。而如果說享保五年（1720）徂徠五十五歲時所寫成的《論語徵》，是徂徠「古文辭學」成立後，第一部印証自己思想學說的經典注釋的話，則如吉川幸次郎所說的：「徂徠的情況是：充分顯示出其學說體系的《辨道》、《辨名》，正是徂徠的主要著作，而《論

---

❸ 同前註，頁 254。

❹ 東京：中央公論社，1993 年 11 月。

❹ 東京：中央公論社，1993 年 11 月。

❹ 同前註，頁 62。

❹ 同前註，頁 77。

語徵》則是適用此學問體系的應用。」❹那麼「古文辭」便可說是徂徠詮釋經
典時所採用的注經方法。所以說「古文辭學」既是文學表現法、思維方法之外，
當然也還要是注經方法才是。如果是這樣，那麼所謂四十歲到五十歲的徂徠是
文學者、朱子學者的說法就有待商榷。因爲就若水俊在〈《蘐園十筆》から《論
語徵》へ〉❹一文中的論述看來，不論是就解經筆法還是思想內容來看，《蘐
園十筆》和《論語徵》大致都相同。也就是說在《蘐園十筆》時期的徂徠，大
概都已完成了爾後可以在《論語徵》中看見的解經筆法和思想主張。換句話說，
徂徠從四十歲開始就已經是一個經學者，他晚年的學說，其實大部分已在五十
歲以前便完成。若水俊因此推翻岩橋遵成所謂徂徠的經學不過是其詩文的殘餘
的說法❹，反過來說出了：「確實，《徂徠集》可說是徂徠文學創作的精華。
但是，這毋寧說是經學研究外的餘燼。」❹這一相反的結論。

　　蓋有關《蘐園十筆》成書於何時這一問題，岩橋遵成根據宇佐美灊水在
《物夫子著述書目補記》中有：「右夫子自初年至晚年，其中所見發，隨意而
書者也。故書中之說有相逕庭者，今依晚年之見而一定改竄校讎也。書舊十筆，
其一筆、九筆有人持去不返，遂失滅焉，今取所存綴爲八筆。」而來斷定《蘐
園十筆》當是徂徠由初年到晚年的作品。❹岩橋遵成並且以〈蘐園七筆〉中有
「我今五十矣」一語❹，而主張〈蘐園七筆〉以下，應該是徂徠五十歲以後的
作品。❺今中寬司則在岩橋遵成的立論之上補充說〈蘐園七筆〉中除「我今五

---

❹　原日文，見《仁齋・徂徠・宣長》，頁 264。

❹　收於若水俊：《徂徠とその門人の研究》（東京：三一書房，1993 年 3 月）。

❹　見《徂徠研究》，頁 426。

❹　原日文，見《徂徠とその門人の研究》，頁 32。

❹　見《徂徠研究》，頁 197。

❹　見今中寬司、奈良本辰也編：《荻生徂徠全集》第 1 卷，頁 550。

❺　見《徂徠研究》，頁 197。

十矣」一語之外，還有「及今丁酉」一語❺，丁酉爲享保二年（1717），故今中寬司除了與岩橋遵成一樣認爲：「自一筆至六筆爲止，應是徂徠由初年到五十歲左右爲止的作品。」❺之外，他更具體說道：「第七筆，以及第七筆之後到第十筆爲止的部份，則確實是徂徠五十歲，更甚者是五十二歲（享保丁酉二年）時的作品。」❺所謂「初年至晚年」，或是「由初年到五十歲左右爲止」等評斷中的「初年」一詞，雖然曖昧不明，但〈蘐園一筆〉到〈蘐園六筆〉是「五十歲」以前的作品，則是可以確定的結論。那麼回到前面所說的，既然《蘐園十筆》與《論語徵》不管是在解經筆法或是學說主張，都大同小異的話，而《蘐園十筆》有過半數的內容是在徂徠五十歲以前完成的話，那麼前述野口武彥主張徂徠「古文辭學」是在五十歲這短短一年迅進完成的說法，當然有待重新商榷。筆者以爲徂徠的「古文辭學」的解經法，應該是在幼小時以「漢文」記日記時，便埋下種子，獲得啓蒙；在上總的流放時代，從事了實際的演練，亦即前述的不藉注解，直讀「漢文」，譯爲「日文」；返京入柳澤吉保府邸的歲月，則在驗證、肯定上總流放時代的讀書法後，以無意中接觸到李元美、王世貞的「古文辭」時，因其直讀「漢文」，學習口語中文──「崎陽之學」，所以認識到「古文辭」的難解，而領悟到語言因時間隔閡所造成的差異仍須藉「古文辭」來消解。如此看來，徂徠的「古文辭學」的形成過程，大略可分成兩個時期。前期大概是到他四十五歲之前爲止。這個時期徂徠主要在思索如何解消所謂中文與日語的差異，亦即語言、經典因空間不同所產生的差異。而無論是學習口語中文，或是編纂包含口語語彙在內的字典──《譯文筌蹄》，這些可以說都最能表現出徂徠這時期的學問特色。另一方面，所謂的後期，大

---

❺ 見《荻生徂徠全集》第 1 卷，頁 549。

❺ 原日文，見《荻生徂徠全集》第 1 卷，〈《蘐園十筆》解題〉，頁 603。

❺ 同前註。

概指的是徂徠四十五歲以後。這個時期徂徠則是在謀求一種可以復原語言或經典，因時代變遷所造成的「不復原初」的分裂現象。徂徠這時期的學問特色，由《學則》等著作便可充分看出。上述所謂徂徠「古文辭學」的形成過程，若換言之，則徂徠前期的學問，便是徂徠所謂：「合華和而一之」的「譯學」❺❹；後期的學問，則是「合古今而一之」的「古文辭學」。❺❺事實上，「譯學」加「古文辭學」，便是徂徠的經典注釋言語論。以下，本文便就徂徠為解釋經典而主張的言語論，對其展開、行成，及其意義、內容，透過徂徠四十五歲時寫成的《譯文筌蹄初編》，以及徂徠五十歲時寫成的《學則》，來進行檢討。

五、《譯文筌蹄初編》之主張

徂徠在《譯文筌蹄初編》的〈題言〉中，提示了日本人閱讀漢籍的方法，而其方法還不只一種。誠如本文以下所論述的，徂徠提出了多種方法。然而《譯文筌蹄初編·題言》中所揭示的所謂從「去和訓」、「譯文」、「崎陽之學」，到以「一雙眼看書」等各種方法，無論何者，其實都是在試圖解決閱讀漢籍時，因民族和空間之不同所產生的差異。首先，關於《譯文筌蹄》是怎樣的一本書，以下筆者就簡略地加以介紹。

《譯文筌蹄》六卷，乃徂徠弟子吉田有隣和僧聖默兩人筆錄徂徠之口述，進而添加筆墨所寫成的。該書內容，是一收錄有二千四百三十四個漢字的字典，除了提示每個字的字音、解釋、用例之外，也提示有關同訓異義、異訓同義等文字的用法。其特徵是：在說明每個字時，常常援引附有以假名來標出中文發音的口語中文。而這本書大概是在寶永七年（1710）到正德元年（1711）之間

---

❺❹　見《譯文筌蹄》卷首，〈題言〉十，頁 15。

❺❺　同前註。

完成的。這正是徂徠四十五歲到四十六歲的這個時期。該書首次刊行是在正德元年（1711），此時徂徠五十歲。（雖然平石直昭在其著書《荻生徂徠年譜考》81頁中，對《譯文筌蹄初編》的刊行是在正德元年（1711）的這種一般說法，表示有疑問，但筆者在此暫且依從一般說法。）爾後寶曆三年（1753），推出再版本。接著，其後編的《譯文筌蹄後編》三卷，雖於寬政八年（1796）刊行，一樣是由徂徠口述，但卻是由竹里山人（安澂彥）筆錄，岡好問所校訂而成的。

另外，關於本節所引用的《訓釋示蒙》一書，筆者在此也順便作幾點說明。《訓釋示蒙》共有五卷，一名《譯文筌蹄》。元文三年（1738），亦即徂徠沒後的第十年，後人就其遺稿加以整理後而將之刊行。但是，該書並未記載著者之名，也無序、跋。書的內容乃在說明有關讀書、作文時須注意的事項，以及訓讀、譯文的法則，和助詞等問題。而關於其刊行原委，和其與《譯文筌蹄後編》的關係，因相當繁雜，故在此省略。

接著，筆者將針對《譯文筌蹄初編》一書，是徂徠在何種問題意識之下所孕育出的這一點，進行考察。

訓讀既然因爲牽強不合理而應該捨棄不用，那麼「東方之民」❺❻的日本人究竟應該如何閱讀漢語典籍呢？不，更正確地說應該是：「東方之民」要如何地來學習漢語呢？因爲徂徠曾說：「云書者何事時，唐人之書者也。書者，日本之草雙紙也，書唐人常用之詞書於紙者也。故知曉書者乃書於典籍中之唐人之語，此爲學問之要訣。應知學問者畢竟是漢學；應知佛學者畢竟是梵學。」❺❼也就是說對徂徠而言，儒家學問的學習，其實就是一種漢語、漢文的學習，而且還是一種對中國人「常用之詞」的學習。既然是中國人常用的詞彙，就表

---

❺❻　語見荻生徂徠《學則》一，頁 256，收於日本思想大系 36《荻生徂徠》（東京：岩波書店，1973 年 4 月）。

❺❼　原日文，見《訓譯示蒙》卷 1，收於戶川芳郎、神田信夫編：《荻生徂徠全集》第 2 卷，（東京：みすず書房，1974 年 8 月），頁 438。

示它是卑近不高遠於日常生活的,換句話說日本人這支「東方之民」,應該也就可以用其自身日常生活中所使用的淺近語言,來理解中國人民的淺近語言。徂徠因此主張在捨棄訓讀這一方法後,要能「譯」。因為:「譯之一字,為讀書真訣。」❺❽但是徂徠不是也說:「和訓取諸訓詁之義,其實譯也。」❺❾其實徂徠在捨棄訓讀這一「舊」翻譯法之後,他另外舉出了「新」的翻譯法,那便是:「能譯其語,如此方平常語言,可謂能讀書者矣。」❻⓿具體地說,便是要學習「唐通事」那種以「聽・說」為漢語學習之中心的能耐。「……因為吾作如是想,故欲立譯文之法,以教學者。而譯文者乃唐人詞之通事(翻譯官)也。」❻①

　　但是,徂徠在提示了這一新方法之後,卻沒告訴我們要如何去從事翻譯,反而是不斷在告訴我們從事翻譯時會面臨到的局限,那便是民族語言本身所具有的差異性,如「唐土之詞,漢字也。日本之詞,假名也」、「中國之詞,文也。夷(日本)之詞,質也。」中國之詞,密也。夷(日本)之詞,疏也。」❻②或是即便是同一民族的語言,也會因時代變遷而導致字義有所改變,徂徠因此又說:「倭語形形色色,有日常之語,日常之語中亦有都、鄙之別。有書札之詞,有文言之詞。唐人之詞亦形形色色,……另又隨時代之變遷,而言詞旨趣亦有所異也。」❻③也就是說「譯文」所能提供的好處,其實就在簡單平易地傳達漢文典籍所含攝的意義,使「東方之民」能夠:「謂聖經賢傳,皆吾分內事。左、騷、莊、遷,都不佶屈。遂與歷代古人,交臂晤言,尚論千載者,亦

---

❺❽　《譯文筌蹄》卷首,〈題言〉三,頁5。
❺❾　《譯文筌蹄》卷首,〈題言〉二,頁4。
❻⓿　《譯文筌蹄》卷首,〈題言〉三,頁6。
❻①　《訓譯示蒙》卷1,頁438。
❻②　原日文,見《訓譯示蒙》卷1,頁483。
❻③　原日文,見《訓譯示蒙》卷1,頁439。

由是可至也。」❻然「譯文」卻無法克服語言本身因民族種別、地域分岐、時間變遷所造成的差異性。結果就是「譯文」這一方法雖然克服了訓讀的缺點，但「譯文」所無法解消的語言差異，又使「譯文」成爲新的有待改革的漢文閱讀法。所以徂徠在提示了「譯文」這一方法後，又說：「曰和訓、曰譯，無甚差別。」❻

在意識到「譯文」這一方法的不足後，徂徠繼而又提示了另一種方法，那便是「崎陽之學」。徂徠說：「故予嘗爲蒙生定學問之法，先爲崎陽之學，教以俗語，誦以華音，譯以此方俚語，絕不作和訓迴環之讀。始以零細者，二字、三字爲句，後使讀成書者。崎陽之學既成，乃始得爲中華人，而後稍稍讀經、子、史、集四部書，勢如破竹，是最上乘也。」❻由這段話看來，徂徠似乎認爲在克服了俚言俗語之後，還必需要能夠「誦以華音」，兩者相配合，才是「東方之民」從事儒學研究的「最上乘」爲學法。但是在此值得注意的是：徂徠學「華音」並不是爲了能口誦「華音」這一學會說漢語的目的，而是在元祿（1688-1703）寶永（1704-1710）之交，校讐二十一史時，感受到了俗語難解的體驗，因而領悟到須要學漢語，才能克服漢文典籍中的俚俗日常用語。徂徠將此種心情完全表露在爲中野撝謙送行時所作的序文中，「間者予較二十一史，六朝以還，言之涉俚常者何限，……故予謂無已則崎陽之學乎。……其學大氐主水滸、西游、西廂、明月之類耳。鄙瑣猥褻、牛鬼蛇神，口莫擇言，唯華是效，其究也，必歸乎協今古，一雅唚，以明聲音之道乃止耳。習而通之，則大海之西，赤縣之州，其人蓋且莫遇之矣。夫然後華人之所艱、吾亦艱之，華人之所易，吾亦易之，何至於顚倒如嚮所謂者哉。是可謂吾東方之人所處以

---

❻ 《譯文筌蹄》卷首，〈題言〉四，頁7。

❻ 《譯文筌蹄》卷首，〈題言〉四，頁6。

❻ 《譯文筌蹄》卷首，〈題言〉五，頁9。

爲其學問之地者也。」❻❼平石直昭不也說：「指出日本人的漢文理解，在「恒言」方面較擅長，相反地，在俗語方面比較弱的徂徠，特別是在最近，根據其校讎二十一史的經驗，徂徠於是認爲：要克服不擅長中國俗語的這項弱點，除了學會「崎陽之學」之外無他。……徂徠的華音研究，方法之一便是從必需解讀史書而來的。」❻❽如果是像平石直昭所說的，徂徠學華音──「崎陽之學」，是爲了能解讀史書中的俚俗方言，那麼我們反過來就要問說：徂徠爲何一定得學史書？筆者以爲除了說是柳澤藩的公務之外，徂徠學史籍，還有一個積極目的，就是爲消解語言因時空所產生的變遷、隔閡，這點適巧補救了「譯文」的局限。徂徠說：「五經皆畢，既自得力，乃授以史漢有和訓者，使其自讀，副以字書，備其考索。中華此方，年代世變，文物制度，地名人名，皆不同，若不先讀此，則不識此爲何世界，局盤不立，茫無措手。」❻❾

可見對徂徠而言，學「崎陽之學」的眞正目的並不在「誦華音」，而是在能夠解俚俗、通史書，達到中日、古今會通無礙的讀書法，換句話說，「崎陽之學」終究也不過就是一項手段，是得魚之前的「筌蹄」。事實上徂徠自己也說：「夫崎陽……甲于海內，祇其物產異土，言語異宜，譯士爲政邪。譯士之富，又爲甲于崎陽，夫利之所嚮，聲譽從之，夷焉彌舌是習，沸唇是效，何有乎道藝。華焉明審喤喤，咊喉齒腭，亦何有乎道藝。苟足以立乎龍斷之上，辯知乎異方互市嘔啞之音，是謂之業之成，師以此而爲師，弟子以此而爲弟子。」❼❶我們似乎也可由這段話讀出徂徠對「崎陽之學」那種無關先王之道，徒以學成「嘔啞之學」爲目的的學問性質，所抱持的鄙夷情緒。於是，「崎陽之學」又因這一負面因素，而增強了其繼「訓讀」「譯文」之後，成爲「筌蹄」的條

❻❼ 《徂徠集》卷10，〈送野生之洛序〉，頁101。

❻❽ 《荻生徂徠年譜考》〈寶永三年〉條，頁61。

❻❾ 《譯文筌蹄》卷首，〈題言〉五，頁9-10。

❼❶ 《徂徠集》卷8，〈國思靖遺稿序〉，頁79。

件。

誠如前文所述，在《譯文筌蹄》中，徂徠或主張以「譯文」代「和訓」，或主張學「崎陽之學」以克服「譯文」所不能解決的語言差異，徂徠似乎不斷提醒問題的持續存在現象，繼而不斷重覆提示新的解決方案，因此我們也並未經由徂徠的提示而解決了問題，只是感受到一位不斷在構思解決問題方案的徂徠，一個不停地在進行「中國學革新」的徂徠。果然，徂徠在「崎陽之學」之後，又提示了「心目雙照」的方法，徂徠說：「中華人多言讀書讀書，予便謂讀書不如看書。此緣中華此方語音不同，故此方耳口二者，皆不得力，唯一雙眼，合三千世界人，總莫有殊。一涉讀誦，便有和訓、迴環顛倒。若或從頭直下，如浮屠念經，亦非此方生來語音，必煩思惟，思惟纏生，緣何自然感發於中心乎。……如非目熟文字之久，義趣之外，別覺有一種氣象來接吾心者，則由何識別也。又如作文章，固有和訓同而義別者，又有義同而意味別者，又有意味同而氣象別者，此非耳根口業所能辨，唯心目雙照，始得窺其境界。」❼❶這無非是說：即便學會「崎陽之學」，終究將因其並非「東方之民」的母語，而使「東方之民」倍感吃力，無法自然地與文章產生一種自然的感應，偏偏文章在文字所能傳達表述的字面意義之外，還存在著文字所不能具體展現的抽象感覺，而這股感覺只能靠心領神會去感受體得。因此，單靠語言文字為手段的解讀法，如「譯文」或「崎陽之學」，便因此出現了其能力所無法觸及的範疇，而這正是此兩者終將淪為「筌蹄」的原因。徂徠於是說：「故譯語之力，終有所不及者存矣。譯以為筌，為是故也。」❼❷徂徠因此又提示了靠「一雙眼」來「看書」的方法，他說：「譯之真正者，必須眼光透紙背者始得。」❼❸但是接

---

❼❶　《譯文筌蹄》卷首，〈題言〉六，頁11。

❼❷　《譯文筌蹄》卷首，〈題言〉六，頁11。

❼❸　《譯文筌蹄》卷首，〈題言〉六，頁11。

下來，並未見徂徠對這一用雙眼的「看書」方法，有任何具體的描述。雖然最後他將閱讀漢籍的方法，攝收在用「一雙眼」來「看書」這一方法上，而我們也不過就是再一次看到了那個只是在構思解決方案的徂徠。對徂徠而言，似乎意識到問題的存在這一問題意識本身的意義，大過了如何具體解決問題的方法說明。

那麼用「一雙眼」來看書，而達到「心目雙照」的境界，究竟要如何才能做到呢？關於這點，我們或許可以由承繼其經學研究的大弟子太宰春台的《倭讀要領》❼❹中，找出答案。享保十三年（1728）刊行的《倭讀要領》三卷，春台自己在本書〈倭讀要領敘〉文中就說：「純也八年於外無所得於學，來歸最後獨得徂徠先生以爲之歸，及聞其論說也，乃純鄉所求者畢有，且先生能華語，尤惡侏離之讀，亦與純素心合，蓋益知倭讀之難，而爲害之大耳。……夫倭語不可以讀中夏之書審矣。」❼❺由此看來，春台基本上是從徂徠的言語論觀點而來論述日本的訓讀法。但是就如春台自己所說的：「其讀法，宜任由各人之心，何需特立門戶，定一家之法哉。」❼❻或是「徒守時師之讀法，而不知變者，猶如塗膠於柱，以調瑟音者也。」❼❼一般，春台並不是一墨守師說之人，書中亦有春台自成一家之言者。然引起筆者注意的是，《倭讀要領》卷中，〈讀書法〉裡的一段話，或可視爲徂徠所謂以「一雙眼」來「看書」的具體說明。

春台說：「中華人之所謂讀書，看書也。雖另有『看書』一詞，此則俗語也。雅言言『讀書』，而不言『看書』。此方之人（日本人），二分讀書與看書，以爲讀書乃讀書，看書乃看書，其事不同。此誤乃因國俗相異而起，此

---

❼❹　筆者係採用勉誠社文庫 66，小林芳規解說，中田祝夫博士藏，月瀨文庫本的複製本《倭讀要領》（東京：勉誠社，昭和 54 年 8 月）。

❼❺　《倭讀要領》卷上，頁 5-8。

❼❻　原日文，見《倭讀要領》卷上，〈倭讀總說〉，頁 18。

❼❼　原日文，見《倭讀要領》卷中，〈倭讀正誤〉，頁 195。

方（日本）之習俗，讀、看不相同。故讀以和語，則有顛倒，並用以助詞，是與漢語相異也。故若只以口讀，則難見漢文之義理。縱令口讀以倭語之讀法，目則需看其文字，分別其上、下之位，至助語辭等亦一一過目，看仔細。心中則需思量其句法、字法之種種變化之異同，需常思及當順從中華人之音，由上而下讀之，以識得漢文之條理血脈，是爲看書也。若只是讀，則不能如此，故其益亦少，此乃倭、漢讀書不同之處也。」⓲，可見徂徠所謂的以「一雙眼」去「看書」的方法，應該就是春台所說的「口雖讀以倭語，然目則看其文字。」這種藉由視覺逐字逐句仔細觀察用字遣詞、語句安排、文章結構後，繼而對之進行思考，因爲沒有思考的話，就無法理解文字背後的語句，文章之構成法則，這就成了沒有「眼光透紙背」⓳，所以徂徠在「崎陽之學」這一著重音聲的方法之後所提示的用「一雙眼」的「看書法」，指的應該就是這種著重視覺，並配合以思考的閱讀法，這也就是徂徠所說的「心目雙照」（同上）。也只有在這種未訓以訓讀、未轉換成譯文以前的「原文」，才有可能從其中理解到文章的行文語氣、結構安排。換句話說，「看書」的最大目的便在「識得漢文之條理血脈」⓴，但我們不禁又要問：爲何有必要去辨識漢文的「條理血脈」？答案是徂徠先生說了：「文理，華夷之岐。」㉑事實上，《譯文筌蹄·題言》中所提示的各種方法，如「去和訓」、「譯文」、「崎陽之學」到「一雙眼看書」，無一不是在解決語言因民族、空間所造成的岐異性。

徂徠所以會將問題焦點轉移到「視覺」上來，主要的原因恐怕是在「漢字」這一非表音的表意文字。舉例說明的話，最淺而易懂的便是以讀《論語》

⓲　原日文，見《倭讀要領》卷中，〈讀書法〉，頁218-219。

⓳　《譯文筌蹄》卷首，〈題言〉六，頁11。

⓴　原日文，見《倭讀要領》卷中，〈看書法〉，頁219。

㉑　《譯文筌蹄後編》卷首，〈文理三昧序〉，收於戶川芳郎、神田信夫編：《荻生徂徠全集》第2卷（東京：みすず書房，1974年8月），頁315。

為例。也就是說雖然我們今天已說不了古代的語言，但我們仍可以閱讀《論語》的原因，就在於雖然我們失去了古代的那個「聲音」系統，但因為有「漢字」這個表意的文字系統，所以我們仍可以用現今語言的「聲音」系統去解讀《論語》。又日本、朝鮮的儒者，即便他們不擁有「華音」這個中國的「聲音」系統，朝鮮儒者可以用漢字的朝鮮讀音；日本儒者可以用訓讀，和中國儒者一樣，都可以對《論語》進行解讀。亦即「漢字」這一表意文字，在不同時間、不同空間裡，使得各種不同「聲音」體系的語言有了其各自閱讀「漢字」時的系統秩序。反過來說，日本、朝鮮與中國在語言上的隔閡不在「漢字」這一文字代數學，而在「聲音」這一語音系統。我們或許因此也可以說日本學者所用以解讀「漢字」的「聲音」系統─訓讀，沒有比中國學者所使用的「聲音」系統更容易解讀出「漢字」的意義。徂徠或許正是意識到訓讀這種「聲音」系統與「漢字」的不整合性，所以在提供了其他「聲音」系統─「譯文」（日常俗語）、「崎陽之學」（漢語）─之後，轉而主張直接依據「視覺」，即依據「漢字」來解讀「漢字」本身。「漢字」對徂徠而言，是他所能想到的通古、今，通中、日的最好辦法。但這不表示徂徠認為這就是一個完美的方法，徂徠始終察覺到無論是任何一種漢籍閱讀法，都無法完全掌握住「漢字」所能表現出的豐饒意涵，包括字辭的意義、文句的結構，以及文章所能表現出的作者的格局氣象等等。對徂徠而言，似乎任何一種方法的提出，其最大意義就是再一次證明「漢字」這一表意文字本身的豐沛性，同時也曝露了方法自身的不足。所以即便是「心目雙照」，也不過是「始得窺其境界」。[82]

即便徂徠對其自己所提出的以「一雙眼」來看書的方法仍不滿意，但這或許是一個最適合「東方之民」──日本人─的學習法也說不定。日本近代中國語學大師倉石武四郎就說：「漢字具有一種魔力。因為乍看之下，便可掌

---

[82] 《譯文荃蹄》卷首，〈題言〉六，頁11。

握到蘊含其中的意義。……日本人即使無法像中國人那樣精確掌握字義，但因爲日本人從小便習慣此種漢字的魔術，故即使是閱讀中國的書籍，大體上也很容易判讀書中的意義。」**❸**也就是說徂徠所提示的以眼看書的這種直觀「漢字」的學習法，可能是一種在語言上，與中國隔閡最少的漢籍閱讀法。鈴木直治就說：「漢字的學習法，自古以來，即使用嘴巴唸時是倒著唸，但眼睛在看時，還是順著原文由上而下，直接地閱讀，盡力將每一個字，按著原文的詞序，加以熟記。」**❸**

六、《學則》之主張

在此，筆者首先也是就《學則》究竟是一本什麼樣的書這個問題，簡略地加以敘述。

《學則》是一本徂徠論述爲學方法的書。原本，徂徠將可以說是自己學問之大意原則者寫下，作成匾額懸掛牆上，後將之著手修改，便是現在我們所看到的《學則》的第一則。之後，再加進六則的結果，《學則》於是總共有七則。另外還收錄了徂徠給安積淡泊的信，如〈答安淡泊書〉等五封書簡，以作爲《學則》的〈付錄〉。該書雖在享保十二年（1727），也就是在徂徠六十二歲時才刊行，但在這之前，《學則》便以寫本的形式，流傳甚廣。另外，其正式的書名，應該叫作《徂徠先生學則》。

徂徠在《譯文筌蹄初編》〈題言〉中，最後提出要以「一雙眼」來「看書」的主張，在五年後的正德五年（1715）徂徠五十歲時寫成的《學則》中，

---

❸ 原日文，見倉石武四郎：〈支那語教育について〉，《中國文學》第 71 號（昭和 16 年（1914）4 月）。

❸ 原日文，見鈴木直治：《中國語と漢文─訓讀の原則と漢語の特徵》（東京：光生館，1975 年 9 月），頁 385。

此主張並未有改變。但是如果說《譯文筌蹄》是在討論達到目的後就可以捨棄的方法的話；《學則》便是在講「東方之民」的日本人在學習儒家思想時所應依據的準則。熊井清庸在《徂徠先生學則國字解》⑧⑤中便對「學則」一詞解釋說：「此篇乃述於東方（日本）爲學之規則。」⑧⑥如果是這樣，徂徠認爲「東方之民」所應遵守的爲學準則，究竟爲何？徂徠一開始便對「東方之民」所要學習的學問內容定義說：「東海不出聖人，西海不出聖人，是唯詩、書、禮、樂之爲教也。」⑧⑦但徂徠接著又說：「有黃備氏者出，西學於中國，作爲和訓以教國人。……而詩、書、禮、樂不復爲中國之言，則假使仲尼乘桴，子路從之游，目之則是，耳之則非，……是迺黃備氏之詩書禮樂也，非中國之詩書禮樂也。」⑧⑧這無非是說訓讀這一閱讀法，使得以「中國之言」⑧⑨寫成的詩書禮樂變了樣，不復原初。徂徠因此強調要將「訓讀」這一個「筌」捨棄，「口耳不用」⑨⓪，而將重點移到「視覺」上來，利用一雙眼睛來克服語言因民族、空間所造成的隔閡。徂徠說：「筌乎筌乎，獲魚舍筌。口耳不用，心與目謀，思之又思，神其通之，則詩書禮樂、中國之言，吾將聽之以目。」⑨①

在筆者看來，《學則》第一則有兩個主張，一是去訓讀，二是直觀「漢字」的閱讀法，這基本上可以說是接續了《譯文筌蹄》的主張，但在此之外，徂徠還進行了一項說明，那就是《譯文筌蹄》〈題言〉六所說的「心目雙照」，或是《學則》中所說的「心與目謀」，後來都必須超越知識、技術這一層面，進入到感觀世界去體得一種「漢字」感覺，而且此種經由學習而體得的感覺，

---

⑧⑤　收於島田虔次編：《荻生徂徠全集》第 1 卷（東京：みすず書房，1973 年 7 月）。

⑧⑥　原日文，見頁 321。

⑧⑦　《學則》一，頁 256。

⑧⑧　《學則》〈第一則〉，頁 256。

⑧⑨　同前註。

⑨⓪　同前註。

⑨①　同前註。

最終要宛然如同一種天生的能力，如是，才有可能以目聽中國之言。也只有臻此境界，才會不需要任何的「筌」。唯有當此種能力具備後，則「聽之以目」這一「東方之民」的「看書」法，就已不再是一種方法，而是如同中華之人所具有的「讀書」能力一般。讀漢文如此，學習聖人之教的詩書禮樂也不例外，最後應該都要是一條不受「筌」（方法）牽制，得水自在的魚。

　　徂徠在《學則》〈第二則〉說：「宇猶宙也，宙猶宇也。故以今言為古言，以古言為今言，均之朱璃鴃舌哉，科斗貝多何擇也。世載言以遷，言載道以遷，首之不明，職是之由。處百世之下，傳百世之上，猶之越裳氏重九譯邪。重譯之差，不可辨詰，萬里雖瓊乎，猶當其世，孰若槳之身游身獨邪。故之又故，子孫雲仍，烏識其祖，千歲逝矣，俗移物亡，故之不可恃也。烏能置身仲尼之時，從游夏親受業邪。宇與宙果殊矣。」（頁256）如果說《學則》〈第一則〉是在講如何解決語言因空間所產生的差異的話，上述〈第二則〉的這段話，便在指出語言因時間流轉所產生的差異，而且徂徠所意識到的時間性差異，並非單指時間本身的遞嬗變遷，而是包括了在此時間遞嬗過程中，語言、事物、制度也隨著時間變遷而不斷分裂、崩壞。且對徂徠而言，這種分裂、崩壞現象，便是一種理想古代逐漸衰退的現象，徂徠認識到他正身處於一個不復原初的世界中，而且自己是立於這個不論是經典（六經）世界，或是現實世界崩壞過程的末端。蓋所謂經典世界的崩壞，指的是徂徠所說的：「夫六經殘缺矣，生於今世，孰見其全。」[92]現實世界的崩壞，則是指徂徠當時所處的江戶社會，是「德川封建社會，即使在經歷最初的重大變動的同時，仍未喪失其作為社會全體的健全性。」[93]元祿（1688-1703）、享保（1716-1735）期這個「轉換期的

---

[92]　《學則》〈第七則〉，頁258。

[93]　原日文，見丸山真男：《日本政治思想史研究》（東京：東京大學出版會，1952 年 12 月），頁130。

現象」❽出現，亦即隨著貨幣經濟的成長，消費生活的形成，幕藩體制的基盤因而動搖，武士階層因而轉爲一股從政治制度游離開來的不安定力量等危機發生的社會。《學則》〈第二則〉中，我們所看到的徂徠對這一世界總體逐漸崩壞的認識，之前在《譯文筌蹄初編》〈題言〉十便說了：「道藝、事物、言語皆昉上古，次第潤色、次第破壞，或分或合，或盛或衰，沿革展轉。」（頁13）我們由此似乎可以看出，徂徠對語言理解的最主要特徵，便在強烈意識到語言的差異性。

除了認識語言因空間、時間所產生的差異之外，徂徠同時認爲語言的差異是有可能解消掉的，而且是不得不將之解消。《譯文筌蹄初編》〈題言〉十中，徂徠說事物制度的復原，「必先古後今，然後得明悉其源委而不謬也」（頁13）但是「世學者，但喜擇後世極易讀者以讀之」（頁13）或許正因如此，到了《學則》〈第二則〉，徂徠又再次說到了解決語言時間性差異的方法，其實就是《譯文筌蹄》〈題言〉十所說的：「合古今而一之，是吾古文辭學」（頁15）。徂徠說：「吾奉于鱗氏之教，眡古修辭，習之習之，久與之化，而辭氣神志皆肖，而目之眡，口之言，何擇。夫然後千歲之人，且莫遇之，是之謂置身仲尼之時，從游夏親受業也。」❾徂徠所謂的「眡古修辭」的方法，說的就是：以漢學寫成的詩、書、禮、樂等經典，不論是因爲時間上的關係，或是地域上的關係有所不同，而使得其經由不同「聲音」系統而解釋出不同的意義。現在「東方之民」若要理解詩、書、禮、樂等經典，就要在經典產生時間性、空間性的差異之前，亦即對以「漢字」寫成的「原文」，直接觀之以眼。而這種直接觀看古文辭——經典原文的看書習慣，經過長時間的積累，有朝一日也會超越昇華成一種不假外力的理解古文辭的本能，宛如今之「古人」。由此

---

❽ 同前註，頁129。

❾ 《學則》〈第二則〉，頁256-257。

看來，以「一雙眼」來「看書」或是看「古文辭」，其實都只是在藉此培養一種感覺，一種對「漢字」進行直接理解，不假注釋的感覺。

　　徂徠由《譯文筌蹄》到《學則》所營造出的經典閱讀法則，如果說目的是在培養一種感覺「漢字」這一表意文字的能力的話，那麼也就免掉了努力從經典背後挖掘出眞理，並對此眞理進行煩瑣的辯證這種注經型態。但是反過來說就因爲徂徠理解到語言不只是一項表述事物意義的工具而已，語言還含括了表述主體（作者）、表述客體（事物）所隱含的事實全體，徂徠說：「夫華言之可譯者意耳，意之可言者理耳，其文采粲然者，不可得而譯矣。」**⑯**爲了保全語言所含攝的語言本身，以及表現主體、客體所含有的全體事實，徂徠因此提示了直讀「漢字」「古文辭」的經典解讀法。也就是說，徂徠試圖打破自己這個「東方之民」的有限性，企圖拓展出一片更寬廣的讀經世界，並詮釋出更豐饒的經典意義。但是引人注目的是：徂徠所要擴展的世界全體，也不過就是收束在六經本身這個「古文辭」的世界。而徂徠究竟如何運用其「古文辭學」來注解經典？又注解了哪些經典呢？徂徠的「古文辭學」於焉展開。

七、近代日本學者的徂徠式言語論

　　在結束對徂徠言語論的考察之前，筆者以爲應該對近世到近代日本的中文（中國語）學習狀況、想法，作一個概括性的回顧。根據戰前研究日本中文學習、研究之代表作《進世日本における支那俗語文學史》**⑰**，或是戰後如倉石武四郎的《中國語五十年》**⑱**、安藤彥太郎的《中國語と近代日本》**⑲**，及

---

⑯　《徂徠集》卷27，〈答屈景山〉，頁296。
⑰　石崎又造著，東京：弘文堂，1940 年 10 月。
⑱　東京：岩波書店，1973 年 1 月。
⑲　東京：岩波書店，1988 年 2 月。

六角恆廣《中國語教育史の研究》❿等研究專著看來,我們似乎可以對江戶慶長年間(1596-1614)以來,到一九四五年二次大戰戰敗爲止的日本中文學習現象,下一概括性的結論。那就是自江戶時代以來到終戰爲止的近代日本,日本人民的中文學習視點,基本上是在「閱讀・書寫」和「聽・說」的兩極化體制下展開的。前者專門將注意力放在「文言文」,主要以「訓讀」來解讀「文言文」,同時在表達自己的儒學研究成果時,也以「文言文」來書寫,隸屬這個集團的人,便是所謂的儒者。後者則是專門將重點放在交談上的「唐通事」。

江戶時代這種儼然二分的中文學習現象,事實上即便到了近代日本也仍舊沒有改變。所以大正十年(1921)一月,青木正兒在雜誌《支那學》第一卷第五號中,發表了〈本邦支那學革新の第一步〉一文,文中說道:「兩百多年前,亦即在從前的正德年間(1711-1715),徂徠業已道破─漢字的教授方法,首先不得不始自支那語。……此種主張今日看來,當然是一不足爲貴的論調,但在那個時代,實在是一天馬行空的論調。是的,徂徠的主張在現在,是一平凡的說法,然而過去的兩百年來,卻仍未見其說被加以實現,這又是何等的奇怪。……上述徂徠的主張,很慚愧地,在現代,仍不失爲我國革新支那學研究方法的第一步。」(頁1-2)日本漢學在經歷了幕末、明治十年代的低靡期以後,到了明治十年代中期,漢學也有了甦生的趨勢,正是在這種趨勢下,東京大學法、理、文三學部的綜理加藤弘之,也才終於在屢經挫折後,於明治十四年(1881)十二月獲得文部省的許可,在文學部之下,附設了「支那古典講習科」。❿「支那古典講習科」雖然只在明治十六年(1883)十七年(1884)招過兩次生,於明治二十年(1887)培養出二十八名、明治二十一年(1888)

---

❿ 東京:東方書店,1988 年 7 月。

❿ 有關「支那古典講習科」的詳細論述,可參考町田三郎:〈東京大學「古典講習科」の人々〉,《明治の漢學者たち》(東京:研文出版,1998 年 1 月)。

培養出十六名這兩屆的畢業生而已，但就如同井上哲次郎所說的：「在試圖回顧明治維新以來的漢學趨勢時，當安井息軒、鷲津毅堂、岡松甕谷、根本通明、中村敬宇、島田篁村、竹添井井等人漸次凋落，漢字命脈似乎逐漸斷絕之時，彌縫此空檔而興起者，主要爲出身大學（東京大學）之古典科者。」⑩町田三郎先生則指出「支那古典講習科」畢業生的功績有三，一是：「彼等於『古典講習科』中所學到的是……純粹是學究性的實證性學問。」⑩二是：「可以舉出的是：彼等一面擴大漢學研究領域的同時，一面發掘出新學問。」⑩三是：「提供、形成了日本往眞正的近代化中國研究的基礎。」⑩

　　「古典講習科」雖然在明治十八年（1885）便停止了招生，但東京大學在此之後又進行了一連串的改革，於明治二十二年（1889）設立了「漢學科」。據緒形康的說法，由「漢學科」出身的新一代日本漢學者所建立出的新日本漢學，與江戶時代以來的日本漢學有著重大的差異。換句話說，這些無論是「古典講習科」或是「漢學科」出身的畢業生，他們已經不是江戶時代的儒者或漢學家了，雖然他們這種在當時顯得特殊的教養途徑，使他們及其弟子們在後來的研究者眼中，被視爲江戶漢學的傳人。這些東京大學「漢學科」早期的畢業生中，如明治二十八年（1895）畢業的狩野直喜、以及明治二十九年（1896）畢業的桑原騭藏，更是活用其具有的西學教養和中國知識，建立了更具科學性的研究方法來研究「支那學」。狩野與桑原後來分別於明治三十九年（1906）和明治四十二年（1909）任教於京都大學文學部，他們所開創出的純學術研究學風，後在青木正兒和小島祐馬等後繼者的發揚下，又

---

⑩　原日文，見林泰輔：《支那上代之研究》（東京：光風館，昭和 2 年 5 月），〈序〉，頁 1。

⑩　原日文，見《明治の漢學者たち》，頁 147-148。

⑩　同前註，頁 148。

⑩　同前註，頁 149。

被稱爲「京都中國學派」⑩，大正九年（1920）九月創刊的《支那學》雜誌，則是京都大學「支那學會」成員表述其新漢學──「支那學」研究的主要園地。事實上，我們今天由十二卷《支那學》雜誌⑩所揭載的論文看來，絕大多數的「支那學」家，都積極地想去改良日本漢學，特別是江戶以來那些延襲已久，但在「支那學」家眼中，卻是漢學近代化的障礙，他們都呼籲要盡快捨棄，其中「訓讀」這一漢文閱讀法，常是被關注的焦點。

青木正兒呼籲要：「無論如何，由上而下以中文發音來閱讀一事，乃當下之急務。」⑩青木正兒所持的理由是：「㈠在讀書時，用訓讀很費事，無法和支那人一樣快速閱讀。……㈡訓讀有害於瞭解支那固有的文法。……㈢訓讀會產生不正確的文義理解。」⑩明治以來，日本學者除了自西洋攝取人文科學的研究法以外，並對江戶以來兩極化的中國學學習法提出疑問，捨棄訓讀，直接以「支那音」閱讀漢文典籍的呼聲，在近代也由青木正兒首先提出。青木正兒的此種批判，我們可以說這是近代日本學者對徂徠的再評價與發現。青木正兒在〈本邦支那學革新の第一步〉中所援引的，便是徂徠於《譯文筌蹄》卷首〈題言〉五所說的：「故予嘗爲蒙生定學問之法，先爲崎陽之學，教以俗語，誦以華音，譯以此方俚語，絕不作和訓迴環之讀。始以零細者，二字三字爲句，後使讀成書者，崎陽之學既成，乃始得爲中華人，而後稍稍讀經子史集四部書，勢如破竹，是最上乘也。」（頁9）

「支那學會」或可稱爲當時日本中國研究最具學術性的代表團體，其確切求實所積累出的研究成果，在學術研究史上即便到了今日，其意義與價值仍

---

⑩ 有關「京都中國學派」之稱呼和起源，可參考神田喜一郎：〈《冊府》發刊の際〉，收於《神田喜一郎全集》第9卷（東京：同朋舍，昭和59年10月）。

⑩ 昭和44年（1969）4月，東京：弘文堂複製。

⑩ 原日文，見〈本邦支那學革新の第一步〉，頁15。

⑩ 同前註，頁9-11。

是無庸置疑的。⑩但是在以年輕一輩的竹內好、武田泰淳等人為中心所組成的「中國文學研究會」看來，「支那學會」是僵化、封閉、缺少自由創造與批判精神，不過是據守文獻考證罷了。竹內好認為在「支那學」這個龐大嚴肅、整然的知識學術體系裡，看不到任何思想的原創性，竹內好並將之歸咎於學院派的封閉特質，與日本漢學的保守性。⑪顯然地，以竹內好為首的年輕一代中國文學研究者所組成的「中國文學研究會」，不管是針對現代學術的理念，或是針對知識分子的使命感這點，在觀念想法上都與「支那學會」發生了齟齬。然而儘管「中國文學研究會」與「支那學會」在立場、觀點、志向上顯得壁壘分明，然而針對訓讀這一漢語閱讀法，卻同樣採取了否定的態度而予以抨擊。從昭和十五年（1940）十一月發行的《中國文學》第六六號開始，雜誌《中國文學》開設了〈飜譯時評〉專欄。竹內好在昭和十六年（1941）一月發行的第六九號《中國文學》中，發表了他的首篇《飜譯時評》。竹內好除了對當時大量粗制濫造的中文譯本感到憂心忡忡之外，他還特別指出這種狀況都是由於大多數支那學者不能創造新的翻譯基準，卻固守訓讀這一傳統所導致。竹內好說：「與所謂漢學者流的翻譯傳統系統相異。若說漢學者流究竟所指為何，那就是若將之與絕對論相對照的話，漢學者流則是相對論。漢學者流並不認為翻譯是理解外文的唯一方法（表現），如果是這樣，那麼說到所謂其他的方法，究竟為何？那就是將支那語原文原原本本地依據國訓（日語訓讀）、調換詞序、補以助詞的一種讀法，或者是像這樣改寫的方法。……我們可以說：大多數的支那學者，都是以這樣的態度來處理文獻。……即使在翻譯界，那些被稱之

---

⑩　大陸學者嚴紹璗在《日本中國史》（南昌：江西人民出版社，1991 年 5 月），第 1 卷，第八章〈近代日本中國學早期古典研究的學術流派〉中，便以京都大學「支那學會」為代表，嚴紹璗並稱其為「實證主義學派」。

⑪　見竹內好：〈漢學の反省〉，收於中國文學研究會編《中國文學月報》第 8 號（昭和 10 年 10 月）筆者按：《中國文學月報》自第 60 號開始，更名為《中國文學》。

為古典之翻譯的作品，現在仍有很多原原本本都是歷來的訓讀。訓讀雖然被稱為國譯（即日語翻譯），但此二者之間，則有著天地之隔。」竹內好最不能忍受的是訓讀所造成的忠於原文的假象，使人們將之（訓讀）誤以為是「直譯」。竹內好說：「由所謂忠於原來語言這一態度所從事的直接翻譯，每每被人將之與訓讀相混淆，而這種情又相反地，容易產生所謂類似訓讀豈非最忠實之原文理解這樣的錯覺。」竹內好並指出訓讀在理解原文時的有限性，以及能意識到此種有限性則需要具有高度的中文能力才可能感受到。「我們不得不感覺到：依據訓讀，不可能精密地掌握原文的意義，這是因為語文能力的不足和思惟的粗雜所造成。」竹內好並且呼籲要獨立對待中、日兩國的文化，清楚瞭解到兩國語言是兩種完全相異的語言，要在這一認知上不以日文附和漢語（亦即訓讀這一漢文閱讀法），而要以日文來解釋中文。就這一層意義而言，竹內好不僅否定掉了訓讀，同時也打擊了直譯。❷

　　竹內好的觀點，絕大部份都在重提徂徠當年在《譯文筌蹄·題言》中的主張。例如竹內好說訓讀並不忠於原文這點，徂徠在《譯文筌蹄》卷首〈題言〉二就說：「此方學者，以方言讀書，號曰和訓，取諸訓詁之義，其實譯也，而人不知其為譯也。……若此方讀法，順逆迴環，必移中華文字，以就方言者，一讀便解，不解不可讀，信乎和訓之多為當而學者亙或易於為力也。但此方自有此方言語，中華自有中華言語，體質本殊，由何脗合，是以和訓迴環之讀，雖若可通，實為牽強，而世人不省，讀書作文，一唯和訓是靠，即其識稱淹通，學極宏博，倘訪其所以解古人之語者，皆似隔靴搔痒。其援毫攄思者，亦悉侏佅鳥言，不可識其為何語。」（頁4）由這段話我們可以知道：徂徠也與竹內好一樣，強調漢語和日文是兩種性質完全相異的語言，不可能存在一種可以使兩者全然脗合的替換法則。所以徂徠的結論是：像訓讀這樣的將漢語逐字代以

---

❷　竹內好：〈飜譯時評〉，《中國文學》第 69 號（昭和 16 年〔1941〕2 月）。

日文的作法，有著一定程度的不合理之處。這其實便是竹內好所說的「企圖以日語配合支那語」❶❸，只是較之於竹內好的重視日文本身的主體性，徂徠似乎更在意中文原意的無法被準確地加以理解。而對訓讀這一漢文閱讀法所解讀出的意義，徂徠則與青木正兒和竹內好所持的看法一樣，那就是無法精確掌握到漢語原意。

太宰春臺《朱氏詩傳膏肓》對朱子的批評

林慶彰*

一、前　言

　　明朝中葉有一股濃厚的復古思想，在經學方面，楊慎（1488—1559）等人批判宋明理學；在文學方面，前後七子主張「文必秦漢，詩必盛唐」。他們的共通特色是反對「今學」，希望回復漢唐的「古學」。稍後，在海外的日本，也興起一股批判理學的熱潮，這一熱潮的先導者山鹿素行（1622—1685）。他雖然批判周敦頤、張載、二程等學者，卻不批判朱子，可見仍不脫理學的窠臼。繼之而起的是伊藤仁齋（1627—1705），仁齋早年也讀理學家的書，後來發覺理學家的說法和孔、孟思想不合，主張回歸孔、孟原典，著《論語古義》、《孟子古義》、《語孟字義》等，以探索儒學的眞義。他的兒子和弟子發揚光大他的學問，形成日本古學中的古義學派。

　　將日本古學派的聲勢推至顛峰的是荻生徂徠（1666—1728）。他受後七子中李攀龍（1514—1750）、王世貞（1526—1590）復古思想的影響，用古文辭的觀念來治經，認爲經義所以不明，是因不了解經中的古文辭所致，代表作是《論語徵》、《辨說》、《辨名》、《學則》等書。徂徠的弟子很多，在文學上有成就的是服部南郭（1683—1759）、安藤東野（1683—1719）、平野金華（1688—

＊　中央研究院中國文哲研究所研究員。

1732）、大內熊耳（1699—1776）、高野蘭亭（1704—1757）等人。專精於經學的是山井鼎（1680—1728）、太宰春臺（1680—1747）、宇佐美灊水（1710—1776）等。這個學派稱爲古文辭學派。❶

古文辭學派的經學家中，山井鼎有《七經孟子考文》，該書在清乾隆中傳入中國，收入《四庫全書》中，所以國內研究經學的學者大多知道山井鼎其人其書。❷至於太宰春臺的經學著作有《六經略說》、《論語古訓》、《論語古訓外傳》、《易道撥亂》、《朱氏詩傳膏肓》、《詩書古傳》、《聖學問答》等書，可說是江戶時代在經學上用功最深的學者之一。可惜，他的書沒有及早傳入中國，國人大多不知有太宰春臺其人。

太宰氏的思想本自其師荻生徂徠，以爲朱子之學非聖學，而是釋氏之學。因此，對朱子的經學著作，如《易學啓蒙》，就作《易道撥亂》來批評；朱子的《詩集傳》，就作《朱氏詩傳膏肓》來批評。這種情況很像清初的毛奇齡著《四書改錯》來批判朱子的《四書集注》；姚際恒著《詩經通論》來批判《詩集傳》。太宰氏的《朱氏詩傳膏肓》還很少人研究。❸如能從這書入手研究，一方面可以充分了解太宰氏批評朱子的緣由；另方面也可得知在海外批判朱子的思潮幾乎是與中國同步流行的。

---

❶ 有關日本古學派的發展情況，中文著作可參考朱謙之：《日本的古學及陽明學》（北京：人民出版社，2000 年 12 月重印本）第二、三、四章。

❷ 國人研究山井鼎的論文有多篇，詳見林慶彰等編：《日本儒學研究書目》（臺北：臺灣學生書局，1998 年 7 月），頁 296－297。

❸ 筆者所知，僅日本早稻田大學村山吉廣先生作〈太宰春臺の《朱氏詩傳膏肓》〉，刊於《詩經研究》第 1 號（1974 年 10 月），頁 13－20。

二、太宰氏的生平、著書動機和體例

太宰春臺，日本江戶時代信州（今長野縣）飯田人。名純，幼名千之助，字德夫，通稱彌左衛門。號春臺，又號紫芝園。較詳細的生平事蹟是服部南郭所作〈太宰先生墓碑〉：

> 先生生於信陽飯田，幼隨考東，稍長仕出石侯，數年疾，乞骸骨三，不許，乃自去藩，藩以轍去錮之，西游京畿十年。是時物夫子唱復古學於東都，滕東壁縣次公相助修業，而次公西歸，東壁乃顧夫子之門從游日多，然俊傑可與適夫子道者，猶未至。東壁幼嘗已同先生受書撝謙野先生者，服其敏學，因思先生，數書招之，會錮亦解，先生遂東。至則物夫子說其學，以為得所歸，乃事夫子，與東壁二三子講學，博文約禮，敦尚經典。至物夫子沒，並詳究先王之道，孔氏之書，爵為大老，弟子諸侯大夫至草莽士，日益進。先生既勵己行，以直方自居，從游之徒，莫不奉名教惟謹，文畏如大府，前後所見諸侯甚多，未嘗枉己而求見焉。進退必以禮，安貧樂道，終不復仕，然其志則同儒者之學，折中孔子。孔子所祖述先王歷聖，政治之道具存焉，用之則行，如有用我者何以哉，故又未嘗忘經世之用。❹

此外，原念齋的《先哲叢談》卷六，也有數條記載，對太宰氏為人處世的風範頗有描述。

他的經學著作如《易道撥亂》、《朱氏詩傳膏肓》，都在批判朱子之學。唯有破除朱子的權威，古學才有復興的可能。他所以作《詩傳膏肓》，當然是

---

❹ 見《南郭先生文集》（東京：ペリカン社，1985 年 3 月），第 4 編，卷 8，頁 152。

要糾正《詩集傳》注解的錯誤，以回復詩篇的原始意義。在太宰氏看來，朱子對《詩經》的注解，根本不可以稱為「傳」，他說：

> 朱晦菴注詩而謂之傳，傳之名妄矣。蓋夫經之有傳，自仲尼始，謂之傳者，言上有所受，而下傳之將來也。孟子嘗稱「於傳有之」，亦言其有傳說耳。漢儒釋經，皆謂之傳，亦明其有所受，非臆解也。宋儒之說經則不然，專以臆解，不從傳說，好立新義，如晦菴之注《詩》，謂之注則可，安得謂之傳乎？晦菴本不知《詩》。其說《詩》也，不足道已，然其間有大紕繆者，貽學者害不少，則亦豈得不辯哉！庚戌之春，二三從遊者，集於紫芝園而讀《毛詩》，論及朱注，余為悉辨其非。因又錄其中一二尤者以示之，庶幾大意已明。三百篇之旨，因可以倒推云。（《詩傳膏肓》，卷上，頁1）

首先，太宰氏以為朱子注《詩經》的書，不可名為《詩集傳》。因為，「傳」是「上有所受」，「下傳之將來」，漢儒釋經所以稱為「傳」，是因為受自孔門的緣故。其次，太宰氏以為宋人說經好臆解，「不從傳說，好立新義」，祇能稱為「注」，不能稱為「傳」。其三，因為朱子不了解《詩》的本質，「其間有紕繆者，貽學者害不少」，所以，在「庚戌之春」，即享保十五年（1730）在紫芝園和學生一起詩《詩經》時，舉出朱子《詩集傳》的錯誤，以明《詩經》三百篇的大旨。

　　《詩傳膏肓》今流傳最廣者為《日本儒林叢書》本，收入該叢書第十一卷。❺書前有延享三年（1746）夏五月渡邊操作的〈刻朱氏詩傳膏肓序〉，次

---

❺　《日本儒林叢書》，昭和二年（1927）十二月東京鳳出版社出版，昭和四十六年（1971）十二月有重印本。

有太宰純〈讀朱氏詩傳〉。正文分上卷爲〈國風〉部分，下卷爲〈小雅〉、〈大雅〉和〈頌〉的部分。各卷每條皆先引朱子的注，再以「純曰」作批評。如〈鵲巢〉之首章，引朱子注曰：「南國諸侯，被文王之化，能正心修身，以齊其家，其女子亦被后妃之化，而有專靜純一之德」。太宰氏批評說：

> 純曰：南國諸侯，被文王之化，其女子被后妃之化，則有之矣。惟於詩辭，未見其所謂正心修身以齊其家，及其女子有專靜純一之德耳，不識晦菴何以言之。（《詩傳膏肓》，卷上，頁5）

全書體例大體如此。由於太宰氏認定注經不可有「評語」和「議論」，所以，本書的批評大抵集中在這部分，而對朱子的注中有「評語」和「議論」傾向的，太宰氏也僅指出是「評語也」、「議論也」而已。書末有享保十五年（1730）八月太宰純〈朱氏詩傳膏肓後序〉，仍舊在批評朱子《詩集傳》之失，並認爲當以讀唐詩的方法來讀《詩經》。

三、批評朱《傳》涉議論、違古訓

由於受復古思想的影響，太宰氏特別尊崇所謂漢唐古訓，注經也以漢唐時代的注經方式爲準，所以太宰氏說：

> 自漢至唐，諸儒釋經，但解本文，不下評語，古法迺爾。晦菴注經，好爲譏評，仲尼而下，盡在所評，縱使其言之善，尤非恭遜之道也。（《詩傳膏肓》，卷上，頁2）

太宰的想法是解經應僅止於解本文，所謂解本文，是就經文本身作訓詁，一如

《毛詩詁訓傳》那樣，不作任何的評語。這就是太宰氏所謂的「古訓」。我們從太宰氏著作，如《論語古訓》、《詩書古傳》等書名，就可以知道他對這種質樸的解經方式相當推崇。朱子之解經所以不能得到太宰氏的認同，是好作議論，甚至好譏評。而且是「仲尼而下，盡在所評」，即仲尼以後的學者沒有一位能令朱子滿意。

太宰氏對《詩集傳》中涉議論的地方，大抵以三種方式來處理，一是直指朱子的某段注爲「評語」、「議論」；二是除指出某注爲「評語」、「議論」外，並建議應刪除某些字句；三是詳細論辨，以爲朱子違背古訓。茲將這幾種處理的方式舉例加以說明。

(一)指出朱子注為「評語」、「議論」

1.朱子《詩集傳》在〈關雎〉一詩之末「關雎三章，一章四句，二章章八句」下有注：

> 愚謂此言爲此詩者，得真性情之正，聲氣之和也。蓋德如雎鳩，摯而有別，則后妃性情之正固可以見其一端矣。至於寤寐反側，琴瑟鐘鼓，極其哀樂而皆不過其則焉。則詩人性情之正，又可以見其全體也。獨其聲氣之和，有不可得而聞者，雖若可恨，然學者姑即其詞而玩其理以養心焉，則亦可以得學詩之本矣。

太宰氏以爲這段話是「此評語也」。認爲這是朱子解經的評論之語。

2.朱子《詩集傳》在〈葛覃〉一詩之末「葛覃三章章六句」下有注：

> 此詩后妃所自作，故無贊美之詞。然於此可以見其已貴而能勤，已富而能儉，已長而敬不弛於師傅，已嫁而孝不衰於父母，是皆德之厚而

人所難也。小序以為后妃之本,庶幾近之。

這段長注,太宰氏說:「此亦評語也。」意思是說,這段話如前引〈關雎〉的注,都是朱子解經的評論之語。

3.〈召南・騶虞〉:「彼茁者葭,壹發五豝,于嗟乎騶虞。」朱子注:「此其仁心自然,不由勉強,是即真所謂騶虞矣。」太宰氏說:「亦朱氏私家之說也。」即指這段話是朱子個人的議論。

太宰氏《詩傳膏肓》中指出是朱子「評語」或「議論」的,約有一百多處,這些都是不合注經原則的私家議論。

(二)朱子的「議論」不合理,應刪除

1.〈齊風・還〉首章:「子之還兮,遭我乎峱之閒兮,並驅從兩肩兮,揖我謂我儇兮。」太宰氏引這章下的朱子注:「而不自知其非也,則其俗之不美不可見,而其來亦必有所注矣」,然後說:

> 此二十四字評語,可刪也。所謂有所自者,指太公也。夫太公者,文武之所師事也,世何得議之哉。(《詩傳膏肓》,卷上,頁18)

太宰氏認為朱子所注的二十四字是評語,應刪去。

2.朱子《詩集傳》的〈檜風・素冠〉之末「素冠三章,章三句」下,朱子注:

> 按喪禮,為父為君,斬衰三年。昔宰予欲短喪,夫子曰:「子生三年,然後免於父母之懷,予也有三年之愛於其父母乎,三年之喪」,天下之通喪也。……

太宰批評朱子引「昔宰予」至「母乎」這段話說：「此一段雖引《論語》，然其意涉于議論，不如削之。」（《詩傳膏肓》，卷上，頁21）

3.朱子《詩集傳》〈小雅・鹿鳴〉首章下的注：

> 此燕饗賓客之詩也。蓋君臣之分以嚴為主，朝廷之禮，以敬為主。然
> 一於嚴敬，則情或不通，而無以盡其忠告之益。故先王因其飲食聚會，
> 而制為燕饗之禮，以通上下之情。而其樂歌又以鹿鳴起興，而言其禮
> 意之厚如此，庶乎人之好我，而示我以大道也。記曰：私惠不歸德，
> 君子不自留焉。蓋其所望於群臣嘉賓者，唯在於示我以大道，則必不
> 以私惠為德而自留矣。嗚呼！此其所以和樂而不淫也與。

太宰氏對於朱子這段注文，頗有意見，他說：

> 此注「此燕饗賓客之詩也」之下，直接之以下文「以鹿鳴起興」，至
> 「以大道也」而止，通上訓詁，以解本文已備。其自「蓋君臣之分」，
> 至「又」字，六十三字，乃議論也。「記曰」以下，雖引《禮記》，
> 其下遂因之下評語，則亦無用之辯也。皆當削之。（《詩傳膏肓》，卷上，
> 頁25）

所以應刪，是因為這些段落皆是朱子的議論之語。

4.〈小雅・皇皇者華〉首章：「皇皇者華，于彼原隰，駪駪征夫，每懷靡及」下朱子注：

> 此遣使臣之詩也。君之使臣，因欲其宣上德而達下情，而臣之受命，
> 亦唯恐其無以副君之意也。故先王之遣使臣也，美其行道之勤，而述

其心之所懷曰，彼煌煌之華，則于彼原隰矣。此駪駪然之征夫，則其
所懷思，常若有所不及矣。蓋亦因以為戒，然其詞之婉而不迫如此，
詩之忠厚，亦可見矣。

太宰氏對朱子的這段話，認為：

> 「君之使臣」至「臣也」三十八字，「蓋亦」以下二十四字，皆涉評
> 論，削之可矣。（《詩傳膏肓》，卷上，頁26）

在朱子《詩集傳》中被太宰氏認為是議論而當刪的文字還有很多，這裏祇不過
舉數例而已。

(三)詳加論辨，指出朱子違背古訓

1.〈邶風・日月〉第四章：「日居月諸，東方自出。父兮母兮，畜我不卒。
胡能有定，報我不述。」太宰氏引朱注：「述，循也。言不循義理也。」然後
論辨說：

> 《毛傳》云：「述，循也。」鄭《箋》云：「不述，不循禮也。」此古
> 訓也，晦菴改之曰：「不循義理也」。夫所謂禮者，先王所制，而吾人
> 皆所當循也。故責之於人，而人莫敢拒之。所謂義理者，隨人之所見而
> 無常度者也。故君子小人，各有所以為義理，我以吾義理正人，則人亦
> 以其義理抗我，爭之所由起也。且禮者，實事也。義理者，虛言也。古
> 人不貴虛言，晦菴以禮為義理故也。（《詩傳膏肓》，卷上，頁8）

〈日月篇〉「報我不述」的「不述」，鄭玄解作「不循理」，朱子改作「不循

義理」。太宰氏以爲理是先王所制，爲吾人所當遵循的準則。義理則隨人所見而不同，君子小人各有其義理。所以「不述」仍應依鄭玄說法解作「不循理」，朱子改作「不循義理」，根本是違反古訓。

2.〈鄭風・叔于田〉：「洵美且仁。」朱子注：「仁，愛人也。」太宰氏批評說：

> 樊遲問仁，子曰：「愛人。」愛人之爲仁，固也，何須注解，故先儒未嘗注仁字。晦菴別解仁曰：「愛之理，心之德。」一曰：「本心之全德。」一曰：「當理而無私心。」晦菴說仁，有大小二端，彼其意以愛人，仁之小者，非仁之全體也。此詩仁字，不可以愛之理心之德解之，故以愛人解之，殊不知此詩及〈盧令〉所謂仁者，皆詩人因其所美之人云爾。夫豈以仁有大小深淺之異端哉。晦菴不知仁故也。所謂「愛之理，心之德」等語，古訓所無，朱氏一家之私言也。（《詩傳膏肓》，卷上，頁16）

太宰氏以爲仁是愛人，爲人人所皆知，本不須解釋。朱子又將仁解釋爲「愛之理，心之德」❻，皆古訓所無，是朱子一家之私言。

四、批評朱子不懂詩篇換韻之理

《詩經》除了〈周頌〉部分詩篇沒有押韻外，其餘的詩篇都有押韻。且大部分的詩篇都不只一章，少則二章，多者十餘章，這叫做「疊章」、「重沓」、

---

❻ 朱子將仁解釋為「愛之理，心之德」，見於《四書章句集注》（臺北：大安出版社，1986年4月），〈孟子章句〉的〈梁惠王章句上〉。

「疊詠」等。爲了要使樂音不重複，增加美感，疊章時必換韻。就韻來說，是換韻；就字來說，是換字。所換的字與前一章的字，在字義上是異詞同義，還是異詞異義，歷來學者各有說法。

就朱子的《詩集傳》來說，他認爲疊章換韻時，意義應有所改變，且有加深一層的涵義在內。太宰氏則認爲《詩經》中的疊章換韻都僅是純換韻而已，意義並沒有改變。也因爲兩人認知有很大的差異，太宰氏對朱子換韻則義不同的觀點，時加以批評，茲舉例如下：

1.〈周南・兔罝〉二章「公侯好仇」朱子注：「公侯善匹，猶曰聖人之偶，則非特干城而已，歎美之無已也。下章放此。」卒章：「公侯腹心」，朱子注：「腹心，同心同德之謂，則又非特好仇而已也。」太宰氏批評說：

> 古詩疊章者，所以反覆詠歎也。疊章則必換韻，換韻者未必有異義焉。特其辭時有淺深輕重耳，然亦偶爾也。晦菴說詩，必欲使其義一章重一章，乃過求義理之病也。其實不知詩也。（《詩傳膏肓》，卷上，頁4）

太宰氏以爲《詩經》詩篇之換韻「未必有異義」，文字雖有淺深輕重，也是偶然而已。如果像朱子認爲各章意義不同，且一章比一章深入，不免求義理太過，其實是不知詩的作法。

2.〈邶風・北風〉首章「携手同行」，次章「携手同歸」，三章「携手同車」。朱子注：「同行、同歸，猶賤者也。同車，則貴者亦去矣。」太宰氏批評說：

> 同車亦換韻而言耳，安有同行、同歸言賤者，而同車特言貴者乎？若更疊一章，則必曰同舟，晦菴其將解之曰無足者亦去邪。且同行、同歸，未見其必賤者。宋儒義理之學，何其拘也，豈非可笑之尤者乎！

（《詩傳膏肓》，卷上，頁10）

太宰氏以為同行、同歸、同車，是換韻而變字，並不像朱子所說，同行、同歸指賤者，同車指貴者。

3.〈衛風·伯兮〉三章「甘心首疾」，四章「使我心痗」。朱子注：「心痗，則其病益深，非特首疾而已也。」太宰氏批評說：

> 首疾、心痗，亦疊章換韻耳，豈有淺深哉，晦菴拘矣。（《詩傳膏肓》，卷上，頁13）

太宰氏以為三章的「甘心首疾」和四章的「使我心痗」，只不過換韻而已，意義並無深淺之別。

4.〈王風·黍離〉首章：「彼黍離離，彼稷之苗。行邁靡靡，中心搖搖。」朱子注：「故賦其所見，黍之離離，興稷之苗，以興行之靡靡，心之搖搖。」次章：「彼稷之穗，行邁靡靡，中心如醉。」朱子注：「稷穗下垂，如心之醉，故以起興。」卒章：「彼稷之實，行邁靡靡，中心如噎。」朱子注：「稷之實如心之噎，故以起興。」太宰氏批評說：

> 苗搖、穗醉、實噎，三章換韻，唯此六字。苗與搖協，穗與醉協，實與噎協，亦偶然耳。詩人之興，發自感觸，何所拘泥乎。固哉，晦翁之為詩也。（《詩傳膏肓》，卷上，頁14）

太宰氏以為苗搖，穗醉、實噎，祇不過是換韻的需要，朱子一定要求其深意，未免固陋。

5.〈王風·采葛〉第二章：「彼采蕭兮，一日不見，如三秋兮。」朱子注：

「日三秋，則不止三月矣。」第三章：「彼采艾兮，一日不見，如三歲兮。」
朱子注：「曰三歲，則不止三秋矣。」太宰氏批評說：

> 三月、三秋、三歲，亦換韻耳，豈以久近為深淺乎？不然，三秋是為
> 一時三閱月耶？是為三度秋耶？如為一時三閱月，則與首章三月同義，
> 如為三度秋，則與卒章三歲同義，是如何分別久近乎？（《詩傳膏肓》，
> 卷上，頁16）

太宰氏以為三月、三秋、三歲，也是換韻而已，否則如將三秋解釋為三月，則
與該詩第一章三月相重，如解釋為三歲，則與第三章相重。

6.〈秦風·晨風〉首章：「憂心欽欽」，次章「憂心靡樂」，朱子注：「靡
樂，則憂又甚矣。」太宰氏批評說：

> 靡樂，仍欽欽之意也；如醉，猶靡樂也。每章換韻而已，有何深淺？
> 晦菴拘矣。（《詩傳膏肓》，卷上，頁20）

太宰氏以為詩中的欽欽、靡樂、如醉，祇不過換韻而已。意思並無深淺之別。

關於太宰氏對朱子的批評，筆者有不同的看法。《詩經》的詩篇作者不
一，表現手法當然也有不同，在那麼多的詩篇中，純粹是疊章換韻，意義沒有
變化的固有不少，但必須換字才能換韻，既換字，字義就有不同。字義既不同，
仍將它定為純換韻而已，未免拘泥不通。試以〈召南·草蟲〉為例，該詩原
文是：

> 喓喓草蟲，趯趯阜螽。未見君子，憂心忡忡。亦既見止，亦既覯止，
> 我心則降。（一章）

> 陟彼南山，言采其蕨。未見君子，憂心惙惙。亦既見止，亦既覯止，
> 我心則說。（二章）
>
> 陟彼南山，言采其蕨。未見君子，我心傷悲。亦既見止，亦既覯止，
> 我心則夷。（三章）

從第一章的「忡忡」、第二章的「惙惙」到第三章的「傷悲」，詩人的傷痛是一層加似一層的；又從第一章的「我心則降」、第二章的「我心則說」，到第三章的「我心則夷」，也可以看出詩人內心的變化。這樣來欣賞一首詩才可以看出作者寫作的用心所在。如果僅把它看成換韻而已，字義並沒有層層遞進的關係，未免太低估作者作詩的用心。太宰氏強調從唐詩來看《詩經》，大概唐詩沒有疊章重沓的手法，太宰氏也就忽略《詩經》詩篇這一特有的技巧。

五、批評朱《傳》以宋儒心法解詩

漢儒解詩，如以《毛詩訓詁傳》和鄭玄的《箋》來說，特重字句訓詁，章句如有串講也偶而為之而已。到了宋代，宋儒好發議論，所以解經時有議論之言，太宰氏從朱子《詩集傳》中摘出百餘條，批評它們是「評語」、「議論」，這就是明證。

朱子不單單是好議論而已，他往往以宋儒心中既有的概念來解釋經典，如《四書章句集注》中動輒講「天理」，《詩集傳》中講「人心」、「天理」和「敬」的也不少，太宰氏批評說：「夫務治心者，釋氏之道也。聖人不必，仲晦乃以心語道，及其說詩，亦必以心為言，惑矣哉。夫詩者，人情之發也。豈可以心言哉，非徒不可以心言，亦不可以道言，必以心與道言，仲晦所以為不達于詩也。」（《詩傳膏肓》，卷首，〈讀朱氏詩傳〉，頁3）太宰氏批評朱子以「心」和「道」來解詩，是不知詩。《詩傳膏肓》從這個角度來批評朱子的不

少，茲舉例加以說明。

1.朱子《詩集傳》〈召南·騶虞〉篇末「騶虞二章章三句」下注說：

> 文王之化始於「關雎」，而至於〈麟趾〉，則其化之入人者深矣。形
> 於〈鵲巢〉，而及於〈騶虞〉，則其深之及物者廣矣。蓋意誠心正之
> 功，不息而久，則其熏烝透徹，融液周徧，自有不能已者，非智力之
> 私所能及也。故序以〈騶虞〉為〈鵲巢〉之應，而見王道之成，其必
> 有所傳矣。

太宰氏說：「評語。乃心法之說。」（《詩傳膏肓》，卷上，頁7）朱子把〈周南·
關雎〉至〈麟趾〉當作文王之化及於人，把〈召南·鵲巢〉至〈騶虞〉，當
作文王之化澤及萬物，是一種內聖外王之功的發用。這是以內聖外王講詩篇的
明證，所以太宰氏以為「心法之說」。

2.朱子《詩集傳》在〈大雅·文王〉篇末「文王七章章八句」之下注說：

> 今案此詩，一章言文王有顯德，而上帝有成命也。二章言天命集於文
> 王，則不唯尊榮其身，又使其子孫百世為天子諸侯也。三章言命周之
> 福，不唯及其子孫，而又及其群臣之後嗣也。四章言天命既絕於商，
> 則不唯誅罰其身，又使其子孫亦來臣服于周也。五章言絕商之禍，不
> 唯及其子孫，而又及其群臣之後嗣也。六章言周之子孫臣庶，當以文
> 王為法，而以商為監也。七章又言當以商為監，而以文王為法也。其
> 於天人之際，興亡之理，丁寧反覆，至深切矣。故立之樂官，而因以
> 為天子諸侯朝會之樂，蓋將以戒乎後世之君臣，而又以昭先王之德於
> 天下也。《國語》以為兩君相見之樂，特舉其一端而言耳。然此詩之
> 首章言文王之昭于天，而不言其所以昭；次章言其令聞不已，而不言

其所以聞；至於四章，然後所以昭明而不已者乃可得而見焉。然亦多詠歎之言，而語其所以為德之實，則不越乎敬之一字而已。然則後章所謂修厥德而儀刑之者，豈可以他求哉，亦勉於此而已矣。

太宰氏批評說：

議論。主張敬字，乃宋儒持敬之心法，非仲尼之道也。亦當削之。

太宰氏以爲這段話仍是宋儒的議論，宋儒主張敬字，所以朱注在文末認爲整首詩「不越乎敬之一字」，可見以宋儒心法來解詩。

3.〈大雅·皇矣〉：「帝謂文王，無然畔援，無然歆羨，誕先登于岸，密人不恭，敢距大邦，侵阮徂共。王赫斯怒，爰整其旅，以按徂旅，以篤于周祜，以對于天下。」朱子注：

人心有所畔援，有所歆羨，則溺於人欲之流，而不能以自濟。文王無是二者，故獨能先知先覺，以造道之極至。蓋天實命之，而非人力所及也。

太宰氏批評說：

章首四句，《傳》《箋》皆不明，朱注卻較分曉，然其所說乃宋儒之常言，則亦未足取已。今姑闕疑。（《詩傳膏肓》，卷下，頁37）

太宰氏雖肯定朱子的注比較清楚，但對講「人心」，講「溺於人欲」，以爲這是「宋儒之常言」，仍不可取。

4.〈魯頌・駉〉之卒章:「駉駉牡馬,在坰之野。薄言駉者,有駰有騢,有驔有魚,以車祛祛。思無邪,思馬斯徂。」朱子注:

> 蓋詩之言美惡不同,或勸或懲,皆有以使人得其情性之正。然其明白簡切,通于上下,未有若此言者。故特稱之,以為可當三百篇之義,以其要為不過乎此也。學者誠能深味其言,而審於念慮之間,必使無所思而不出於正,則日用云為,莫非天理之流行矣。

太宰氏批評說:

> 此宋儒之議論也。孔子讀詩,得「思無邪」一句於此篇中而悅之,以為人不能無思,思有邪不可。思而無邪,斯為正人矣。詩,道性情者也。故學詩者,唯此一言,可以達觀三百篇之義也。語意本淺,晦菴乃以念慮之間,天理流行言之,夫子之意,豈及焉哉。晦菴說詩,動以邪正辨之,若以此一言獨得性情之正,則其他盡不足歟。宋儒泥于經言,而自生固滯之弊,往往如是。(《詩傳膏肓》,卷下,頁40)

太宰氏以為孔子讀此篇「思無邪」句,認為可以達觀三百篇之義,「思無邪」三字,語意本淺,朱子卻以「念慮之間,天理流行」來詮釋它,恐非本義。且以此句為獨得性情之正,難道其他都不足取?

綜觀太宰氏的觀點,以為解經應謹守漢儒的方法,在字義訓詁著力即可,不可有「議論」、「評語」,而宋儒不僅好發議論,且動輒以「人心」、「天理」、「敬」等等概念來詮釋,太宰氏認為把本來極為淺近的經義,看得太深奧,實未能見聖人之本義。

六、結　論

綜合上述數小節的論述，可得下列數點結論：

其一，太宰氏受其師荻生徂徠的影響，反對宋儒的解經方法，所以著《易道辨惑》批評朱子的《易學啓蒙》，又作《朱氏詩傳膏肓》，批評朱子的《詩集傳》，其目的是要恢復漢儒古訓，從古訓中去窺見經書的本義，太宰氏作有《論語古訓》、《詩書古傳》即可得到印證。他批評朱子的經說是要先破除朱子的權威，而作《詩傳膏肓》是要解除朱子《詩集傳》對《詩經》的束縛。

其二，太宰氏認爲漢唐學者解經但解本文，不涉評語、議論。一如涉評語、議論，就非解經的正確方法。所以，他將《詩集傳》中有評語或議論的地方特別指出，認爲有些話必須刪除，有些則辨正其中的錯誤。這是凸顯朱子注經不得方法的第一點。

其三，太宰氏以爲《詩經》的疊章換韻，祇不過是換韻而已，不可以從中求詩義之深淺。所以對朱子《詩集傳》中因換韻各章詩義有深淺的論點，極力加以反駁，以爲朱子之說法求之太深。但是換韻就必須換字，字義不同，各章詩義也可能有深淺，甚至詩人爲塑造詩的氣氛，各章詩義也可能有層層遞進的關係，太宰氏對朱子的批評，反而凸顯自己的拘泥。

其四，太宰氏以爲朱子《詩集傳》用宋儒的概念，如「心」、「天理」、「人欲」、「敬」等概念來解詩，不但將詩義解得太深，也不合詩的本義。所以將有這種概念的注解摘出，一一加以批判。

太宰氏的《詩傳膏肓》內容雖不止本文所述的數項而已，但重點大抵如此。從《詩傳膏肓》的這些內容，朱子的《詩集傳》大抵還未達「膏肓」的程度。太宰氏的書可以把它當作當時反朱學的一本代表作，但不可以因此而否定朱子《詩集傳》的價值。

現代の台湾と日本における教育交流

徐興慶*

1.中国文化大学の夏期における日本文化研修活動

1.1 天理大学での「夏期日本語講座」

　　中国文化大学は一九八三年の夏から、毎年約二十五名の日本語学科の学生（主に二、三年生の学生を中心に）を天理大学に派遣して二週間の日本語講座を受けており、一九九八年現在で十六回目を終えた。この天理大学での「夏期日本語講座」は中国文化大学の日本文化研修活動の一環として、定着化されている。

1.1.1 授業の内容

　　同講座では日本語の基本文型の練習を中心とする『麗華の日本訪問』と、会話練習の『あなたの考えを言ってみましょう』の二つの教材を使用している。いずれも天理大学の別科（現在は語学教育センターに改称）の教師らが共同編纂で作られたものである。『麗華の日本訪問』は基礎編二十課と応用編二十課から構成している。『あなたの考えを言ってみましょう』は九課の

---

*　臺灣大學日本語文學系副教授。

本文と質問に分かれている。授業の方法としては、一年間の日本語学習歴を持つ二年生と二年間の日本語学習歴を持つ三年生をクラス分けで授業を行い、授業担当者が教案を作成したうえ、上記の教材の内容に沿って日本語の基本文型、文法を理解させながら、語句の運用の仕方を示す。とりわけ会話力の向上を図るため、研修生にそれぞれの考えを発表してもらったり、クラス全員で討論したりする授業を行い、日常会話がスムーズにできる段階を到達目標においている。授業の最後に研修生に「日本と台湾の衣食住」、「日本語と中国語の相違点」、「日本の大学生と台湾の大学生」、「日本のテレビ番組と台湾のテレビ番組」など設定した課題から一つ選んでもらい、レポートを書かせる(400 字詰の原稿用紙 5 枚程度)ほか、語学劇を発表してもらい、さらに最終テストを経て、修了書証を発行する。この講座の時間数は合計三十二時間で、すべて午前中に集中し、午後は校外学習の時間となる。

　　当初回講座の授業担当者は天理大学中国学科の学生が中心であったが、のち同大学日本語教員養成課程の学生も担当に加えた。そして一九九七年から同大学語学教育センターと日本学科の教員が授業を担当するようになった。

1.1.2 学生交流の活動

　　「天理での研修を意義のあるものにしたい」という受け入れ側の想いで、同講座を受ける中国文化大学の学生全員は、滞在中に天理大学のカウンセラーたちの世話を受け、共に天理教の各信者詰所に宿泊し、日本の新興宗教の一つである天理教の食文化、宗教文化及び宗教都市として知られる天理市を見学する。その他に茶道、華道の学習や天理図書館、天理参考館並びに古都の奈良、京都の見学も校外学習のプログラムに組み込まれている。

　　日本語講座と校外学習の日程がすべて終えた際、研修生に授業方法や

学習意欲、語学劇の発表練習、詰所での生活、校外学習などについてアンケート調査を行う。その問題点や反省点が取り上げられ、来年度の改善策として受け入れ側の参考資料となる。

　今まで、この日本語講座と校外学習を通し、双方の学生交流について下記のような意見が出されている。

Ⅰ 授業面：

◎もう少し日本の文物・人物・歴史の授業があっても良いと思う。

◎毎日の授業は三コマで良い、四コマは長すぎる。

◎午後、詰所に帰ってもずっと語劇の練習を続けるのは疲れる。他のこともやってみたい。

◎敬語の説明が難しかった。授業の内容をもう少し詳しく教えてほしかった。

◎自国語であるにもかかわらず、日本語の難しさを改めて痛感した。使用した教材は私にとって大変簡単な内容だったが、助詞の「を」、「は」、「が」などの使い分け方について、うまく説明できなかった。（授業担当者）

◎殆どの学生が学習意欲はあったように思う。授業方法については、「小老師」が教卓から授業を進めるよりも、いすを丸く並べて進める型で良かったと思う。（授業担当者）

◎学生達が日本語で話し、私達が中国語で返事するという会話の形であったが、努力が長く続かなかった。（授業担当者）

◎日本人学生と一緒に暮らし、日本語で会話する機会が多くなって良かった。できるだけ日本語で自分の考え方を表現したい。

◎講座期間中、一回でもいいから講演を望みたい。将来この講座を単

位認定に繋げてほしい。

II 生活面：

◎3 週間カウンセラーと一緒に生活することによって、彼らの生活習慣を身近に感じることができた。

◎もっと日本語で皆と会話したかったが、うまく出来なかった。後悔している。

◎諸所での生活は朝早起きすることが少し辛かった。

◎各詰所間の交流機会を作ってほしい。

◎校外実習の時、東大寺、大阪城、清水寺などを見学した。日本人が文化財を大切に守っていることを見習うべきだと思う。

◎日本の物価が高い。そして日本の古い建物、伝統文化、現代的な建築、日本料理など台湾と違うところが沢山ある。短期間の日本滞在ではあるが、良い体験ができた❶。

1.2 別府大学での「国際サマーセミナー」

国際化に向けて、海外十六の大学と交流協定関係を結ぶ別府大学は、一九九一年に中国文化大学と姉妹校関係を結んだ。一九九二年から両大学は協定内容に基づいて、さまざまな文化交流活動を推進してきた。例えば、短期研修交流の場合、両大学教員の引率する学生が両校の周辺で学習参観する時、その目的を達成させるため、相互に協力し合うことが取り決められている。これまで両大学の文化交流として、別府にて合同書道展の実施や音楽演

---

❶ 天理大学国際交流課及び語学教育センターの資料提供による。

奏会を開催するほか、毎年別府大学から歴史文化、美学美術史専攻の学生約五十名を中国文化大学に派遣して大学所属の博物館で研修を行ったり、故宮博物院を見学したりしている。また毎年二回ほど両大学の食品栄養学専攻の学生が中国文化大学にて中日の食文化を語る交流会を行っている。

1.2.1 地域社会における文化交流活動

　　一九九五年に中国文化大学から短期交換留学生の派遣を開始したことを機に、以降毎年の夏に約二十名の学生が別府大学主催の「国際サマーセミナー」に参加し、日本語及び日本事情の講義を受けるようになった。このセミナーは同大学の別科が研修生のために、日本語教育と日本事情のカリキュラムを工夫した約一ケ月間(一日 4 時間程度)の日本語学習コースである。なお、セミナーの文化交流において大分地区青少年育成会議メンバーとの交流会、福祉施設の老人ホーム「暘谷苑」の訪問、文化遺産研究ツアーや地踊り練習会・夏祭りへの参加、生涯学習ボランテイア青年講座などの活動を取り入れている。この研修は短期間でありながら、主催側の別府大学が研修生に対し、日本語教育を施すと共に、できるだけ地元を中心とする日本事情・文化の紹介と国際交流の場を提供しようとする様子が伺われる。

1.2.3 研修生の声から聞いた学習成果

　　この「国際サマーセミナー」の学習成果について、参加した研修生らは次のように語っている。

　　◎「日本事情」の授業では、『日本語・日本事情リソース型総合教材』を使用し、色々な統計数字やグラフによって、日本の社会的、文化的、国際的一側面がテーマごとに紹介されるので、各分野からの日本が見える。私は日本の食生活と住宅事情に関するテーマを選び、

資料を捜してレポートをまとめてみた。資料を捜すことや読むことなどは難しいが、少しずつ理解できるようになった。（中国文化大学日本語学科三年生、女子）

◎日本語講座で使ったテキストはテレビのドラマ「青春家族」から、資本主義下に置かれた日本人の家族関係の変化や夫婦別姓、離婚、少子化、過労死などの問題を取り上げ、編集されたものであった。テキストの後に様々な調査データがあり、各国のデータを知ることができたお蔭で自分の国際視野も広くなったような気がする。クラスの中には、いろいろな国から来た学生がいるので、同じ事を討論する時に違う国、違う環境で育った外国人学生の意見を聞くこができた。とても珍しい経験だったと思う。（中国文化大学日本語学科三年生男子）

◎初めての日本滞在なので、日本人と話す時、とても緊張して怖く感じた。何故ならば、私は簡単な会話しかできないからだ。目上の人と話す時、大学で勉強した丁寧語や謙遜語の話し方が、役に立っている。授業を受けながら、徐々に日本の環境に慣れていくうちに、自分の聴解力も少し進歩した。また同じ年の若い日本人学生と話す時も、テキストで勉強出来ない若者の話し言葉を少し分かるようになった。この研修で一番身に付いたのは、やはり会話力だと思う。（中国文化大学日本語学科二年生、女子）

◎日本の電車の路線は殆ど色で区別されている。日本語が分からなくても、時刻表さえあれば、自分が行きたい目的地までの所要時間や乗り方など、色で捜し出すことができる。便利さ及び安全面を考慮した交通システムは、自分の国にとって見習うべきところである。（中国文化大学日本語学科三年生、男子）

◎私はキリスト教のクリスチヤンだから、研修中の日曜日に別府のある教会へ見学に行った。礼拝に来た人の中に私のような若者が少なかった。この点は台湾の田舎の教会の様子と似ている。教会には日本人のほか、韓国人、香港人、フィリピン人、アメリカ人と私がいた。賛美歌を練習する時、各種の言葉が使われ、まるで小さな世界にいるような感じがした。それにたまたまこの教会で日本人の結婚式に出会い、見学することができた。日本人の結婚式は現代の台湾人とほぼ変わらない。しかし台湾の人は結婚式の際、必ず披露宴を開くが、日本ではそうとは限らないようだ。日本人の結婚披露宴では参加者の人数を正確に確認したうえ、座席のテーブルに名札が置かれると聞いた。これは台湾と遠うところである。（中国文化大学日本語学科三年生、男子）❷

1.3 熊本県阿蘇都小国町でのホームステイ活動

1.3.1 沿革

　　熊本の阿蘇青年会議所は、従来、阿蘇の伝統芸能の公演を国際交流の行事として台湾で行ってきた。この阿蘇青年会議所の会員の中に中国文化大学の卒業生がいることから、同会議所は台湾に対して関心を抱き、ぜひとも母校の学生を阿蘇に招いて、より深い国際交流を試みようとすることが、このホームステイ活動のきっかけとなった。

　　既述したように中国文化大学は一九八三年から毎年の夏、姉妹校の天理大学に日本文化研修団を派遣している。一九八八年に「小国国際交流会」

---

❷　別府大学の別科教育センターの資料提供による。

の発足と地元の受け入れ体制ができたため、同年の夏から天理大学での研修活動に入る前に阿蘇に立ち寄り、小国町のホームステイ活動に参加するようになった。

　このホームステイの受け入れは発足当初、阿蘇青年会議所の活動の一つであったが、会員達が自腹をきり資金援助に働きかけた苦しい時期もあった。とりわけ、台湾の学生を迎える段取りは小国町の会員が主力となって、1988 年に「小国国際交流会」を創設して受け入れのホストファミリーを探し廻り、郷内の町会議員や有志者の協方を得ながら地道な国際交流活動を推進していくうち、少しずつ認められ、ついに小国町、南小国町役所の後援を得て、阿蘇全域に広がった。現在毎年の八月に台湾学生のホームステイは、小国町の年間行事に組み込まれ、「小国国際交流会」主催のもとで、民間レベルの台日文化交流活動として続けられている❸。この活動を通じて小国町の人連に国際的な視野及び感覚を高め、将来台日双方の人的、経済的交流を図り、文化と地域社会の発展に寄与するのが目的としている。

　一九九九年現在、このホームステイ活動は十一回目を迎え、計二五三名の中国文化大学の学生を受け入れた❹。ただ、その期間は僅か四日間なので、受け入れられる学生は往々にしてホストファミリーからお客様扱いされがちである。台湾の大学生にとって、日本人の一般家庭が営む日々の生活の中に自国と異なる文化に対しては、果たしてどのような認識が得られるのか、学生一人一人が明確な研修目的を持たない限り、見物遊山という旅で終わってしまう。特に生活面において、このホームステイを通して自ら体験

---

❸　「小国国際交流会」活動記録報告書、1996 年。
❹　同注❸より算出。

したものは見るのも聞くのもすべてが鮮明な印象に残されるので、日本人の家庭にあって台湾人の家庭にないものの異文化の相違点や特徴を見出し、対比できること、そして台湾の文化をホストファミリーに紹介する必要がある。

1.3.2 交流の内容

　　小国町にある「木魂館」（全館が木で作られた交流センター）では、夏休みに活気に満ち溢れた音楽会、西洋古典舞踊会、英会話など様々な国際交流研修会が開かれている。そんな中で、中国文化大学の学生もこの研修会に加わり、中国の古典衣裳を紹介したり、地元の北里小学校の生徒と一緒に七夕飾りを作りながら中国のバレンタイン・デーに当たる七夕の由来と台湾の若者の過ごし方を説明したりした。また小国町のホームスティ活動を終えた一部の台湾学生が、「日本人の家庭生活をもっと知りたい、台湾の文化や中国語を紹介したい」という意向で一ケ月ぐらい小国町で生活を続けた例もある。彼らは滞在中に「小国国際交流会」の協力で小国町の「宮原開発センター」で地元の高校生約三十人を対象に、中国語の発音や基本的な日常会話の指導を中心とする中国語講座を開いたり、小国・北里地区の婦人グループと共に中華風、和風の料理教室を開催したりした。

　　見学活動としては、小国町野菜出荷場の見学や地元の老人ホームを訪問し、施設見学と介護の体験、老人たちとの談話会を行い、学生に日本の社会福祉の側面を理解してもらっていた。また、小国町の北里出身で日本初の血清療法を確立した細菌学者（破傷風菌の純粋培養に成功し、抗毒素の発見者）である北里柴三郎氏(1852-1931)の資料館や名高い日本近代文学者である夏目漱石の熊本第五高校教師時代の旧居（現在熊本大学の近くにある）及びその資料館などを参観していた。

　　また「小国国際交流会」においては、今までに受け入れ経験のあるホストファミリー中十六名が中国文化大学日本語学科との交流十周年の節目を記念するため、一九九八年十一月に同大学を訪問し、過去に受け入れてもらった学生とその家族約一百名及び在学生五十名と交流を深め、さらに今後の相互文化交流について意見を交わした。

1.3.3 「ホームステイ始末記」からみた日合文化交流の一側面

　　一九八八年夏に小国町の穴井京司氏の家族と四日間のホームステイを体験した中国文化大学のある女子学生が、一九八九年に再び小国町へ出向いて穴井宅で一ケ月間滞在した。その記録として穴井氏が書いた「ホームステイ始末記、ジョンファン（学生の名前）の一か月」には、双方の交流の様子を次のように描いている。

I　家庭生活

　　「ある日、見ず知らずの娘が老人二人の家庭に同居を始めた。この娘については、大学生というだけで、生い立ち家庭環境など全く分からないまま、国籍、年齢の差を越えて、ともあれこれからは暫く我が家の一員となってもらうことにする。娘は棒状体形に似ず挙措動作は大変女らしさ溢れていて掃除、洗濯、炊事の手伝いなど勤労精神が溢れて、この年齢の日本の娘に比べてみても頼まれ上手な働き者である。老人二人の朝は早い、ぎりぎり待って六時半にはこの娘を起こすことにした。「ジョンファン」と一度名前を呼んだだけでハーイと特徴のある声で返事があり、これで我が家の朝が始まる。娘は朝の食卓に現れる時にはもう分厚い手帳を握っていて、私達の方言は勿論、テレビの話言葉、新聞の文字その他気付いたことを書き留める。能の幽玄も俳句のわひさびも万葉集も、ときにはリクルートも漫画で読

む古事記も、理解とは関係なく、この手帳に集録されている。」

II 別れの感動

「娘の帰国の前夜、我が家の隣組のおじさん、おばさん達がいつの間にか集まり、この娘の送別会になった。いつもの顔いつものようにワイワイやる送別会ではあったが、ホームステイの娘を送るようなことは例のないことかも知れない。友人と私達夫婦の三人でこの娘の帰国を見送りに新幹線博多駅に行った。ホームで老妻に抱きついて長い間泣きじゃくるこの娘を見ていると、我が娘でも果たしてこのような別離があるのかと思えてならなかった。親子愛というにはあまりにも昇華した愛情を感じ、私達二人は言いようもない感動を受けた。列車が見えなくなりホームを帰る二人は長い時間を言葉もなく怖いて歩いた。そしてこの娘の結婚式にはツアーを組んでお祝いにゆくことで話が決まった。多分これはその時がくれば必ず実現するに違いない」

III 帰国後の交流実態

「我が家の台湾娘が結婚することになり、毎年夏休みになる時やってくるこの娘を可愛がってもらった隣組の希望で総勢十八名の出席になった。台湾にて何百人がいた披露宴招待者の中に、私達一行の夫婦は全員着物で出席したが、とりわけ違和感はなく、多くの人連と打ち解けて盛んに乾杯の応酬をしている姿は、たとえ異邦人であっても、言葉に不自由しようと、互いの心の持ち方で、どんなことでも理解され、許されることをしみじみと知った風景であった。着物を着た婦人の一団を快く、しかもなんのわだかまりもなく娘の結婚式に迎えてくれた台湾の人達の計り知れない思いを知ることができて嬉しい」❺。

---

❺ 『歌誌・熊本アララギ』1989 年 12 月号、ページ 10、15。

　このように「ジョンファン」と穴井夫婦とは今日でも互いに心の通った交流を続けている。

1.3.4 小国ホームステイを体験した学生の感想

　◎ホストファミリーが全員家事の分担をきちんとしていることを見て勉強になった。また近所との付き合い方は台湾人と違うし、役場から時刻の知らせや緊急事項の連絡放送はとても人情味があって印象的だった。（三年生、女子）

　◎何回か日本に来る経験があったが、小国のように美しくて静かな田舎で生活体験をしたのは初めてだった。農家の皆さんが家計のため、出荷のため、早寝早起きで一生懸命働く様子に感服した。また日本の農業の機械化に驚いた。（三年生、女子）

　◎私にとって日本は初めての外国なので、見るのも聞くのも全てが珍しく感じ、良い体験ができたと思う。しかし日本語の方言にも食事にも風呂にも大変苦労した。（三年生、女子）

1.4　土浦ロータリークラブと中国文化大学の文化交流

　一九六〇年から一九九七年までの間、日本で留学した台湾国籍の米山奨学生は、合わせて二二二九名にものぼっている。そんな中、国際ロータリークラブ第二五五地区の土浦（茨城県）ロータリークラブ（以下七浦 RC と称す）も国際社会奉仕の一翼を担って多数の台湾留学生に世話をし、経済的な援助に大きく貢献している。台湾の留学生が土浦 RC の助成を受け、勉学に専念できたと同時に、大学関係以外の日本人と付き合うことが増えたことによって、日本という国、日本の地域社会の仕組み、日本人の考え方などの理解も

深めていったものと思われる。また彼らは社会奉仕の精神を受け継いで、帰国して様々な分野で活躍し、日本と台湾の友好関係にも尽力する役割を果たしている。

　　土浦 RC の国際奉仕委員らは、長年にわたって世話した帰国後の台湾国籍米山奨学生のアフターケアー活動として、一九八〇年十一月に第一回の台湾訪問を行った。これを機に、土浦 RC 米山奨学生台湾学友会も発足することとなった。

1.4.1 研究図書の相互寄贈

　　土浦 RC の日台学術交流活動においては、まず筑波大学を卒業した同学友会の陳昭徳氏、鄭婷婷さんが奉職している中国文化大学に五年間の文化交流事業として、日本語研究図書の寄贈を決めた。以降、五年を経過しても土浦 RC は今日に至って毎年継続して中国文化大学日本語学科・日本研究所に研究図書の寄贈を遂行している。目下、同学科の図書室では、「土浦ロータリー文庫」として、日本語学、日本語教育、日本文学、日本文化・歴史に関する専門書、雑誌、参考書など約二〇〇〇冊の図書を開架式で学生の勉学・研究に提供している。さらに土浦 RC は台日の文化交流を図るため、その後ほぼ毎年台湾に訪問団を派遣し、中国文化大学と協議を重ね、一九八四年八月に大学側の推薦を受け、地元の台北陽明 RC と「友好クラブ」を正式に締結調印した。同年十一月に台北陽明 RC から土浦 RC を通して筑波大学中央図書館に中国研究図書の寄贈も開始した。これらの図書は一九九八年現在、計九三三冊に達している。因みに図書の内容を説明すると、下記の通りである。

Ⅰ『人人文庫』（台湾商務印書館）245 冊

(筑波大学中央図書館配架番号 082-J52)

内容:東洋史の基本的な知識を集大成した叢書である。

主な利用者：東洋史、中国文学専攻者

II 『傳記資料』(台湾天一出版社) 116 冊

(筑波大学中央図書館配架番号 289-E37～B11)

内容：中国近現代における重要人物の伝記資料の集大成で、中国近現代史の研究において極めて重要な参考資料である。

主な利用者：中国近現代史の研究者

III 『黄季陸先生與中国近代史研究』(配架番号 222-07～k011)、『先烈先進文物大展図録』(配架番　282.2-C62)、『先烈先賢伝記叢刊』(配架番号 289-ko11～C52)、『近百年来中日関係図録』(配架番号 319.22-ki42)、『孫中山先生興近代中国学術討論集』(配架 311.222-so41)、『蔣中正先生與現代中国学術討論集』(配架番号 289-sh95)、『同盟会之領導、組織興財務』(配架番号 311.222-te21)。その他、中国国民党中央党史委員会編纂の各種文集(配架番号 289-sh99～222-so41)、合計 174 冊

内容：孫文、蔣介石関係の資料が多数含まれ、中国近現代史・中国国民党史研究に必要な図書である。

主な利用者：中国近現代史の研究者

IV 『明清檔案』(台湾中央研究院歴史語言研究所編、聯經出版公司)第 1～6 輯、計 398 冊(配架番号 222.058-mi47L)

内容：中国の明清時代のオリジナル政治文書(影印版)の資料集であり、国明・清史研究の基礎資料である。

主な利用者：中国明・清史の研究者❻

1.4.2 ホームスティ活動の受け入れ

　上浦 RC は台湾留学生への奨学金提供、中国文化大学に研究図書の寄贈、台北市児童交通公園建設への協力などを積極的に推進するほか、台湾の米山学友会や「友好クラブ」の台北陽明 RC とも多岐に渡る国際奉仕活動を展開している。そんな中、土浦 RC は台湾の大学生との交流を図るため、一九八三年九月から毎年中国文化大学の夏期日本研修団を対象に三日間程度のホームステイ活動を受け入れる運びになった。土浦 RC 全会員がホストファミリーとして積極的にバックアップすることによって、一九九九年まで約四二〇名にのぼる中国文化大学の学生を受け入れた。

　土浦 RC のホームステイ受け入れ活動のなかでは、地元の筑波科学研究学園にある筑波大学中央図書館や国土地理院「国土と測量の科学館」そして一九八四年科学万博の開催地である「エキスポセンター」で天象儀やロボット開発施設などを見学するほか、土浦市社会福祉協議会主催の交流キャンプに参加し、社会福祉や障害者の問題、高齢化社会問題についても意見を交わしたりした。また常陸太田の瑞龍山徳川家墓園にある日本の水戸学に大きな影響を及ぼした中国明末清初の渡日儒者朱舜水の墓を見学し、江戸時代における中日文化交流史の一側面を理解してもらうことまで及んだ。それ以外の自由時間は、各ホストファミリーに任せる形にしている。

　地元のホームステイを通して、日本人の食事や町作りなどを体験した学生は「日本料理の味は薄いと聞いていたが、実際塩辛いものが多い」、「ど

---

❻　『土浦 RC、台北陽明 RC 締結更新記録報告書刀(1989 年)の「Wcs プロジェクト交換寄贈図書」のリストより。

うして日本人は刺身が好きか」、「土浦は古いものと近代的なものが調和された美しい街」というような相違点や特徴を見出し、台湾と対比することになった。日本人の衣、食、住、行などの「異文化」を理解するのに、社会構造の最小単位である日本人の家庭に住み込み、日常生活を共にしながら体験することより優る方法はないといってもよかろう。受け入れられた学生側は日本人家族の一員として仕事や家事を手伝ったり、好き嫌いを言わずに一緒に食事をしたり、会話を通して自国と異なる「異文化」を見出し、それを理解することこそ、真の国際交流のホームステイ活動になると思う。

2. 天理大学中国学科の台湾文化実習

2.1 沿革

　　同学科では学生が講義で学んだ中国語や中華文化の知識を生かし、現地で体験してもらうため、一九八〇年から夏休みを利用して毎年約二十五名の学生を姉妹校の中国文化大学に派遣して約三週間の中国語研修を一九九一年まで行い続けた。従来、同学科は天理大学の外国語学部に属されていたが、日本の急速な国際化の流れの中で、天理大学は日本社会のニーズに応じ、全学の新体制づくりに即して改革を行った。この改革に伴い、同学科は一九九二年四月から天理大学の国際文化学部に所属するようになった。新たに設置された同国際文化学部は外国語の運用能力・国際コミュニケーション能力の養成と異文化理解の基礎作りなどが教育の目標として構想されている。それに基づいて今までの夏期海外での研修活動を改めて「文化実習」の必修科目(2 単位)として定め、研修事前の準備とその後の関連学習を含み、さらに卒業論文に向かう総合的な情報蒐集を完成させる骨組みとなった。こうして、同学科の「台北コース」の「文化実習」も必修科目の一つとなり、今日

まで実施されてきた。

2.2 文化実習の内容

　　中国文化大学では天理大学の「文化実習」の目的をよく理解したうえ、従来行われてきた語学研修の内容をより一層充実させ、単位認定のできる授業時間数(36時間)とカリキュラムに取り組んでいる。授業担当は文化大学日本語学科の学生から厳選して講習を受けた者で、教科書は初級と中級の『華語教材』を使用し、「会話」(18時間)、「基本文型」(8時間)、「中国風俗習慣」(6時間)、「看図説話」(4時間)などの内容が編纂されている。また中国語の学習効果を向上させるため、個人レッスンや2、3人のグループ学習並びに語学劇の出演を終えた後、二回にわたってテストが実施される。しかし、語学研修の授業は全日制で休日がなく、予習と復習の余裕がないのが問題点であり、改善すべきところである。期間中、授業担当者と実習生は共に寮に住み込み、二十四時間体制のカウンセラー世話役制度を導入し、言葉の勉強に止まらず、互いに生活とコミュニケーションから異なる国の事情、文化などを理解してもらうことを試みている。

　　さらに台湾の社会、歴史、伝統文化との実り豊かな触れ合いを図るため、「文化実習」の準備作業として天理大学で約５回のガイダンスが行われる。その予備知識を身につけさせ、文化大学での語学研修を終えた最後の一週間に研修旅行を実施する。今まで研修地のメーンとしては、台北市立美術館・故宮博物館・順益原住民博物館や十七世紀から東アジアの重要な国際都市として知られる台南、中国から移住した漢民族村の鹿港(台湾中西部の彰化県にある)などが挙げられる。こうして「文化実習」を終えた研修生には帰国後に台湾で体験した感想を研修レポートとして提出することも定められている。

3.「日華国際関係研修団」における台日学生交流

3.1 関東学園大学と台日学生フォーラム

　　現代東アジアにおける台湾の経済発展、台日関係に関する認識を深め、また戦後台湾の社会・歴史・文化などの体験や台湾の大学生と交流を図るため、一九九二年に関東学園大学・徳山大学・平成国際大学から「日華国際関係研修団」が結成された。この研修団は毎年の九月ごろ教員約十名、学生(院生を含む)約六十名が台湾で開催される「台日学生フォーラム」と「日華関係研究会」に参加し、また台湾の政府機関や科学技術発展の民間企業を見学してきた。

　　同研修団一九九六年度の研修記録によると、同三大学から合わせて教員七名、学生七十名(経済学部と法学部三年生の学生を中心に)が中国文化大学で行われる「台日学生フオーラム」及び台湾大学で開催する「日華関係研究会」に参加し、また政府機関の「考試院」(国家公務員の試験、人事管理などを司る最高機関)、「監察院」の訪問や新竹(台湾北部)科学工業団地の見学をした。ここで「台日学生フォーラム」について紹介したい。

3.1.1 台日学生フオーラムの討論内容

　　中国文化大学における「台日学生フォーラム」では、「受験競争と学歴社会」、「台湾についての認識と疑問」をテーマにし、台日双方の学生が報告と質疑、討論という形で進行し、日本においても台湾においても受験競争が熾烈であることや台湾の経済・社会問題に関する意見が交わされた。例えば、日本の学歴偏重社会の変遷について、関東学園大学大学院法学研究科

の大澤由起子さんの報告をまとめてみると、次のようなことを台湾の大学生
に伝えている。

I 戦前日本の階層社会における 学歴観

　「日本の社会は学歴という一つの大きなピラッミト型の価値観に支配
されており、優秀な大学に人ると、すなわち[いい人生を送る]切符を手にす
ることができると信じられていた。だが実際、大学に入ってみると、実はそ
の後の長い人生の方が如何に大変で、人生には法則はないのだと知るのであ
る。私達がイメージする単純な学歴社会というものがあったとするならば、
それはむしろ戦前の階層社会の時代においてであろう。」

II 戦後における受験戦争の変遷と大学改革の必要性

　「戦後、日本の社会改革が行われ、経済成長が進展するにつれ、高等
教育への養成が高まり、社会全般にわたって進学熱が高まった。より高い学
歴、より有力な学校への競争は、次第に低年齢化し、小学校の段階から始ま
り学校外に進学受験のための塾、予備校を普及させることとなった。だが、
学歴社会の神話は、もうあとそう長くはないようである。二十一世紀に人っ
て学生数が滅少傾向を迫ることが判明しているため、受験戦争がそのスタイ
ルを変えることは必定である。学生の側だけではなく、大学側もまた変革を
迫られている。」

III 学歴評価から能力評価へ

　「日本の大企業においては学歴格差は大きく影響するが、企業規模が
小さくなるほど学歴にこだわらなくなる傾向がある。とりわけ人事において
は配置，昇進のたびに能力評価が重視されるようになる。学歴・学閥の影響
はみかけほどではなくなっている。現在では企業の側から、学歴尊重主義か

ら個人の能力・個性を尊重する方向への転換が叫ばれている。高度経済成長時代の大量生産のメリットが大きかった時代から、付加価値の高い創造的な事業が重視される時代に変わり、学歴競争社会もまた転換期を迎えている。学歴・学閥による能力評価ではなく、各々の個性・能力を重視する社会に移行していくのではないだろうか。」

IV 急速な価値観の変化と「生涯教育」時代の到来

「バブル崩壊以降、日本社会の価値観は急速に変化してきている。多くの社会人は再び大学にもどり、大学院は従来の学者養成から社会人の再教育の場を提供するようになり、多様化しつつある。各種の公開講座や職業訓練コースが開かれ、多くの人々が年齢・性別に関係なく受講している。教育熱はいっこうに衰える気配を見せない。これらの現象は確実に新しい時代の到来を予想ほせる。すなわち、各人各様の発意で必要に応じ各種の教育を受けることが可能となるような【生涯教育】の時代である❼。」

勿論、現代の日本社会では、学歴偏重の側面がかなり残されている。しかし、在学中の日本の大学院生が、このように日本社会構造の変遷と学歴社会の希薄化との繋がり、さらに学校教育から社会人教育への発展などの具体像を自分なりの意見として鮮明に紹介することができたことによって、台湾の大学生は日本社会構造に対し、深い認識が得られ、同時に日本と台湾の社会構造の比較そのものも考えさせられたに違いない。これこそ「台日学生フォーラム」がもたらした効果といえよう。

また同大学経済学部三年生の須賀一幸さんが、台湾の経済発展についての発表では「高度な教育水準を有し、アジアの先進工業国に成長した台湾

---

❼ 『台湾と私』7〜8 頁(関東学園大学 日華国際関係研修団、1996 年)。

は、いまやハイテク産業への技術革新と高度成長のさなかにあり、さらに経済の国際化も進んでいる。今後、台湾経済の発展はさらに加速するものと思われる。とくに先端技術を応用した半導体産業やコンピューター関連の産業は、台湾経済発展の原動力となるであろう」と述べ、これから台湾の経済発展は半導体産業やコンピューター関連の産業との関わりが深いものと見ている❽。さらに、これから台湾の経済発展に直面される問題点では、「アジアの現実を考えると、楽観できない問題はないではない。貿易不均衡などの経済摩擦、台湾企業の国際化と大陸経済との関連、あるいはアジア全体と台湾の安全保障の問題などであるが、こういった事柄への対応の仕方について今後どういうシナリオが考えられるであろうか。さらに、台湾はやがて日本経済が直面したような景気循環、産業空洞化、成長率の鈍化、雇用問題、環境問題、高齢化問題などに直面する時期が来ることも考えられる」と指摘している❿。彼は経済学部の学生でありながら、関連分野の情報蒐集や現地の企業見学・研修によって、台湾の経済社会の問題そのものに鋭い目を注ぎ、いかに高い関心を寄せていることが伺える。

3.1.2 研修記録からみた台日文化交流の実態

　　今回の台湾研修記録には、研修生の各様の意見が率直に吐露されており、その内容は台日学生間の自由な交流から生まれた熱い友情に溢れ、現代の台湾社会を描いた見聞録である。ここで三、四人の研修生が書いた感想文を取り上げて紹介したい。

---

❽　同注❼ 33頁。
❿　同注❼ 33頁。

I「人を知り、台湾を知り、自分を知り」（関東学園大学法学部三年生、女子）

◎台湾での日々はまるで日本にいるような感じだった。看板は漢字だし、日本語が通じる。たぶん台湾は日本の高度経済成長期に当たるであろう。鉄道や道路の整備、大手デパートの進出が積極的に行われている。

◎台湾の西側と東側の発展の差が大きいのにも驚いた。台北の発展はいうまでもないし、その郊外の新竹には最先端の工業団地があるが、台東の方は如何にも寂しい。台東にも台北のような都市計画があるそうだが、開発優先に偏らないように、とは思うが。

◎台湾人たちは、とにかく物事に対して積極的な姿勢を感じる。なんでも興味あることに目を向け、気になることがあると遠慮なく聞いてくる。また自分が良いと思うものは、どんどん取り入れている。特に感心したのは、他人に惑わされず自分の意見をしっかり持っていることだ。とかく他人の目を気にしがちな日本人とは全く違う部分がある。是非を明確にし、筋を通すという考え方が身に付いている。

◎海外へ行くと視野が広がり、異なった視点から自国を見ることができるという話は、確かである。自分の中で何がどう変わったかは、うまく説明できないが、このままではいけないと感じたことは確かである。勿論、台湾の人々のパワーは衰えないだろうし、台湾は発展し続けるであろうが、私たちもそれを他人事のように考えずに、自分のこと、日本のこととして、もっと考えるべきだと思う。そして、台湾と日本との友好関係がさらに継続し発展すればよいと思う❶。

---

❶　同注❼22頁。

II「台湾の人々、生きる迫力」(関東学園大学法学部三年生、男子)

◎若い世帯の人間たちは、なぜアジアではなく、ヨーロッパにばかり目を向けているのかと、私は大学に入った間もないころの疑問を忘れかけていた。日本人の学生は自国の過去や周囲の国々への過ちを認識せず、そして、それらの国の成長ぶりなどをよく知らない人の方が多いように思う。しかし、台湾の同世代の学生たちは「生きて」いる。私は、彼らに生きている迫方を感じ、いずれこの人達が世界の中心を台湾に持ってくるのではないかとさえ思っていた。戦後、日本も一生懸命に頑張ってきたが、台湾はものすごい勢いで伸びてきたように思う。

◎殆どの日本人は、溢れる情報・物などに踊らされ、本当に望んでいるもの、本当にしたい事が分からなくなっている。そうした状態が色々なものを狂わせているように思う。今、人間が開発した便利な物によって、私達の生活は手間のかからないものになった。しかし、私は便利イコール幸福ではないと、台湾に行ったことによって気がついた。

◎私は台湾へ行き、無気力、無関心、無感動であった自分を省み、本来持っていたはずの「感じること」、「生きること」を思い出すことができた。台湾の人々に接することによって、この土地を踏む前に感じていた行き場のないイラダチや、妙な空虚感の原因に気付いたのかも知れない。私も自分の生まれ育った日本に、新たな将来が開けることを願っている❷。

---

❷　同注❼11頁。

III 「わが台湾体験〜総統茶会、物価、交友、環境〜」（関東学園大学法学部三年生、男子）

　　◎特に印象に残ったことは、台湾の元首である李登輝総統にお会いできたことだ。総統から直接握手されたとき、嬉しさがこみあげてきた。総統の第一印象は、人を引きつけるとても強い力のある人で、これからの台湾にとって本当にかけがいのない人だと実感した。一時間の会見は、またとない貴重な経験だった。

　　◎今後日本が台湾のためにできることとしては、技術供与のほかに交通基盤の整備が重要であろう。大型バス、タクシー、自家用車、バイクなどの排気ガスによる空気汚染がひどいことを考えると、特に鉄道網の普及促進が必要ではないかと思う。今回の台湾研修は自分の成長のための重要なワン・ステップだった❸。

IV 「万事が初体験の台湾研修」（関東学園大学法学部三年生、男子）

　　◎国立台湾大学では、両国の先生方が現に日本と台湾についてどのように考えているのか、それぞれの意見開陳があり、拝聴することができた。その際、私自身いかに周りの情勢を知らないか、思い知らされた。台湾の先生方がいかに日本のことを深く理解されているかが伺われ、感激した。日本がもっともっと台湾という国のあり方を理解し、見直ずべきであると痛感させられた❹。

3.1.3 台湾社会の現状と伝統文化の根付き

　　研修団引率者の一人である関東学園大学法学部助教授の内村世紀氏

---

❸　同注❼29頁。
❹　同注❼30頁。

が、研修を終えた後、次のように述べている。「今回の台湾現地研修で終始
脳裏あったのが台湾アイデンテイティーの問題だった。その答えが機関訪
問、先端技術企業見学、学生フォーラム、研究会を重ねて、最後の台湾オペ
ラ観劇体験で明確に見えてきた。五、六人連れだって歌仔戯を国家劇院で観
劇できたことが何よりの示唆となった。四、五年前からこの台湾伝統の地方
演劇が大都市の豪華な舞台でも演じられるようになったそうで、明華園歌仔
戯団による『燕十六州』は大陸の京劇とはひと味違う面白さで、前半をコミ
カルな演劇で笑わせ、後半はしんみりと、そして最後の舞台を揺るがす古代
都市国家炎上の大スペクタクル・シーンの展開となった、それは圧巻であっ
た。台湾の民主化の推進は日本と違って上から与えられたものではなく、苦
労して一つ一つ積み重ねて定着させてきたものだった。その台湾がいま国造
りの仕上げの段階で、演劇をはじめとする自国文化を見直し、歴史の落ち着
き先を見定めつつ国民意識を発揚して、自らの生存権を確認する場を広く国
際社会に求めて実務外交を展開しているのである。内向きの日本や国家主権
にしがみづくどこかの国と違って、どうやら台湾はもっとずっと先に進んで
いて、皆が生存権を得て、共に生存権を認め合える国造りを、しかも国家主
権を越えた平和で穏やかなグローバル・コミュニティー建設構想と連動する
ような形で、開始したようなのである。アジアの安定に寄与できる台湾の役
割とはどのようなものかと未来に思いを巡らすところに、実に台湾の人々と
のアイデンティティー確認の場が用意されていたのである❶❺。」すなわち、
国際社会から全面的に認められていない台湾では、民主化の推進や伝統文化
の見直し、また人々が生存権を求めようとする姿などから、現代台湾人のア
イデンティティーそのものが見えてくるのである。

---

❶❺　同注❼3頁。

3.2 徳山大学の台湾での語学研修と学生交流

　　明治維新の逸材を数多く育てた幕末の大思想家・教育者, 吉田松陰(1830～1859)の「経済的なモノの見方，考え方を身に付ける」という教育理念を貫く山口県にある徳山大学は、経済学を専門的に学ぶための単科大学として知られている。同大学は学生に外国語と国際感覚を養成するため、従来、既述した台湾へ「国際関係研修団」の夏期派遣とオーストラリアへの海外セミナー活動を推進してきた。これに加えて一九九七年九月に台湾の中国文化大学と姉妹校調印を機に、翌年の八月から台北へ語学研修団を派遣することになった。また同大学は外国からの短期留学生を受け入れるため、留学生の日本語教育や専門科目の履修と評価方法、単位認定問題・指導教授の配置・住居問題などの体制を整えたうえ、一九九九年四月より中国文化大学からの短期留学生（日本国際教育協会〈平和友好交流計画〉の奨学生）を受け入れる運びになった。

　　徳山大学は毎年の八月に中国語学研修を希望する学生(年におよそ15名)を台北の中国文化大学に派遣し、三週間から一ケ月間の研修プログラムを実施している。中国文化大学での中国語の授業は日本語学科の学生が担当し、一人対学習者二人の小クラスで行う。教材は徳山大学の学生のニーズに応じた中国語の聞く力の練習と会話能力の向上を中心とし、担当者らが共同編集したものを使用する。午前中は設定したカリキュラムを全うし、午後は授業担当者の同伴で台湾の現地文化を体験する。夜は両校の学生同士が学生寮に宿泊し、二十四時間体制の学生交流・語学研修というプログラムを取り組んでいる。この語学研修を終えた徳山大学の学生は、その感想を次のように述べている。

◎経済学科四年生、男子

　　「台湾で現地の学生と一緒に生活を共にすることによって、色々なことを感じ、学んだ。例えば、台湾の人たちが日本あるいは日本人に対する印象、歴史的背景から台湾が日本植民地であったことに対する世代毎の捉え方の相違、また中国との関係についてなど生の声が聞けたことはとても貴重な体験であった。現地の学生が日本を意識し、日本のことをもっと知りたい、日本語をもっと勉強したいというひたむきで一生懸命な姿には心を打たれた。同じ学生でも国の事情が違うことによって、ものの捉え方、考え方、行動力など色々な面で見習う部分が多い。

　　台湾研修を通じて学んだことは、確かに中国語もさることながら、今の現状に甘んじることなく、ハングリー精神を忘れない気持ち、ひたむきに一生懸命努力する姿勢である。同時に国際社会、特にアジア(台湾)では日本の文化、経済の依存度が高いということを再認識した❶❻。」

◎　経済学科四年生、男子

　　「今回の研修は、主な目的は語学研修にあったが、人と人が触れ合う際は必ず"交流"がそこに生まれるものだ。研修期間を通して実に様々な体験ができた。外国人と交流する際、勿論互いに尊重し合い、時には謙遜もするが、付き合って行くうち、遠慮のようなものが無くなって互いに素直な自分、素直な気持ちで話せるようになり、また伝えたいと思うようになる。そんな時、私は交流の成功を実感する。彼らとの話しは面白い、何時間話しても厭きない。夜中の何時までも、よく話し込んだものだ。文化的、民族的な観点からくる考え方の相違は、改めて自分が日本人であることを実感させる。逆に、どこか大きな枠で繋がったような類似点もあり、そんな時、同じアジア

---

❶❻　『海外セミナー報告集』17 頁(徳山大学、1998 年)。

の人間であることを感じた。今ある自分とこれからの自分を真剣に見つめて生きている彼ら台湾人に私は感銘を受けているのだ。そういった経験が日本人であると同時に、アジア人でもある自分を見つめ直すきっかけともなる。正にアジアは日本を映す鏡である❼。」

◎経済学科三年生、男子

　「中国文化大学での授業は、学生たちが日本語を交えた中国語の研修であった。台湾は親日的な国だと聞いたが、実際に付き合った学生たちも現地の人々も親切であった。ただ、親切と言っても日本人だから特別扱いするのではなく、ごく自然に振る舞い、接してくれたのが非常に印象的に残った。台湾に限らず外国での生活を体験することで、日本と外国での生活の良いところや良くないところも見えてくるのが、海外交流体験の良さの一つではないでしょうか❽。」

4.茗渓学園の台湾研修プログラムとその成果

4.1 茗渓学園における国際理解教育の理念と方法

　一九七九年に開校した筑波学園都市の南端に所在している「茗渓学園中学校高等学校」は、現在日本の中等教育(中学・高校一貫教育)に応じえる取り組みをする研究実験校として知られている。同学園の教育理念を貫く大きな柱は、「国境を越えて目で確かめ、肌で感じる諸外国のあらゆる分野で活躍できる『世界的日本人』を育てる」という国際理解教育を実践することで

---

❼　同注❺ 16頁。

❽　同注❺ 15頁。

ある。その実践策として、まず異文化の理解を深めるため、数多くの外国人教師を招くほか、世界三十四ケ国で一年以上の就学歴のある日本人帰国子女二三〇名を受け入れ、一般の学生と勉学・学寮生活を共にすることを実施している。同学園の国際教育部では、様々な活動や行事を通して国際交流を図っている。そんな活動の中で、同学園は高校二年生に対し、国際感覚及び個人が将来の進路を探求しようという認識を高めるため、一九八七年から台湾への海外研修に踏み出した。台湾が茗渓学園の海外研修地に選ばれた理由について、筆者がその研修プログラムを基礎とした同学園の初代校長岡本稔氏に聞いたところ、生徒の出費配慮や地理的近さ、中華文化に触れられることなどが挙げられた❶。一九九八年現在までこの海外学習活動は十一年間継続して実施されてきた。同学園の台湾への「テーマ研修」、「企業見学」、「学校交流」のプログラムは、生徒が入学時から一貫性を持って取り組んできた海外活動の総括として位置付けられている。

　ここで、その具体的なプログラムと成果を紹介しておきたい。

4.2 テーマ研修の展開と台湾での現地調査

　茗渓学園は、海外テーマ研修の生徒に情報を提供するため、台湾関係の書籍・雑誌を「台湾コーナー」として図書館に設置したり、新聞の切り抜きを集めたり、またビデオを上映する措置を試みた。そして教師側は台湾で研修可能と思われるテーマ項目を作成して生徒に提示し、それぞれのテーマ

---

❶　茗渓学園の初代校長岡本稔氏は、かつて台湾 TDK 会社の教育人事担当者としての仕事に携わった関係で、茗渓学園の生徒たちに「人間の生きる場は、日本のみならず、全世界だ」という考え方を持たせるため、台湾研修のきっかけを作ったのである。台湾を海外研修地に選んだ理由については、岡本氏の 1998 年 2 月 18 日に筑波市で筆者のンタビューに答えたものである。

を決定させる。次に同じ関心や興味を持っ生徒同士七至八名を一つのテーマ班として編成するという手順で展開する。生徒は半年以上国内で研修に関する分野の準備に取り組むことになる。

一九八七年に最初の台湾テーマ研修の項目は、表 1 で示したように二十七項目(37 班)に及んでいる。

表 1　茗渓学園における台湾テーマ研修の内容一覧　（1987 年度）

	テーマ研修の内容	人	数		分科会
1	台湾の医学について	男 2	女 4	計 6	D
2	麺の種類と歴史、日本茶と中国茶の比較	7	6	13	C
3	台湾の町並み・繁華街・環境調査	11	3	14	C--F
4	マスメディアからみた台湾の国民性	4	3	7	A--F
5	台湾の著作権について	4	2	6	E
6	台湾の公共施設の調査	2	5	7	A
7	台湾の電子機器について	6	0	6	E
8	台湾の伝統的な建築	5	2	7	A
9	民芸品と street furniture	0	7	7	B
10	台湾人の暮らしと言葉	7	0	7	A--F
11	台湾学生の日本観と台湾の経済	0	6	6	A
12	台湾の生物調査	3	4	7	C
13	台湾の高校生活	0	7	7	A
14	台湾の歴史と史蹟・寺院巡り	16	4	20	A
15	庶民の味と麺文化	6	0	6	C
16	台湾の麺類と日本食品の進出について	6	0	6	C
17	中国美術とスケッチ	0	6	6	A
18	結婚式における台湾と日本比較研究	7	0	7	A--F
19	中国の民族衣装	0	6	6	B
20	台湾のスポーツ事情	11	7	18	A--D
21	龍山寺の調査と門前町	0	6	6	A

22	日本人と中国人のファッション感覚	0	12	12	B
23	台湾の経済(物価比較)	4	0	4	E
24	台湾鰻、海老、バナナ、パインアップル	4	2	6	C
25	台湾の料理、デザートと食事	16	11	27	C--D
26	日本と台湾のお菓子の比較	0	7	7	C--F
27	台湾のファーストフード	0	6	6	C--F
計		121	116	237	

出所:1987 年度茗溪学園『海外研修報告書』p8 より作成。

注: A:「教育関係」、B:「繊維関係」、C:「医学保健関係」
D:「水産関係」、E:「電子機械」、F:「風俗家族関係」

茗溪学園の台湾研修のプロセスにおいては、台湾で日本語学科が設置されている中国文化大学、淡江大学、輔仁大学、東呉大学など四つの大学の学生に通訳・案内役の世話を依頼している。各班は研修テーマと関わりのある情報を集め、台湾での行動計画をまとめ、研修テーマに関する質問や要望事項を上記の大学の日本語学科に送付する。これを受け取った台湾側の大学ではそのテーマ項目に沿って、興味のある学生を募集し、台日学生の交流を推進していくことになる。紙幅の関係上、ここで一つずつそのテーマ研修の内容を紹介するのは無理なので、取りあえず「台湾の高校生活について」、「台湾人の日本観」、「日本と台湾の経済関係」、「台湾の医学について」などの調査結果を取り上げながら述べてみたい。

4.2.1 台湾の高校生活について

茗溪学園の生徒と同世代の台湾高校生はどのように生活を送っているのか、台湾の教育制度はどのようなものなのか、現地調査を行ったうえ日本と比較するのは、このテーマ研修の目的である。生徒たちが台湾へ行く前に、

台湾の高校生の進学率は 70〜80%になっていること、進学できなかった高卒者は来年の受験まで日本の予備校に等しい「補習班」(塾)で受験勉強をすること、高卒の受験者数が多いわりに、台湾の大学の数が少ないため、台湾の受験戦争は日本より激しいなどの基本データを知識として身に付けた。その後台湾に渡って実際に台北駅前の「補習班」街で文・理・法・商系の各クラスを見学し、休み時間を利用して受験生にインタビューし、事前に設定したアンケート調査を受験生に協力してもらった。そして、台湾における高校生の生活、進学及び社会の諸問題を知るため、交流校の淡江中学(台北県淡水鎮にある)の生徒に「放課後の利用の仕方」、「大学へ進学するか」、「何のために勉強するか」、「台湾の社会で成功できる要因は何か」などの項目についてアンケート調査を行った。さらに、台湾の教育制度の概要を知るため、台湾の教育部(文部省に当たる)を見学したり、「台湾の教育制度について」の講演会を聞いたりしてきた❷。

　このような現地調査・研修を通して、茗渓学園の生徒は台湾の高校生をめぐる生活、教育制度、社会現状に対し、次のようなことが分かった。

Ⅰ「補習班」の授業は朝七時から夜十時まで一日中続くもので、授業を受けるのは主に「浪人生」ではあるが、高校三年生が放課後「補習班」に通うものも少なくない。高校卒の男子生徒は、台湾政府の徴兵制度に基づいて、浪人生活はほぼ1年しかできない。つまり、兵役適齢になるまで再受験するチャンスは限られている。

Ⅱ台湾の高校生は放課後も続けて勉強を中心にしていることに対し、日本の高校生は最もクラブ活動を重視するという相違点を見出した。

---

❷　『海外研修報告書(1987年度)』104頁(茗渓学園中学校高等学校、第7期生)。

Ⅲ台湾の教育制度は六・三・三・四制で、義務教育が九年間（中学校3年まで）ということは日本と変わらない。大学への進学率は日本が37.9%、台湾が 29.4%となっているが、大学数の多い日本と少ない台湾を考えてみると、台湾の方が厳しいと言えよう。

Ⅳ台湾も日本も受験戦争が厳しくて学歴に偏重するが、学歴で人間のすべてを決められるものではない。もう一度学歴偏重を見直す必要がある❷。

4.2.2 台湾人の日本観

台湾人が日本について、どうのような考え方を持っているのか、台湾の経済状況がどのように発達してきたのか、また日本と台湾との経済関係は将来、どう発展していくか、などを探るため、その事前研修では「台湾の勉強に興味があるか」、「同じ年の台湾学生と付き合ったら友達になりたいか」、「台湾の人は勤勉だと思うか」、「台湾の人は商売が上手か」などの課題を設定し、茗渓学園の生徒にアンケート調査を行い、そして現地で台湾の学生と交流し、アンケート調査と同じ課題に関する実態を調べることにした。「台湾人の日本観」について戦前戦後における台日の時代背景を三段階に分けて、現地調査を行い、次のような結果を得た。

Ⅰ日本に占領されていた頃

「日本人には物の考え方や行動にゆとりがない一面が見られる。アメリカ人のようになかなか人と打ち解けない。そういう意味で、台湾の人は、日本人に対する反感が少々あった。だが、教育面では大変好ましい師弟関係ができていた。それは、日本人の職業に対する倫理感からそうなったのだろ

---

❷　同注❶35頁。

う。」

Ⅱ終戦直後

「しばらくは復興作業で忙しくて、日本人のことを感傷する暇はなっかた。」

Ⅲ大陸の人が来た頃

「大陸での日本軍隊の非道な行為が伝えられると共に、台湾の人口が増え、経済的にも苦しかったので、客観的な評価が出来なかったが、台湾の人と大陸の人との生活習慣の違いから、植民地時代の日本人の良さ、公私において折り目正しいという規律性などを再評価するようになった❷。」

このように「日本人の台湾観」や「台湾人の日本観」を模索していくうち、近現代における日本と台湾の植民地、被植民関係がもたらした時代背景の要素は、決して避けられるものではない。茗渓学園の生徒の調査結果は一見事実に近いが、なかには再検討すべきところはないとほ言えない。でも、ここでその調査結果の是正を論ずるべきところでもない。短い一週間の現地調査と交流活動だけで、台日関係史や教育面、生活習慣など、充実した知識が得られたのは、研修活動を真剣に取り組んでいたからと言えよう。

4.2.3 日本と台湾の経済関係

このテーマ研修の調査では、台湾の企業や工場を見学したり、現場の経営者や生産者に意見を聞いたところ、「商売・貿易活動において、日本人の精神的なきめ細かさに感心するものの、すぐに支配してしまおうと言う考え方の挟さに反感を持っている」、「日本の企業は台湾で工場を作り、生産した製品を台湾の市場か他国へ売り捌き、生産の方法を教えても科学技術面

---

❷　同注❿ 31頁。

のコツを台湾人に教える誠意がない。以前、台湾は日本の政治的な植民地だったが、今は日本の経済的な植民地だ。台湾の国際貿易利益は対アメリカの方が多い」(現に台湾の対日本の貿易赤字は年間約一六〇億米ドルを抱えている)という意見を伺い、現代における日台経済関係の摩擦情報を得た。一方、台湾にある TDK、パイオニア、マブチモーター三社の日系企業の見学では、各社の沿革の概略説明を受け、企業の組織や株のこと、作業の流れ、台湾の地域社会との繋がりなど、台湾の経済環境に身をもって感じることができた。

4.2.4 台湾の医学について

　　この研修の目的は、日本と台湾の社会医療制度と家庭医療を考察し、台湾の西洋医学と漢方薬を知ることである。その事前研修の方法としては、中国大陸から取り入れた5種類の漢方薬を栽培している筑波薬用植物研究所の漢方薬標本室を見学し、さらに文献から台湾で作った漢方薬の種類や性質・効果ないしその売買の仕方、また台湾の医療制度などを調べた。そして日本で調査した資料をもって台湾への現地調査に移り、台湾人の西洋医学と東洋(漢方)医学の相違点に対する認識及びそれぞれの医療効果などを考察したり、漢方薬の生産地、収穫時期、形や色、漢方薬局また病気を予防する手段として台湾の一般家庭では漢方薬が料理に用いられる実態を見学したり、さらに台湾全国の公的大病院や首都圏の商機能病院・大学の付属病院における規模(一つの病院に当たる病床平均数、医者、看護婦の人数、患者の受付人数など)を調べたうえ、日本の西洋医学病院と比較したりしている。

　　上記のテーマ研修及び台湾の現地調査は短期間で行われたものとは言え、茗渓学園の生徒にとって、まさに「百聞は一見に如かず」の実践活動である。例えば、「企業見学」では、将来海外で働く可能性もある茗渓学生に、

台日合弁企業を見学させることによって、台湾における日本企業のあり方と問題点、そして台湾で働く日本人、現地で採用された台湾人の声、また台湾と日本との経済・貿易関係などについて、身をもって感じることができ、関心を寄せてもらえる面もある。毎年、台湾研修を終え、帰国した生徒全員が書いたレポートの中には原稿用紙五十枚を超えてほぼ論文に値すると思われるものも少なくない。これは国際感覚の養成に理想的な教育システムだと思う。生徒達は研修の経験を持って、台湾で得た日本と異なる文化や社会状況、習慣などの知識を生かし、存分に認識したことこそ、真の相互理解ができ、未来の日台実質交流において、その摩擦や差別が少なくなるものと思われる。

4.3 分野別による講演会の研修

　　既述したテーマ研修のほか、茗渓学園の台湾研修活動において、全体講演会と分科講演会を企画し、生徒に受講させた。最初に台湾研修に踏み切った一九八七年の例を見てみると、その講演の分野は台湾の教育制度、貿易・経済状況、医学・保健、水産、繊維、電子・機械、風俗・家族関係などに及んでいる。なお、講演者の殆どは台湾社会の各分野で活躍している日本留学の経験者である。(表2参照)

表2　茗渓学園の台湾研修における講演会一覧　　(1987.2.27～3.4)

講演者	学歴・職歴	講演テーマ	講演内容
林　松茂	九州大学法学研究科修了、台湾経済部(通産省)法規委員会務局長	台湾の経済発展(全体会)	農地改革、生産技術と海外輸出、日本企業と日合貿易関係

陳　絢銘	東京教育大学教育研究科修了、台湾教育部〈文部省〉中等教育司勤務	教育関係 (分科会)	教育制度、学校数と進学者数、高校生活、大学の受験制度、社会教育とスポーツ活動
陣　耿明	福井大学，大阪府立大学工学研究科修了、工学博士、台湾工業技術学院副教授	繊維関係 (分科会)	繊維製品の産地と生産量、繊維工業の経営と輸出
頼　耀文	東京水産大学水産研究科修了、松城産業（日系企業）屏車工場長	水産関係 (分科会)	冷凍水産品、うなぎ・えびの養殖・加工・輸出
王　美園	オーストラリア留学行政院衛生署＜厚生省＞保健處護理科長	医学・保健関係 (分科会)	予防接種、食品衛生、医療法律と保健、老人介護、社会福祉制度
姜　健一	静岡大学工学部卒業　千如電機工業　社長	電子機械 (分科会)	台湾における電機・電子機器の歴史と発展、日系の電気・電子産業、
尾崎 富枝	高雄日本人学校教師	家族・風俗関係 (分科会)	台湾の結婚式における食・風俗、子供の教育夫婦関係、嫁・姑関係、

出所：1987年度、茗渓学園『海外研修報告書』。　　　　（作成：筆者）

なお、講演会の内容は表2で示したほか、台湾の歴史文化、政治外交、漢方薬、環境保護などの分野に及んでいる。

4.4 淡江中学との学生交流

茗渓学園の台湾研修における「学校交流」の実行は、台湾の最北端にある淡江高級中学(日本の高校にあたる)と交流を行うことである。何故茗渓

学園の生徒は東アジアにある台湾の高校生と交流を推進してきたか、茗渓学園の「学校交流」十周年を迎えた企画担当の同学園「学校交流」委員会委員長の信田氏が次のように語っている。

　「国際化の時代と言われる今日、日本人以外の人と全く係わらないということは無くなっていくだろう。ところが、アジアの人に対しては優越感を持ち、欧米の人に対しては劣等感を持つといったような歪んだ国際感覚を持った日本人は少なくない。文化や人種に貴賎はないのである。お互いに【何かを知ろう、伝えよう】という感覚に基づいて【心の交流】をすることだ。淡江中学の学生との交流は、それを証明するようなものだったと思う❷❸。」つまり、茗渓学園の生徒を二十一世紀の国際社会で活躍できるように、世界の文化や人種の差別を無きにし、正しい国際感覚を持つ知識を養成するため、まず近い国から研修するのは茗渓学園の国際理解教育の一貫した理念といえる。

　両校の学生交流においては「台湾を知り日本を知る」という目的を持って、様々なプログラムが繰り広げられ、台日学生同士の日頃の練習成果を披露するものが中心である。茗渓学園の生徒は毎年台湾を訪れ、淡江中学の生徒も一年おきに茗渓学園を訪問し、一九九八年現在ですでに十一年目になる。この学生交流の文化面では、台湾の民族舞踊と日本の盆踊り、茶道の実演や書道・美術の作品展示、日本の遊び・影絵・料理の紹介さらに楽器の吹奏と合唱にも及んでいる。スポーツ面では、柔道・剣道の披露と綱引き、ラグビー、バレーボール、バスケットポール、ドッジボール、バドミントン、卓球、縄跳びなどの親善試合が行われた。まさにバラエティーに冨んだ内容で、台湾の学生にとって日本文化に触れる機会を与えた。同時に日本人学生

---

❷❸　『海外研修報告書(1995 年度)』140 頁(茗渓学園中学校高等学校、第 16 期生)。

も現地で台湾文化そのものを体験することができた。このように両校は年に一回の学生交流を着実に推進してきた。この台日学校交流がもたらした結果について、同委員長の信田氏は「私たちと淡江中学の学生との間には当然のことながら「言葉の壁」というものがある。個人交流の時私たちの間を行き交うのは、拙い英語や片言の日本語・中国語であった。にもかかわらず、スポーツ・文化の多岐に渡った交流は、順調に進んだばかりか、多くのことを交感し学び合うことができた。そこに国籍が違うもの同士が相手のことを少しでも知ろう、何かを伝えようという気持ちと少しの勢力が加わることで何か見えてくる。それが【心の繋がり】というものだろう」と述べている❷❹。そしてこの学生交流を通して、【心の繋がり】が見えた茗溪学園の学生に良い思い出とすると共に、時々は心の中から取り出して、【心の繋がり】とそれを付随した様々な出来事を思い出してほしい。それらは、将来の国際交流の糧になるだけでなく、日常のごく普通な人間関係の中でも充分に生かすことが可能だからだ」と期待を募らせている❷❺。茗溪学園の生徒は日本国内で事前研修を通して台湾に関する情報を手に入れたものの、実際、行く前に台湾に対してはっきりとした認識を持っていた生徒は少ない。また「実際に訪れるまでは台湾は親近感を強く感じる国というわけではなかった」という台湾観しか払拭されない生徒もいる。しかし、台湾で学生交流を体験した後は「今は全く違った印象で台湾を感じている。街を歩いていると台湾の方々に何度も日本語、英語で話掛けられた。その国際性、協調性豊かな国民性が台湾発展の礎になっているのだと思う。その積極性は私たちも見習わなければならないと感じた。台湾の研修では学校の授業で絶対に学ぶことのできない

---

❷❹　同注❷❷。

❷❺　同注❷❷ 141 頁。

ものを多く学んだ」❷「台湾の人が日本について知っていることに比べて、自分たちが台湾について知っている面が少なすぎると感じた。また中国語ができなかったので、中国語を勉強してからもう一度行ってみたい」と、研修を通して台湾の方々の温もりに触れ台湾が好きになったという声が聞こえるようになり、そのイメージは完全に覆されてしまうのである❷。同学園の龍井校長は「この学校の交流がなければ、台湾研修の意義も半減してしまうかもしれない」と台日の高校生同士の交流の重要さを語っている。また、淡江中学の学生が茗渓学園を訪れた際、その学生交流活動に参加した茗渓学園父母会は「淡江との学校交流を見学し、大変感動した。生徒諸君はこの交流を通して台湾だけではなく、世界の仲間と手を取り合うような大人に成長してくれると信じて疑わない。」と台日の学生交流を評価している❷。

5.台湾における日本人学校と台日学生交流

5.1 台湾における日本人学校の沿革

5.1.1 台北日本人学校

　台北日本人学校は終戦後二年目の一九四七年五月に「国立台湾大学付設留台日籍人員子女教育班」として台北温州街に小中学部が開設した。その後台湾大学構内、厦門街、敦化南路、松山などへ移転を繰り返し、一九六八年三月に「在中華氏国日本国大使館付属台北日本人学校」と改称した。台日国交断絶後の一九七二年十二月に「台北日本人学校」の名称で発足し、翌年

---

❷　同注❷ 185 頁。

❷　『海外研修報告書(1994 年度)』115 頁(茗渓学園中学校高等学校、第 15 期生)。

❷　同注❷ 184 頁。

一九七三年一月に台北市政府教育局より「私立学校台北市日僑学校」として認可され、一九八三年十月に台北市内の天母に校舎を新築して移転した。同学校は従来、台北在住の日本人子弟に適切な教育の機会を提供すると共に、日本人と地域社会の人々との交流中心地として発展を遂げてきた。その教育目的と目標は、ほぼ日本国内と変わらないが、こどもに豊かな人間性と国際感覚を身に付けてもらうために、積極的に台湾の生活・文化・歴史などを取り入れ、国際理解を深めようとする「教育目標構造」が組み込まれている。例えば、現地の地域社会を理解してもらうため、台北の素材を生かした教材の開発とその使用が進まれており、さらに全学年を通じて中国語の授業を特別教育科目として位置づけて実施している。

　同学校は開設した当初、生徒数五十名未満の規模からスタートして、一九九七年に創立五十周年を迎え、小学校生徒数六四八名、中学校生徒数二三九名、教職員六十七名(1998年4月現在)に増え、日本の海外における有数の日本人学校となっている。

5.1.2 台中日本人学校

　台中日本人学校の設立は、台中地区在留日本人の要望によって、交流協会代表と台湾進出の企業三十社の関係者らが協議を重ね、一九七五年六月に学校設立委員会を発足させたところから開始した。同学校は一九七六年一月に日本の政府より「台北日本人学校台中分校」として認可され、さらに一九七七年四月に台湾の教育部から「私立台中市日僑学校」の認可を受けたのである。設置当初、日本政府派遣の教員二名・現地採用一名、生徒数八名だったミニ学校が、一九九七年四月現在、教職員二十一名、小学生九十九名、中学生二十三名にまで発展してきた。

5.1.3 高雄日本人学校

　　高雄日本人学校の設立母体は、一九六九年に開設した高雄総領事館付属の文化幼稚園であった。同学校は台日国交断絶の一九七二年九月より高雄市政府教育局から「私立高雄市日僑学校」として認定された。その後、高雄日本人会(台湾省日僑協会高雄支部)の委託を受け、常任委員、委員、監査、顧問によって構成された学校運営委員会が運営にあたっている。一九九八年四月現在、教職員二十五名、小学生一三六名、中学生三十五名となっている❷❾。

5.2 地域社会に広がる教育交流

　　日本人のこどもにとって、言葉も習慣も異なる台湾での学校生活の中で、母国の文化を勉強しながら、台湾の文化や言語表現なども吸収しなければならない。その手っ取り早く、効率のある方法としては、地元の小中学校から地域社会の人々と直接交流の場を増やし、周りの環境に身を投じていくことであろう。従来、台北日本人学校は台北市に所在する地の利を生かし、文化祭や運動会、PTA 主催の納涼盆踊り大会の開催に当たり、近隣の天母国民中学校、天母国小、蘭雅国民中学校、蘭雅国小、士東国小、石牌国小、青桐国小などの生徒たちと様々な交流会を行ってきた。同学校の国際理解教育の実践方針によると、これらの学生交流会は小学部低・中・高学年、中学部一年・二年の五つのブロックに分かれて、こどもたちによる実行委員会を設け、事前の計画から一ケ月近い準備期間を取り、交流会に臨んでいるものである。中学部では互いの触れ合いの場を設けるだけでなく、学校に対する思いや自分の将来を語り合うなど、双方の違いを認め合いつつ内容の濃い交

---

❷❾　台北、台中、高雄日本人学校の沿革は、交流協会台北事務所文化室の提供を資料に基づいてまとめたものである。

流会になるよう心がけているという❸⓪。

5.3 クラブ活動で異文化の吸収と日本文化の披露

　　上記の交流会は年間約十回に及び、こどもたちは言葉や国籍の違いを越えて、交流しながら互いの友好関係を深めていく、また現地の民族舞踊・国楽鑑賞会(国立復興戯劇学校)などの校外見学を行い、「中国結び」、「太極拳」のクラブを結成し、日本と異なる文化の側面を探究ずることを目的としている。

　　ほかにも台日文化交流の一環として、同学校ドラミング(Drumming)部の生徒がハッピ姿の和太鼓の演奏によって、自国の伝統文化の良さを知り、聞いていた台湾の人々に感動を与えている。この和太鼓の披露はなかなかの好評で、台湾の多くの民間団体から出演依頼を受け、日本の伝統文化を紹介する台日間文化交流の架け橋的な役割を果たしている。

5.4 台湾と台北日本人学校の教員による教育交流

　　同学校では、学生交流を推進するのみならず、教員による交流も取り計っている。例えば、一九七八年四月から三年間同学校の教頭として勤めていた吉田栄次氏が、在勤中に台北市の長春国小、西園国小の子供に音楽の授業や研究会を行うほか、長期間にわたって休みを利用して桃園県の桃園国小で器楽合奏を指導し、コンクールで優勝した。それが評価され、氏は台北・桃園・高雄など六つの都市で、台湾の音楽担当教員を対象に器楽合奏実技講習会の講師を務めるようになった❸①。

---

❸⓪　『創立五十周年記念誌』100 頁(台北日本人学校 50 周年記念委員会)1997 年。
❸①　同注❷⑨ 27 頁。

　また、台日の教育のあり方や相違点についてより深い認識を得るため、一九八六年八月に台北市教育局・台湾省政府の共催で台北市及び台湾省各地の校長、教務主任一同が同学校に集まり、「台湾と日本の教育現状と教育のあり方」についての教育研修会を行い、教員の間で国際教育の促進などの意見が交わされた。さらに台湾師範大学特殊教育講座を担当する教員、屏東師範学院、台北市啓聡は知的障害者養護)学校、台北市の各国民中学、台北市教師研修センター、福星国小の先生ら及び台湾大学、新竹師範学院、嘉義師範学院の学生たちが相次いで同学校で授業参観をした。

5.5 学生交流と異文化体験に残された課題

　日本人学校が台湾の現地の小中学校と交流を推進していくことは素晴らしいことではあるが、異文化交流のプロセス及びその持続性が想像以上に難しい面がある。十八年間にわたって台湾で暮らし、台北日本人学校の中学校二年まで通った卒業生の太田雅子さん(1998 年に東京外国語大学を 卒業)が、台日学生交流の課題について、次のように述べている。「学校側の勢力の成果でも、子供達にとってはその場だけの交流に終わってしまう。いったい台北の子供連は、どこから現地の文化や風習を知り、体験することができるのだろうか。この役目は家庭にあると思う。両親が個々の考え方を持ち、現地の様々な方と積極的な交流をすることが出来るのは母親しかないと思う。その日の出来事や、現地の方との交流で知った事を、家庭で子供達に話し、その異文化や風習に触れさせるきっかけは、台北の至る所にある。文化や風俗習慣は、人間が生活する中に生まれる。アジアの中で言葉の音韻は違っても漢字を使用することでは、台日の談話表現に類似している部分はかなりある。英語圏の欧米諸国よりも多くの機会を設け、台湾の文化・習慣に触れることで、真の理解が得られ、やがて互いの溝が埋まり友情と協力関係が芽生

える」❷。

　現在台北に滞在している日本人は約六千人と言われている。その中に学校や教育文化関係の仕事に携わる人は少なくないが、ビジネスや貿易商社関係の仕事をするのが圧倒的に多い。しかも短期間の二、三年で転勤のため、帰国してしまう例が多い。異国で暮らしているとはいえ、一般家庭の仕事分担というものは、やはり「夫は仕事、妻は家庭・子育て」のパターンになりがちである。子供達にとって、学校での国際交流活動(校外学習とクラブ活動を含む)に参加する以外に持続的、頻繁的に現地の人々との交流ができるのは、日頃から母親の環境作りそのものに頼るしかないかも知れない。従来、多言語社会の台湾に住む日本人にとって地域社会との交流の障害は言葉によるコミニュケーションの壁にある。日本人学校での中国語教育の問題点について、同学校 PTA 会長(1996 年度)の米山禎一氏(現台湾大学日文系教授)は次のように述べている。「台湾に四、五年も住んでいたのに、日常会話さえ満足に話せないまま帰国したという話をよく聞く。日本人学校でも中国語指導の方法の改善を試みたと聞いたが、会話の能力が飛躍的に高まったとは聞いていない。私は中国語で授業をする上級クラスを設けるべきであり、基本的には私立である台北日本人学校では競争原理を優先させる科目を一つか二つ思い切って導入することは許されるのではないか」と、言葉の障害を突破するための対応策を指摘している❸。

　子供に一時的な異国生活の体験に止まらず、台湾社会の素顔を理解できる人材、より広い国際視野を持つ末来人を育成するならば、母親たちも中国語、台湾語の学習にもっと力を入れ、その障害を乗り越えて、地域社会活

---

❷　同注❷ 17〜18 頁。

❸　同注❷ 11 頁。

動に積極的に身を投じ、友達を作りながら台湾の風俗習慣を肌で感じていく
という意識調整は大切だと思われる。さもなければ、せっかくの海外での生
活体験も日本人グループを中心とするものに終わってしまう恐れがある。言
葉の学習と地域社会活動に積極的に参加する姿勢の促進は、これから台湾で
の異文化吸収において直視すべき課題であろう。

漢魏六朝書目考——普通目錄篇

王國良*

　　吾國目錄之學，自先秦即已萌芽。漢高祖、武帝之時，皆嘗校理兵書，然曾否編定目錄，則不得而知。迨及西漢末，劉向、劉歆等總校群書，勒成《七略》、《別錄》，書目體裁遂以完備。

　　魏晉南北朝，戰爭頻繁，政局動盪。唯經由各代秘書丞暨學者之努力經營，無論在圖書的搜集、校勘、典藏，或者書目體制之研發創新上，均獲得不少具體成果，對提高和發展中國目錄學，功勞甚大，而且影響深遠。

　　由於時代綿遠，漢魏六朝時期所編書目，可知者三十餘種，今日大抵亡佚殘闕，世人欲全面握掌瞭解，實非易事。然則予以鉤沈考證，稍復舊觀，對重構學術史或有裨益乎！

一、《七略別錄》二十卷　　輯存

> 　　漢劉向撰。向，字子政，本名更生。年十二，以父德任為輦郎，弱冠擢為諫大夫給事。元帝即位，為散騎宗正給事中；中廢十餘年。成帝即位，更生乃復進用，更名向。以故九卿召拜為中郎，使領護三輔都水，遷光祿大夫。成帝方精於《詩》《書》，觀古文，詔向領校中五

＊　東吳大學中國文學系教授。

經秘書。哀帝建平元年（西元前6年）卒，壽七十二。生平附見《漢書·楚元王傳》。

《漢書·成帝本紀》：「河平三年（按：西元前26年）秋八月，光祿大夫劉向校中秘書，謁者陳農使使求遺書於天下。」

《漢書·藝文志》：「漢興，大收篇籍，廣開獻書之路。迄孝武世，書缺簡脫，禮壞樂崩，聖上喟然而稱曰：『朕甚閔焉。』于是建藏書之策，置寫書之官，下及諸子傳說，皆充秘府。至成帝時，以書頗散亡，使謁者陳農求遺書於天下，詔光祿大夫劉向校經傳諸子詩賦，步兵校尉任宏校兵書，太史令尹咸校數術，侍醫李柱國校方技。每一書已，向輒條其篇目，撮其指意，錄而奏之。」

《七錄·序》：「昔劉向校書，輒為一錄，論其指歸，辨其訛謬，隨竟奏上，皆在本書。時又別集眾錄，謂之『別錄』，即今之《別錄》是也。」

按：《七略別錄》，簡稱《別錄》，見《隋書·經籍志》史部簿錄家、《舊唐書·經籍志》史錄書目、《新唐書·藝文志》史部、《通志·藝文略》目錄著錄。原書已佚，今有清代洪頤煊《問經堂叢書·經典集林》、嚴可均《全前漢文》卷卅八、顧觀光《武陵山人遺稿·古書逸文》、馬國翰《玉函山房輯佚書》、陶濬宣《稷山館輯補書》、姚振宗《快閣師石山房叢書》、王仁俊《玉函山房輯佚書續編》等多家輯本。

二、《七略》七卷　輯存

漢劉歆撰。劉向少子歆，字子駿。少以通《詩》、《書》，能屬文召見。成帝待詔宦者，署為黃門郎。河平中，受詔與父向領校秘書。向死後，歆復為中壘校尉。哀帝初即位，為侍中、太中大夫，遷騎都尉、

奉車光祿大夫；貴幸，復領五經，卒父前業。歆乃集六藝群書，種別為《七略》。新莽地皇四年（西元23年）七月，謀反事泄，自殺。生平附見《漢書・楚元王傳》

《漢書・藝文志》：「……會向卒，哀帝復使向子侍中奉車都尉歆卒父業。歆於是總群書而奏其《七略》，故有〈輯略〉，有〈六藝略〉，有〈諸子略〉，有〈詩賦略〉，有〈兵書略〉，有〈術數略〉，有〈方技略〉。」

《七錄・序》：「漢惠四年，始除挾書之律。其後……開獻書之路，置寫書之官。至孝成之世，頗有亡逸。乃使謁者陳農求遺書於天下，命光祿大夫劉向及子俊、歆等讎校篇籍。每一篇已，輒錄而奏之。會向喪亡，帝使歆嗣其父業，乃徙溫室中書於天祿閣上。歆遂總括群篇，奏其《七略》。其一篇即六篇之總最，故以〈輯略〉為名；次〈六藝略〉，次〈諸子略〉，次〈詩賦略〉，次〈兵書略〉，次〈術數略〉，次〈方技略〉。」

按：梁阮孝緒《七錄》附〈古今書最〉云：「《七略》書三十八種，六百三家，一萬三千二百一十九卷。」其書見《隋書・經籍志》、《舊唐書・經籍志》、《新唐書・藝文志》，《通志・藝文略》著錄。原帙不傳。今有洪頤煊《問經堂叢書》、嚴可均《全前漢文》、陶濬宣《稷山館輯補書》、姚振宗《快閣師石山房叢書》等家輯佚本。

三、《漢書・藝文志》一卷　現存

漢班固撰。固，字孟堅，扶風安陵人。顯宗召詣校書部，除蘭臺令史，遷為郎。肅宗以為玄武司馬。永元初，大將軍竇憲出征匈奴，以為中

護軍行中郎將事。憲敗，固先坐免官。及竇氏賓客皆逮考，洛陽令种競心銜固，因此捕繫，遂死獄中，時年六十一。《漢書》有傳。

《隋書·經籍志》：「光武中興，篤好文雅；明、章繼軌，尤重經術。四方鴻生鉅儒負裝自遠而至者，不可勝算。石室、蘭臺，彌以充積。又於東觀及仁壽閣集新書，校書郎班固、傅毅等典掌焉，並依《七略》為書部，固又編之以為《漢書·藝文志》。」

張舜徽《漢書藝文志通釋》云：「其所以名為『藝文』者，藝謂群經諸子之書，文謂詩賦文辭也。……古人恆舉文學與詩書百家相聯並稱，用以概括一切書籍，由來久矣。徒以漢代崇儒尊經，故班固此〈志〉，以藝居上，文居下，而名之曰〈藝文志〉。班氏此〈志〉，上承《七略》，……其中〈輯略〉，猶群書之敘錄，乃論列學術源流得失之篇章。其時部勒群書，實分六類。故漢人直稱為『六略』。……《七略》原書，于署名下各有簡略解題，故為書至七卷之多（見《隋書·經籍志》）。班氏刪《七略》以入《漢書》，為〈藝文志〉，僅其中之一篇，勢不得不翦汰煩辭，但存書目。復散〈輯略〉之文，置于卷首及每略每部之後，今〈志〉中大序、小序之文，皆出于〈輯略〉，但稍有損益耳。其著錄於六略之書，校之《七略》，亦頗有增減。」

按：今行世《漢書·藝文志》末云：「大凡書，六略三十八種，五百九十六家，萬三千二百六十九卷。」吾人試將〈藝文志〉內「六略」所列卷篇加總，其出入在二、三百卷之間。而〈古今書最〉則云：「《漢書·藝文志》，書三十八種，五百九十六家，一萬三千三百六十九卷。」兩者僅有一百卷的差異。至於《隋書·經籍志》、《舊唐書·經籍志》，並云：「三萬三千九十卷」，出入太大，恐難取信。

四、《後漢書·藝文志》？卷　亡佚

晉袁山松撰。山松，陳郡陽夏人。少有才名，博學有文章，著《後漢書》百篇，歷顯位。為吳郡太守，孫恩作亂，山松守滬瀆城，城陷被害。事跡附見《晉書·袁瓌傳》。

《七錄·序》：「固乃因《七略》之辭，為《漢書·藝文志》；其後有著述者，袁山松亦錄在其書。」

按：〈古今書最〉載《後漢書·藝文志》書若干卷，其「八十七家亡」。不著撰人。鄭樵《通志·校讎略》，以為即袁山松作。劉知幾《史通·書志篇》云：「班漢定其流別，編為〈藝文志〉。……續漢以還，祖述不暇。夫前志已錄，而後志仍書，篇目如舊，頻頻互出，何異以水濟水，誰能飲之者乎？」知幾『續漢』二字，蓋泛指諸家《後漢書》，非專為山松而發，然〈藝文志〉體製仍兼錄前朝篇籍，並不斷代，可以想見。

五、《中經》？卷　亡佚

魏鄭默撰。默，字思玄，滎陽開封人。起家祕書郎，轉尚書考功郎，遷司徒右長史。晉武帝受禪，為中庶子，後出為東郡太守，入為散騎常侍。再任廷尉、太常、大鴻臚、大司馬等職，轉光祿勳。太康元年（二八○年）卒，壽六十八。生平附見《晉書·鄭袤傳》。

王隱《晉書》：「鄭默，字思元，為祕書郎，刪省舊文，除其浮穢，著《魏中經簿》。中書令虞松謂默曰：『而今而後，朱紫別矣。』」

《隋書·經籍志》：「董卓之亂，獻帝西遷，圖書縑帛，軍人皆取為帷囊。所收而西，猶七十餘載。兩京大亂，掃地皆盡。魏氏代漢，采

掇遺亡，藏在秘書中外閣，魏秘書郎鄭默始制《中經》。」

按：《七錄・序》亦云：「默刪定舊文，時之論者謂爲朱紫有別。」不言體例有
所變更，蓋其分類猶沿襲《七略》。惟〈古今書最〉暨隋、唐史志未加著錄，
殆荀勗《新簿》既出，默書遂廢而不用矣。

六、《晉中經簿》十四卷　輯存

晉荀勗撰。勗，字公曾，潁川潁陰人。博學通達。仕魏，辟大將軍曹
爽掾，參文帝大將軍軍事。武帝受禪，拜中書監加侍中領著作，俄領
秘書監，與中書令張華依劉向《別錄》，整理記籍。及得汲郡冢中古
文竹書，詔勗撰次之，以為《中經》，列在秘書。太康十年（二八九年）
卒。生平載《晉書》本傳。

王隱《晉書》云：「荀勗……領秘書監，與中書令張華依劉向《別錄》，
整理錯亂。太康二年，又得汲郡冢中古文竹書。勗自撰次注寫，以為
《中經》，別在秘書，以校經傳闕文，多所證明。」

《七錄・序》：「晉領秘書監荀勗，因魏《中經》，更撰新簿，雖分
為十有餘卷，而總以四部別之。惠、懷之亂，其書略盡。」

〈古今書最〉云：「《晉中經簿》四部書一千八百八十五部，二萬九
百三十五卷。其中十六卷佛經，書簿少二卷，不詳所載多少。一千一
百一十九部亡，七百六十六部存。」

《隋書・經籍志》：「秘書監荀勗又因《中經》更著新簿，分為四部，
總括群書。一曰甲部，紀六藝及小學等書；二曰乙部，有古諸子百家、
近世子家、兵書、術數；三曰丙部，有史記、舊事、皇覽簿、雜事；
四曰丁部，有詩賦、圖讚、汲郡書。大凡四部，合二萬九千四百四十

五卷。但錄題,及言盛以縹囊,書用緗素。至於作者之意,無所論辯。」

按:《隋書‧經籍志》、《舊唐書‧經籍志》、《新唐書‧藝文志》、《通志‧
藝文略》,並著錄《晉中經簿》;《冊府元龜》學校部目錄,題作《中經新
部(簿)》。這是首次以四部分類法來處理群籍的書目,在我國圖書分類史
上,可謂一大變革。原書不傳,今有王仁俊《玉函山房輯佚書補編》輯本。

七、《晉元帝書目》？卷　亡佚

晉李充撰。充,字弘度,江夏鄳人,善楷書,精刑名之學。後為大著
作郎。於時典籍混亂,充刪除煩重,以類相從,分為四部,甚有條貫。
累遷中書侍郎,卒官。生平見《晉書‧文苑傳》。

臧榮緒《晉書》:「充為著作郎,于時典籍混亂,刪除煩重,以類相
從,分為四部,甚有條貫,秘閣以為永制。五經為甲部,史記為乙部,
諸子為丙部,詩賦為丁部。」

《七錄‧序》:「江左草創,十不一存,後雖鳩集,淆混已甚。及著
作佐郎李充,始加刪正。因荀勖舊簿四部之法,而換其乙丙之書,沒
略眾篇之名,總以甲乙為次。自時厥後,世相祖述。」

按:〈古今書最〉著錄此目,云:「四部。三百五袟,三千一十四卷。」錢大昕
《元史藝文志‧序》曰:「李充為著作郎,重分四部,……而經、子、史、
集之次始定。」他的四部分類編次方法,一直被後世所沿用,正說明了它在
目錄學發展史上的地位及影響力。

八、《晉義熙四年秘閣四部目錄》？卷　亡佚

晉佚名撰。

按：〈古今書最〉著錄此目，無卷帙說明。孫星衍《續古文苑》卷？？注云：「案：
此下當有脫文。」蓋是。《玉海》卷五二引《續晉陽秋》：「孝武寧康十六
（按：蓋「元」之誤）年，詔著作郎徐廣校秘閣四部見書，凡三萬六千卷。」
姚名達《中國目錄學史·校讎篇》，以為廣領著作在安帝義熙初，《晉義熙
四年秘閣四部目錄》，或即據徐廣所校而編成者，可備一說。

九、《宋元嘉八年秘閣四部目錄》？卷　亡佚

宋謝靈運撰。靈運，陳郡陽夏人。祖玄，晉車騎將軍；靈運襲封康樂
公。宋受命，降公為侯。文帝徵為秘書監，令撰《晉書》。後為臨川
內史，憤惋有逆志，徙廣州。後又事露，有司奏收之。文帝詔于廣州
棄市。時元嘉十年（433年），年四十九。《宋書》、《南史》有傳。

《隋書·經籍志》：「其後中朝遺書，稍流江左。宋元嘉八年，秘書
監謝靈運造《四部目錄》，大凡六萬四千五百八十二卷。」

按：〈古今書最〉著錄此目，云：「一千五百六十有四帙，一萬四千五百八十二
卷。五十五帙，四百三十八卷，佛經。」《舊唐書·經籍志後序》則云：「謝
靈運造《四部書目錄》，凡四千五百八十二卷。」〈書最〉、《隋志》、《舊
唐志》所言存書卷數歧異，當以《七錄·序》所附〈書最〉說法較合理可信。

十、《四部書目序錄》三十九卷　亡佚

宋殷淳撰。淳，字粹遠，陳郡長平人也。少好學，有美名。晉少帝景平初，為秘書郎、衡陽王文學、秘書丞、中書黃門侍郎。在秘書閣撰《四部書目》，凡四十卷，行於世。元嘉十一年（434 年）卒。生平載《宋書》、《南史》本傳。

按：《宋書》、《南史》，並言書目有四十卷。又《南史》書名作《四部書大目》；《冊府元龜》學校部目錄則云：「《大四部書目》，凡四十卷。」《新唐書·藝文志》著錄，乃謂「《四部書目序錄》，三十九卷。」《通志·藝文略》，同之。少一卷的原因不明，然既稱『大目』、『序錄』，其非一般書目之無敘錄者可知。

十一、《宋元徽元年四部書目錄》四卷　亡佚

齊王儉撰。儉，字仲寶，瑯琊臨沂人。專心篤學，手不釋卷。尚宋陽羨公主，拜駙馬都尉。解褐秘書郎、太子舍人、秘書丞等職。入齊，封南昌縣公，累遷侍中、中書令、太子少傅、國子祭酒、衛軍將軍開府儀同三司。永明七年（489 年），以疾卒，年三十八。生平詳見《南齊書》、《南史》本傳。

《南齊書·王儉傳》：「（儉）超遷秘書丞。上表求校墳籍，……撰定《元徽四部書目》。」

《隋書·經籍志》：「元徽元年，秘書丞王儉又造目錄，大凡一萬五千七百四卷。」

按：〈古今書最〉、《隋書·經籍志》、《舊唐書·經籍志》、《新唐書·藝文

志》、《通志·藝文略》，並著錄此書目。〈書最〉云：「《宋元徽元年秘閣四部書目錄》，二千二十袟，一萬五千七十四卷。」所記卷數，與《隋志》有『十』、『百』之差異，未知誰是？

十二、《今書七志》七十卷　亡佚

齊王儉撰，梁賀蹤補注。蹤，蓋會稽山陰人。梁武帝天監初，任學士，曾與劉峻共典校秘書。天監七年（508 年），任昉卒，武帝使蹤、沈約共勘昉書目，官所無有，就昉家取之。行事散見《梁書》〈任昉傳〉、〈劉峻傳〉（《南史》，同。）

《南齊書·王儉傳》：「儉，……解褐秘書郎、太子舍人，超遷秘書丞。上表求校墳籍，依《七略》撰《七志》四十卷，上表獻之，表辭甚典。」

任昉《王文憲集序》：「元徽初，遷秘書丞，於是采公曾之《中經》，刊弘度之四部，依劉歆《七略》，更撰《七志》。」

《七錄·序》：「儉又依《別錄》之體撰為《七志》，其中朝遺書收集稍廣，然所亡者猶大半焉。」

又云：「王儉《七志》，改六藝為經典，次諸子，次詩賦為文翰，次兵書為軍書，次數術為陰陽，次方伎為術藝。以向、歆雖云七略，實有六條，故別立〈圖譜〉一志，以全七限。其外，又條《七略》及二漢《藝文志》、《中經傳》所闕之書，并方外之經，佛經、道經，各為一錄，雖繼《七志》之後，而不在其數。」

《隋書·經籍志》：「儉又別撰《七志》，然亦不述作者之意，但於書名之下每立一傳，而又作九篇條例，編乎首卷之中。文義淺近，未

為典則。」

按：《宋書·後廢帝本紀》云：「元徽元年八月，秘書丞王儉表上所撰《七志》
三十卷。」《南齊書》本傳則謂《七志》有四十卷。《隋書·經籍志》、《舊
唐書·經籍志》、《新唐書·藝文志》、《通志·藝文略》，並云七十卷。
兩唐志復謂其書乃賀縱（蹤）補注本。

王儉既編有《元徽元年四部書目錄》四卷，又在同一年撰成三十卷（或四十
卷）體例大異之《七志》，這年他才二十二歲，似乎有些不可思議。因此，
今人王重民在〈《七志》與《七錄》〉（《圖書館》，1962 年 1 期）裏，主
張《七志》是在《元徽四部書目》完成後才開始編撰，直到永明七年（四八
九年）他病死的十六年間，都是在門生故吏的協助下，纂修、補充和修訂《七
志》，才可能做出這樣出色的系統目錄。王氏的說法十分合理，可惜除了毋
煚《古今書錄·序》云：「劉歆作《七略》、王儉作《七志》，逾二紀而方
就。」一句話之外，沒有更多古文獻來支持其說，吾人只能暫時存而不論。

十三、《齊永明元年秘閣四部目錄》？卷　亡佚

齊王亮、謝朏等撰。亮，字奉叔，琅玡臨沂人，晉丞相王導六世孫。
以名家子，宋末選尚公主，拜駙馬都尉、秘書郎，累遷桂陽王文學、
南郡王友、秘書丞。歷仕齊、梁二代，天監九年（510 年）卒。《梁書》、
《南史》有傳。朏，字敬沖，陳郡陽夏人。宋末，官侍中，領秘書監。
以不支持齊高帝篡位，被廢於家。永明元年，起家拜通直散騎常侍，
累遷侍中，領國子博士。齊、梁兩朝，雖居朝列，素無宦情。天監五
年（506 年）冬卒。《梁書》、《南史》有傳。

《隋書·經籍志》：「齊永明中，秘書丞王亮、監謝朏，又造《四部
書目》，大凡一萬八千一十卷。」

按：〈古今書最〉著錄此書目云：「五千新足，合二千三百三十二袟，一萬八千
　　一十卷。」卷數與《隋志》合。

十四、《甲乙新錄》？卷　亡佚

魏盧昶撰。昶，字叔達，范陽涿人。學涉經史，早有時譽。孝文帝太
和中，為太子中舍人、兼員外散騎常侍，使於南齊，有辱朝命，遂見
罷黜。久之，復除彭城王友，轉秘書丞。宣武帝時，歷任中書侍郎、
散騎常侍、侍中、大常卿、雍州刺史等職；孝明帝熙平元年（516年），
卒於官。生平附見《魏書·盧玄傳》。

按：盧昶傳記，未言撰目錄事。《魏書·儒林·孫惠蔚傳》乃敘及秘書丞盧昶撰
　　《甲乙新錄》。《南史·儒林傳》，同。其書目名為『甲乙』，未知所錄係
　　六藝、諸子二部，或六藝與史傳二部，抑且以『甲乙』該四部？文獻不足徵，
　　只能存疑。

十五、《魏闕書目錄》一卷　亡佚

魏佚名撰。

《魏書·高祖本紀》：「太和十九年六月癸丑，詔求天下遺書。秘閣
所無，有裨益時用者，加以優賞。」

《隋書·經籍志》：「後魏始都燕代，南略中原，粗收經史，未能全
具。孝文徙都洛邑，借書於齊，秘之府中，稍以充實。暨於爾朱之亂，
散落人間。」

按：古代典籍亡缺而有記，本所記以求之，此殆為首見。鄭樵《通志·較讎略》，

特予表出。姚振宗《隋書經籍志考證》卷廿三，以爲：「此一卷，因借書而流傳江左。時當齊明帝建武中。」可備一說。

十六、《梁天監四年書目》四卷　亡佚

梁丘賓卿撰。賓卿，生平未詳，疑爲秘閣校書學士之一。

按：《舊唐書·經籍志》、《新唐書·藝文志》、《冊府元龜》學校部目錄，並著錄此書目，內容未詳。不知與〈古今書最〉所載《梁天監四年文德正御四部及術數書目錄》，有無關係？

十七、《梁天監四年文德正御四部及術數書目錄》？卷　亡佚

梁劉峻、祖暅之等撰。峻，字孝標，平原人，好學，有『書淫』之稱。天監初，入西省，參與典校秘書，坐事免官。梁武帝招文學之士，有高才者多被引進，擢以不次。峻率性而動，不能隨眾浮沉，帝頗嫌之，故不任用。普通二年（521 年）卒，時年六十。《梁書》、《南史》有傳。暅之，字景爍，范陽道人。父，沖之，稽古有機思，解鐘律，特善算術。暅之少傳家業，究極精微，亦有巧思。梁天監初，官奉朝請，累仕至太府卿。生平附見《南史·文學·祖沖之傳》。

《七錄·序》：「齊末兵火，延及秘閣。有梁之初，缺亡甚眾，爰命秘書監任昉躬加部集。又於文德殿內別藏眾書，使學士劉孝標等重加校進。又分數術之文更爲一部，使奉朝請祖暅撰其名錄。」

《隋書·經籍志》:「齊末,兵火延燒秘閣,經籍遺散。梁初,秘書監任昉躬加部集。又於文德殿內列藏眾書,華林園中總集釋典,大凡二萬三千一百六卷,而釋氏不豫焉。……其術數之書,更為一部,使奉朝請祖暅撰其名,故梁有《五部目錄》。」

按:〈古今書最〉著錄本目,云:「合二千九百六十八袠,二萬三千一百六卷。」其卷數與《隋志》合。

十八、《梁文德殿四部目錄》四卷　亡佚

梁劉峻撰。

《梁書·文學·劉峻傳》:「峻,字孝標。天監初,召入西省,與學士賀縱典秘書。」

按:孝標典校文德殿眾籍,已見前條引《七錄·序》。本目錄見《隋書·經籍志》、《舊唐書·經籍志》、《新唐書·藝文志》、《通志·藝文略》著錄,當即〈古今書最〉所題《梁天監四年文德正御四部及術數書目錄》,扣除術數類而單行者。

十九、《梁天監六年四部書目錄》四卷　亡佚

梁殷鈞撰。鈞,字季和,陳郡長平人,好學有思理。天監初,拜駙馬都尉,起家秘書郎,太子舍人,司徒主簿,秘書丞。在職,上啟校定秘閣四部書,更為目錄。又受詔料檢西省法書古跡,別為品目。累遷散騎常侍,國子祭酒。中大通四年(532年)卒,壽四十九。《梁書》、《南史》有傳。

按：本書目見《隋書·經籍志》、《通志·藝文略》著錄。〈古今書最〉云：「秘書丞殷鈞，撰秘閣四部書，少於文德故書，不錄其數也。」另外，《玉海》藝文部書目，載有《梁天監以來四部書目》四卷，殷鈞撰。將『六年』二字，改作『以來』，則不知其所本。

二十、《梁東宮四部目錄》四卷　亡佚

梁劉遵撰。遵，字孝陵，彭城人。少清雅，有學行，工屬文。起家著作郎，太子舍人，累遷晉安王蕭綱記室，轉南徐州，安北諮議參軍治中。中大通二年，王立為皇太子，仍除中庶子。大同元年（535 年）卒官。生平附見《梁書》、《南史》〈劉孺傳〉。

按：本目錄見《隋書·經籍志》、《新唐書·藝文志》、《通志·藝文略》著錄，唯完成時間不詳。姚振宗《隋書經籍志考證》卷二三云：「劉遵初為昭明太子舍人，後為簡文帝東宮中庶子。所著目錄，本傳不載其事，不知何時？或當在中大通以後。」然則姚氏推測，此『東宮』蓋指蕭綱。未知正確與否？

二一、《古今四部書目》五卷　亡佚

梁劉杳撰。杳，字士深，平原人。少好學，博綜群書。天監初，為太學博士。沈約、任昉以下，每有遺忘，皆訪問焉。歷任東宮通事舍人、著作郎、尚書左丞等職。大同二年（536 年），卒官。自少至長，多所著述。生平見《梁書》、《南史》本傳。

《七錄·序》：「梁普通四年，……始述此書。通人平原劉杳從余遊，因說其事。杳有志積久，未獲操筆，聞余已先著鞭，欣然會意。凡所

抄集，盡以相與，廣其聞見，實有力焉。斯亦康成之於傳釋，盡歸子
慎之書也。」

按：阮氏謂劉杳有志纂修通代式書目，既見孝緒著手此項工作，即將平日搜集材
料，盡數贈與。不過《梁書·文學傳》云杳「撰《古今四部書目》五卷，行
於世。」則劉氏平生所抄集之底稿，仍成書並流傳後世也。

二二、《七錄》十二卷　輯存

梁阮孝緒撰。孝緒，字士宗，陳留尉氏人。性沈靜，年十三，遍通五
經。天監十二年，與吳郡范元琰俱徵，並不到。隱居自敦勵，不苟交
遊。大同二年（536 年）卒，年五十八。生平見《梁書·處士傳》、《南
史·隱逸傳》。

《七錄·序》：「孝緒少愛墳籍，長而弗倦。臥病閒居，傍無塵雜，
晨光纔啟，緗囊已散，宵漏既分，綠袟方掩，猶不能窮究流略，探盡
秘奧。每披錄內，省多有缺。然其遺文隱記，頗好搜集。凡自宋、齊
以來，王公搢紳之館，苟能蓄聚墳籍，必思致其名簿。凡在所遇，若
見若聞，校之官目，多所遺漏。遂總集眾家，更為新錄。其方內經史
至於術伎，合為五錄，謂之內篇。方外佛道，各為一錄，謂之外篇。
凡為錄有七，故名《七錄》。有梁普通四年仲春十有七日，於建康禁
中里宅始述此書。」

《隋書·經籍志》：「普通中，有處士阮孝緒，沉靜寡慾，篤好墳史，
博采宋、齊已來王公之家，凡有書記，參校官簿，更為《七錄》。一
曰經典錄，紀六藝；二曰記傳錄，紀史傳；三曰子兵錄，紀子書、兵
書；四曰文集錄，紀詩賦；五曰技術錄，紀數術；六曰佛錄；七曰道

錄。其分部題目，頗有次序，割析辭義，淺薄不經。」

按：《隋書·經籍志》、《日本國見在書目錄》、《舊唐書·經籍志》、《新唐
書·藝文志》、《通志·藝文略》、《遂初堂書目》著錄本書目。〈古今書
最〉云：「新集《七錄》內外篇，圖書凡五十五部，六千二百八十八種，八
千五百四十七袟，四萬四千五百二十六卷。內篇五錄四十六部，三千四百五
十三種，五千四百九十三袟，三萬五千九百八十三卷。外篇二錄，九部，二
千八百三十五種，三千五十四袟，六千五百三十八卷。」阮氏斟酌劉歆、王
儉之義例，撰成《七錄》，書分內外篇。內篇五錄，蓋本於《文德殿四部目
錄》及祖暅之數術目錄，再稍作調整；外篇二錄，則將王儉附見於《七志》
佛、道目錄，歸入體制內。不過，凡是當時目錄所有，孝緒皆加以採輯，不
必親見其書，所以入錄的卷袟特別多。其後，宋鄭樵《通志·藝文略》、元
馬端臨《文獻通考·經籍考》、明焦竑《國史經籍志》，廣泛迻錄各家書目，
每將未見甚或已經亡佚的書籍，一概載入，蓋即傚自《七錄》而尤濫者。今
原書不傳，《廣弘明集》卷三存《七錄·序》，清嚴可均《全梁文》、王仁
俊《玉函山房輯佚書續編》均曾輯入。

二三、《關東風俗傳·墳籍志》？卷　亡佚

北齊宋孝王撰。孝王，河北廣平人。涉學廣博，亦好緝綴文藻，形貌
短陋而好臧否人物。嘗為段孝言開府參軍，又薦為北平王文學。求入
文林館不遂，因非毀朝士，撰《朝士別錄》二十卷。會周武滅齊，改
為《關東風俗傳》，更廣見聞，勒成三十卷以上之。周靜帝大象末，
預尉迥事，誅死。生平附見《北齊書·循吏·宋世良傳》、《北史·
宋隱傳》。

《史通·書志篇》：「藝文一體，古今是同，詳求厥義，未見其可。
愚謂凡撰志者，宜除此篇。必不能去，當變其體。近者宋孝王《關東

風俗傳》，亦有〈墳籍志〉，其所撰皆鄴下文儒之士，校讎之司，所列書名，唯取當時撰著。習茲楷則，庶免譏嫌。語曰：『雖有絲麻，無棄菅蒯』，於宋生得之矣。」

按：孝王所撰〈墳籍志〉，專搜錄北齊鄴下文士著作，既屬斷代之體，與前代公私書志重複著錄者不同，劉知幾頗為贊許；而後代州、府、郡、縣方志多設『藝文志』，蓋倣自此也。

二四、《陳天嘉六年壽安殿四部目錄》四卷　亡佚

陳佚名撰。

《隋書·經籍志》：「梁武敦悅詩書，下化其士，四境之內，家有文史。元帝克平侯景，收文德之書及公私經籍，歸於江陵，大凡七萬餘卷。周師入郢，咸自焚之。陳天嘉中，又更鳩集，考其篇目，遺闕尚多。」

按：《隋書·經籍志》、《通志·藝文略》著錄此書目，《舊唐書·經籍志》、《新唐書·藝文志》，並作《陳天嘉四部書目》，蓋同指陳文帝即位初考校典籍所編目錄。

二五、《陳德教殿四部目錄》四卷　亡佚

陳佚名撰。

按：本書見《隋書·經籍志》、《通志·藝文略》著錄。其編撰時間未詳；唯宣帝太建中，嘗鈔寫古籍，或其時所編定也未可知。

二六、《陳承香殿五經史記目錄》二卷　亡佚

陳佚名撰。

按：本書目見《隋書·經籍志》、《通志·藝文略》著錄。因僅編錄承香殿所藏經、史兩部圖書，故只有二卷，其完成時間未詳。

二七、《開皇四年四部目錄》四卷　亡佚

隋牛弘撰。弘，字里仁，安定鶉觚人。仕周，襲父爵為臨涇公。隋開皇初，授散騎常侍、秘書監，進爵奇章郡公，授大將軍，拜吏部尚書。煬帝嗣位，進位上大將軍、右光祿大夫。大業六年（610 年），從幸江都，十一月，卒於江都郡，年六十六。生平詳《隋書》本傳。

《隋書·經籍志》：「隋開皇三年，秘書監牛弘表請分遣使人搜訪異本。每書一卷，賞絹一匹，校寫既定，本即歸主。於是民間異書往往間出。及平陳已後，經籍漸備。檢其所得，多太建時書，紙墨不精，書亦拙惡。於是總集編次，存為古本。召天下工書之士京兆韋霈、南陽杜頵等於秘書內補續殘缺，為正副二本，藏於宮中。其餘以實秘書內外之閣，凡三萬餘卷。」

按：本書目見《隋書·經籍志》、《舊唐書·經籍志》、《新唐書·藝文志》、《通志·藝文略》著錄，當即開皇三年牛弘表請之後，搜得民間異書，加上宮中舊藏而成。

二八、《開皇八年四部書目錄》四卷　亡佚

隋佚名撰

按：本書目見《隋書·經籍志》、《通志·藝文略》著錄。

二九、《香廚四部目錄》四卷　亡佚

隋佚名撰。

按：本書目見《隋書·經籍志》、《通志·藝文略》著錄。姚振宗《隋書經籍志
考證》卷二三云：「兩唐〈志〉有王劭《隋開皇二十年書目》四卷，此《香
廚四部目錄》疑即是歟！」未知然否？

三十、《七林》？卷　亡佚

隋許善心撰。善心，字務本，高陽北新城人。早知名。仕陳，官通直
散騎長侍，聘於隋，被留繫。陳亡，入隋，歷任秘書丞、黃門侍郎、
通議大夫等官。大業十四年（618 年），為宇文化及所害，年六十一。
生平詳《隋書》本傳。

《隋書·許善心傳》：「善心，開皇十七年，除秘書丞。于時秘藏圖
籍尚多淆亂，善心放阮孝緒《七錄》，更製《七林》，各為總敘，冠
於篇首。又於部錄之下，明作者之意，區分其類例焉。又奏追李文博、
陸從典等學者十許人，正定經史錯謬。」

按：《七林》既有總敘，又區分類例，於部錄下敘明作者之意，頗近於劉向父子《七略》體製，惜佚而不傳。《隋書·經籍志》以下史志，未見著錄。

三一、《隋書開皇二十年書目》四卷　亡佚

隋王劭撰。劭，字君懋，太原晉陽人。少沉默，好讀書。仕齊，累遷太子舍人。齊滅入周，不得調。隋高祖受禪，為員外散騎侍郎，拜著作郎。煬帝嗣位，遷秘書少監，數載，卒官。生平見《隋書》、《北史》本傳。

按：本書目見《舊唐書·經籍志》、《新唐書·藝文志》、《通志·藝文略》著錄，然王劭本傳不言主持編目事，《隋書·經籍志》亦未收載，其故不詳。

三二、《隋大業正御書目錄》九卷　亡佚

隋佚名撰。

《隋書·經籍志》：「煬帝即位，秘閣之書限寫五十副本，分為三品。上品紅琉璃軸，中品紺琉璃軸，下品漆軸。於東都觀文殿東西廂構屋以貯之。東屋藏甲乙，西屋藏丙丁。……，又於內道場集道佛經，別撰目錄。」

按：本書目見《隋書·經籍志》、《通志·藝文略》著錄。《玉海》卷五二藝文部·書目引《北史》遺文云：「隋西京嘉則殿有書三十七萬卷。煬帝命秘書監柳顧言等詮次，除其重複猥雜，得正御本三萬七千餘卷，納於東都修文殿。又寫五十副本，簡為三品，分置西京、東都、宮省、官府。其正御書皆裝翦華綺，寶軸錦標。於觀文殿前為書室十四間，窗戶褥幔，咸極珍麗。」煬帝性好讀書，搜藏極豐富，此書目蓋即柳㫒（顧言）等所詮次。

從明鄭戶官鄭泰長崎存銀爭訟事件看
十七世紀中葉的日本唐通事

鄭瑞明[*]

一、前　言

　　就中國海外交通史的角度而言，中日關係的發展與演變是其中重要的一環。自東漢以降，兩國即透過海路交通而建構了相當密切的關係，尤其在近世初期的十七世紀，日本採行鎖國，禁絕各國及其本國船隻從事貿易，唯獨荷蘭與中國例外，這種政策無異爲唐船開闢一個寬廣的空間；而中國方面，隨著明廷海禁政策的鬆弛，以及明清鼎革的政局發展，崛起於華南，屬亦盜亦商的海商集團大肆活躍，其船隻赴日經商的不絕於途。鄭芝龍家系所主導的明鄭集團便是其中的佼佼者。

　　在明鄭集團所經營的中日貿易中，值得探討的課題繁多，而戶官鄭泰長崎存銀爭訟事件是其中之一。有關此一主題，林恕《華夷變態》、《唐通事會所日錄》等書有相當多的記載，日人浦廉一更善加利用，撰就〈延平王戶官鄭泰長崎存銀事件之研究〉[❶]，詳加探究。但是在他透徹的討論分析當中，多少

---

[*]　臺灣師範大學歷史學系教授。

[❶]　據賴永祥先生在該文中譯本(刊載於《臺灣風物》第 11 卷第 3 期(1961 年 3 月)，頁 25-150。)
　　所撰〈後記〉稱：本稿是浦廉一先生學位論文《清初臺灣の鄭氏に關する新研究》的首
　　篇，原稱〈鄭泰の長崎預銀に關する研究〉。

忽略了事件承辦人唐通事所扮演的角色，包括何以承辦？由那些人承辦？主要關係人為何？又如何承辦？至於後人的研究似乎也未將此列為重點。❷是以個人不揣翦陋，以浦廉一的大作為基礎，試撰此文，以圖補白。尚祈各方家斧正。

二、明鄭户官鄭泰長崎存銀爭訟事件始末

本論文的討論對象雖是唐通事，但因為將其時空背景鎖定在十七世紀中葉鄭成功屬臣鄭泰日本長崎存銀爭訟事件，所以有先探討該事件的來龍去脈的必要，茲謹分鄭泰的出身、存銀、爭訟過程等項討論之。

先就鄭泰的出身而言，鄭泰，字明岳，號大來，外文資料則稱之為祚爺。❸福建泉州府南安縣石井鄉人。因與鄭成功、鄭經既同姓又同鄉，不少舊籍將兩者視為親兄弟或親伯姪❹，但如依《石井本宗族譜》中的兩項記載❺，一者〈井江鄭氏歷代人物〉：「十二世，西亭鄭成功：諱森，字明儼，號大木，……；華亭鄭泰：諱泰，字明岳，號大來，……」；二者〈南安縣四十三都石井鄉鄭氏世譜——始祖五世宗支易見圖〉：

---

❷ 後人的研究並不多見，其中以林子候：《臺灣涉外關係史》（臺北：作者自印本，1978年3月），第三篇第四章〈對日關係與存銀事件〉，頁152-158；中村質：〈近世の日本華僑——鎖國と華僑社會の變容〉，收入箭內健次《九州文化論集二——外来文化と九州》（東京：平凡社，1973年2月），頁224-225，最為主要。

❸ 如日文林恕：《華夷變態》，卷5，〈延寶三年鄭祚爺預け銀之始末覺書〉，頁228。荷蘭東印度聯合公司檔案資料則作 Sauja/Tsoujay /Sauij/Souijia（voc1222，fol.508-509，520-521），對音應為祚爺。想係海商們對於鄭泰的尊稱。

❹ 如江日昇《臺灣外記》、黃宗羲《鄭成功傳》、沈雲《臺灣鄭氏始末》、凌雲《南天痕》、計公奇《與明計略》等諸書均作如是記載。

❺ 佚名：《石井本宗族譜》，收入《鄭氏關係全書》（臺北：臺灣銀行經濟研究室，1960年2月，《臺灣文獻叢刊》第69種），頁39、40、48-49。

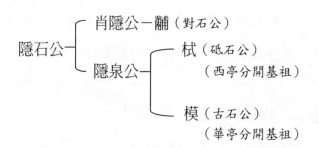

綜合考察該兩項資料，不難發現鄭泰與鄭成功的關係是遠房堂兄弟，十代之前為同一祖先，但在前九代（即第三代）時分為二支，鄭泰屬華亭，鄭成功屬西亭。

儘管鄭泰與鄭成功僅止於遠房堂兄弟的關係，但以中國海商集團的特性——其構成與經營均脫離不了宗族來看❻，鄭成功父親鄭芝龍在一六二○年代崛起於中國閩粵沿海，從事亦盜亦商的事業，乃至建構成一股強大勢力之後，益需同鄉，尤其同宗在人力、資金等各方面的奧援，屬於同宗的鄭泰勢難免除被攏絡乃至納入陣營，何況他又深具經營管理長才，並擁有巨大資金❼，因此自鄭芝龍時代起，經鄭成功時代，以迄鄭經初期，長時間委以軍事貿易重任，此可由《唐通事會所目錄》卷一及《華夷變態》卷一的記載可知，《唐通事會所目錄》卷一寬文六年丙午十月七日〈鄭經使者蔡政口供書〉云：

> 祚爺原係太師（即鄭芝龍）管家，曾押船來長崎，後太師見其伶俐，隨
> 授以官，至國姓爺（即鄭成功）在思明時，要打南京時，任以戶官之職，
> 及兼管仁義禮智信五行，併管杭州金木水火土五行，凡兵糧銀米出入

---

❻ J‧L‧Blusse 著，莊國土等譯：《巴達維亞華人與中荷貿易》（桂林：廣西人民出版社，1997 年 3 月），頁 21。

❼ 夏琳《閩海紀要》：「故戶官鄭泰所寄也，……；成功起兵，以為居守戶官，有心計，善理財，積貲百餘萬。」引文見（臺北：臺灣銀行經濟研究室，1958 年 4 月，《臺灣文獻叢刊》第 11 種），頁 49。

俱係伊管，別行買賣，價聲利銀，俱伊察核。後國姓爺攻取臺灣，令
祚爺同洪伯爺（即洪旭）居守思明州，百事俱付祚爺管理。❽

《華夷變態》卷一〈鄭鳴駿訴論〉則云：

間者逆宗鄭泰猨猨匪徒，蒙我先太師平國公（即鄭芝龍）提拔恩養，重
加委任，迄我先王（即鄭成功），寵以戶官，軍興糧儲，一聽出入，悉
授管鑰，以至各港諸洋貿遷資本，俱委營圖，以裕國計。❾

資料中所稱的：「任以戶官之職，及兼管仁義禮智五行，併管杭州金木水督火
土五行，凡兵糧銀米出入俱係伊管；別行買賣，價聲利銀，俱伊察核」，及「寵
以戶管，軍興糧儲，一聽出入，帑藏啓閉，悉授管鑰，以至各港諸貿遷資本，
俱委營圖，以裕國計」，均足以顯示其爲鄭氏政權的核心人物之一。

　　鄭泰不僅位居鄭氏政權要津，在該政權体制的容許下，本身也扮演著大
商家的角色，經常派遣船隻前往東南亞各國營商❿，當時爲荷蘭所占據的臺灣
也是他發展的對象之一，他透過在臺親人從事經營，不但與荷蘭台灣長官揆一
（Frederick Coijet）相友善、指揮臺灣的漢人領袖（Chinese Cabesa），甚至還

---

❽　東京大學史料編纂所：《唐通事會所目錄》（東京：東京大學出版會，昭和59年4月），
　　卷1，寬文六丙午年十月初七日，頁180-181。同書不乏類似的記載，如頁181云：「凡福
　　建沿海地方，每年應納國姓錢糧，蓋係祚爺收入；發散各船，商販東西二洋，船回，船
　　主將母利銀俱交祚爺算數，國姓爺家中分毫無收，逐自日用柴米及茶葉、蠟燭、寒暑衣
　　服，俱在祚爺辨解。」
❾　《華夷變態》卷1，〈鄭經鄭鳴駿訴論〉，頁46-47。
❿　韓振華：〈再論鄭成功與海外貿易的關係〉，收入鄭成功研究學術討論會學術組編：《鄭
　　成功研究論文選續集》（福州：福建人民出版社，1984年10月），頁209；拙著：〈臺
　　灣明鄭與東南亞之貿易關係初探〉，《歷史學報》14期（1984年6月），頁79。

在今台南安平置產，《巴達維亞城日誌》第三冊、一六六一年四月條云：

> 余之侄 Phenqua 居住大員，故時常函知長官 Coijet 為善士，因此自 Coijet
> 君任大員次席時期起，余即與其互換多年友誼通訊。
>
> 國姓爺數年來禁止其領域內人民派遣帆船至大員，惟 Coijet 君在任長
> 官時，派遣 Hophinqua 至廈門，向國姓爺請求如從前令帆船航行至大
> 員，在該地使與公司進行貿易。余曾參與此事，並獲國姓爺之准許。
>
> 嗣後經過 Phenqua 之介紹，以 2300Rijksdaelder 購買 Wynand 君之住宅，
> 此乃大員周知之事，並亦有發行合法之讓渡證書。❶❶

至於派往日本經營貿易的情況，光由鄭泰親弟鄭鳴駿在一六六三年農曆七月二
十二日致長崎唐通事函中所說的：「先宮傅兄（即鄭泰）歷年興販商艘，與貴
國交通貿易。」❶❷以及鄭泰長子纘緒在一六六四年農曆六月二十三日致長期奉
行函所云：「先君建平侯鳩合商艘，與貴國締交通垂好三十載。」❶❸已足以說
明鄭泰船隻赴日經商的事實與盛況。

　　再就存銀於日本長崎的作為及其目的而言，鄭泰既是鄭氏政權的財經核
心人物，本身又是大商家之一，所以由他所掌控的鄭氏政權船隻或自己的船隻
長年前往日本貿易，瀛利豐厚之餘，又與日本住宅唐人情誼深濃，為商事之便
自然會與其他商人一樣，將部分資金寄存日本，誠如《長崎蘭館日誌》所云：

> 據予所聞，諸多前來長崎經商的大商人，常將大部分的金錢留在此地

---

❶❶　村上直次郎：《バタヴィア城日誌3》（東京：平凡社，昭和50年5月），1661年4月
　　17日〈祚爺之第一信函〉，頁205。

❶❷　《唐通事會所目錄》卷1，頁164。

❶❸　《華夷變態》卷5，〈鄭泰長子讚緒致長崎奉行書〉，頁217。

長崎。❶

這些平時寄存在日本的銀兩到底如何？因缺乏史料，無從詳考。但自一六五九年，鄭成功攻略南京失敗之後，鄭泰預感鄭氏大陸沿海基地遲早可能覆滅，為求保全自己，以備不虞，一如《唐通事會所日錄》卷一所說的：

> 緣年來敝國紛擾，凡發到各船，商販資本，每年酌量帶回，餘悉寄貯貴庫。❶

因此自一六六○年起至一六六四年止，，由鄭泰手下龔二娘等先後八次將三一八○貫寄存於長崎唐通事。❶

再就爭訟的原因過程及日方的處理而言，所謂爭訟，係指鄭經與鄭泰遺族之間，在一六六二年鄭成功死後，鄭泰與鄭經的關係絕裂，乃至被迫自殺❶，

---

❶ 村上質次郎譯：《長崎オランタ商館の日記》（東京：岩波書店，1980年9月），1646年6月8日條，頁54。

❶ 同註❶。

❶ 林子候：《臺灣涉外關係史》，第4章〈對日關係與存銀事件〉，頁155。有關該存銀的受寄託人，存入年月日、存款人、存銀數等細節，請參見浦廉一：〈延平戶官鄭泰長崎存銀事件之研究〉，頁45-46。

❶ 關於此一史事，中文古籍，如夏琳《閩海紀要》卷上，頁29-30、33-34；佚名《閩海紀略》，頁19-20；江日昇《臺灣外紀》（臺北：臺灣銀行經濟研究室，1960年5月，《臺灣文獻叢刊》第60種），卷5，頁214、221；卷6，頁225-226；沈雲《臺灣鄭氏始末》（臺北：臺灣銀行經濟研究室，1958年6月，《臺灣文獻叢刊》第15種），卷5，頁56-58等均有所記載。依淺見，以阮旻錫《海上見聞錄》（福州：福建人民出版社，1982年2月）的記載較為詳實，該書卷一，壬寅康熙元年5月8日條云：「國姓招討大將軍殂於東寧。……報至思明州、鄭泰、洪旭、黃廷、工官洪澄世、參軍蔡鳴雷等立長子經為嗣，封世子，發喪即位。」（頁48）卷二，癸卯康熙二年正月條云：「正月世藩駐思明州，鄭泰守金門，黃廷守銅山，世藩得鄭泰與黃昭往來書，欲襲取之，不自安，稱病不來見。……四

鄭泰遺族挾怨，不但降清，且亟欲取回上述的存銀，以另圖發展；而鄭經為維持其政權的存續，當然也要領回該筆存款。於是各派使臣，「攜書賫禮」，爭相訴請日本當局能將鄭泰所寄存的款項發還於各自。

至於爭訟過程及日本當局的處理，浦廉一曾根據《唐通事會所日錄》卷一及《華夷變態》卷一、卷五之記載，整理成表──〈爭訟中雙方代表之動靜表〉，茲謹援引於下：

表 1：爭訟中雙方代表之動靜表

年次	鄭經				鄭泰遺族			
	派遣者	派遣使者	到日期	提訴機關	派遣者	派遣使者	到日期	提訴機關
寬文3. 康熙2. 1663	鄭經	蔡政 洪末舍	7.25	長崎奉行 唐通事	鄭鳴駿	黃熊官 龔二娘	7.21	長崎奉行 唐通事
寬文4. 康熙3. 1664	鄭經	洪有鼎	閏5.9	長崎奉行 唐通事	鄭鳴駿	黃熊官 龔二娘	閏5.2	長崎奉行
		三十四番 台灣船	6.11	唐通事	鄭纘緒	洪末舍 龔二娘	6.22	長崎奉行 唐通事
					鄭纘緒	洪末舍 龔二娘	12.	長崎奉行 唐通事
寬文5. 康熙4. 1665	鄭經	蔡政 洪有鼎	7.	德川將軍 長崎奉行				
寬文6. 康熙5. 1666	鄭經	蔡政	7.11	德川將軍 長崎奉行 唐通事	鄭纘緒	黃熊官 龔二娘	7.5	長崎奉行 唐通事

月，參軍陳永華謀以世藩將回東寧，而請鄭泰為居守戶官，統轄諸鎮，資其餉給兵，鑄居守戶官印，遣協理吳慎賫至金門。泰遣其弟鳴駿入謝，世藩慰諭之。見陳永華，情款甚密。鳴駿回，力勸其行，泰遂以六月初六日帶兵船並餉銀十萬至思明。是晚，入城赴席，世藩以其前通書黃昭，面質之，遂交與洪旭監留，周全斌率兵併其船。獨蔡璋一船走脫，天未明，至金門，鳴駿倉卒與泰之子纘緒率諸將及兵丁眷口下船，入泉州港，向總督李率泰投誠，船凡二百餘號，全斌等追之不及，初十日，鄭泰見其子弟家眷兵眾已入泉州港，遂自盡而死。」（頁48、50-51）

寬文 8. 康熙 7. 1668					鄭纘成 鄭修典	龔二娘 黃熊官	2.21	長崎奉行 唐通事
寬文 10. 康熙 9. 1670								
寬文 11. 康熙 10. 1671	鄭經	楊英 洪有鼎	5.	長崎奉行				
延寶 3. 康熙 14. 1675					鄭纘成 鄭修典	龔二娘 黃熊官	6.	長崎奉行 唐通事
延寶 5. 康熙 16. 1677					鄭纘成 鄭修典	龔二娘 黃熊官	7.	長崎奉行 唐通事

日方的處理情形，則如下表：

表2：爭訟期間日本當局的處理表

年次	日本當局的處理
寬文 3. 康熙 2. 1663	1.長崎奉行將雙方信函呈給江戶幕府。 2.江戶幕府在第二年正月十五日諭令：根本不知存銀之事，暫時不交還予任何人，待其提出確實證據、派出可信之人之後，再作定奪。
寬文 4. 康熙 3. 1664	1.長崎奉行嚴格檢驗該項存銀，並封箱保管。 2 長崎奉行就各書翰，詳加審閱，並呈江戶幕府，幕府仍持去年「持證據前來即予歸還」之意。（10.6）
寬文 5. 康熙 4. 1665	1.長崎奉行拒絕傳送致江戶幕府之信函，也不接受餽贈，並告知使者，因未提證據，故不交還。（9.27）
寬文 6. 康熙 5. 1666	1.10.7 奉行令雙方代表蔡政及龔二娘分別在通事家作口述。 2.宣告：「不交還」。
寬文 8. 康熙 7. 1668	1.長崎奉行於 8 令龔二娘口供。 2.10.10.長崎奉行宣告：「無確實證據，故不交還。」

寬文 10. 康熙 9. 1670	1.9.21 奉行要通事調查是否有鄭泰方面有關人士在長崎。翌日，又調查有無可送信 　於鄭經鄭泰方面之船隻，要雙方派船使渡日接受結果之宣告。
寬文 11. 康熙 10. 1671	1.擬雙方到齊時，公開宣判，卻因鄭泰方面遲遲未到，因此延宕至 12 月初一日宣告： 　「直接經手人，而且持有確實勘合」，決定交還給鄭泰遺族。
延寶 3. 康熙 14. 1675	奉行命通事向鄭泰代辦人龔二娘詢問往後之情況，並拒絕其餽贈。

註：以上兩表係依據浦廉一〈延平王戶官鄭泰長崎存銀事件之研究〉，頁 124-125，
　　並參酌其說明及其他相關資料改編而成。

　　依據上表，其爭訟梗概如下：一六六三農曆六月十日，鄭泰在鄭經的逼迫下自殺而死，鄭經更因先前獲知鄭泰曾有鉅額款項寄存日本長崎通事處，於是在鄭泰死後不久，即派遣深受信賴的協理刑官蔡政❽攜帶書函，搭乘洪末舍、黃興

---

❽　有關鄭經使臣蔡政，中文書籍記載不少，以夏琳《閩海紀要》的記載最為詳實，該書卷上云：「（己亥順治16年明永曆13年）秋七月，成功進逼南京。……成功遣蔡政、高綿組會江南提督馬進寶師，進寶心戀明朝，密有通款，成功師次崇明時，曾遣劉澄齎密函通之，至是，遣蔡政等前往，訂其率師來會。……成功攻崇明不克，遣蔡政往北京議和。是月四日，成功回師至吳淞港，使蔡政往見馬進寶，商酌入字議和事宜。……馬進寶差中軍同蔡政勸成功退師以待奏請，徐觀和局成否，從之，仍遣蔡政往北京。……冬十二月，蔡政自北京還，政至京，特賜一品袍掛，命回江南與督撫提督會議。甫出京，有人言劾成功無禮，請繫來使，馳檄追捕，政聞之，即晝夜兼程，由兼道奔回。既至，成功嘉其才智，親酌酒勞之，禮待有加。……」「（壬寅康熙元年永曆16年）六月，明賞勳司蔡政奉潮王冠袍至思明州，請世子經發喪嗣位，成功之弟世襲護理大將軍印，已經得罪於父，陰謀自立。蔡政抗聲，析以大義，乃奉成功所遺冠袍赴廈門，請經發喪嗣位。……」「（癸卯康熙2年永曆17年）春正月，鄭經以審理所正蔡政兼思明州事。時鄭經因邊界，外給不至，而軍需迫切，民苦征役，以政有長才，命兼理司明州事務，政虛心撫字，斟酌用錢，均勻甲里，嚴革濫廥，凡所興除，悉因屬害，島人皆德之。……秋七月，鄭經以思明州蔡政為協理刑官，使日本。……」「（甲辰康熙3年永曆18年）秋七月，明協理刑官蔡政自泉州歸東寧，政出使日本，將至廈，值鄭經兵變，欲遁東寧，政為舟人挾入泉州，遵義侯鄭鳴駿設館禮待，防衛甚密。是時，方隆招撫之命，凡投誠部職，量與

老之船隻，於是年七月二十五日抵日，提出還款要求；稍前，鄭泰弟鄭鳴駿也派黃熊官及鄭泰駐日代表龔二娘呈書，提出同樣要求。長崎奉行將雙方信函轉呈江戶幕府，翌年（1664）農曆正月，將軍以證據不足，不給發還；而長崎奉行方面則隨即下令檢閱該項存款，並加封箱掛印保管。類似的戲碼，即雙方使臣攜帶以備受日方照拂、指責對方之不是、理應還之於己等為主要陳述內容的信件，向日本提出歸還存銀要求，而日方則以證據不足，待補強後再做決定等，持續在一六六四、一六六五、一六六六、一六六八年上演。所不同的是：一、鄭經方面的使臣多少有所不同，由蔡政改為楊英；二、鄭泰遺族方面主持人的更迭，先是鄭泰弟鳴駿，後轉為鄭泰子纘緒，纘緒子修典等；三、日本由回應的被動姿態轉為積極偵察，如一六六六年，長崎奉行要通事直接詢問雙方代表，並製作口供，以為憑據等是。事經九年左右，雙方各提六次、八次訴訟，終於在一六七一農曆十二月一日，以鄭泰遺族為「直接經手人，且持有確實勘合」（日文：前廉預ケ置候，主唐人と申，殊に慥成手形も有之候間）[19]，宣判該銀歸諸鄭泰遺族。[20]

監司，政名素著，督撫即會鳴駿，繕疏具題，命將下，而政以計脫歸東寧，既至，鄭經大喜，命為協理禮官，寵遇日隆。……」「（戊申康熙7年永曆22年）夏五月，明協理禮官蔡政卒。政字拱樞，金門人，性至孝，謹敏多才略，凡軍前號令條教，屬筆立就，動中機宣，最見重於成功。其出使京師議和，及迫於舟人挾入泉州，俱運膽智從容遁去，人所莫測也。涖思明州，有惠政，島人德之，掌刑篆，平反日多，以仁恕稱。東寧開國之初，因民性而出教令，申制度以昭璋，政在宜人，士庶便之。每進讜論，世子改容加納。與兵部侍郎王忠孝交善。至是卒。」見頁23-25、30、33-34、36-38。

[19] 《華夷變態》卷5，頁238。

[20] 以上參閱浦廉一：〈延平王戶官鄭泰長崎存銀之研究〉，頁 49-125；林子候：《臺灣涉外關係史》，頁 154-158。

三、鄭泰存銀爭訟事件時期的唐通事

就整個鄭泰存銀爭訟事件來看，提訟人是鄭經及鄭泰遺族，判決者則是日本幕府將軍及其地方官長崎奉行，至於事件承辦人則是住宅唐人的通事。其如何承辦？將留待後文討論，至於何以承辦？由哪些人承辦？該事件的關係人又如何？猶關當時通事制度中通事的設置、組織、人事及職權諸問題，因此擬先就通事的設置、組織、人事及職權等項加以討論。

先就通事的設置而言。盧千里《長崎先民傳》卷下通譯條云：「譯，易也，以所有易所無也，其傳語人，古名四方，今謂通譯，漢之通於外國也尚矣，乃置玄蕃寮，設鴻臚館譯士若干員。中古以來，和漢航海，稍少譯名，幾乎熄矣。慶寬之際，華番賈舶來入崎港，因是復立大譯小譯，總曰通事，此擇其精暗方言，講規詞，達法令，纖悉明徹，彼此精解，能傳國政，其功可載者。」❷❶文中所稱「慶寬之際，華番賈舶來入崎港，因是復立大譯小譯，總曰通事」，頗能說明《譯司統譜》〈唐通事始之由緒〉條所稱的：「慶寬八卯年（1603）小笠原一菴在職之時，命唐人馮六為唐通事，而開通事之端。」❷❷

---

❷❶ 盧千里：《長崎先民傳》卷下（鄉土志料叢書《海色》第一輯.長崎海色社昭和9.10）頁28。

❷❷ 穎川君平：《譯司統譜》（長崎縣史編纂委員會，《長崎縣史》史料篇四，東京：吉川弘文館，昭和40年3月），頁592。有關唐通事之設置年代，有根據《譯司統譜》等而作慶長8年（1603）的，如李獻璋《長崎唐人の研究》（親日銀行，平成3年10月），頁97；松本功：〈唐通事の研究──特に譯司總譜唐通事會所日錄を中心として〉，《法政史學》10（昭和32年），頁111；松下至朗：〈鹿兒島藩の唐通事について〉，箭內健次《鎖國日本と國際交流》下卷（東京：吉川弘文館，昭和63年2月），頁42；有依據《長崎紀事》等而作寬長9年（1604）的，如矢野仁一：《長崎市史──通交貿易編東洋諸國部》（長崎：市役所，昭和13年11月），頁62-63；定宗一宏：〈近世中日貿易における唐通事──密貿易研究への序說として〉，《史學研究》72號（昭和34年4月），頁51；和田正彥：〈長崎唐通事中に異國通事について──東京通事を中心として〉，《東南

設置後的通事，隨著中國船隻赴日經商的增加，無論組織、人事、職權各項均逐漸擴大、健全，乃至成為日本對外貿易制度中極為重要的一個體系㉓。茲僅以發展至鄭泰存銀爭訟事件發生的一六五〇至一六七〇年代，亦即經過半個多世紀之後的情況加以觀察。

就組織方面而言，依《譯司統譜》的記載及中村質〈近世の日本華僑——鎖國と華僑社會の變容〉的研究，存銀爭訟時期唐通事的組織如下：

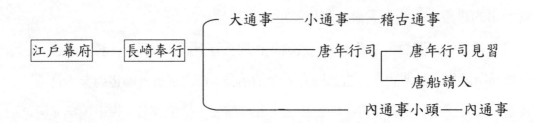

資料來源：以中村質〈近世の日本華僑——鎖國と華僑社會の變容〉，頁189表6為主，再參酌穎川君平《譯司統譜》，頁592、605-606、620-621、675、730-731、738、750-751製作而成。

上表中的大通事、小通事、稽古通事三者構成通事的核心，職級依序排列，是屬狹義的通事，在執行業務時，一般是由一個大通事或一個小通事帶領稽古通事組成一組加以進行。㉔各職的在職人數，隨年代的不同而多少有所變動，此

アジア——歷史と文化》9（1980年2月），頁24；中村質：〈近世の日本華僑——鎖國と華僑社會の變容〉，頁208；中村質：《中國文化と長崎縣》（長崎縣教育委員會，平成元年3月），頁92；山協悌二郎：《長崎の唐人貿易》（東京：吉川弘文館，昭和39年），頁294-295；劉序楓：〈明末清初的中日貿易與日本華僑社會〉，《人文及社會科學集刊》11卷3期1999年3月），頁462。

㉓ 註㉒所引各文均作如是觀。

㉔ 中村質：《中國文化と長崎縣》，頁93；〈近世の日本華僑——鎖國と華僑社會の變容〉，頁209-210。

將留待後文討論。再者，表中的唐年行司、唐船請人、唐年行司見習、內通事小頭、內通事，因爲職司及權力隸屬上，與大小通事等有別，但也都屬於通事系統，故有廣義通事系統。❷唐年行司係一六三五年規定唐船集中於長崎一貿易港後，日本政府恐引起貿易上的混亂及紛爭，於是命住宅唐人歐陽雲台、何三官、江七官（銀七官）、張三官、何八官、陳奕山六人爲唐年行司，目的在「唐人犯國禁或起爭論時，裁斷是非」❷，其讓唐人自治的意味濃厚，而在爭訟期間的任職人數，因史缺有間，無從詳考，據《譯司統譜》所載，推估約在七人左右。唐行年司見習始於一六七四年，由唐行年司薛六官、林一官、陸一官之子等擔任，係爲學習唐行年司職務而設，爭訟期間的任職人數不過兩人而已。唐船請人與唐年行司同年設立，屬同一系列，只是爲防止唐船搭載基督徒、走私貨品及武器，要住宅唐人當渡日商人的保證人而已，爭訟期間的任職人數，有陳九官、江七官、楊一官、薛八官、李八官、王二官等六人。至於另一系列的內通事及其領袖內通事小頭，初設於爭訟期間的一六六六年，內通事一六八名，內通事小頭有下田彌三右衛門等七人。❷這些屬於廣義的唐通事，固然與唐船商人的經商、存銀及爭訟有關係，但程度上則遠不如屬於狹義的大、小、稽古通事，因此只作以上表面性的陳述而已，不深入討論。

再就人事方面而言，誠如前所述，與鄭泰存銀事件有直接關係的是大、小、稽古通事，因此擬針對這三類的人事做討論。

首先是關於大通事部分，依《譯司統譜》的記載，在鄭泰存銀爭訟期間的大通事有下列諸人：

---

❷ 和田正彥：〈長崎唐通事中の異國通事について〉，頁 24-25；劉序楓：〈明末清初的中日貿易與日本華僑社會〉，頁 462。

❷ 田邊茂啟：《長崎實錄大成》（長崎：文獻社，1973 年），卷 10，頁 244。

❷ 《譯司統譜》，頁 730-731、735、738-739、750-752。

表 3：各大通事任職時間表（1650s－1670s）

年代／任職期間／人名	1651	1655	1657	1658	1659	1661	1662	1674	1675	1679	備　註
林仁兵衛	──	──	──	──	──	──	──				1641 由小通事轉任。
穎川藤左衛門（陳道隆）	──	──	──	──	──	──	──	──	──		1641 由小通事轉任。
穎川官兵衛（陳獨健）	──	──		──	──						1632出任，1655-1658卸任，由其子穎川久次郎繼任，1658子死，再任。
穎川官兵衛（久次郎）		──	──								穎川官兵衛（獨健）之子，1655繼父職，原為稽古通事。
深見久兵衛		──	──	──	──						1643 年由小通事轉任。
彭城太兵衛		──	──								1643 年由小通事轉任。
彭城仁左衛門					──	──	──	──	──		1659 年由小通事轉任，以繼深見久兵衛職。
柳屋次左衛門						──	──	──	──		1661 年由小通事轉任，以繼穎川官兵衛（獨健）職。
陽物右衛門（歐陽國澗）							──	──			1662 年由小通事轉任，以繼林仁兵衛職。

林道榮									—		1675 年由小通事轉任，以繼穎川藤左衛門（陳道隆）職。
穎川藤左衛門（葉茂猷）								—			穎川藤左衛門（陳道隆）養子，1675 年由小通事轉任，以繼陽物右衛門職。
共計 10 人	5 人	5 人	5 人	4 人	4 人	4 人	4 人	4 人	4 人	4 人	

資料來源：《譯司統譜》，頁 605-607。

透過上表，有幾點值得注意：第一，出任大通事的計有十個人，不過林仁兵衛等五人在這個時段以前即已就任；第二，在職人數在這個時段的前期（即1651-1657）為五人，後期（即 1658-1679）為四人；第三，幾乎是由小通是升任（90％），只有穎川久次郎由稽古通事升任，想必是因為出身關係；第四，父子相繼繼承的現象並不普遍，只有穎川官兵衛（獨健、又次郎）是；第五，以家族角度來看，穎川藤左衛門家族的任職最為長遠，在這個時段裡，幾乎自始至終（扣除 1675 年農曆 2 月-6 月）均在職。

其次是關於小通事部分，依同書的記載，小通事雖在一六四〇年設置，但經常虛懸，到一六五八以後，才有定制。爾後的（以迄 1679 年即爭訟事件結束時代）情況如下表：

表4：各小通事任職時間表（1650s－1670s）

任職期間\年代\人名	1658	1659	1661	1662	1663	1668	1669	1672	1674	1675	1676	1679
彭城仁左衛門	───											
柳屋次左衛門	────	────										
陽物右衛門（歐陽國澗）	────	────	────									
何仁右衛門	────	────	────	────	────							
東海德左衛門			────	────	────	────	────	────	────	────	────	────
林仁兵衛（甚吉）				────	────	────	────	────	────	────	────	────
林道榮					────	────	────	────				
穎川藤右衛門（葉茂猷）							────	────	────			
西村七衛兵								────	────	────	────	
下田彌三右衛門									────	────		
陽物右衛門（陽三郎右衛們）										────	────	
彭城久兵衛											────	────
共計 12 人	4	4	4	4	4	4	4	5	5	5	5	5

上表各小通事之附註如下：

任職期間 人名	備註
彭城仁左衛門	1659 繼深見久兵衛大通事職。
柳屋次左衛門	1661 繼潁川官兵衛（獨健）大通事職。
陽物右衛門	1662 繼林仁兵衛大通事職。
何仁右衛門	1668 卸職。
東海德左衛門	1661 繼柳屋次左衛門職，1699 轉任通事目役。
林仁兵衛（甚吉）	林仁兵衛（守璧）之子，1662 由稽古通事轉任，以繼陽物右衛門，1693 改任大通事。
林道榮	1663 因彭城仁左衛門的推薦而任職，1674 繼潁川藤左衛門大通事職。
潁川藤右衛門（葉茂猷）	潁川藤左衛門（陳道隆）之子，1669 由稽古通事轉任，1675 改名潁川藤左衛門，繼陽物右衛門大通事職。
西村七衛兵	1672 由內通事小頭通事升任，1679 病死。
下田彌三右衛門	1674 繼林道榮小通事職。
陽物右衛門	陽物右衛門（歐陽國澗）之子，1675 由稽古通事繼潁川右衛門小通事職，1689 病死。
彭城久兵衛	1676 繼下田彌三右衛門職，1695 改任大通事。

資料來源：以上兩表均見《譯司統譜》，頁 620-622。

經由上表，可有下列幾點認識：第一、這個時段裡，共有十二人次登任小通事；第二、前期（1658-1672）為四人，後期（1672-1679）則為五人，第三、十二人中有七人（約 58%）後來升任大通事；第四、有新任的，如東海德左衛門、

林道榮等是；有由稽古通事轉任的，如林仁兵衛（甚吉）、陽惚右衛門等是；第五、比較上任職連續性較強的是東德左衛門及林仁兵衛（甚吉）。

再其次是稽古通事部分，最早設置於一六五三年，本時段裡的情況如下：

表 5：各稽古通事任職時間表（1650s-1679s）

任職期間人名 年代	1653	1655	1657	1662	1667	1669	1675	1679	備　　　註
潁川九次郎	———								潁川官兵衛（獨健）之子，1655改任大通事。
林甚吉			———	——					林仁兵衛之子，1662改任小通事。
潁川藤右衛門					———	——			潁川藤左衛門養子，1669改任小通事。
陽三郎右衛門					———	——			陽物右衛門之子，1675改任小通事。
共 4 人	1	1	1	1	2	2	1	0	

資料來源：《譯司統譜》，頁 675。

觀察上表，如以稀稀落落來加以形容也不爲過，充分顯露草創的特色，不過該四人都是大小通事的子弟，倒是無庸置疑的。

至於這些通事的出身、來歷及作爲又如何？茲擬以與存銀爭訟事件的關係程度爲主要考量，依宮田安《唐通事家系論考》的方式，以家族爲主體加以討論。

就整個事件來看，與之關係最爲密切的，莫過於既是銀兩的受託人，又是承辦人通事中的領銜人物林仁兵衛與 潁川藤左衛門兩家人。故先就該兩系人馬作較爲詳細的討論，至於其他，限於篇幅，只作概略性探討。

林仁兵衛（1610-1694），漢名林守墼，字大堂。原係福建福州府福清縣

上經人，父親林太卿（字守玉）時遷居日本薩摩藩，母親鹿兒島人篠原氏。約十歲時（1619 年）隨父母由鹿兒島遷居長崎，運用父親在唐人界的聲望及其經商成功的基礎，逐漸嶄露頭角，領導福州籍人建立崇福寺的殿堂，一六四〇年與潁川藤左衛門同時出任小通事，開啓小通事制度先端；第二年升任爲大通事。他除擅盡其通事職責外，並貢獻其心力於長崎唐人社會，其中以對崇福寺細部及軟体方面的奉獻最爲有名，如一六四四年獻建山門「海天門」，一六四七年獻建洪鐘，邀約多位來自唐山的禪師如千呆、超然、隱元、即非前來講道，擔任住持等，甚至還以陪客身分，隨同唐僧即非接受長崎奉行的招待。一六六二年農曆十月，辭去大通事職務，改名獨振，一心向佛。至於兒子林甚吉（1634-1709），一六五七年出任稽古通事，一六六二年升任小通事，一六九三年，改成父親之名林仁兵衛，而升任大通事。❷❽

潁川藤左衛門（1616-1676），漢名陳道隆，原籍福建漳州府龍溪縣，在父親陳沖一時遷居日本薩摩，母親爲鹿兒島人隅原氏。一六一五至一六二三年間，隨父母遷居長崎，因通曉唐音，而在一六四〇年被拔擢爲小通事，與大通事潁川官兵衛（陳獨健）等共理通事之事，並與同事建立深厚情誼。一六四一年升爲大通事，地位日高，與住宅唐人以及漳泉航日船隻的船主間之來往益加密切，此可由《長崎下筑後町潁川家譜》所載而得知：

> 分紫山福濟寺之事，該寺原爲唐僧覺誨禪師開闢之地，然向無弟子住
> 職。慶安二年（1649）藤左衛門等自唐國福建請來泉州府俗姓林氏，
> 時任溫陵開元寺長老的蘊讓戒琬，藤左衛門並以檀首之態，建立諸堂
> 伽藍，規模方才大備。……來自泉州方面諸船主會同商議，以藤左衛

---

❷❽ 參閱宮田安：《唐通事家系論考》（長崎：文獻社，昭和 54 年 12 月），頁 392-396；李獻璋：《長崎唐人の研究》，頁 232-236。

門為檀首，開始寄付香油錢，福濟寺的香火因此得以不斷。

甚至還透過婚姻、收養義子等方式，建立龐大親族網絡，同上書又云：

> ……無嗣子，故收陳沖一同鄉漳州龍溪人葉我欽之實子名葉村藤右衛
> 門者為養子，並妻以長女為繼承。……女子十五人，其中一人嫁船籠
> 町乙名田口某，一人嫁大黑町乙名德岡氏。……妣長崎代官末次平藏
> 女兒，慶安五年（1652）壬辰六月二十九日卒。㉙

其任大通事職位，直到一六七五辭職止計達三十四年之久。以他的職務、地位
及人脈來看，鄭泰所以會將銀兩寄放於該處，並不是沒有理由的。何況他們都
同屬漳泉幫的。

潁川藤左衛門的成就蔭被藤右衛門（？-1697、漢名葉茂猷，後改名為藤左衛
門），潁川藤右衛門也因而在一六六七年受任稽古通事，兩年後（1669）升任
小通事，六年後（1675），又升任為大通事，晚年甚至受派擔任通事最高階「唐
通事目役」（1695-1697）。他除克盡通事職責外，頗能秉持其父那種貢獻心
力於長崎住宅唐人的心志，一六七八年寄付長崎悟真寺梵鐘即是一例。㉚

至於有一批雖也承辦爭訟事件，但關係性比較不強的通事則有潁川官兵
衛（獨健）及其子潁川久次郎、深見久兵衛、彭城太兵衛、彭城仁左衛門、柳
屋次左衛門、陽惚右衛門（歐陽國澗）及其子、林道榮、何仁右衛門、東海德

㉙ 以上兩則，見《長崎下筑後町潁川家譜》，（渡邊庫輔手抄本，長崎縣立圖書館藏，架
號316.13.311），頁2-4。

㉚ 以上參閱宮田安，前揭書，頁23-36；李獻璋，前揭書，頁203-210；拙著：〈從四種潁
川家譜之記載看日本長崎華人社會──以潁川家族陳氏、葉氏為中心〉，《歷史學報》
25期（1997年6月），頁183-206。

左衛門、西村七兵衛、下田彌三右衛門、彭城久兵衛等，茲謹依序略述於下。

1. 潁川官兵衛（1592-1671），唐名陳性乾，後改名僧獨健，浙江紹興府人，一六一〇年渡日，屬第一代住日唐人。一六三二年受派大通事。一六五五至一六五八年一度離職，由其子潁川官兵衛（原名久次郎）所取代，一六六一年，正式辭職出家。任職期間，曾捐出別墅，以創建禪林寺，也曾以「三ケ寺」首席檀越的名分，會同其他住宅唐人，召請禪師隱元赴日傳道。次子久次郎（？-1658），一六五三年出任稽古通事，一六五五年，取代父職，任大通事，並改名爲官兵衛，在職三年即去世，時一六五八年。

2. 深見久兵衛（1602-1666），唐名高一覽，係謙田新右衛門之子，原籍福建漳州府，因高壽覺的收養而改籍，並改姓高。一六四一年出任小通事，兩年後升任大通事，一六五九年辭職。任職期間，曾捐建堂門橋，卸職後，又獻納佛像給皓台寺。次子高玄岱，以精通書醫而活躍於長崎。

3. 彭城太兵衛，漢名劉道順，原籍江蘇淮安。爲長崎三江幫頭人之一劉鳳歧的三子。一六四一年與高一覽同時出任小通事，一六四三年升任爲大通事，以迄於一六五七年。其間曾與其他十一人連署召請唐僧隱元來日。

4. 彭城仁左衛門（1633-1695），漢名劉宣義，原籍福建福州府長樂縣，父親劉一水時抵日。盧千里《長崎先民傳》卷上云：「宣義爲人博聞好學，且能華音，方言士語，無不通曉，年十餘歲擢譯，以博物著」，想必曾任內通事。一六五八年出任小通事，第二年升任大通事，以迄一六九五年死爲止。「名聲甚著，富擬公室，雖闔鄉諸吏及百事，莫與之抗。……藤蔭鎮（名勝登牛込氏）亦服其才，寵遇優渥。是時林應寀亦以書名，故義與寀晝夜從事守廳，賦詩屬文，未之有間。……義爲人剛直，從役四十餘年，無闕失」。[31]

5. 柳屋次左衛門（1639-1700），漢姓柳，屬三江幫。一六五八年，與彭城

---

[31] 盧千里：《長崎先民傳》，卷上，頁1。

仁左衛門等四人同時出任小通事，一六六一年升任大通事，雖曾在一六九三至一六九五年辭職，但仍再受派「唐通事目役」，至一七〇〇年死。家境富裕，故曾被推爲春德寺的檀越。

6. 陽惣右衛門（？-1675），漢名歐陽國潤，原籍福建漳州府，是住宅唐人有力人士、唐年行司歐陽雲台之子。一六五八年出任小通事，一六六二年升任大通事，一六七五病死而免職。在其父親時代即因經商而累積相當財富與社會地位，因此任職期間，除多少扮演通事頭領角色外，一六六九年曾以大檀越身分與西村七郎兵衛等鑄獻梵鐘於大光寺。其子原名陽三郎右衛門（？-1689），於一六六七年出任稽古通事，一六七五年改成與父同名的陽惣右衛門，並出任小通事，一六八九年病死而免職。

7. 林道榮（1640-1708），福建福州府福清縣人，是住宅唐人中另一有力人士、唐年行司林一官（以琰）之子。「幼好讀書，一目五行，讀則成誦，又工字學，凡眞草行隸，無所不能，所著詩文，不務構思，下筆立就。……名聲大振，舉無與比。……嘗見寵於大村侯，侯乃賜之雄浦地數十步，以爲僑居之所。藤使君亦與之善，官暇延請消遣，偶賜案以官梅之號」。
❸❷一六六三年出任小通事，一六七五年升爲大通事，晚年更被拔擢爲「唐通事目役」及「風說定役」。任職期間，除與日地方官員大村侯、長崎奉行牛込勝登交往過從外，與住宅唐人彭城仁左衛門（劉宣義）及唐僧隱元等也有密切的來往。

8. 何仁右衛門（？-1686），漢名何兆晉，原籍福建福州府福清縣。父親何高材時來長崎。一六五八年與陽惣右衛門等三人同時受派登任小通事，一六六八年辭職。潁川官兵衛（久次郎）爲其妹婿。一六六七年幕府巡察使岡野孫九郎巡視長崎時，曾下榻於何仁右衛門宅，其財富及關係由此可見。

---

❸❷　盧千里，前揭書，頁2。

9.東海德左衛門，漢名徐德政，原籍浙江紹興府蕭山縣遊化鄉。父徐晉雲時
來日。「少有捷材，通吳閩語，官以華種舉屬譯部。性至孝，慶安已丑
父歿，又九年而母歿，德政居喪盡哀，築墳建祠，委資庀役，雕石鏤玉，
百堵皆新，盡美盡善，時日修祭，事死如生，終身不怠，當此之時，冢
樹皆變白，世以爲孝感所致云。」❸一六六〇年受派擔任內通事，翌年升
爲小通事後至一七〇五年方才免職，任小通事職幾達半個世紀。

10.西村七兵衛（1631-1693），漢名陳道秀，福建漳州府龍溪縣人。父潛明，
母西村氏，其日文姓取自母系。父早逝，在母親及繼父陳朴純撫育下，
學習儒學、唐語和譯業，一六六六年出任內通事小頭，一六七二年升任
爲小通事，直到一六九三病死。僧鐵心〈西村氏遺像記〉記其爲人云：
「爲人天成，廉且寬，嚴復慈。莫公親疏，當任以正，利益于人爲本懷
也。故南商諸君，莫不以此戀其素誠，況復言辭簡而密，敬三寶，朝齋
暮罷，如斯三十餘春矣。」❸

11.彭城久兵衛（1638-1708），漢名劉一元。原籍不明，父劉焜台時抵日。一
六六三年時任內通事，一六七六年升任小通事，一六九六年改任大通事，以
迄1703年辭職止。任職期間，與唐僧即非、大庵、隱元等相來往。❸
以上係就鄭泰存銀爭訟時期，曾任通事核心的大、小、稽古通事各家（除

❸　盧千里，前揭書，頁15-16。
❸　僧鐵心：〈西村氏遺像記〉，引自李獻璋：《長崎唐人の研究》，頁221-222。
❸　以上參閱：宮田安，前揭書，頁88-92（潁川官兵衛）、270-272（彭城太兵衛）、157-172
（彭城仁左衛門）、301-302（柳屋次左衛門）、321-326（陽惣右衛門）、349-355（林
道茶）、458-469（何仁右衛門）、619-321（東海德左衛門）、700-704（西村七兵衛）、
235-240（鵬程久兵衛）；李獻璋，前揭書，頁 187-191（潁川官兵衛）、214-218（深見
久兵衛）、196-198（彭城太兵衛）、253-255（彭城仁左衛門）、201-202（柳屋次左衛
門）、181-183（陽惣右衛門）、247-253（林道榮）、236-243（何仁右衛門）、199-200
（東德左衛門）、219-222（西村七兵衛）。

下田彌三右衛門因欠缺資料而略去外），所作的簡單論述，綜合言之，第一，大多
爲第二、三代住宅唐人，其前代在十六世紀末葉十七世紀初葉抵達日本後，努
力經營，而創下良好的基礎；第二，身負語言長才，日、唐及中國方言，各有
專擅及兼通；第三，家族性強烈，不乏上一代爲大通事，下一代爲小通事或稽
古通事的；第四，勇於負起通事職責外，對於中國文化的傳播及日本社會的融
入，也不遺餘力地進行。基於以上各項而建構出：他們與唐船及唐方人士的來
往，並不僅止於職務上的接觸，更有心靈上的交會，也因此鄭泰才會放心將銀
兩寄放在他們的地方，而他們也才會積極地從事爭訟的處理。

　　不過這些通事之所以積極地處理爭訟，最基本的因素還是職責所在，因
此有必要將通事的職掌加以討論。有關本項的研究成就已相當豐碩，其中又以
中村質的〈近世の日本華僑——鎖國と華僑社會の變容〉及《中國文化と長
崎縣》兩作品的討論最爲透徹，茲謹據而論述於下：

　　唐通事的職務大致可分成四大項：翻譯業務、貿易業務、唐人秩序維護事業、
外交事務。先就翻譯業務方面而言，在執行業務時，一般是由一個大、小通事帶
著稽古通事分組執行。一般的事務用口頭傳譯通知，法令、規則、貿易額的佈達，
至於唐人的請願則以書面行之。再就貿易業務方面而言，唐船進入長崎港之後，
通事即登船記錄商船的出發地、船員姓名，調查海外事情，然後將其翻譯作成船
員名簿、風說書、載貨清單，再在「丸荷役」或「精荷役」的在場見證下加以估
價。此外，還須製作交易貨品的品名、數量、價格等清單和估價單。當唐船返航
之前，另需製作賣銅、購貨清冊、買賣帳冊。這些帳冊各船均得分別製作，然後
交給長崎奉行，再轉呈江戶幕府。唐通事亦被賦予某重程度的貿易裁量權，通事
如有意見也可提供給長崎奉行，以資參考。再就唐人秩序的維持而言，唐通事還
負有取締唐人違法行爲及維護唐商、水手之秩序的責任，如防止船員水手走私買
賣、集体打架等情事。再就外交事務而言，主要是將聽取自各船的海外消息整理
成「風說書」形式提交幕府，以爲政府瞭解國際情勢的管道。另有漂流船的處理，

包括漂流到日本的中國沿海船隻的送還，以及由中國船送回遇難漂流海外的日本人，這些對中國官民所發的文件也由唐通事負責。此外，由唐船攜帶而來致日本官方的各界書信，如明鄭、暹羅、安南等國書，包括書信本身及書信內涵上所牽扯的各事務，也都透過通事來處理。❸❻總括來說，鄭泰之存銀、鄭經及鄭泰遺族為取回該存銀而起爭訟的申訴對象，尤其整個事件的承辦，都是唐通事，而其所以如此，正是唐通事的職責使然。

四、唐通事承辦鄭泰存銀爭訟事件

如果從歷史的角度觀察鄭泰存銀事件的發展，約略可分成幾個階段：存銀、雙方提控、日本當局暫不還銀、存銀的整理與封箱、持續爭訟、日本發還、鄭泰遺族派遣謝使等。在各階段裡，唐通事始終居於中間的承辦地位。所謂承辦，就是「奉上承下」，意即唐通事基於職掌及地方屬吏，先是接受寄放銀兩，等到鄭經及鄭泰遺族雙方提出訴訟書文之後，又無可迴避地接受，充分顯示承下的意味。另方面，得自唐船的書函，轉譯成日文呈上，以求上級決定，且事件爆發後，這些存銀已歸由日本長崎奉行掌控、江戶幕府判決，而幕府或奉行的各項決定及應有的準備，透過奉行或奉行本身加以傳達與命令，通事不但積極辦理，顯示其「奉上」，同時還須將日本當局的指示轉知鄭經等雙方，再而顯示「承下」之意，甚至還隨時製作「覺書」（備忘錄），以備各界的察查，是以構成「奉上承下」的另一面。茲擬依前述的事件發展階段，依序探討唐通事如何承辦。

先就存銀階段（1660-1664）而言，如同本文第二節所述，明清時期，抵

---

❸❻ 參閱中村質：〈近世の日本華僑──鎖國と華僑社會の變容〉，頁 216-226、《中國文化と長崎縣》，頁 100-102；劉序楓：〈明末清初的中日貿易與日本華僑社會〉，頁 462-464、〈從清朝對日本海難難民的遣返看清代中日關係〉，《何石金昌沛教授華甲紀念史學論叢》（1992 年），頁 569-572。

日貿易的唐商多有將其經營所得的一小部分寄存在日本的習慣，鄭泰既是掌控明鄭集團財經經營的戶官，又身居要津，在容許下可有自我船隻以從事貿易，因此經常有其管轄及自有船隻赴日經商，無可免俗地將部分銀兩寄放在日本，尤其一六五〇年代後期，清軍南下，鄭成功北伐失敗，明鄭勢力益趨萎縮與不穩，鄭泰爲求自我後路，以備不虞，更將大筆資金委由代理人龔二娘等寄存於日本。其寄存對象則選擇唐通事林仁兵衛、穎川藤左衛門、藤崎次郎右衛門三人，該寄存情況，浦廉一依據《華夷變態》卷五〈延寶三年乙卯鄭祚爺預ケ銀之始末覺書〉等之記載，製作成表，充分掌握其中梗概，茲援引於下：

表 6：鄭泰存銀情況表

受寄託人	存入年份	存款人	存銀數	備註
林仁兵衛	1660	龔二娘、洪末舍、張四官、黃興老	1350 貫 323 兩 4 分	存銀數原爲 1404 貫，但在 1663 年部分被領回及火災燒毀計 53 貫 676 兩 6 分。
藤崎次郎右衛門	1660		160 貫	存銀數原爲 168 貫，但在 1660 年被領回 8 貫。
穎川藤左衛門	1660-1664	洪末舍、鄭炳官、洪斗娘、黃興老	1560 貫	存銀數原爲 1608 貫，但在 1663 年被領回 48 貫。
共計			3070 貫 323 兩 4 分	原爲 3180 貫，被領回及火災燒毀 109 貫 676 兩 6 分。

資料來源：改編自浦廉一：〈延平戶官鄭泰長崎存銀事件之研究〉，頁 45-46。

鄭泰所以選擇林仁兵衛、藤崎次郎右衛門、穎川藤左衛門做爲寄存對象，主要理由應是這些人都是通事，其船隻前來日本，接觸最多、受惠最多、情誼最厚、信度最高的是通事，尤其既是同鄉，又是資深大通事，更是住宅唐人的領袖林仁兵衛與穎川藤左衛門，此可由該兩人受寄的銀兩特別多得到證明。至於這些通事之所以接受寄存，據個人的推敲，除基於個人的情誼與方便之外，主要可

能是因為身居通事，透過唐方人士如鄭泰及其代表龔二娘等所提供的訊息❸，
一方面深刻瞭解中國方面那種危急，滿清日盛的情勢，另方面出身中國，對於
明廷及明鄭又有特別好感，為「社稷遠圖，實煩區畫」，因此慨允寄存銀兩之
事。此可由通事所作有關寄銀的「覺書」而得知，《華夷變態》卷五云：

> 因為大清數次攻來，廈門幾乎要陷落，鄭祚爺於是命令：凡派往日本
> 的船隻，都要將資金的大部分寄存在日本，而代理的船頭們也確實將
> 各船的部分銀子寄放在長崎。❸

字裡行間多少顯露認同鄭泰的存銀作法及「反清復明」的心思。不管如何，通
事林仁兵衛等確實接受了鄭泰及其代理船主們的請託，代為保管部分資金，呈
現出「承下」之舉。

　　再就雙方提控的初期（1663-1664）而言，一六六三年六月，鄭經與鄭泰絕
裂，乃至鄭泰自殺。為了存銀，雙方各派使臣赴日要求歸還：鄭經方面派使臣
蔡政等帶了四封分別給長崎奉行、唐通事及逗留長崎的鄭泰代理船主龔二娘和
林賢的信件，鄭泰貴族方面的信件則由鄭泰弟鄭鳴駿具名，委交八番船帶給龔
二娘等轉呈通事。這些信件依照制度，由小通事林甚吉等接收，（時間上前者是
7 月 25 日，後者是同月 21 日），再由唐事們共同閱讀、翻譯，於七月二十九日呈
送奉行。❸

---

❸ 如1663年農曆6月，鄭泰致唐大通事陽惣右衛門等信件云：「奈敝國頻年撻伐，羽檄交馳，
　重以去歲先藩主歸天之戚，社稷遠圖，實煩區畫。」見《唐通事會所日錄》卷一〈卯六
　月十六日祚爺より 中間に參候書簡之寫〉，頁163。類似的講法，也可見於鄭鳴駿致唐
　通事的信件，前揭書，頁164〈卯七月二十二日開爺より 中間に參候書翰之寫〉云：「緣
　年來敝國紛擾，凡發到到各船商販資本，每年酌量帶回，餘悉貯貴庫，賴諸臺臺代為炤
　管局鑰。」
❸ 《華夷變態》卷5，頁228。
❸ 《唐通事會所日錄》，卷1，頁170-171；《華夷變態》，卷1，頁45-51

　　訟書呈交上級，意謂著交還與否及交還於何人的決定大權歸諸於江戶幕府或長崎奉行，通事所能做的工作，除等待傳達江戶幕府的決定之外，就是在長崎奉行指揮及輪值的「年番通事」大通事陽惣右衛門領導下克盡職責而已，是即處理雙方使臣的滯留與返回事宜。這種工作並不是想像中的簡單，茲謹以鄭經使臣蔡政方面的處理為例，以窺其一斑，《唐通事會所日錄》卷一寬文三年（1663）十二月十六日及十七日條云：

　　拾九番より 罷渡申候、錦舍使者蔡爺歸航如何仕候哉と 申候へは，……蔡爺之分，宿、船頭共に（大通事）陽惣右衛門所に 参申候而蔡爺被申候者，初而日本に 罷渡リ，爰許樣子不存候間，如何樣共中間より 樣子被申聞，歸帆候て能可有之候哉，又罷居候而能可有御座候哉，下知次第と 被申候。惣右衛門申候者，それは此方中間より 如何樣とも下知申事難成候，とかく蔡爺分別仕候て返事可有之候，前廉（長崎奉行島田）久太郎樣御立前に其方勝方次第に被仰付候處に，其方返事も，此銀子出入に付錦舍より 差越申候間，何れ極月二十日頃迄，江戶御左右御座候迄逗留可仕候，何れも 此段は聞屆申迄は當御地逗留仕可申候間，左樣に被仰上候而可被下候由，中間に蔡爺申候付，此段御兩所へ申上候に，今江戶御左右無之候處に歸帆合點不参候間，能能蔡爺手前相究可被申と ，宿船頭に兩三度迄陽惣右衛門被申候に付，（宿參）山口次郎兵衛、船頭洪三官罷歸，蔡爺に究め被申候へは，いかにも 極月二十日頃迄江戶御左右承，若其比迄御左右無之候はは，二十二三日四日比者必す本船より 蔡爺も 歸帆仕，又來年罷候リ 承可申候。……兩三度迄宿山口次郎兵衛、船頭洪三官、小通事共に陽惣右衛門所に罷出，具に申候，左樣に候はは一兩日中に此段與兵衛（長崎奉行，姓黑川）に可申上候間，……翌十七日、昨日蔡爺申候分被仰

上候へは，蔡爺儀，本より江戶御左右相待可申候由御兩所へ前かた
申上，召置候處に，今歸帆成間敷候間，蔡爺其外拾貳參人のもの共
は跡に罷居，本船船頭（24 番翁快官）共に歸帆仕候樣に被仰付候。❹

簡言之，長崎奉行島田久太郎曾在八月底要大通事陽惣右衛門轉告蔡政：可滯
留至江戶幕府的指令到達之時。蔡政因此暫時留待，直到十二月仍未見幕府判
決，於是決意返回，並由船頭洪三官、宿參山口次郎兵衛及小通事等陪同，共
赴大通事陽惣右衛門處報告，嗣經幾番折騰，終而滯留至第二年初（1664）方
才搭乘二十四番翁快官船離開長崎。

　　一六六四年農曆正月五日，江戶幕府不發還銀兩並需補送確證的判決送
達長崎。長崎奉行黑川與兵衛不但命令通事轉知雙方，並且特派長崎町年寄高
木作右衛門等負責檢驗查封該存銀，而唐通事等亦奉命參與關於檢驗、查封之
事，《華夷變態》卷五〈延寶三年乙卯鄭祚爺預け銀之始末覺書〉及《唐通事
會所日錄》寬文四年正月五日、二十二日、二十三日、二十八日諸條均有所記
載，浦廉一曾將其主要意旨歸納如下：

> 首先對潁川藤左衛門的受寄銀，命高木作右衛門八名通事及雙方唐人
> 立會，查明箱數後，帶至奉行所，黑川奉行親自為上封，通事等行下
> 封。其次針對林仁兵衛的受寄銀部分，因有寬文三年被火災繞失或燒
> 成塊之銀，且又有櫃釘鬆弛脫落的，命高木作右衛門、唐通事八人，
> 並龔二娘立會，重新稱量，令龔二娘換箱裝入後，黑川奉行派用人掘
> 越新五左衛門等往林仁兵衛家，在前述諸人立會下施行上封，令通事
> 等為下封。又命受寄人等備齊　受寄明細書及唐人之寄存對條。……又

---

❹　《唐通事會所日錄》卷 1，寬文 3 年（康熙 2，1663）12 月 16 日及同月 17 日條，頁 168-169。

　　至同年二月二十八日，黑川命此銀受寄人潁川藤左衛門、林仁兵衛等
提出收執人為黑川與兵衛，期日為寬文四年辰二月二十八日，唐通事
等連名之受寄對條。尚有另一受寄人藤崎次郎右衛門，他將受託銀放
漫貸放，黑川奉行對此嚴命整理收回，至同年二月二十一日一切整理
完畢，施行與前二者同樣之檢閱封緘，同月二十八日命藤崎次郎右衛
門之受託銀轉存潁川藤左衛門。❹

　　文中所稱的通事八人，《華夷變態》卷五曾予明載：林仁兵衛、潁川藤左衛門、
彭城仁左衛門、陽惚右衛門、柳屋次左衛門、東海德含右衛門、林道榮、林甚
吉、何仁右衛門，實際上是年在職的大小通事總共只有八位，多出的林仁兵衛
已退職，但因為是受託人，所以也必須參與其事，只是「下封」條上可能沒有
他的手印而已。

　　爾後，雙方持續派遣使臣前往日本爭取，唐通事也都依照原作法（研閱→
翻譯→呈上→下達）處置，表現上似乎平靜無事，實際上卻因日方之主動搜證及
存銀保管上發生差池而忙碌不已。所謂日方主動搜證者，係指一六六六年農曆
十月，長崎奉行河野權右兵衛等基於兩年前江戶幕府即曾要雙方提出確實證
據，但時至今日，雙方雖已朝此方向而努力，卻仍不得結果，於是轉為主動，
命通事趁雙方使臣正在長崎的機會，當面詢問口供，《華夷變態》卷五〈鄭祚
爺預け銀之始末覺書〉等及《唐通事會所日錄》卷一寬文六年十月七日條均記
載其事，浦廉一亦加彙整稱：

　　至同年（1666）十月七日，傳召蔡政在潁川藤左衛門家，冀二娘在彭城

---

❹　浦廉一：〈延平戶官鄭泰長崎存銀事件之研究〉，頁 65。日文原記載請參見《華夷變態》
　　卷 5，頁 232-233，以及《唐通事會所日錄》卷 1，頁 14-18。

仁左衛家，令口述各自主張，通事等翻譯日文，上呈當時之奉行河野權右衛門及平甚三郎。……（奉行）將兩者供詞呈送江戶幕府。❷

雙方的部分供詞，《華夷變態》卷五及《唐通事會所日錄》卷一，均有所登載❸，觀其原文的遣詞用字以及述論之通暢，不難体會出通事的用心，而經過通事苦心整理及譯成的這些供詞，成爲後來判決的重要依據，正也反應通事在這場奉行主動搜證動作中扮演重要的角色。

在這一階段裡，另一足以顯示通事「承辦」功能的是一六六九年農曆六月到八月長達兩個月的重新檢驗、封緘存放於林仁兵衛處的銀兩。事緣於是年六月二十六日，林仁兵衛受託銀收納箱的捆繩朽斷，原來所貼的「上下封」條也破裂，當事人林仁兵衛於是會同通事柳次左衛門、東海德左衛門等向長崎奉行提出報告。奉行對此命令當事人及通事們提出覺書，俾便明瞭其保管狀況，又命令彼等提出一六六四年農曆二月二十八日上呈之存銀檢驗對條副本、存放於長崎町年寄高木作右衛門之存銀數副本等。七月三日，奉行派其用人岡部九郎右衛門及高木作右衛門前往林仁兵衛宅，由大小通事穎川藤左衛門、彭城仁左衛門、陽惣左衛門、柳屋次左衛門、東海德左衛門等五人在場立會，檢閱腐蝕的情況。八月十一日，奉行又召集所有大小通事七人，要求他們詳盡說明關於林仁兵衛寄託銀的情況，並就記憶書寫成書面，由穎川藤左衛門彙輯。八月十七日上午又召集所有大小通事於穎川藤左衛門家，要求通事以書面具申如何處理的意見。隨後即呈上覺書，主張：邀請自始即爲該存銀關係人的高木作右衛門立會，丁銀以天秤，燒銀以斤兩，全部驗稱，再如同一六六四年的作法，

---

❷ 同上，頁 98-99、102。日文原記載請參見《華夷變態》卷 5，頁 224、236；《唐通事會所日錄》卷 1，頁 58。

❸ 雙方代表的部分供詞，見《華夷變態》卷 5，頁 224-228；《唐通事會所日錄》卷 1，頁 178-181。

上封由奉行施之，唐通事等爲之下封。八月十八日，正式稱銀封箱，主持人爲長崎兩町年寄戶室紋左衛門、高木作右衛門，立會者有當事人林仁兵衛、大小通事七人、關係人町田市左衛門、林久兵衛、中村吉左衛門、銀見又兵衛。一切在極其審愼的情況下進行，封法則如通事建議，一如一六六四年的作法。通事們並將所有過程及存銀數量等製作成覺書，於八月十九日送呈長崎奉行。❹❹

　　一六七〇年下半，江戶幕府的判決已定，並擬由長崎奉行在長崎向雙方代表當面宣告。這種作法，對通事而言，又有不少的業務需要承辦。先是要解決「當雙方代表之面」的問題。蓋鄭經及鄭泰遺族分別在一六六六年及一六六八年之後，即未再派遣使臣，所以在一六七〇年，已無雙方人馬在長崎，但爲求確實，是年農曆九月二十一日，長崎奉行松平甚三郎召見通事潁川藤左衛門及東海德左衛門，要其訪查是否有鄭泰的代表或親人在長崎。通事潁川及東海於訊問一番泉州李五娘船諸唐人後，以書面報告稱：並無一人。九月二十二日，該兩通事又奉命調查有無可送信予泉州鄭泰遺族及東寧鄭經者，結果覓得五番普陀山歐添官船及三十四番漳州陳亭官船等可送信至泉州，另方面也覓得東寧船六番柯楨官、七番曾卯官、九番蔡勝官、十四番黃武官船可傳訊給鄭經。九月二十四日，八位大小通事全員前往奉行所，受命傳達於船主：務必將訊息傳到。通事不僅確實辦到，且將各船船主姓名以書面呈給奉行。❹❺其結果只有鄭經方面的使臣楊英及洪有鼎抵達而已，鄭泰遺族方面並未派遣，經過等待後，終於在一六七一年十二月一日由奉行宣告存銀交還鄭泰遺族。所謂「當雙方代表之面宣告結果」的作法雖無從履行，但通事們爲此確也克盡厥責了。

　　交還存銀給鄭泰遺族的判決宣告後，通事仍爲此事件的後續而有所作爲。

---

❹❹　《唐通事會所日錄》卷1，頁108-120；浦廉一，前揭文，頁74-75。其中完成的覺書即有八件之多。

❹❺　《華夷變態》卷5，頁237；《唐通事會所日錄》卷1，頁120-122；浦廉一，前揭文，頁106-109。

先是因為鄭泰遺族方面一直未派代表前往領取，而於一六七二年農曆十一月，聯合上書請示是否有再次傳達的必要，嗣經允許，乃修書託船帶往。❹又經延宕，終在一六七五年農曆六月，由龔二娘、黃熊官攜帶由鄭泰孫修典及鄭鳴駿子纘成具名之致長崎奉行及通事信函、林仁兵衛早年所給的寄存收據，以及禮物等抵日。通事除就信函依例處理外，曾於六月十五日接獲奉行長崎之命，詳細詢問龔二娘的情況，並製成覺書而上呈。❹又在七月二十六日及稍後主持交還存銀事宜，先後完成以下手續：所有通事、龔二娘及抵日唐船船主顏榮官等在場的情況下分別交還兩處存銀給龔二娘等→龔二娘繳交附有見證人顏榮官等六人手印的收據→製作覺書上呈。❹

存銀爭訟事件終於在一六七七年農曆七月因為龔二娘等之奉命前來長崎贈送禮物而告結束。但在這場落幕篇之中，通事仍承辦一些業務。依《華夷變態》，卷五〈六番思明州船頭龔二娘並黃熊官申口〉所載：七月十二日該六番龔二娘船航抵長崎，通事上船取得口供及致奉行、唐通事信函之後，包括彭城仁左衛門在內的八名大小通事等即會集一處，經過集體整理、翻譯，再將「和文」信函呈上。九月十八日，長崎奉行為禮物事特別召見龔二娘，通事以陪客身分共同前往。十月二十六日龔二娘即將離去，唐通事依照慣例，即奉行不致書於外邦，將奉行的謝意寫成文書，以通事名義，託龔二娘帶回。❹

五、結　論

十七世紀中葉，正當中國政局丕變，滿清入主中原，大明後裔在遺臣擁戴下，假江南從事抗清之際，另類的爭戰也在南明集團發生，其場域甚至延伸

---

❹　《華夷變態》，卷5，頁238。

❹　《華夷變態》，卷5，頁238、240-243。

❹　《華夷變態》，卷5，頁243-246、251-252。

❹　《華夷變態》，卷5，頁190-191、255-256。以上參閱浦廉一，前揭文，頁111-125。

到日本，是即明鄭的戶官鄭泰存銀爭訟事件。

事緣於一六五八年，鄭成功北伐失敗，勢趨窘蹙，掌其財經大權的同宗族人鄭泰爲防萬一，而將資金三一八〇貫寄存在唐通事林仁兵衛、穎川藤左衛門、藤崎次郎右衛門等三處，時間是一六六〇至一六六四年。期間中（1663年農曆6月），因鄭經與鄭泰關係絕裂，雙方各派遣使臣前往日本，爭取該項存款，方式上則是致送書函於日方，訴請日方歸還該銀於己。事約經九年，至一六七一年十二月，日本江戶幕府宣告該銀交還給鄭泰遺族，事件才告落幕。整個事件之中，鄭經方面的赴日使臣計有六次，致日各界書函十三封，鄭泰遺族所派的，連同後續謝使在內計有八次，書函也有十五封之多。

鄭泰存銀爭訟事件的判決者是日本江戶幕府及長崎奉行，至於承辦人則是住宅唐人的通事。通事之所以承辦，乃基於職責（翻譯、貿易、唐人秩序維護、外交諸業務）所在。實際參與工作的，以大小通事爲主體，計有林仁兵衛及其子林甚吉、穎川藤左衛門（陳道隆）及其子葉茂猷、彭誠太兵衛門、彭誠仁左衛門、柳屋次左衛們、陽物右衛門（歐陽國潤）及其子陽三郎右衛門、柳屋次左衛門、何仁右衛門、東海德左衛門、林道榮等人。

至於通事如何承辦？一言以蔽之，「奉上承下」也。意即唐通事基於執掌、地方屬吏、祖國故里情誼等，先是接受鄭泰等寄放銀兩，等到鄭經及鄭泰遺族雙方提出訴訟書文之後，又無可迴避地接受書函，經過研閱後，譯成日文，呈上長崎奉行，再轉呈江戶幕府。當然這些只屬於文書處理部份而已，至於其他關於銀兩存放的檢驗及封箱、搜尋證據、轉告雙方代表應行注意事項（含提證及滯留返航事宜）、製作覺書以供備查等，均爲其承辦範圍。總之，隨著事件的發展，通事在各階段總有不同的事務需要承辦，不管它的源頭是來自唐方或上司。

內藤湖南——日本近代的文化史學家

連清吉*

摘　要

一般以為日本人並不長於建立論理的研究方法，但是於日本近代東洋學界，以博覽的識見為根底，進行精密的文獻考證，樹立富有邏輯論理性學說的是內藤湖南。如以文化性「突破」（breakthrough）的觀點，陳述宋代的社會文化諸象迴異於唐代而提出「宋代是中國近世」的主張，繼承富永仲基的「加上說」而論斷中國古代思想形成的先後次第，強調「應仁之亂」是日本創造獨自文化之畫時代的歷史事件，說明文化形成經緯之「文化中心移動說」，究明文化發展徑路的「螺旋循環說」等都是內藤湖南於東洋文化史研究上卓越的論證。

關鍵詞　文化中心移動說　螺旋史觀　加上說　宋代為中國近世說　鹹鹽說　應仁之亂是日本近世文化形成的契機

一、前言：學術成就的背景

內藤湖南（1866-1934）的著述以史學的研究居多，涉及的領域則涵蓋了

---

*　長崎大學環境科學部文化環境講座副教授。

中國歷史、文化史、繪畫史等範疇。中國史學的研究是內藤湖南的本領所在，東洋文化史與日本文化史的著作，則是「內藤獨斷史學」的產物。至於中國目錄學與中國繪畫史的撰述則反映出京都特有環境所產生的學問。敦煌學與甲骨金文的研究則是京都學派以清朝考證學為基礎而揚名於世界學術界的代表性學問。換句話說內藤湖南的學問是史學，至於其歷史研究，則不只是史料整理排比的「史纂」而已，也不只是文獻參互搜討的「史考」而已；乃是以博學宏觀的識見，以東洋學術於世界學術之地位為前提而鑽研學術，故小川環樹盛稱內藤湖南是「文化史學家」。❶

一般以為日本人並不長於建立論理的研究方法，但是於日本近代東洋學界，以博覽的識見為根底，進行精密的文獻考證，樹立富有邏輯論理性學說的是內藤湖南。如以文化性「突破」（breakthrough）的觀點，陳述宋代的社會文化諸象迥異於唐代而提出「宋代是中國近世」的主張，繼承富永仲基的「加上說」而論斷中國古代思想形成的先後次第，強調「應仁之亂」是日本創造獨自文化之劃時代的歷史事件，說明文化形成經緯之「文化中心移動說」，究明文化發展徑路的「螺旋循環說」等都是內藤湖南於東洋文化史研究上卓越的論證。

何以內藤湖南得以才學識見兼備而發明通古今之變的學說，樹立獨創綜括性之學問，或與其新聞記者的經歷，生活所在的關西之獨特文化與生存時代之明治的風氣有關。內藤湖南說旅遊以增長見識與交際而開拓人生哲學的思考方式是新聞記者的特權。❷內藤湖南即善用記者的經驗，養成寬廣的視野，透

---

❶ 內藤湖南的史學研究具有獨斷性的說法，是桑原武夫的見解。桑原之說見於內藤湖南《日本文化史研究》（東京：講談社學術文庫，1976 年 11 月），下冊，頁 174。解說小川環樹的贊辭，見於其所著的《內藤湖南》（東京：中央公論社，1984 年 9 月），頁 41。

❷ 武內義雄：〈湖南先生の追憶〉，《支那學》第 7 卷第 3 號（1934 年 6 月），頁 73-78。

徹的洞察力與敏銳的判斷能力而開展其優異的見解。

關西是大阪與京都文物集中的場所，融合自由奔放之商人性格與素樸典雅之上流風情，形成寬闊與優雅兼具的獨特文化。四十年既執著於東洋古典文化的涵詠，又與關西的文化民情朝夕相處，終成就優遊於東洋史學與雅典文化的老儒碩學而為日本近代東洋學界的典型。

內藤湖南之所以有日本集合東西學術而為創造第三文明之所在，沈潛於清朝考證學與西歐理性主義的學問而確立研究方法，開拓東洋學術甚且世界文明新局面的主張，是衍生於明治時代文明開化的時代風潮，蓋時代思潮開化更新，學問的研究也非有以合理為典範與論說體系化的意識不可。

內藤湖南的學問之有獨創性與圓融性而能成一家之言，是建立於學問領域廣博之上的必然趨勢，而博學宏觀的識見與優雅寬綽的才性的形成，則與其所處的時世、生活的場所、個人的經歷有極大的關連。

二、思想形成論——加上說

「加上說」是富永仲基（1715-1746）學說，見於所著的《出定後語》一書。此書旨在論述佛教的歷史，婆羅門教是以超越人間苦界而轉世昇天為教義的宗教，天原本是唯一的，但是後起的宗派為了超越原有的宗派，乃於舊有的天之上，加上一個天，如此天上有天，婆羅門教即有二十八個天，富永仲基稱此現象為「加上」。小乘佛教是以阿含經為經典的。其後以般若經為經典的宗派出現而自稱大乘以卑視小乘。其後以法華經為宗尚的法華宗，提倡華嚴經的華嚴宗，以楞伽經為經典的禪宗等佛教的宗派先後出現，而且自稱自身的宗派教義為最高至上。這也是佛教宗派以「加上」的形式而發展的軌跡。換句話說由單純素樸而複雜高遠，乃是思想發展進化的原則。富永仲基即以此思想進化論反觀思想學派成立的歷史演進，指出素樸的學術思想是最初的存在，高遠的

思想則是晚出的。

內藤湖南應用富永仲基的「加上說」，客觀地把握學術思想發展的順序，架構中國古代思想的歷史。內藤湖南以為中國人有尚古的傾向，時代越久遠就越優異。就諸子學派的形成而言，其所宗尚的始祖越古遠，則其產生的時代就越晚。孔子以周公為聖賢，墨家以夏禹為聖王，孟子祖述堯舜，道家尊崇黃帝，農家以神農為始祖。就中國的歷史而言，是神農→黃帝→堯→舜→禹→殷→周。就所尚越古則其說越晚的「加上說」而言，則中國思想學派的興起順序是孔子→墨家→孟子→道家→農家。因此內藤湖南說中國諸子的學問興起於孔子，孔子所尊敬的是周公，即孔子以周公為儒家學術道統的聖賢。墨家晚出於儒家，為了表示自身的學說優於儒家，乃以早周公的夏禹為學派的始祖。其後孟子攻擊墨學為異端，以禹傳位於子啓，不若堯舜禪讓傳賢之德，因而主張儒家的起源並非始於周公，乃可上溯至堯舜。道家晚出於孟子，為超越孟子所尊崇的堯舜，乃稱自身的學術淵源黃帝。至於孔子問禮就教於老子的主張也是後出道家之徒的加上之說。至於以神農為始祖的農家，則又更為晚出了。

內藤湖南亦用此理論考察中國經典的成書經緯，如其以《易經·繫辭》有「包犧神農」之說，就上古帝王序列而言，乃於《呂氏春秋·尊師》所述「神農、黃帝、顓頊、帝嚳、堯、舜」之上，加上「包犧」，又佐以〈繫辭〉「太極生兩儀」之說類似《呂氏春秋·大樂》的「本於太一，太一生兩儀」，「河圖洛書」之說類似《禮記·禮運》的「河出馬圖」等實際例證，論斷〈繫辭〉必晚於《呂氏春秋》，乃是漢初之作。又以儒家思想的發展，探究《尚書》編次的先後次第；以時代的思潮、文章的體例與經傳的用字例，考察《爾雅》各篇成立的時代。內藤湖南以為孔子的政治理想在於周公禮樂制度的重建，故《尚書》最初成立的是有關周公記錄的五誥。換句話說〈周書〉反映孔子及其門下以周公為理想的寄託。其後魯承周統，宜立魯為王，尊孔子為素王，孔子繼承殷之血統，因而產生尊殷的思想，故於〈周書〉之前編次有關殷商的諸篇。九

流並起，對抗於墨家之尊夏禹，儒家乃祖述堯舜，故有〈堯典〉、〈舜典〉。至於記錄皋陶掌刑名的〈皋陶謨〉，乃法家名家興起以後之晚周思想，雖為《尚書》的主要篇章，却為最晚出的部分。

內藤湖南以為《爾雅》是解釋諸經的字書，其成書的經緯與經書形成的次序息息相關。唯《爾雅》十九篇的成立時代既有不同，各篇又有最初撰述，姑謂之為原始經文的部分與後世附加增益的部分。其從思想的推移發展、經書的用字列與形成的次第，考察《爾雅》篇章形成的先後順序。如內藤湖南以為〈釋詁〉是《爾雅》最古的一篇，〈釋詁〉以「初哉首基」為始，與《尚書》成書較早的〈大誥〉、〈康誥〉、〈召誥〉、〈洛誥〉等篇相同，然而《春秋》則不以為「初哉首基」行「肇始」之義。《爾雅》為解釋諸經的字書，若《春秋》既已存在，《爾雅》必叙述及之，故內藤湖南以為〈釋詁〉的原始經文，即「初哉首基……始也」的撰述或先於《春秋》。唯就文章結構而言，〈釋詁〉宜以「初哉首基」為始而以「求酋在卒就」為終；但是今本《爾雅·釋詁》於「求酋在卒就終也」之後，尚有「崩薨無祿卒徂落殂死也」一句。內藤湖南以為「徂落」與同篇「爰粵于那都繇於也」之「都」，同為古語或方言的特意使用，而非當時通行的文字，而且「都」字乃引自〈皋陶謨〉，典謨諸篇晚出，故「徂落」亦後世增益而附加的。

內藤湖南又以為〈釋言〉仿〈釋詁〉的體例而成的，故〈釋言〉的編成應晚於〈釋詁〉。〈釋言〉篇首有「齊殷中也」一句，〈釋地〉的「九府」舉八方物產，有「中有岱岳」的記述，即以岱岳為中國的中央。又〈釋地〉的「四極」有「岠齊州以南」一詞，郭璞注：「齊中也。」邢昺疏：「齊中也，中州猶言中國也。」以齊的文化為中國的中心，或為天下士人聚於稷下之戰國時代的思想。至於「殷中也」，則是以殷為中央的思想，蓋與以孔子為素王的思想有關，「殷中也」的解釋，或起於孔子為素王說的時代。何以此兩種不同時代思想的詞會並存於一句之中，內藤湖南以為先有「殷中也」而後竄入「齊中也」。

根據上述方法的考證，內藤湖南以為《爾雅》篇章形成的時代為：〈釋詁〉的原始經文部分成於孔門七十弟子的晚期的時代，或距七十子不遠；其後又有戰國初期增益者。〈釋言〉成於以孔子為素王的時代，其後又附加有稷下學問盛行時的部分。〈釋訓〉有與〈釋言〉同時期者，亦有漢初者。〈釋親〉至〈釋天〉各篇，則成於公羊春秋發達，禮學盛行的荀子至漢后蒼高堂生的時代。〈釋地〉至〈釋水〉各篇，成於戰國末至漢初之間。〈釋草〉至〈釋獸〉各篇，或既已存在於解釋詩的時代，至於其形成，則在漢初。〈釋畜〉則成於文景之際。❸

以上是內藤湖南運用加上說而考察中國經典之成書先後的論述。

三、文化形成論──文化以時地爲經緯與文化中心移動説

文化以時代和土地為經緯與文化中心移動的主張見於內藤湖南《近世文學史論》❹的序論。內藤湖南用「文物與時代」「文物與風土」分別敍述華夏

---

❸ 「加上説」見於〈大阪の町人學者富永仲基〉，《先哲の學問》（東京：筑摩書房，1987年 9 月），頁 68-69。〈繋辭〉的論述，見於〈易疑〉，《内藤湖南全集》第 7 卷，（東京：筑摩書房，1970 年 2 月），頁 39。有關《尚書》編次的論述，見於〈尚書稽疑〉（原題〈尚書編次考〉），同書第 7 卷，頁 19-23）。至於《爾雅》的考察，則見於〈爾雅の新研究〉，同書，第 7 卷，頁 24-37。

❹ 《近世文學史論》的原名是《關西文運論》，連載於明治 29 年的大阪朝日新聞，敍述德川時代三百年間學術文化發展的大勢。其旨趣在論述德川時代的政治中心雖然轉移至江戶，但是學術文化的發源地則在關西、即京都與大阪一帶。再就學術文化而言，關西的學問不僅能與江戶分庭抗禮，甚且有超越江戶的所在。至於此一學術文化推移的現象，內藤湖南則是根據趙翼的「文化集中説」而提出「文明中心移動」的。雖然如此，內藤湖南又説一個國度或地域的中心並非唯一，乃有政治與文化等不同的中心。內藤湖南説：中國清朝的政治中心是北京，而文化的中心則在於經濟重鎮與人文薈集

文化因時代地域的差異而各領風騷的情況。文物與時代的關係，內藤湖南説：
順隨著時代的變遷，其文化形態有所不同。即中國學術文化發展的歷史過程中，
各個時代都有其精華。周朝的文化結晶是典章制度，周秦之際是諸子之學，兩
漢是經傳訓詁，六朝是玄學駢體，唐代是詩歌，宋代是儒學，明清則是典籍整
理。其次，文物與風土的關係，內藤湖南提出了東西分殊、南北別相的主張。
內藤湖南説：中國歷代的學術文化、風俗民情由於山川形勢之地域性差別的關
係而有東西的不同與南北的差異。特別是南北乖隔的因素所造成的不同就更為
顯著，而且此一文化現象的影響至為深遠。如北朝以經書研究為主，南朝則以
詩文酬唱為尚。北宋猶尚故實；南宋則以精思為上。至於朱陸陽明的學問雖繼
承北宋的儒學，而體思精微，以心性本體的窮究為極致。

　　分別敍述文物與時代、文物與風土的關係之後，內藤湖南綜論由於時代
與風土的結合而形成人文化成文化薈萃的中心的現象。內藤湖南説：文化中心
的所在，又因為各個時代的政治、經濟等因素而有移動的現象。趙翼於所著《二
十二史箚記》中提出「長安地氣説」，其實長安以前，洛陽匯聚冀州的軍事力
與豫州的經濟財富而為三代政治文化的中心所在。再者燕京雖為明清以後發布
政權的所在地，但是文化的中心則在江南一帶。至於文化類型的形成是前後因
襲相承的，如殷承夏禮，周因商禮而形成儒家所尊崇的禮文。但是政治文化湊

的揚州。同樣地，東京是江戶時代以來，日本的政治中心，但是文化中心則在於有富
裕的經濟力與保持傳統文化的關西。以此考察現代的中國情勢，雖然政治中心在北京，
經濟中心在上海，而文化中心則在臺灣。因為戰後的臺灣維繫了中國傳統文化，除了
官方宰制性的儒學以外，民間也有知識階層的理論建構與社會實踐和宗教團體振興傳
統文化的活動，對中國傳統文化和臺灣儒學繼承發展，作出了極大的貢獻。特別是 1975
年以來，以《鵝湖》為中心的臺灣新儒家更以關懷時代的道德使命，提出營造人文心
靈和文化理想的新中原，恢宏「文化中國」的文化理念，實踐文化慧命傳承的終極理
想而開展了文化的進路。此「鵝湖文化」所建構的文化理想可以説是「漢字文化圈」
的普遍價值，故產生「鵝湖文化」所在的臺北即是現代中國的文化中心的所在。

合的中心所在一旦衰微以後，再度復起的可能性就微乎其微了。要而言之，內藤湖南以為文化因時而異，因地而適宜，即文化的形成乃以時地為經緯，而文化的中心所在又隨著時代的推移而有所轉移。如中國三代以迄魏晉的文化移動方向是東西方向，南北朝以後則南北方向。再者文化中心一旦轉移，昔日的風光就難再重現。長安的文物鼎盛於唐代，長安文化即代表了唐代的文化，又處於東西文明交會的所在，故唐代的長安文化即是中國文明足以誇耀世界的象徵。但是今日的西安只是偏處西陲的一省都城，也無國際交流的要衝形勝之地位，昔日帝王紫氣象會聚的錦繡文化既已不在，所謂長安也只是秦皇漢唐陵墓所在的歷史名詞而已。

四、文化發展論——螺旋史觀

在思考東亞文化全體發展的問題時，所謂中國的、日本的、韓國的國家主義或民族意識，就各國而言，固然是相當重要的問題；但是就文化發展而言，則不是以民族為主體的自我展開的過程而已，是超越民族的獨自性和差別性而產生三度空間之文化繼承與融合的過程。換句話說東亞文化的發展是超越民族的境界，以東亞全體為一的文化形態而構築形成的。關於東亞文化的傳播是中心向周邊影響的正向運動和周邊向中心影響的相反方向運動交織而成的「螺旋循環」。❺內藤湖南說：東亞文化的中心在中國，中原文化首先流傳到周邊的地區，周邊民族受到中國文化的刺激，也形成文化的自覺。中世以後隨著周邊民族的勢力增強，文化擴張的運動也改變其方向，逐漸由周邊向中心復歸。此正向運動與相反運動，作用與反作用交替循環即是東亞文化形成的歷史。❻因

---

❺　內藤湖南〈學變臆說〉說：「文化傳播的路徑不是直線的，而是螺旋狀而提昇。」引文見《淚珠唾珠》，《內藤湖南全集》第 1 卷（東京：筑摩書房，1996 年 1 月）。

❻　有關內藤湖南「螺旋史觀」的學說，參宮崎市定：〈獨創的なシナ學者內藤湖南博士〉，

此，就東亞文化發展而言，其主體雖然是中國的文化，中世以後則形成包含中國以內的東亞文化的時代。至於東亞文化形成的軌跡，則是最初發生於黃河流域的中國文化逐漸發展而影響周邊民族的「中心向周邊」的發展徑路。周邊民族吸收中國文化而產生「文化自覺」，周邊民族自覺的結果，終於形成影響中國的勢力，周邊的文化也流入中國，即「周邊向中心」發展的文化波動。

內藤湖南以螺旋史觀的文化發展論作為區分中國歷史的主要根據。內藤湖南以為三代到西晉是中國文化向外擴張的時代；五胡十六國到唐代中葉，則是周邊各民族逐漸強大，其勢力漸次地威脅到中原。到了唐末五代，外族的勢力達到頂點。宋元明清以迄現代則是中心向周邊與周邊向中心的反覆循環。❼就中國歷史的發展而言，中國歷史上曾發生了二次政治、社會、文化等人文現象的轉換期，而形成上古、中世、近世的三時代。其在《支那上古史》的〈緒言〉❽中說：

第一期　上古　開闢（太古）至東漢中葉

　　　　　　中國文化形成、充實而向外部擴張的時代。

　第一過渡期　東漢中葉至西晉

　　　　　　中國文化停止向擴張的時代。

第二期　中世　五胡十六國至唐中葉

　　　　　　異族勢力入侵，佛教等外來文化傳入。

　　　　　　貴族主導中國社會、文化的時代。

　第二過渡期　唐末至五代

《宮崎市定全集》24（東京：岩波書店，1994 年 2 月）；小川環樹：〈內藤湖南の學問とその生涯〉，《內藤湖南》（東京：中央公論社，1984 年 9 月）。

❼　見〈日本文化とは何ぞや（その二）〉，《日本文化史研究（上）》（東京：講談社學術文庫 76，1987 年 3 月），頁 25-32。

❽　《內藤湖南全集》第 10 卷（東京：筑摩書房，1969 年 6 月），頁 9-13。

外來勢力極於鼎盛的時代。

第三期　近世前期　宋至元

第四期　近世後期　明至清

固有文化復興而文化歸於庶民。

異族支配而君主獨裁（專制政治）的時代。

中國於古代時代，在黃河流域形成了所謂「中華文化」，然後向四方擴張發展，促使中國周邊的各民族產生文化自覺，此即所謂「內部向外部」的波動。到了中世、即南北朝至五代，外族挾持武力入侵中原，周邊民族的文化也隨之傳入中國，即「外部向內部」的波動。此文化波動的方向改變是區分中國上古與中世的依據所在。再者中世時，周邊民族的勢力強大，逐漸威脅中土，進而侵入中原，甚至支配中國領土，此間維繫中華文化於不墜的是貴族。中國貴族在東漢中葉以後，逐漸擁有其政治社會的勢力，至南北朝而到達鼎盛，唐朝的貴族依然保持著其舉足輕重的優異情勢。雖然如此，即使異民族統治中國，維護中國傳統文化的還是公卿顯貴的族群。換句話說內藤湖南以為東漢以來貴族勢力勃興也是區分中國上古與中世的根據。

五、宋代爲中國近世說

時代由唐末五代而推移到趙宋是朝代的更替，貴族政治崩壞而君主專制出現的政治現象，是決定中世與近世之分界點的因素之一。內藤湖南以為中國中世的君主與貴族的地位並未有明顯的差距，特別是外戚的權勢更甚，有時甚至凌駕天子之上，篡奪王位。但是宋代以後，天子主宰朝政的地位鞏固，外戚的權威失墜，王位篡奪之事也不易產生。又由於君主專制的局勢形成，任官制度也隨之改變。魏晉以至唐代，重要官位始終為貴族所獨占，所謂「九品中正」無非是保障貴族權利的制度。科舉始於隋代，唐代因襲，而真正能發揮公平科

考，唯才是任之功能的，則是宋代以後。換句話説唐以前的中世，貴族是社會的特權階級，獨領了政治文化的風騷；但是宋代以後，由於科舉任官的制度公平地實行，有才學見識的士人庶民取得了政治運作與表現當代文化的發言權。再就學術研究與文學創作而言，在經學方面，漢唐以重視師法傳統之經傳注疏為主；宋代則以個人新義為主，在哲學思想上，唐代是以佛學研究為主流；宋代則以心性義理之儒學思想體系之建立為依歸。在文學創作上，六朝以至唐代是以詩賦為主流；宋代則以散文作為敍述自由意識的工具。在經濟方面，到唐代為止，大抵是以實物經濟為主，宋代則改變為貨幣經濟。就繪畫而言，六朝到唐代是壁畫為主，又以金碧山水是尚，到了五代宋代，則流行屏障畫一，又以墨畫為多。而且宋代文人畫的興起，則象徵著由嚴守家法之畫工專擅而趨向表現自由意志之水墨畫。由於宋代的文化現象大異於唐朝，故內藤湖南以為宋代揭開中國近世歷史的序幕。❾其於〈近世支那の文化生活〉❿説：「文化生活經過長期的發展以後，其產生復歸自然的呼聲乃是必然的結果。唐代以前庭園等建築都以人工彫琢為極致；到了宋代，天子的御園也取自然的逸趣，建築或採民家質樸的風味。繪畫上則山水的自然之美尤勝於樓閣之危簷華麗。至於養身之道，唐代以前常以藥石作為強身；宋代以後則重視全身的滋養，甚至有主張自然的回復體力以治病者。文明發展的同時，自然破壞也伴隨而來，因此宋代以後或有意識性地提出資源保護的法律。特別是元、滿入主中國，自身急激的中國化的同時，過度文化生活的反動，即回歸自然的意識於是產生。如清朝維護森林，保護野生人參的法律或可反映對於環保的意識。」因此，在中國的歷史空間裏，所謂時代區分，固然有時代差異的各別意義，却更是歷史流衍

❾　〈概括的唐宋時代觀〉，《內藤湖南全集》第 8 卷（東京：筑摩書房，1969 年 8 月），
　　頁 111-119，

❿　《內藤湖南全集》第 8 卷，頁 120-139。

中文化突破的意識。故時代的區分並不只是以朝代交替為根據，社會制度的變遷、文化內涵的差異所具有意義，才是其重要的因素。即所謂「時代」，不只是政權更迭轉移的象徵而是政治、社會、經濟、思想、學術等人文現象的的綜合體。從政治史、社會史、經濟史、思想史、學術史的角度進行總合性的探討，才能清楚地說明歷史流衍中的「時代」的特徵，正確地把握「時代」的文化意義。換句話說「時代」包含著時間與空間的兩層意義，「時代」的空間意味著文化的形成，而時間的意義在於文化的突破。至於突破的意義，不是前所未有的創造而是繼承性的創新。譬如絢爛的三彩是唐代文化的代表，而純白青白的創造則是宋代的象徵。超越華美的外觀而重視素樸沈潛之內在精神是宋代知識份子於文化意識上的突破。

六、中日文化影響論──鹹鹽說

關於文化的意義，內藤湖南說：「文化是以國民全體的知識、道德、趣味為基礎而構成的。知識、道德、趣味等文化的基礎要素，到底有多少依然存在於現在的日本。至於政治、經濟等反映人生需求而產生的諸事象，是否完全符應民衆的願望。再者知識、道德、趣味等文化基礎是否也順應民衆的要求。都是探究文化時所必需考慮的問題。」⓫

即「文化」是「知識、道德、趣味」的綜合，既有繼承古往的接續性，又有是否符合當代民衆的需求與國民全體如何體現的時代性與普遍性。至於當代日本人如何理解其自身的文化。內藤湖南說：

日本文化的形成就像製造豆腐一樣，日本雖然擁有做成豆腐的素材

⓫ 〈日本文化とは何ぞや（その一）〉，《日本文化史研究（上）》，頁 15。

──豆漿，却沒有使之凝聚成豆腐的題材的力量，中國文化就像使豆漿凝聚成豆腐的「鹹鹽」。再舉一個例子來說：兒童雖然擁有形成知識的能力，但是必須要經過長者的教導，才能具有真正的知識。日本文化的形成也是這樣的。**⓬**

世界上任何一國的國民都抱持著自身文化古老悠久或先進優越性的想法。日本自然也不例外。早在江戶時代，新井白石（1656-1725）、賀茂真淵（1696-1769）、本居宣長（1729-1801）等人就提出日本歷史悠久文化先進的見解。**⓭**而明治時代以來，隨著政治安定經濟發展而國力強大的情勢影響，大日本主義的思潮高漲，所謂日本文化「自發性」的論調成為當時學術界的共識。民間大眾也認同於日本文化悠久優越性的主張。但是內藤湖南則以為除了世界文明發源的少數幾個國家以外，所謂文化自發的情形是不可能存在的。日本並非沒有形成文化的素質，或可稱之為「文化雛型」，但是日本文化的雛型也只不過是渾沌狀態而已，在經過中國文化的點化刺激，進行分解結合以後，才凝聚成粗具形式的日本文化。換句話說內藤湖南以為日本文化的形成是外發性的。如果說日本的文化雛型是豆漿，則中國文化就是「鹹鹽」，而日本式東洋文化形態就是豆腐。亦即由於受到一如點化劑存在的中國文化的催化，像豆漿似渾沌狀態的日本文化雛型才凝聚成豆腐般的日本式的東洋文化。

要而言之，內藤湖南以為日本文化的形成是外發性的，而其主要的助力是中國文化。在日本文化演進發展的過程中，始終與中國文化密接的關連，這是學術界的通說。但是就歷史文物的保存與符應本土需求的觀點而言，內藤湖

⓬ 〈日本文化とは何ぞや（その一）〉，《日本文化史研究（上）》，頁 15。

⓭ 〈日本國民の文化的素質〉，《日本文化史研究（下）》（東京：講談社學術文庫 76，1987 年 3 月），頁 101-103。

南以為「應仁之亂」。❶

七、應仁之亂是日本近世文化形成的契機

　　日本學術文化的發展頗受中國的影響。自聖德太子以後至平安朝是接受漢唐注疏之學與唐代的文化。德川時代的二百五、六十年則是宋明理學、宋代文化與清朝考證學。就學術文化的性質形態而言，前者是貴族文化、宮廷文學；後者則是庶民文化，而學術也由朝廷普及至民間。此一學術文化轉型的契機則是應仁之亂，內藤湖南從日本文化獨立的歷史背景、覃精竭慮於文物的保存與文化的傳播等事例，説明應仁之亂是日本脫離中國模式而創造日本獨特文化的重要關鍵。

　　有關日本文化獨立的歷史背景，內藤湖南以為藤原時代到鎌倉時代的四五百年間❶，日本的社會形態起了巨大的變化，即武士的勢力急遽擴張，逐漸形成「下剋上」的局勢。政治社會的情勢如此，思想文化也產生由下往上，即由武士庶民的文化影響到皇族公家的現象，造成日本思想文化革新的機運。內藤湖南以為後宇多天皇（1267-1324）到南北朝（1336-1392）的一百年間，是日本文化獨立成型的重要關鍵。至於獨立文化之所以產生，內藤湖南以為有內在和外在的因素。後宇多天皇以後的南朝系的天皇頗多抱持著改革的思想，因

---

❶　所謂「應仁之亂」（1467-1477）是室町時代末期以京都為中心而發生的大亂。將近十年的戰亂，使京都幾乎形成墟廢，幕府失墜、莊園制度崩壞。地方武士的勢力強大，因而加速了戰國大名領國制度的發展。又由於公家（即公卿大夫）避難到地方，造成文化普及至地方的一個因素。是日本獨特文化創生的重要關鍵。

❶　藤原時代是指平安後期遣唐使廢止（894）以後的三百多年間。政治上是攝關、院政、平氏掌政的時期。學術文化上「唐風」（即中國色彩）逐漸淡薄，宗教上則是淨土宗盛行。鎌倉時代（1885-1333）的文化特色是武士階級吸收公家文化，進而創造出反映時代性的新文化。影響所及，皇族公卿也產生思想改革的自覺。

而孕育了革新的機運，是日本文化之所以能獨立的內在因素。而蒙古軍隊攻打
日本九州北部、即所謂「文永、弘安之役」是日本文化獨立的外在因素。內藤
湖南說：

> 後醍醐天皇繼承其父後宇多天皇革新的觀念，所謂思想獨立與創造獨
> 立文化的理想既已根植於心。在學問研究方面，以為漢唐注疏之學僅
> 止於字句訓詁而不能發揮經典的義理。宋代理學恰好可以體現其學術
> 宗旨，因而以宋學作為經典詮釋的根據。❶❻

由於宋學的影響，在後醍醐天皇的時代對於經書的理解有了新的詮釋。至於佛
教的解釋也不墨守所謂傳統佛教的真言或天台的教理；而以鎌倉時代興起的禪
宗為歸宗。換句話說由於後醍醐天皇提倡宋學和禪宗，當時學術界乃呈現出新
思想、新解釋的學問思潮。這是日本學術文化革新而趨向獨立的內在的因素。
至於「文永、弘安之役」何以是日本文化獨立之外在因素，內藤湖南說：

> 蒙古來襲的防禦是日本開國以來的大事件，因此舉國上下無不祈求神
> 佛以免除國難。結果神靈顯驗，九州北部地區颶風突起，蒙古船隻沈
> 沒殆盡而敗退。中華文化是日本的根源，中國仍不免為蒙古所滅亡，
> 而日本却得到神佛之助而免於蒙古的迫害。由於此一戰役，日本產生
> 「日本為神靈之國」而且是世界最為尊貴的國家的思想，也助長日本
> 文化獨立的趨勢。……雖然經過足利時代是日本文化發展的暗黑時期，
> 文物毀於戰火，古老的文化也蕩然無存。雖然如此，陷龜後宇多天皇
> 到南北朝之間所產生的「日本為神靈之國」的新思想與日本文化革新

---

❶❻ 〈日本文化の獨立〉《日本文化史研究（下）》，頁31。

　　獨立的理想，即以日本為中心的思想依然存在著，終於在德川時代構
　　築了日本獨立文化的原型。此一新思想與文化獨立的理想之所以能維
　　繫不墜，主要是因為應仁之亂時公卿學者於文物保存與流傳的苦心經
　　營。⓱

　　關於應仁之亂的時人如何覃精竭慮於文物保存與文化傳播的情形，內藤
湖南說：應仁之亂雖然是日本歷史上的黑暗時代；當時的貴族士人却竭盡所能
地保存古來相傳的文物、傳播可能失傳的文化與技藝，因此應仁之亂也是日本
獨特文化形成的時代。在文物保存方面，內藤湖南說：目錄學不但是圖書分類、
書目品評的學問，也是擁有悠久文化的表徵。《本朝書籍目錄》是足利時代所
編纂的圖書目錄，從編目看來，有中國傳來的，也有日本固有的書籍，雖然未
必能顯現出日本絕無僅有的獨特性，却足以證明在混亂時代中，日本人極盡可
能地保存古來相傳的文化。⓲如一條兼良為避免所藏的書籍遭到戰火的焚燬，
將充棟的書籍藏之於書庫。豐原統秋為了家傳的笙譜能傳諸後世而撰述《體源
抄》一書。可見於擾攘之際，盡力保存古代文化之一端，是當時公卿士族共通
的理念。在保存中華文物上，中國人也未必如此費心，就此意義而言，日本人
竭盡心血以保存古來相傳的文化，因而得以傳之後世的文化就說是日本的文
化。⓳再者知識技藝的傳授，固然是應仁亂後，公卿貴族用以糊口的手段，却
由於時代思潮的影響，形成日本獨特的文化。如神道的傳授，從奈良時代到平
安時代的神代記事，並沒有哲學性的思考。到了鎌倉時代末期到足利時代之間
所形成的神道，則用佛教的教義解釋《日本書紀》神代卷的記述，神道因而具

⓱　同前註，頁 27-31。
⓲　〈日本國民の文化的素質〉，《日本文化史研究（下）》，頁 96-97。
⓳　〈應仁の亂について〉，（《日本文化史研究（下）》，頁 73-74。

備了哲學性的意義。如吉田家的神道即是。又由於吉田神道具有形上架構，吉田神道乃建立其權威性。即非得到吉田家的傳授就不是正統的神道。其他的技藝傳授、如和歌亦然。換句話說由於尊敬專業性、正統性與權威性而形成所謂「某家」、「某道」、「某流」之「文化正統」的觀念，是在應仁之亂前後的黑暗時代。❷

結語：京都中國學的樹立

內藤湖南有關東洋文化史的一系列研究論述，是脫離傳統漢文的「場」而以世界為目標之學風下的產物。其以為日本文化中固然有中國文化的存在，但是由於前人的愛惜保有與融合受用，中國既已亡佚的文物，卻尚存在於日本，進而形成「日本的」文化，此「受容而變容」的文化即是日本獨特的文化形態。明治以來，更以「受容而變容」的形態融通西洋近代文化與東洋傳統文化而形成的日本近代學術文化。因此於明治三十三年主張日本近代中國學宜以融合東西學術，創造第三新文明為目標。至於學問的方法則是以通古今之變的史觀，運用清朝考證學與歐洲東方學術研究的方法論，分析東西方於中國學研究的優劣長短，進而以嚴密的考證，重新評述既有的研究成果，開拓新的研究為究極。❷以內藤湖南、狩野直喜為中心而創刊的《支那學》雜誌，則是實現以合理的科學的精神為治學的態度，蒐集了達到世界學問水準之研究論著的具體成果，確立了日本近代中國學的基礎。再者以內藤湖南、狩野直喜為中心之京都中國學派所從事的「敦煌學」與「俗文學」的研究，更開啓以「與中國當代考證學風同一步調」

---

❷ 〈日本國民の文化的素質〉，《日本文化史研究（下）》，頁 98-100。

❷ 〈讀書に關する邦人の弊風付漢學の門徑〉，《內藤湖南全集・燕山楚水》第 2 卷（東京：筑摩書房，1996 年 12 月）。

之新學風為目標，而形成合乎世界學術水準的學問，故狩野直喜與內藤湖南可以說是京都中國學的雙璧。而其門下弟子又有鑽研史學的貝塚茂樹、宮崎市定，精通文學的小川環樹、吉川幸次郎、青木正兒，深究思想的武內義雄、小島祐馬，旁通文史的神田喜一郎、桑原武夫等人繼承狩野直喜與內藤湖南二人以清朝考據學為基底之科學實證的學風，對中國學的各分野進行精湛的研究，不但是近代日本中國學的權威，也形成京都中國學派，而於世界漢學界有舉足輕重的地位。㉒

㉒ 關於京都中國學的學者，參見江上波夫編著：《東洋學の系譜》第 1、2 集（東京：大修館書店，1992 年 11 月、1994 年 9 月）；《東方學回想》全 9 卷，（東京：刀水書房，2000 年 2-10 月）；張寶三：《唐代經學及日本近代京都學派中國學研究論集》（臺北：里仁書局，1998 年 4 月）。

論中國文學中有關鳥的詮釋

周彥文*

摘　要

在中國文學或文化中，時常選取大自然界中之事物以譬喻或象徵。一方面真實的反映先民的文化思想，另一方面也使得文學的內容更加豐富。而在這些取以譬喻的大自然界事物之中，鳥類是一種十分普遍的被選取對象。究其原因，可能是因為鳥類的品種繁多，又有遷徙現象，所以給人的感覺較變化多端；再加上鳥類具有人類始終夢想的飛翔能力，所以牠又可以帶給古人們許多的聯想和遐思。

我們固然可以在古籍中看到許多關於鳥類的記載，也因此知道古人對鳥類的生態已有作觀察與記錄的能力或觀念。但是，古籍中所見的這些鳥類的記載，或者只是利用到了真實生態中的一部份，或者只是用某些文化觀念去臆測甚至引申，以致這些記載都和鳥類的真實生態有一段頗大的差距。

本文即以當前鳥類生態的真實觀察記錄為基礎，檢視中國古籍中對鳥類的記載，指出其與鳥類真實生態上的差異，及鳥類在文學或文化上被構築的形象及象徵意義。由於鳥類的記載太過繁多，故本文僅作舉

＊　淡江大學中國文學系教授。

例式的敘述，希望初步的歸納其類型，並為日後作鳥文化全面研究的基礎。

關鍵詞　鳥類生態　鳥文化　象徵意義　用典　禎祥　災異

一、前　言

自從伏羲氏和倉頡相繼「視鳥獸之文」和「見鳥獸蹏迒之迹」，以創造文字❶，中國文化就始終和大自然保持著息息相關的密切關係。而中國文學作品之中，從廟堂之上的雅文學，到市井小民口耳之間的俗文學，都有很多是取資於自然生態。或起興，或譬喻，或抒情歌詠，或寫物寄意，造成了中國文學中豐富而靈動的多樣化面貌。

在這些文化、文學和自然生態的互動當中，鳥類又是最特殊的一項。它除了常見、種類繁多、體型差異極大之外，最特別的一點，是鳥類具有其他陸上生物所少有的集體長距離的遷徙能力。因此，鳥類在中國文化和文學中似乎特別受到青睞，時時引發古人的揣測和聯想，因而也留下了大批有關鳥類生態的史料，供我們追摩中國古代的「鳥文化」。❷

本文即由此出發，略以中國文學或其他史籍中因藉用鳥類而引發的種種問題為討論主軸，試圖整理其運用的現象及方式。

---

❶　見許慎《說文解字·敘》；文淵閣《四庫全書》本。

❷　所謂「生態」，原應指全方位的自然生態而言，可是本文中所謂的「鳥類生態」，只從其覓食、繁殖、體型、羽色的討論著眼。至於鳥類與地理環境的關係，以及鳥類在生態食物鏈中的位置等其他問題，則不在討論範疇內。

二、不盡合於生態的詮釋

在中國最早的一部詩歌總集《詩經》中,第一首就用了雎鳩鳥作為起句:
「關關雎鳩,在河之洲」。《毛傳》對於這句話的解說是:

> 興也。關關,和聲也。雎鳩,王雎也。鳥摯而有別……后妃說樂,君
> 子之德,無不和諧,又不淫其色,慎固幽深,若雎鳩之有別焉,然後
> 可以風化天下……。❸

鄭玄箋也說:

> 摯之言至也,謂王雎之鳥,雄雌情意至,然而有別。

據此,則早在漢代,學者就已觀察到雎鳩鳥的特性,而且利用這種鳥的特性來
詮釋、譬喻經書,❹並且把〈關雎〉篇開宗明義的詮釋為「后妃之德」。

按雎鳩即鶚,屬鶚科。除又名王雎外,亦名魚鷹,是一種猛禽。這種鳥
的分佈極廣,全世界除南美洲之外,都可以見到。一般猛禽都是以蛇鼠為食,
但是雎鳩很特別,是以魚為主食的,所以營巢於水邊的大樹上。繁殖期間,由
雌鳥孵卵三十五天,然後雌雄共同育雛八至十週。古人就是把握了這些特點,
所以用來「起興」,寫了〈關雎〉這首詩。再就雎鳩的生態而言,無論是在產

---

❸ 文淵閣《四庫全書》本,以下同。

❹ 「興」可以是發端,又是譬喻。詳見朱自清:《詩言志辨·比興篇》(臺北:臺灣開明
書店,1975 年 9 月,臺三版),頁 53-55。《毛傳》中說這首詩是「興」,即是含有譬
喻的意義在其中。

卵期或育雛期，睢鳩都不會像鴛鴦一樣，成天的黏在一起。這就是所謂「不淫其色」、「然而有別」的詮釋來源。可見古人在作詮釋時，不管我們現在是否接受他們的說法，至少我們應該相信他們是經過了某種程度的觀察。

但問題是，睢鳩鳥的眞實生態並不同於詩人的想像。牠是所謂的候鳥，凡是候鳥，在返回繁殖地之後，大都是會另尋配偶的。事實上，在鳥類之中，像鶴或天鵝一樣有一夫一妻現象的，並不多見，多數鳥類都是屬於「隨機配對」的。睢鳩比一般的候鳥稍微特殊一點，當牠們在春天時節，各自由越冬地北返繁殖地之後，通常都能準確的回到去年的舊巢，並且等待配偶的到來。如果配偶也安全的返回，牠們往往是不會更換配偶的；但是萬一原來的配偶沒有出現，那麼牠們就會立刻更換配偶，以免錯過了繁殖期。所以，睢鳩並不能說是不更換配偶的鳥類，而且更換者並不限定是雌鳥或雄鳥，兩者的機會均等。我們若把這個情形拿到人類社會中來類比，在中國傳統觀念中，一夫多妻當然是被社會所接受的，但是若說女性有每年可以更換配偶的作法，在平民社會間就似乎並不是一個普遍可以被接受的現象，更不要說是帝王之家了。所以用睢鳩鳥來詮釋「愼固幽深」的「后妃之德」，看來並不十分妥貼。

再就「有別」說而論：所謂「有別」，這顯然是引申到「夫婦有別」的觀念上而提出的詮釋。孔穎達在《毛詩正義》中，對此闡釋得十分具體：

> 此睢鳩之鳥，雖雌雄情至，猶能自別，退在河中之洲，不乘匹而相隨也。以興情至性，行和諧者，是后妃也。后妃雖說樂君子，猶能不淫其色，退在深宮之中，不褻瀆而相慢也。

依照這樣的說法，似乎是指睢鳩雖然共同生活，卻分別居處，並不同巢，雌鳥是獨自居處在水中沙洲上的。此說顯然是迎合了中國古代帝王的生活方式而引申出來的，而所謂「不淫其色」更是符合了中國古代的教化思想，但這卻又和

睢鳩的眞實生態有所不同。按睢鳩事實上是只有一個巢位的，只不過牠們是領域性極強的鳥類，尤其在育雛期，牠們更是嚴密的防範其他同類或異類的鳥來到牠們自己所屬的領域。所以育雛期間，雄性睢鳩除了捕魚之外，很少離開自己的巢位附近。雄睢鳩在捕魚回來後，並不和雌鳥一起進食，牠會在附近的高枝上，一面警戒，一面先自己吃飽，再將剩餘的半條魚叨回巢中給雌鳥吃。雌鳥在進食時，就由雄鳥接手孵蛋；雌鳥進食之後，通常會稍微活動一下，有時在附近飛幾圈，有時到水邊去撿拾雜草或細小的枯木，回來當作鳥巢的內襯。等到雌鳥回巢，雄鳥則仍飛到附近的高枝上去擔任警戒，並且等待下一次的捕獵行動。到了晚上，雌鳥則終夜不離巢，而雄鳥則仍棲息於附近的高枝上。

可是若依照前人對《詩經·關雎》的注疏，我們往往會以爲雌睢鳩是獨自居處在沙洲上，甚至會有睢鳩在沙洲上捕食魚類的錯覺，其實這是完全錯誤的。若以孔穎達的注解來看，「退在河中之洲」可以有三種不同的詮釋，一是「居處在沙洲中的大樹上」，另一個是「在沙洲的大樹上另築巢位而居」，三是「居處在沙洲的地面上」。若以前者而論，睢鳩在育雛期另宿在大樹上的是雄鳥而非雌鳥，所以與事實不符；若以第二者而論，睢鳩事實上只有一個巢位，所以也和實情不符。若以第三者而論，也是與實情不符，因爲睢鳩的巢位一定是在水邊的高枝上，而且多是枯木，絕對不可能住在沙洲的的地面上。睢鳩的確是以捕魚維生，這就是牠別名魚鷹的原因；但是牠和其他捕食魚類的猛禽有一個很大的不同點，在所有的猛禽之中，只有睢鳩是從空中衝入水中抓魚的，而且入水的深度有時可達一公尺。所以睢鳩也絕對不會像涉禽一樣，在沙洲上啄食岸邊的小魚。所以孔穎達的說法，在睢鳩眞實的生態中，除非是暫時性的現象，否則是不可能存在的。

而且，前人的注疏也使人有一種睢鳩有一個和諧家庭的想像空間。事實上根本就不是這樣。當幼鳥會飛了以後，牠們就會離開母巢，從此之後，牠們和父母就形同陌路，再也不會聚合成爲家庭的型態。緊接著，牠們就各自南飛，

飛往南方的越冬地。不但父母不會去照顧子女，就連原先的夫妻，也是各自行動的。這個臨時組合的家庭，從此勞燕分飛，根本就沒有一個和樂家庭的影子。因此，前人對於雎鳩的注解，或者只是一時之見，或者根本就是想像之辭。至於牠們的禮法形象，更是引申出來的。❺

三、完全錯誤的詮釋

上述雎鳩的例子，還可說是有部份生態上的吻合處。可是有些古籍中對鳥類的詮釋，卻是完全錯誤的。例如《詩經・曹風・鳲鳩》：

> 鳲鳩在桑，其子七兮。淑人君子，其儀一兮。其儀一兮，心如結兮。
> 鳲鳩在桑，其子在梅。淑人君子，其帶伊絲。其帶伊絲，其弁伊騏。
> 鳲鳩在桑，其子在棘，淑人君子，其儀不忒。其儀不忒，正是四國。
> 鳲鳩在桑，其子在榛。淑人君子，正是國人。正是國人，胡不萬年。

《毛詩・小序》對這首詩的詮釋是：「鳲鳩，刺不壹也。在位無君子用心之不壹也」。《毛傳》並且解釋說：

> 興也。鳲鳩，秸鞠也。鳲鳩之養其子，朝從上下，莫從下上，平均如一。

漢代的鄭玄在作箋注時，則順著《毛傳》的說法，認爲這首詩是：「喻人君之

---

❺ 有關雎鳩的生態，參見周大慶：《魚鷹之戀》（臺中：晨星出版社，1998 年 9 月）。同時也參考了幾位鳥界人仕的觀察敘述。

德，當均一於下也。以刺今在位之人不如鳲鳩」。而唐代孔穎達的《毛詩正義》
則說：

> 首章「其子七分」，言生子之數。下章云「在梅」、「在棘」，言其
> 所在之樹，見鳲鳩均壹養之，得長大而處他木也。鳲鳩常言在桑，其
> 子每章異木，言子自飛去，母常不移也。

宋代朱熹的《詩集傳》中，顯然是繼承了鄭玄、孔穎達的說法，並且加以衍伸。
朱熹說這首詩是：

> 興也。鳲鳩，秸鞠也，亦名戴勝，今之布穀也。飼子朝從上下，莫從
> 下上，平均如一也。❻

此中有一個極明顯而無疑義的錯誤，即是「亦名戴勝」的解釋。按鳲鳩因其鳴
叫聲類似催促農事，故俗名布穀鳥，並見諸於陸璣的《毛詩陸疏廣要》，這是
沒有問題的。《爾雅·釋鳥》說；「鳲鳩，鵠鵴」，故又名秸鞠，也是沒有問
題的。但是說牠又名戴勝，則大為謬誤。戴勝屬於佛法僧目中的佛法僧科，嘴
喙細長，頭上有很長的冠羽，色黃，末端為黑色，極為醒目，是故稱之為戴勝。
牠的頭、頸、上背、小覆羽為黃褐色，其他的翼羽、覆羽、飛羽為黑色而帶有
白色橫斑。這樣的形態，和布穀鳥是截然不同的。布穀鳥屬於鵑形目中的杜鵑
科，通體灰黑色，只有下胸至尾下覆羽為黑白色，並帶有黑色細橫斑。兩者形
態差異如此之大，可見「亦名戴勝」的說法，是絕對不正確的。更何況古人早
就知有戴勝鳥。《禮記·月令》中，在〈季春之月〉條下，即說：「鳴鳩拂其

---

❻ 《詩集傳》（臺北：臺灣中華書局，1974 年，臺 6 版），頁 88。

羽，戴勝降於桑」。這分明就是兩種不同的鳥。孔穎達於《正義》中，引《爾雅·釋鳥》，說戴勝又名戴鵀，並且引用郭璞的說法，說：「鵀即頭上勝，今亦呼為戴勝」。唐代的賈島就有一首名為〈戴勝〉的詩說：「星點花冠道士衣，紫陽宮女化身飛」，前一句指的就是戴勝的羽色特徵。可知古人早已掌握了戴勝的特徵，並且明確的知道何者為戴勝。然而將鳲鳩又稱為戴勝，似乎其源甚早。在漢代揚雄的《方言》中，即有鳲鳩又戴勝的說法。可是唐代時早就知道這是不對的了。孔穎達在《正義》中引三國時代魏人孫炎的注解說：「鳲鳩自關而東謂之戴鵀，非也。」宋代邢昺作《爾雅疏》，亦說：「戴勝自生穴中，不巢生。而《方言》云戴勝，非也。」所以朱熹《詩集傳》中，是沿襲了前人錯誤的說法。

其次，「飼子平均如一」的說法，也完全是錯誤的，我們可以從鳲鳩的生態上來辨明這一件事。根據目前鳥界的統計，全世界有八十多種的鳥會有托卵行為，其中有五十多種是屬於杜鵑科。而鳲鳩，正是杜鵑科中最典型的托卵性鳥類。❼

所謂托卵行為，是指鳥類不會自己築巢，而把自己的卵唧入其他鳥類的鳥巢之中，由其他的鳥類在不知情的情況下，代為孵育。鳲鳩和一般杜鵑科的鳥類一樣，不會營巢，但是具有高度的擬態本領。當牠展開雙翼在空中盤旋時，極像鷲鷹科或隼科的猛禽。❽牠藉此先行嚇走剛產完卵的小鳥，飛入其巢中，及時產下一卵，並唧走原先巢中的一粒卵，這就是托卵。當然，鳲鳩會選擇蛋殼色紋類似的小鳥作為托卵對象，例如鶺鴒、伯勞等。等到小鳲鳩孵出來以後，牠還有一項十分特殊的本領，就是牠會把原來鳥巢中的蛋或雛鳥用背拱出巢

---

❼ 杜鵑科鳥類共分一百三十種。參見周鎮：《鳥類生態與形態》（臺中：作者自印本，1999年2月）。

❽ 《禮記·月令篇》以及《汲冢周書·時訓解篇》中，都有「鷹化為鳩」的說法，而且許多古籍中都有類似的記載。這可能就是鳲鳩擬態的誤解，待考。

外，以便獨得母鳥的飼養。❾

這就是鳲鳩的繁殖方式。所以鳲鳩不但不會築巢，而且不會育雛。牠每找到一個托卵對象，都只產一個卵。根據鳥界的統計，鳲鳩的托卵對象，達三百種以上。這個現象，就使我們可以解釋《詩經·鳲鳩》中「在梅」、「在棘」、「在榛」的意思了。這根本就是托卵行爲的現象，而且所謂的「飼子平均如一」的說法，也根本不可能存在，鳲鳩是不會去「飼子」的。這首詩的原作者，很可能觀察到了鳲鳩幼雛是生長在不同的樹上，不同的巢位中。或許他並不知道所謂的托卵行爲，可是至少他觀察到了鳲鳩的繁殖現象。所以如果我們的推斷是正確的話，那麼這首詩中描述的是寫實的。而漢代以下的學者，根本就是完全誤解了原詩的本義，只是用教化的理想去臆斷詩句而已。因此，這首詩到底在說什麼，在我們瞭解了鳲鳩的生態之後，應該要全盤重新思考。

據此，我們或可同時考慮到「鳩佔鵲巢」一語的正確性。《詩經·召南·鵲巢》說：「維鵲有巢，維鳩居之」。從此之後，「鳩佔鵲巢」就成了一句大家習以爲常的成語。可是我們如果從鳩和鵲的生態上來看，這幾乎是不可能的事。因爲如上所述，鳲鳩不居住在巢穴中，所以牠根本就沒有必要去「佔鵲巢」。如果說是托卵的話，牠也不會去選鴉科的鵲作爲托卵對象。所以「鳩佔鵲巢」的情形，在眞實的生態上，是不可能發生的。另外的解釋角度，可以從「鳩」字上來思考。除了布穀鳥叫做鳲鳩外，魚鷹又叫睢鳩，老鷹又叫鶆鳩。❿雖然自《毛傳》以來，前人都直接把這首詩中的「鳩」解釋爲鳲鳩，可是如果我們改將詩中的「鳩」字解釋爲鷙鷹科的猛禽，卻還有一些可能性。但是再從生態上來看，屬於鴉科的鵲鳥，生性都十分的兇猛。尤其是喜鵲，更敢去搶魚鷹爪

---

❾ 有關鳲鳩的托卵行為，可參見周鎮：《鳥與史料》（南投：臺灣省立鳳凰谷鳥園出版，1992年10月）。

❿ 當然還有鳩鴿科的鳥類，如我們所熟知的野鴿、灰林鴿、斑頸鳩、綠鳩等。不過這些鳩鴿科的鳥類體型太小，又過於柔弱，根本沒有可能去佔鵲巢。

中的食物，所以鶩鷹科的鳥類未必可以搶得鵲巢來居住。而且，目前鳥界還沒有鶩鷹科鳥類去佔鵲巢的觀察記錄，所以這種可能性也不高。台灣鳥界的前輩周鎮先生，認為這句成語中的「鵲」字應是「雀」字之誤，並且認為這是托卵現象。這或許是一個合理的詮釋角度。無論如何，《詩經》中這首詩是原詩有誤，或是另有其他的生態是我們目前所不知的，或是後代學者完全誤解了原詩的本義，都尚待方家考證；但是以目前大家習以為常的詮釋角度而言，「鳩佔鵲巢」這句成語，是絕對錯誤的。

提出這些說法，是希望陳述一件事實：就是古籍中引用鳥類作為起興、譬喻或象徵的事例，很多都只是援用鳥類生態中的一部份，其他的或是有意棄之不顧，或是根本就不明白該鳥類的真正生態。這種作法，應該說是一種文學性的用法，而不是生態上的引用。至於在詮釋上，則時常是直接跳躍過生態上的實情，而只從文字上去引申，以符合教化理想。這種作法，在我們詳知了鳥類的生態之後，就不免會對前人所引申出的教化意義產生質疑；但是如果僅止於文學的引用上，或多或少，還是可以留下一些浪漫的想像空間。

四、為什麼是鴛鴦？

文學本來就可以如此運用的。尤其是在古代的詩歌之中，更是多用身邊所見的事物，選取其某項特徵，用以起興或是譬喻。這其中當然有的符合其生態，有的不一定符合，但是就文學作品而言，這並無傷大雅。例如在中國文學作品中，最常被用來比喻夫妻恩愛的鴛鴦，其實就有問題。在《詩經》之中，就已提到了鴛鴦：《詩經·小雅·鴛鴦》：

> 鴛鴦于飛，畢之羅之。君子萬年，福祿宜之。鴛鴦在梁，戢其左翼。
> 君子萬年，宜其遐福……

雖然鄭玄的箋說鴛鴦是「止則相耦，飛則爲雙，性馴耦也」，但是這首詩並沒有特別用鴛鴦來指稱夫妻，《毛詩·小序》說這首詩是「刺幽王也。思古明王交於萬物有道，自奉養有節焉」；朱熹也只是說這首詩是「頌禱之詞也」而已。❶可是後來用到鴛鴦的，或用以指稱戀愛中的男女，或直接用以指稱夫妻，而且多是專指恩愛不移，誓死不渝的一對男女。例如〈孔雀東南飛〉在結尾時，即用鴛鴦作爲死生不渝的象徵：

> ……兩家求合葬，合葬華山傍，東西植松柏，左右種梧桐，枝枝相覆蓋，葉葉相交通。中有雙飛鳥，自名爲鴛鴦，仰頭相向鳴，夜夜達五更……

晉代崔豹的《古今注》中，更是將這個說法推衍到極至：

> 鴛鴦，水鳥，鳧類也。雌雄末曾相離，人得其一，則一思而至死，故曰匹鳥。

按《詩經·鴛鴦》的《毛傳》及鄭《箋》，都說鴛鴦又名匹鳥，可見至少在漢代時，鴛鴦就已經被視爲成雙成對的恩愛鳥類。從此之後，在中國文學中，用鴛鴦來比喻恩愛夫妻的文學作品或專有名辭，眞是多得不計其數。

的確，鴛鴦是夫妻相隨的。不過那只限於每年的繁殖期。❷過了繁殖期以後，原來的鴛鴦夫妻則是各行其是，與其他的鴛鴦成小群的一起活動。到了第

---

❶　見《詩集傳》卷 14。

❷　鴛鴦生於北方者爲候鳥，大約在四月份開始進入繁殖期；生於南方者爲留鳥，繁殖期在六、七月之間，大多築巢於水邊的高樹上。

二年的繁殖期時，又再各自尋找新的配偶。也就是說，鴛鴦是每年更換配偶的。我們的文學作品中一直以鴛鴦作為一對恩愛男女的象徵，其實也和實情有不符之處。

但是如上所述，在文學作品之中，我們可以不管生態上的正確與否。而且生態上的正確與否，也不會影響到我們對於文學作品意象的詮釋。然而有趣的是，無論是選擇用雎鳩或是鴛鴦來形容一對恩愛男女，在原先都應只是從身邊常見的事物中選樣以譬喻而已。但是為何到了後代，我們大都只沿襲了用鴛鴦來作一對恩愛男女的譬喻，而卻較少見有人用雎鳩來譬喻呢？

這可能就要從這兩種鳥的形態和文化上來解釋了。先就形態上來說：雎鳩是一種猛禽，雄鳥身長約五十公分餘；雌鳥較大，比雄鳥大了約百分之二十，身長約六十公分餘，翼展長度可達一五五至一七五公分。❸後頸及背部為暗褐色，頭部及胸部為白色，有十分明顯的黑褐色過眼線及耳羽。為了入水捉魚，所以趾爪呈鉤狀，既尖且長又銳利。像這樣的猛禽，應該可以說和浪漫的想像是比較無緣的。可是鴛鴦就大不相同了。雄性的鴛鴦在繁殖期間，經過換羽以後，身上可說是五彩繽紛，有紅、綠、黃、藍、紫、橙、黑、白、褐等顏色，❹十分美麗。再加上屬於雁鴨科的鴛鴦型嬌小可愛，終日於水面相逐，當然就比較符合於詩人的浪漫想像了。唐代崔珏有一首〈鴛鴦〉詩：

> 寂寂春塘煙晚時，兩心和影共依依。溪頭日暖眠沙穩，渡口風寒浴浪

---

❸ 根據臺灣野鳥資訊社等編：《臺灣野鳥圖鑑》（臺北：亞舍圖書公司，1991年）。但在不同的鳥類圖鑑中，會有不同的記錄。例如周大慶的《魚鷹之戀》中所記載的身長是60公分。

❹ 非繁殖期的雄性鴛鴦，除了嘴是橙色以外，羽色和雌鳥差不多，並不好看。在鳥類中，通常雄性的羽色比較鮮艷亮麗，這是為了讓繁殖孵育期的雌鳥不要受到天敵注意的一種保護機制。

稀。翡翠莫誇饒彩飾，鷺鷀須美好毛衣。蘭深芷密無人見，相逐相呼何處歸。

這首詩，就十分真實的道出了鴛鴦艷麗多情的文學形象。而就文化上來看，雎鳩在中國文學中，一出場就是「后妃之德」，牠幾乎定型於帝王后妃的層級，而且極端具有教化層面的莊嚴意義，所以後世的抒情詩是不會拿雎鳩作為一般夫妻的象徵的。

前文曾經述及，在鳥類中真正有嚴格夫妻關係的，只有鶴和天鵝。鶴在古籍中偶而會被拿來形容恩愛的男女，例如《後漢書·張衡傳》中載其〈思玄賦〉：

> 天地煙熅，百卉含花，鳴鶴交頸，雎鳩相和。處子懷春，精魂回移，如何淑明，忘我實多。

但是由於鶴的壽命較長❺，所以在中國文學中，牠往往被用來當作長壽象徵的情形較多，而較少當成恩愛男女的象徵。例如崔豹《古今注》說：

> 鶴千歲則變蒼，又二千歲則變黑，所謂玄鶴也。❻

由於長壽，所以又時常和仙人相提並論，把鶴當作是仙人的坐騎，甚至直接把鶴當作是仙禽。如鮑照的〈舞鶴賦〉說：「偉胎化之仙禽」；唐代李嶠有〈鶴〉

---

❺ 鶴的確是較為長壽的鳥類，但是並沒有正確的年壽記載。

❻ 其實鶴的羽色當然不會由白變黑，有一種黑頸黑尾身白的鶴，學名稱丹頂鶴。由於身白，所以一般稱之為白鶴，古人所稱的仙鶴即此。另有一種鶴頭白，但身體為灰黑色，如白頭鶴、白枕鶴等，一般稱之為灰鶴。古人可能把這兩種鶴混為一談了。

詩：「黃鶴遠聯翩，從鸞下紫煙，翱翔一萬里，來去幾千年」；明代王圻《三才圖繪》中說：「昔黃帝習樂於崑崙山，有玄鶴飛翔」等等。

　　至於天鵝，古人稱之為鴻鵠、黃鵠，或直接稱為鵠。這種候鳥在中國文學中，因牠遷徙的特性，而被賦予高飛遠翔，或胸懷千里大志，或遠戍他鄉之類的形象。《詩經·小雅·鴻雁》即說：

　　　　鴻雁于飛，肅肅其羽。之子于征，劬勞于野。爰及矜人，哀此鰥寡……。

漢代賈誼撰〈惜誓〉，則說：

　　　　黃鵠之一舉兮，知山川之紆曲；再舉兮，睹天地之圜方。臨中國之眾人兮，託回飆乎尚羊。乃至少原之墅兮，赤松王喬皆在旁……。

這樣的形象，就一直停留在中國文學的詩詞作品中，例如杜甫的「舉頭向蒼天，安得騎鴻鵠」，就是最典型的用法。其實古人還是曾經觀察到天鵝成雙成對的現象，例如阮籍詩：「鴻鵠相隨飛，飛飛適荒裔，雙翩凌長風，須臾萬里逝」；宋代吳邁遠詩：「可憐雙白鵠，雙雙絕塵氛，連翻弄光景，交頸遊青雲」等。可是這類的文學作品之中，也都並不特別強調牠們有恩愛男女關係的形象，反而是遠遊或壯志之類的形象較多。

　　這是一件十分令人不解的事。在生態上有嚴格夫妻關係的鳥類，不被當作夫妻的象徵，反而是每年換妻的鴛鴦，卻時常用來比喻恩愛夫妻。可能可以詮釋的原因有四：一是生態上的觀察不夠縝密，只看到了一個暫時性的現象；二是雖然觀察到了鳥類的真實生態，可是只截取鳥類生態中的一部份來引申；三是把自己的想像加諸於牠們的形象之上；第四個原因，就是用典。這種情形，並不限於配對關係上而已，而是所有的主題都可以這樣的運用。

五、無關生態，用典而已

當然，文學作品中引用到鳥類的，有時最初只和部份的生態有關，而到了後代，只是用典而已。我們可以用海鷗爲例，來看一個典型的例證。在《列子‧黃帝篇》中，記載了如下一個故事：

> 海上之人有好漚鳥者，每旦之海上，從漚鳥游。漚鳥之至者，百數而不止。其父曰：「吾聞漚鳥皆從汝游，汝取來，吾玩之」。明日之海上，漚鳥舞而不下也。

這本是一寓言故事，就像《列子》書中其他的寓言故事一樣，並沒有涉及任何的生態觀察。❼而海鷗在中國的古籍中，也並沒有能預知人類機心的原始意義。例如《詩經‧大雅‧鳧鷖》說：「鳧鷖在涇，公尸來燕來寧。」其中的鷖，就是海鷗。然而這首詩在《毛詩‧小序》的詮釋中，只是說：

> 守成也。太平之君子能持盈守成，神祇祖考安樂也。

《毛傳》則說是「太平則萬物眾多」。鳧和鷖，只是作爲萬物的舉例而已，並沒有其他意涵的引申。

可是後世的文人卻利用了《列子》書中的故事當作典故，把海鷗當作是能夠識出人類機心的鳥類。例如唐代王維的名作〈積雨輞川莊作〉：

---

❼ 當然，海鷗居處在海濱，是屬於一種生態。但這只是一個普遍現象的敘述，而《列子》所談論的「識人機心」的問題，也並不是因其居處地而延伸出來的特殊意義。

積雨空林煙火遲，蒸藜炊黍餉東菑。漠漠水田飛白鷺，陰陰夏木囀黃
鸝。山中習靜觀朝槿，松下清齋折露葵。野老與人爭席罷，海鷗何事
更相疑。

最末兩句，很明顯的就是直接引用《列子》書中的典故，而和生態的情形完全
無關。同時，用海鷗來表示識人機心的例子，在文學作品中也常見，例如杜甫
的名句：「舍南舍北皆春水，但見群鷗日日來」，「自去自來樑上燕，相親相
近水中鷗」。又如元代白樸的北曲小令〈沉醉東風〉：

黃蘆岸白蘋渡口，綠楊堤紅蓼灘頭。雖無吻頸交，卻有忘機友。點秋
江白鷺沙鷗，傲殺人間萬戶侯，不識字煙波釣叟。

於是，海鷗就在中國文學中變成了識別人類機心的鳥類。這些文學作品，固然
大都有河海的敘述背景，但是他們主要的作意不在因生態而產生的意義，而是
《列子》書中「識得機心」的主題。這就是「用典」的現象，和海鷗的生態習
性並無直接關係。

由於用典是中國文學中的一個十分普遍的作法，所以像海鷗這樣的例子
也很多，像著名的古蜀望帝杜宇化爲杜鵑鳥的事等等，我們就不用再一一舉例
了。

六、禎祥與災異

關於鳥類，還有另一種詮釋的方向，就是禎祥與災異。固然有許多與鳥
類相關的詮釋，在起源上都是與鳥類的某部份生態有關，但是延伸到後來，卻
逐漸脫離了生態上的現象，轉而成爲一種象徵。而鳥類，在中國的禎祥災異的

發展史上，就有這樣的情形。

　　凡是被運用到禎祥災異的鳥類，大多數都是由其基本生態加以延伸，或配合自然界的狀態，或配合時事而產生；並且在後世演變爲一種成說，進而使某一種鳥類被賦予某些特定意涵的形象。舉例而言，中國北方有一種叫做沙雞的鳥❶，群性極強，都是成群的活動，並以植物的種子或嫩芽爲食。這種鳥在《爾雅·釋鳥》中作鶝鳩，又稱爲寇雉。晉代郭璞《爾雅注》說：

> 鶝，大如鴿，似雌雉，鼠腳，無後趾，歧尾，爲鳥憨急，群飛，出北方沙漠地。

清代郝懿行的《爾雅義疏》即說：「鶝雞，今萊陽人又名沙雞」。其實這種鳥的生態原本十分單純，可是或許是由於牠的食性，再加上牠們都是大群的活動，容易造成農栽的傷害，所以被視爲惡鳥。但不知何故，這種鳥竟和兵災聯在一起，而且配合了牠們原來的棲息地，專指來自北方的兵寇。《唐書·五行志》中記載道：

> 調露元年（按唐高宗年號，西元679年），鳴鶝群飛入塞。史曰所謂突厥雀者，南飛胡必至。

《宋史·五行志》中也記載說：

---

❶　沙雞，屬沙雞科，分爲分爲毛腿沙雞、西藏毛腿沙雞、黑腹沙雞三種。後兩者分佈地以西藏及新疆西北部爲主；而第一種則分佈於中國北端及東北全境。由於古籍中提及的沙雞是來自北地，又稱之爲突厥雀，所以應是指毛腿沙雞。參見中國野生動物保護協會主編：《中國鳥類圖鑑》（鄭州：河南科學技術出版社，1995年1月）。

> 至道元年（按宋太宗年號，995年）九月，京師自旦至酉，群鳥百餘萬，
> 飛翔有聲。識者云突厥雀。

除此之外，許多地方志中都有類似的記載，例如《臨淮縣志》說：「崇禎六年
（按明思宗年號，1633年），有鳥名寇雉，鳩身兔蹄，飛如兵戈之聲，自北入南。」
《西平縣志》說：「崇禎十年（1637年）有鳥形如鳩，鷩身禿足，自北而南，
千萬爲群……後考《本草》云：寇雉，其性憨急群飛。此鳥出主兵亂。」《確
山縣志》說：「崇禎六年癸酉冬十月，有鳥如鳩……名曰沙雞。是月寇渡黃
河犯汝郡。」《許州志》說：「崇禎六年秋殺雞來，形似鳩而小……自西北
來，群以萬計……至多，流寇渡河。」《汝州志》說：「崇禎六年冬，流寇
渡河南，十二月十六日抵魯城下，弗剋。有番鳥自北來，每群萬餘，羽如燕，
足似鼠。」《河南府志》說：「崇禎七年鷄鳩至，或曰鸚斯也……」《太和
縣志》說：「崇禎七年有鷄鳩自北至滁。按：此鳥出北漠，唐開元中入內地一
次，即兆突厥犯邊。鳥至此處，寇即隨之，民相搶鬥，故時人呼爲奪鳩……
不一年，闖賊大掠於和，及滁而止。」[19]金朝的元好問也有一首名爲〈寄答溪
南詩老辛愿敬之〉的詩提到沙雞：

> 青燈老屋深蓬蒿，蝙蝠掠面莎雞號。劍歌夜半激悲壯，松風萬壑翻雲
> 濤。

按此詩元好問作於金朝末年宣宗哀宗之際，時當西元一二一八年至一二二五年
左右，地點爲河南登封。到西元一二三四年，金朝亡。

---

[19] 此處所引各地方志之記錄，均轉載自周鎮著《鳥與史料》。由於只引爲旁證，所以不再
覆查資料。周鎮書見註[8]。

我們由這些記載，可以知道至少從唐代開始，一直到清代，沙雞都被視為兵災之鳥。

類似以鳥類為禎祥災異對象的例子還有許多，例如陸璣《毛詩陸疏廣要》說：

> 鸛鳥，泥其巢，一傍為池，含水滿之，取魚置其中，稍稍以食其雛。若殺其子，則一村致旱災。

鸛鳥是一種候鳥，屬於鸛科。《詩經·豳風·東山》內就有「鸛鳴于垤，婦嘆于室」的句子。《毛傳》說：

> 垤，螘塚也。將陰雨，則穴處先知之矣。鸛好水，長鳴而喜也。

孔穎達的《正義》對此解釋說：

> 此蟲（按指螘，即蟻）穴處，輦土為塚以避溼。鸛鳥鳴於其上，故知垤是螘塚也。將欲陰雨，水泉上潤，故穴處者先知之。是螘避溼而上塚，鸛是好水之鳥，知天將雨，故長鳴而喜也。

這種說法，不知是否和《毛詩陸疏廣要》中的說法有淵源關係。不過以我個人的想像，鸛既好水，則殺其子，則應一村致水災較為合理。所以災祥之說，實在是不可以常情度之。

另有一種也是鸛科的鳥，名叫䴔鶄，又稱禿鸛，在讖緯的說法中更為不明其所自來。古人認為這種鳥是不祥之鳥。《晉書·五行志》中記載道：

> 漢獻帝建安二十三年（218），鶖鶩鳥集集鄴宮文昌殿後池，明年魏武
> 王薨……魏文帝黃初三年（222），又集洛陽芳林園池。七年又集，其
> 夏文帝崩……景初末（237），又集芳林園池。已前再至，輒有大喪，
> 帝惡之，其明年帝崩。

《隋書·五行志》中也說：

> 周大象二年（580）二月，有鶖鶩集洛陽宮太極殿。其年帝崩，後宮常
> 虛。

這種鳥在古籍中，簡直變成了死亡的化身。或許是起源於建安末年的事件，而
使得牠傳下了這種可怕的形象。

　　還有一些災異的說法，可能是從鳥類的遷徙行為變來的。例如屬於鵜鶘
科的鵜鶘，在明代李時珍的《本草綱目》中說：

> 鵜鶘，夏至前來，謂之犁鶘，言主水也；夏至後來，謂之犁塗，言主
> 旱也。

這或許是先民觀察鳥類行為，偶而歸納出來的結果。而鵜鶘的遷徙狀態和水旱
災是否真的有統計歸納上的關係，我們實不敢妄下斷語。

　　類似的情況不一而足，我們就不必再一一舉例了。可是還有一事值得注
意，就是鳥類的象徵意義是災是祥，有時會因時、地的不同而變。烏鴉就是一
個很好的例子。

　　烏鴉除了是所謂的「孝鳥」始終在中國文學及中國文化之中被承認之外，在
現代人眼中，烏鴉似乎並不是受大家歡迎的鳥類。我們甚至可以說，很少有一種

鳥類像烏鴉一樣，被大家普遍的用來罵人的。牠在現代人的心目當中，是代表著呱噪、噩運、不吉祥。這或許和牠喜群聚，喜鳴叫，而聲音又粗嘎有關。可是在一種文化詮釋體系之下，鳥類鳴叫的聲音代表著是吉是凶，並不是由聲音本身的是否悅耳來決定的。例如同樣屬於鴉科的喜鵲，叫聲和烏鴉一樣粗嘎，可是大家聽到了都覺得很高興，都認爲是一定有喜事的徵兆。所以現在大家對烏鴉多持負面的看法，還是因爲時間、地域，以及文化傳承的交互影響所構成的。

可是這不是一件很奇怪的事嗎？中國人一向都認爲「百善孝爲先」，凡是孝順的行爲，在中國都是被肯定的。然而被公認爲「孝鳥」的烏鴉，爲什麼反而代表著不祥及噩運呢？難道這不矛盾嗎？

事實上，烏鴉在中國，是因時因地之不同，而有著吉凶不同的象徵意義的。也有一些說法，是因品種的不同，而分別代表著吉凶不同的意義。《永樂大典》卷二三四五引《格物總論》說：

> 烏鴉別名、種類亦繁，彼有小而多群，腹下白者名鴉；烏有小嘴而白，比他鳥微小，長而反哺其母者名慈烏。今有一種大喙及白頸，而不能反哺者，非慈烏，南人謂之鬼雀，鳴則凶咎是也。然北人聞其鳴則喜，南人反是……。

這裡所說的慈烏，應是指家鴉或寒鴉，而所謂「大喙白頸」的，則是白頸鴉（又叫玉頸鴉）。白居易就有一首〈和大嘴鴉〉詩：

> 烏者種有二，名同性不同。嘴小者慈孝，嘴大者貪庸。嘴大命又長，生來十餘冬。物老顏色變，頭毛白茸茸……[20]

可知這個因品種而別善惡的說法，由來已久。但是不管是那一種，北人聞之則喜，南人聞之則惡之。可見這些災祥的認定，都只是地方文化累積下來的結果。《永樂大典》引《萍洲可談》的一段話說得最清楚：

> 東南謂烏啼為凶，鵲噪為吉，故或呼為喜鵲。頃在山東，見人聞鵲噪則唾之，烏啼卻以為喜，不知風俗所見如何。

甚至有人認為烏鴉有預知吉凶的能力，可以用來占測未來。同書引《郁離子》說：

> 燕王好烏，庭有木，皆巢烏，人無敢觸之者，為其能知吉凶而司禍福也。故凡國有事，唯烏鳴之聽……。

同書引宋人王梅溪《家政集》中的〈靈烏說〉，甚至把烏鴉的「預知吉凶」說，加以引伸發揮，而提出「性靈意忠」的說法：

> 烏之為禽，性靈而意忠，能預知吉凶，而啞啞以告。小人聞其鳴，則唾罵之，烏不以唾罵而廢鳴，可謂忠矣……。

王氏的說法，離烏鴉的生態愈行愈遠，根本就是用人為的方式，造出合於人文教化的「詩教」式的說法，真是讓人無法接受。

　　無論如何，我們可以看出這些由鳥類引申出來的災異禎祥之說，其實都是一種文化現象，雖然大多源自於鳥類真實的生態，但是後來卻可以脫離生態的敘述，而獨自走向文化的詮釋領域。

七、結　語

　　孔子勸人多讀《詩經》，是爲了「多識草木鳥獸蟲魚之名」，可知古人和大自然是十分貼近的。其中鳥類更有和人類密切接觸的機緣。可能因爲牠們可以高飛遠翔的緣故，以致古人會把牠們和太陽崇拜混同在一起，甚至認爲牠有和天神溝通的能力。例如遠古時代，有許多鳥圖騰的民族，古蜀國以及虞舜等皆屬之。❷又如在中國大家都耳熟能詳的四大靈獸龍鳳龜麟，其中的鳳，或許就是古人以孔雀爲雛型所塑造出來的神鳥。至少，在寫實的層面上，牠們也具有凌雲壯志，或是善解人意的形象特質。所以，鳥類在中國文學或文化中，佔了很重要的地位，更是一項值得我們去深入研究的對象。

　　由於鳥類的品種太過於繁多，生態上的研究又仍有待繼續開發，所以要和文學或文化結合來作研究，著實不易。本文僅嘗試著從這種結合的角度，作舉例式的敘述，希望可以從生態的觀點，更加認識鳥類在中國文學或文化中的形象或意義，並且作爲日後詮釋中國「鳥文化」的研究基礎。

---

❷　古蜀國的遺址，就在現在名聞中外的四川成都三星堆。當地出土了許多鳥類造型的青銅器，都證實了古蜀是一個鳥圖騰的文明古國。

神々の時代——古代人の自然崇拝とその終焉

牧角悦子[*]

一、怪力乱神

　　中国における「神」を問題にしようとする時、必ず思い起こされるのは『論語』に孔子が言った「怪力乱神を語らず」という言葉である[❶]。空想や幻想の世界に遊ぶことより、この世の理を重視することを説いたこの言葉は、しかし反対に、この時代「怪力乱神」つまり人間の理解を超えた不可思議な力や現象が、いかに人々の思考を支配していたかを物語る。鬼神を遠ざけた儒家思想の浸透を、神々の意志に満ちた古代社会の終焉だと考えることができるとすれば、古代社会は、神々が様々な形象をともなって人々の生活の中に息づいていた時代だとも言えるであろう。神々の物語は、中国に在っては神話として系統だって後世に残ることは稀であった。しかし、切れ切れになったその断片は、史書や緯書や経典の中にその片鱗をのぞかせる。そしてそれらは、太古の社会に在って人々が、自然や神々といかに豊かに通じ合っていたかを想像させる。

＊　二松學舍大學文學部副教授。
❶　『論語』述而篇「子不語怪力乱神」。

　本稿では、中国の古代において、神々はどのような姿で立ち表れたのか、そしてそれがいかに変遷し、また変質していったのか、それを具体的な幾つかの例によってみてみたい。

二、共存する諸族の神々（商王朝時代）

　神話は文字とともに始まるとすれば、我々の見ることができる最も古いその形象は、まず殷の甲骨文の中に表れる。

　図1

　図1❷は商代中期のもの。占いに使う卜骨に諸族の神々の合祀の様子を描いたものだと思われる。ここには「羌（ショウ）」「夒（キ・あるいはドウ）」「虎」「王亥」「雀」といった諸族の族神が無造作に描かれているが、その位置関係は諸族間の微妙な力関係を表している。

　いちばん上に描かれた「羌」は、羊族の族神。羊族は商王朝に仕えて

---

❷　図1の解釈については、赤塚忠「中国古代文化略説」（『赤塚忠著作集一』研文社　昭和63年）を参考にした。

神官として礼遇されたため、その族神である「羌」は多くの山の神を代表する
ものとして、商王朝の祭典の中で常例的に祭られるようになる。山と一体
になった多毛のこの動物の形象は、本来羊族という一部族の族神であったも
のが、すでにこの時には諸族の神を抑えて最上位に君臨するようになったこ
とを示している。

　右端の「夒（＝夒）」は、夒族の神。夒族は商王朝の古くからの同盟
国だったため、その神「夒」もまた他の神々を抑えて王朝祭祀の中に残るこ
とになる。この「夒」はもともと「猱」と同じ字で、大きな猿を表していた。
これは夒族の神霊が猿の形象で考えられていたためで、別の銘文（金文）に
は頭に角が生えた「夒」という文字で表されている。この金文の「夒」と甲
骨文の「夒」とは、もともと同じく夒族の神を表す字であったと考えられる
が、「夒」は後に別の神話と結びついて奇妙な発展を遂げることになる（後
述）。数ある山の神々の中で、先に挙げた「羌」とともにこの「夒」もまた、
商王朝の祭祀の中に祭られることになっていく。

　左端は「王亥」。降雨を支配し年穀に吉凶するとされた神で、野猪の
姿で描かれる。中央は「虎」の姿の神。倉侯虎・侯虎・虎方と称された部族
の神であろうと思われる。そしていちばん下に描かれているのは、頭に毛の
逆立った鳥の形象で、雀族の族神❸である。

　このように、同じ山の神々でも、その部族の信仰や生活様式によって、
様々な姿の神が存在し、かつその神々が諸族の力関係を反映しながらも共存
していたことが、ここからうかがえる。この他にも甲骨文から推測すると、
それぞれの聖山にそれぞれの神霊を仰ぐ幾多もの部族があり、さらに山の神
だけでなく、河川の神々、穀物の神、日月星辰の神など、部族の数だけ神霊

---

❸　羅振玉『殷虚書契（前編）』1912 年（民国 2 年影印）。

と神話とが、そこにはあった事がわかる。

　商王朝は、このような様々な部族の神霊と神話とが、ゆるやかな統合の中に互いに共存していた時代であったと考えられる。しかしその中でも、王朝祭祀の場においては、それらを代表する形で特定の神が選ばれ祭られた。それを表すのが図2❹の甲骨資料である。

　これは商王朝の祭祀を記録したものであるが、そこには以下のように記されている。

　　　戊午卜賓貞酒燎年于岳・河・夒

　　　（戊午に卜して賓貞ふ、「酒して年を岳・河・夒に燎らんか」と）

　ここから分かることは、商王朝の祭祀において、卜占をもって祈り祭られたことは、「年」、すなわちその年の穀物の豊穣であり、またそれを祈る対象が「岳（やまのかみ）」、「河（かわのかみ）」、そして「夒（祖霊）」の三者であったということである。数ある山の神の中から「岳」が、また川の神の中から「河」がそれぞれの代表になった背景には、それらを族神とする部族の商王朝内での力関係が影響したものと思われる。

　では、夒はいったいなぜ祖霊（高祖）と結びついて並び祭られることになったのだろうか。これについて、赤塚忠博士は、

　　　太古には、夒は人間の有用な食糧であり、夒の捜す果実は人間の果
　　　実採集の有効な導きとなったであろう。そういう記憶が、夒が農作
　　　物に害をなす時代となっても、かえってその害を避けるために農耕

───────────────

❹　赤塚忠「中国古代文化略説」『赤塚忠著作集一』研文社　昭和63年。

の神として祀られ、農耕祭礼には作物の成長を促進させる呪術として音楽を重視するので、夒（夒）を祀る集団がその音楽を奏する祭礼を伝え、そこから夒は楽祖であるという伝承が生じたのであろう。

図2

と述べておられる❺が、これは推測の域を出ない。古代文化における現象の説明は、もとより推測の域を出ないものであるしかないのが実情であるが、より説得力のある推測は求められてもよいと思う。私が思うに、まず一つに、サルは人に姿が似ていることを以って、人に似ながらも人に無い能力を持つものとして、神格化された祖霊の形象にふさわしいこと、また第二に、その

❺ 祖先の霊は、天帝のいる天上界と地上の人間世界のあいだを行ったり来たりすることで、神意を告げたり、人々の願いを上告したりするものだと信じられていた。後述の『詩経』大雅「文王」篇参照。

軽快な動作で地上と空間を行き来することから、現世と天帝の間を往来して神意を告げる祖霊❻に比されたことが原因ではなかったかと考える。

　ともあれ、商王朝の甲骨文②の語るところは、王朝祭祀において祭られる神が、諸々の神々の中から淘汰をうけた山の神「羌」と河の神「河」と祖霊の「夒」であったという事実である。

三、聖山としての首陽山

　次に、この三神のうち、山の神「羌」と祖霊「夒」がどのように発展していったかを見てみたいと思う。まず「羌」であるが、もともと羊族の神であり商王朝の祭祀において山の神として祭られた「羌」は、これを分解すると「羊」と「山」とに分けられる。つまり羊を頂く山「羊山」である。「羊」と「常」は同音であることから、「羊山」は後に「常山」と呼ばれるようになり、更に「常」を長言して「首陽山」とも呼ばれることになった。そして、首陽山と言えば、誰もが思い起こすのが伯夷・叔斉の故事ではないだろうか。司馬遷『史記』の伯夷列伝には次のようにある。

　　　　其傳曰。伯夷・叔齊。孤竹君之二子也。父欲立叔齊。及父卒。叔齊
　　　　讓伯夷，伯夷曰，父命也。遂逃去。叔齊亦不肯立而逃之。國人立其
　　　　中子。於是伯夷・叔齊聞西伯昌善養老，盍往歸焉。及至西伯卒。武
　　　　王載木主，號為文王。東伐紂。伯夷・叔齊，叩馬而諫曰，父死不葬，

---

❻　羊を大岳神として祭る姜族もまた羊族に属する部族であり、伯夷・叔斉および許由の伝説は、この姜族と関連すると赤塚忠は言う。また、白川静は、伯夷は河南西部にいた羌人の奉ずる岳神であるとする（白川静『中国の神話』　中央公論社　昭和５０年）。

爰及干戈，可謂孝乎。以臣弒君，可謂仁乎。左右欲兵之。太公曰，
此義人也。扶而去之。武王已平殷亂，天下宗周。而伯夷，叔齊恥之，
義不食周粟，隱於首陽山，采薇而食之。及餓且死作歌。其辭曰，登
彼西山兮，采其薇矣。以暴易暴兮，不知其非矣。神農、虞、夏，忽
焉沒兮。我安適歸矣。于嗟徂兮。命之衰矣。遂餓死於首陽山。由此
觀之，怨邪非耶。

この伯夷・叔斉の一段は、天道の是非を嘆いた顔回の伝と並んで、歴史家司
馬遷が運命について正面から問を発したものとして知られる。義に殉じて死
んだ伯夷・叔斉について、『論語』では「仁を求めて仁を得たのだから、何
も怨むことなどないはず。（求仁而得仁、又何怨）」と言っているが、首陽山
に果てた彼らにほんとうに怨みは無かったのかどうか、司馬遷は疑問を持っ
たのである。暴虐な王と歴史に記された殷の紂王を打ち滅ぼして周王朝を建
設した武王のありかたについて、この話の主人公である伯夷・叔斉は異議を
唱え、自分たちの信念を守るため、周の支配する世界に生きることを拒否
し、首陽山で蕨を食糧にしていた結果、餓死してしまう運命を選んだ。合理
的・客観的な視点で見ると、そのような抵抗が何かを生むわけではなく、信
念のみに殉ずる頑なな反抗は、愚直の典型の様にも映る。しかし、この物語
に潜むもう一つの構図は、全く異なる意味を持つ。それはここに登場する首
陽山が、実は羊山、つまり山の神を代表する聖なる山であるという事実に基
づく。

　それは、武王と首陽山の対立の構図である。武王はここでは理想の王
としてではなく、覇者、言い替えれば人間の力を代表するものとして描かれ
ている。それに対する首陽山は、聖山、つまり神の領域を表すものである。
伯夷・叔斉は、人の力を象徴する武王と、神の世界を意味する首陽山との対

立の構図の中で、武王を否定し首陽山に入ることによって、自らの信念に殉じたわけである。つまりこれは、神意を軽んじる人為に対する、強い批判とはとれないだろうか。司馬遷の生きた漢の時代に、首陽山の神話がどれほどの重みを持っていたかは不明である。しかし明かにこの話の中で司馬遷は、覇道を一直線に走る武王のあり方に懐疑の目を向けている。それは、覇道自体への疑問である。歴史はいつも勝者によって書き残されるけれども、必ずしも勝者が正しく敗者が非であったかどうかは分からない。伯夷と叔斉が義憤によって「首陽山」に死んだという行為を語ることは、愚直の典型を描いたというよりは、神の意志を畏れざる人為覇道への史官の警鐘と見るべきものかもしれないのである。このように、「首陽山」が聖山であったという事実は、伯夷叔斉の一見愚直にしか見えない殉死に、別の意味をもたらすものだと思われる❼。

四、一本足の怪獣「夔」

次に、奇妙な発展をとげた夔について見てみたい。卜骨に山の神の一つとして猿の姿で描かれ、商王朝においては高祖神として「羊山」「河」と並んで祭礼の対象となった夒（＝夔）は、もともと夔族の祀った族神であり、おそらく猿の形象で考えられた山の神である。この夔族の本拠地は、『春秋左氏伝』によると湖北省秭帰県であり、後に楚に滅ぼされたという説がある。その夔族の族神がいかなる経緯で商王朝の祭典のうちに組み込まれて、高祖神になったのかは不明である。が、商王朝時代に高祖神の代表となった夔は、更にこの後、様々な伝説を生みながら発展していく。

---

❼　清　呉任臣『山海経広注』付図。

　まず『説文』では「夒」と「夔」とを別字とみて、「夒」を猿の姿を
した貪獣、「夔」を龍に似た人面の神魖としているが、この二字は恐らく本
来は同じ字であったと考えるべきである。

　　　夒　貪獣也。一曰母猴。似人。从頁・巳・止・夂、其手足。
　　　夔　神（本文は「即」、段注に拠り「神」に改める）魖也。如龍。
　　　一足。从夂。象有角・手。人面之形。　　（ともに『説文・夂部』）

　夔が山に住む神鬼だということについては、『荘子』・『国語』にも
記載が有る。即ち、

　　　桓公曰、然則有鬼乎。曰、有。沈有履、竈有髻。戸内之煩壤、雷霆
　　　處之。東北之方下者、陪阿鮭蠪躍之。西北之方之下者、則泆陽處之。
　　　水有罔象、丘有峷。山有夔。野有彷徨。澤有委蛇。（『荘子』達生篇）
　　　季桓子穿井、獲如土缶。其中有羊焉。使問之仲尼曰、吾穿井而獲狗。
　　　何也。對曰、以丘之所聞、羊也。丘聞之、木石之怪曰夔・蝄蜽、水
　　　之怪曰龍・罔象、土之怪曰羵羊。（『国語』魯語）

　夔には更にいつのころからか一本足であるという伝説が加えられる。
すなわち、『韓非子』外儲説に、

　　　魯哀公問於孔子曰、吾聞、古者有夔、一足。其果信有一足乎。云々。

とあり、また、『山海経』大荒東経にも、

東海中有流波山。入海七千里。其上有獸。狀如牛，蒼身而無角，一足。出入水則必風雨。其光如日月，其聲如雷。其名曰。夔。黃帝得之，以其皮為鼓。橛以雷獸之骨（雷獸即雷神。人面龍身，鼓其腹者。橛猶即擊也）。聲聞五百里、以威天下。

図3

とある。また、雷神であるという伝承と関連してか、夔は楽神、つまり音楽の神様であるという要素も、後に加わることになる。例えば『尚書』舜典には「帝曰、夔、命汝典楽。教冑子。」と、帝に楽官を命じられる人物として登場し、『左伝』昭公二十八年の記事にも「楽正後、夔取之。」と、楽官として史上に記されている。

　　これらの伝承の継承過程については、まだはっきりとしたことは分からない。しかし『山海経』に付された挿絵の一本足の牛に似た姿（図3❽）は、始めの卜骨・金文に描かれた猿の姿からは相当に変容している。これは恐らく言葉によって伝承された神話伝説が、時代の流れとともに人々の空想と憧憬を吸い取って、想像の世界の中で自由に発展していった結果ではない

❽　郭沫若『両周金文辞大系図録攷釈』録編上　科學出版社　1957年。

だろうか。ある時はその人間に似た猿の表状が祖霊として祭祀され、ある時はその聖性が頭上の角となって形象され、ある時は足あるいはしっぽの特徴が霊性を帯びて龍との混同を生み、それが雷神のイメージへと膨らんだのかもしれない。古代の神話伝説には、かくも創造とロマンにあふれた自由なファンタジーがあったのである。

五、神意から人爲へ　（周王朝時代）

　　商王朝から周王朝への移行は、後に商（殷）周革命と呼ばれ、『史記』などに拠れば、傲慢で淫乱な商の紂王を、周の文王・武王が天命により打ち滅ぼしたことになっている。しかし実際は、神意を中心に据えることによって多くの氏部族の連合体としてバランスを保っていた商王朝の諸族の中から、戦力・政治力の充実をみた周の国が、人為的な力によって商を凌ぐまでに大きくなったということではなかったかと思われる。儒家経典や歴史書のなかで、この殷周革命の正当性が様々な面から執拗に強調されるのは、反対にそれを行った側に強い後ろめたさがあったからの様に思われてならない。華々しい革命論の裏側にあったもの、それは人為を神意の上に置こうとした、周人の罪悪感だったのではないだろうか。『礼記』表記篇の記述は、神意を中心に据えた商王朝と、人為を重視する周王朝の性格を側面から語ったものといえる。

　　　　殷人尊神，率民以事神。先鬼而後禮，先罰而後賞。尊而不親。……
　　　　周人尊禮尚施。事鬼敬神而遠之。近人而忠焉，其賞罰用爵列。親而
　　　　不尊。……

　周王朝の祭礼においては、では、いかなる神が祭られたのだろうか。図4❾は、大豐毀（簋）と呼ばれる青銅器で、宗廟の祖霊祭祀において捧げる肉を盛る器である。その底に鋳込まれた銘文に、以下のようにある。

図4

乙亥	乙亥 (の日に)
王又大豐	(康) 王大豐 (=礼) 文 (=有) り
王凡三方	(康) 王三方 (=東南北の神々) を 凡 (=神降し) し
王祀罰天室降	(康) 王天室 (=明堂・霊台) に 祀りて (祖霊は) 降る

---

❾　解読は家井眞による。明治書院『新釈漢文大系　詩経　上』扉。

天亡又王　　　　　（臣たる）天亡（康）王を又（＝佑）け

衣祀丂王　　　　　（康）王に衣（＝殷）祀す

不顯考文王　　　　不（＝丕（＝大））顯なる（先）考（＝祖先）の文王

事喜上帝　　　　　上帝に事喜（＝熹）す

文王監才上　　　　文王監（＝臨）みて上（＝天）に才（＝在）り

不顯王乍眚　　　　不（＝丕）顯なる（文）王眚（＝省（＝天下を視察する））
　　を乍（＝作）し

不緐王乍龏　　　　不（＝丕）緐（＝肆）なる（武）王龏（＝庸＝功）を
　　乍（＝作）し

不克王衣王祀　　　不（＝丕）克（＝競（＝慎む））なる（成）王衣（＝殷）
　　王の祀もてす

丁丑　　　　　　　丁丑（の日に）

王卿大宜　　　　　（康）王卿（＝饗）し大宜（＝俎（＝祭器、生け贄を乗せる
　　台））す

王降　　　　　　　（文・武・成）王（の霊は）降りて

亡助□□□　　　　亡□□□を助（＝賀）せらるる

隹朕又慶　　　　　隹（＝惟）れ朕（＝朕）に慶又（＝有）り

每朙王休丂隩皀　　（康）王の休（たまもの）を隩皀（＝尊毀）に每朙（＝敏揚）す❿

――――――――――――――

❿　『詩経』六義のなかの「興」については従来様々な解釈があるが、筆者はそれを印
　象的・或いは象徴的比喩ではなく、自然の風物を妊娠求子や豊穣多産などに結びつ
　ける呪術的自然観に基づく呪言の発展したものとする最近の学説〔家井眞「『詩経』
　に於ける魚の「興」詞とその展開に就いて」（日本中国学会報第27集　昭和50年）、
　同「『詩経』に於ける渡河の「興」詞とその展開に就いて」（二松学舎大学論集　昭
　和52年10月）等〕に拠る。

　この銘文からわかることは、周の祖霊祭祀において祈りを捧げられた対象
は、三方神（東・南・北の神）と祖霊であったということである。祖霊は具
体的には、文王・武王、そして成王の霊。また、祭りの目的が、「天亡」な
る者の長寿と、一族の子孫繁栄であったこともわかる。

　　始めは文王を、少し後には文王を含め武王・成王などという先代の王
を祖霊として招き、それに祈りを捧げるという周の祭祀のあり様は、商王朝
時代と比べて祭祀の意味が大きく変質したことを物語る。人間を超えた力そ
のものに対する畏怖と、幸福の追求とが本質であったのが商王朝の祭祀であ
るとすれば、周王朝のそれは、王朝の存続維持と天命による王朝の権威獲得
を最高目的とする、より意図的・人為的要素の強いものへと変化したと言え
るであろう。次にあげる『詩経』大雅・文王篇は、それをよく物語っている。

文王在上　於昭于天　文王は上に在り　ああ天に昭けり
周雖舊邦　其命維新　周は旧き邦なれど　それ命ありて維れ新たにす
有周不顯　帝命不時　有周は榮ひに顯かに　帝の命も榮ひに時し
文王陟降　在帝左右　文王は陟り降り　帝の左右に在り

亹亹文王　令聞不已　亹亹たる文王　令き聞已まず
陳錫哉周　侯文王孫子　錫を周に陳ぬ　これ文王の孫子
文王孫子　本支百世　文王の孫子　本と支と百世なり
凡周之士　不顯亦世　凡そ周の士　榮ひに顯らかなること亦世ま
　　　　　　　　　　　でも

世之不顯　厥猶翼翼　世ここに榮ひに顯らかに　厥れもって翼翼なり
思皇多士　生此王國　思れ皇ひなる多士　此の王国に生まれり

王國克生　維周之楨　　王国に克く生まれたり　維れ周の楨なり
濟濟多士　文王以寧　　濟済なる多士　文王以つて寧んぜり

穆穆文王　於緝熙敬止　　穆穆なる文王　ああ緝熙きまた敬めり
假哉天命　有商孫子　　假ひなるかな天命　有商の孫子
商之孫子　其麗不億　　商の孫子　その麗億なり
上帝既命　侯于周服　　上帝既に命ず　これ周に服せよと

侯服于周　天命靡常　　これ周に服すは　天命常靡ければなり
殷士膚敏　祼將于京　　殷の士は膚敏み　京にて祼將す
厥作祼將　常服黼冔　　厥れ祼将を作すに　常ほ黼の冔を服せり
王之藎臣　無念爾祖　　王の藎き臣なれば　爾が祖を念ずることな
　　　　　　　　　　　かれ

無念爾祖　聿修厥德　　爾が祖を念ずることなかれ　聿に厥の徳を修め
永言配命　自求多福　　永く言て命に配ひ　自て多福を求めよ
殷之未喪師　克配上帝　　殷の未だ師を喪はざるときは　克く上帝に
　　　　　　　　　　　配へり
宜鑒于殷　駿命不易　　宜しく殷に鑒みるべし　駿いなる命は易からず
命之不易　無遏爾躬　　命は之れ易からざれば　爾の躬に遏まるこ
　　　　　　　　　　　となし
宜昭義問　有虞殷自天　　義き問を宜昭かせしとき　有た殷の天に自
　　　　　　　　　　　ひしを虞れ
上天之載　無聲無臭　　上天の載は　声無く臭ひ無し
儀刑文王　萬邦作孚　　儀く文王を刑とせば　萬の邦も孚を作さん

・363・

文王が無声無臭なる上帝の意志を代行するものとして、周王朝の安定と発展を見守る。天命は一定ではないので、これに背かぬよう、天意が離れぬよう、地上に在る者は文王を通じて上帝に祈り身をつつしむ。ここには、自由と生命力に満ち溢れた原初的な祈りの世界から、体制の維持という明確な意図に基づく、人為の臭いのとても強い、国家経営・治国意識に基づく祈りへの変容が見られる。

　もちろん、ここに見た例はいずれも王朝祭祀のものである。一般の人々はより生活に根ざした神々とそれに対する信仰とを持っていたに違いない。それはあるいは『詩経』国風の諸篇のなかに多く見られ、「興」と呼ばれる呪物❶に詠みこまれた古代人の習慣的発想表現の中には、自然物に対する豊かで深い畏れと祈りとが歌われている。

六、古代の終焉

　祈りと神話に満ちた古代の世界がその終焉を迎えるのは、周王朝の権威が崩れ、戦国の動乱期を経て、それを吸収した漢帝国が長い安定を保ち始める前漢から後漢にかけての頃であろうか。ここで彼の「怪力乱神を語らず」を唱った孔子の儒家思想が、大いに関係してくる。孔子と儒家思想は、今でこそ良くも悪しくも中国文化の中心的存在とみなされているが、当初は魯の国という弱小国に生まれた、諸子百家の一つに過ぎなかった。その思想はまた春秋・戦国を通じて、強者の理論とはなりえなかった。諸国を統一し戦国時代にピリオドを打った強国秦が採用したのは、法家思想であったし、その

---

❶　『詩経』の興に詠まれた呪物の具体例については、注Ⅵの家井論文、および拙書新釈漢文大系『詩経上』（明治書院 1997 年）参照。

秦を滅ぼした漢王朝の初期には、道家思想が最も流布していた。くそまじめ
で理屈っぽい儒教が大嫌いの高祖劉邦が、儒者の頭巾に小水を引っ掛けたと
いう話が残っているほど、漢初において儒家思想は冷遇されていた。高祖は、
人に会うのも会議を開くのも、場所を選ばず酒を飲みつつの文字通りの無礼
講であったらしい。ところが、その高祖がある日、儒家思想の持つ不思議な
力に驚かされことになる。『史記』叔孫通伝に次のような記事がある。

漢七年，長樂宮成，諸侯君臣皆朝。十月儀，先平明。謁者治禮，引
以次人殿門。廷中。陳車騎、步卒衛官、設兵張旗志、傳言趨。殿下
郎中俠陛、陛數百人。功臣、列侯、諸將軍、軍吏、以次陳西方東鄉。
文官丞相以下、陳東方西鄉。大行設九賓臚傳。於是皇帝輦出房。百
官執幟傳警、引諸侯、王以下至吏六百石、以次奉賀。自諸侯、王以
下、莫不振恐肅敬。至禮畢、復置法酒。諸侍坐殿上、皆伏仰首、以
尊卑次起，士壽。觴九行，謁者言罷酒。御史執法，舉不如儀者。輒
引去。竟朝罷酒，無敢讙譁失禮者。于是高帝曰，吾迺今日知為皇帝
之貴也。

漢の七年、高祖は儒者の叔孫通に、新しく分かりやすい礼法を整えるように
命じた。叔孫通はそこで君臣を訓練し、できたばかりの長楽宮で大々的なデ
モンストレーションを見せることになる。即ち、序列毎に居並ぶ君臣と車
騎・歩兵、掲げた旗とうやうやしく小走りする客、そして数百人の功臣・列
侯・将軍がやはり序列毎に西に並び、文官・丞相以下が東方に並んだ中を、
皇帝である高祖の乗った輦がしずしずと登場する。皇帝はその後、諸侯以
下のうやうやしい奉賀を順次うけ、厳かな雰囲気のなかで祝いの酒を汲む。
その場に臨んだ諸侯以下君臣に至るまで、その荘厳さと厳粛さに圧倒されな

かった者はなかった。そして何より高祖自身が、「私は今日はじめて、皇帝というのはえらい存在だということが分った。」と言って、叔孫通と儒家の礼法を称賛したのだった。高祖はこの時、儒家思想というものが、形の中に宿る力を重視する教えだということを知ったのである。こうしてその「かたち」の持つ力ゆえに権力者に価値を認められた儒家思想は、この後武帝の時には国教として定められ、以後この国の思想を大きく規定していく事になる。

　しかし前漢末、儒家思想は国教とはなったとはいえ、人々の生活レベルでは、呪術的、アニミズム的自然観、自然崇拝の名残りはいまだ色濃く残っていた。史書や経書にすら随所に神話の名残を見ることができる。そんな中で、儒教を上の立つものの治国論理としてだけでなく、人々の生活規範のレベルにまで浸透させようとしたのが前漢末の学者劉向である。劉向の『列女伝』は、このような意図のもとで書かれた訓戒書として、後世まで大きな影響力を持った。その『列女伝』の仁智伝の中に、孫叔敖の母の話がある。

　　　楚令尹孫叔敖之母也。叔敖為嬰兒之時、出遊見兩頭蛇。殺而埋之。
　　　歸見其母而泣焉。母問其故。對曰、「吾聞、見兩頭蛇者死。今者、
　　　出遊見之。」其母曰、「蛇今安在。」對曰「吾恐他人復見之、殺而
　　　埋之矣。」其母曰「汝不死矣。夫有陰德者陽報之。德勝不祥。仁除
　　　百禍。天之處高而聽卑。書不云乎、皇天無親、惟德是輔。爾嘿矣。
　　　必興於楚。」及叔敖長，為令尹。

楚の令尹（宰相）となった孫叔敖が、まだ幼い子供だった頃、外で遊んでいて、頭が二つある蛇を見つけてしまった。彼はこの蛇を殺して土に埋め、帰ってくるや母親に泣きついた。『両頭の蛇を見たものは死ぬ』という言い伝

えが有ったからである。でも母は、他の人が見てはいけないと思ってその蛇を殺して埋めたという息子の言葉を聞いて、こう言った。「お前は死にません。人の見ていないところで、人の為を思って行動できる者には、目に見える恩恵があるのです。」果たして孫叔敖は成長すると令尹となって、見事に国を治めたのであった。

この両頭の蛇について、聞一多はそれを雌雄交尾の様だと言っている❿。或いはそれは人身龍尾の伏義・女媧図や、甲骨文の虹に見える両頭龍の形象とも関係する伝説に基づくものかもしれないと私は考える。いずれにしてもそれは聖性とタブーとが結びついた古代的自然観・世界観⓭のなごりだと言えるであろう。この孫叔敖の話は、春秋時代にこのような自然との呪術関係がまだ色濃く残っていたことを語ると同時に、反対に、自分の意志と徳の力で運命を切り開き、呪術的自然支配から抜け出す道のあることを力強く語っている。孫叔敖の母の言葉は、自然に対する人間・人為の勝利宣言であり、これこそ劉向の目指した儒家思想、人間主義の理想でもあったのである。かくして、儒家思想の浸透とともに、神々の世界は人々の生活の中から少しずつ遠ざかっていくことになるのであった。

しかし、かく言う劉向でさえ、その思想・生活全般にわたってつねに儒家的であり、鬼神を遠ざけたかというと、実はそうではなかった。『漢書』劉向伝に、次のような記事がある。

---

❿ 聞一多「伏義考」『聞一多全集第一巻』（開明書店　1946 年）。

⓭ 虹の甲骨文が両頭の龍をあらわしていることについても、聞一多「伏義考」に指摘がある。また、虹を見ると不吉なことがあると言われていたことについて、それが聖性と禁忌を両面から語っていることについては、福本郁子「『詩経』　風・篇の「虹」に就いて」（『二松学舎大学論集』第 41 集　1998 年）に詳しい

　　　　上復興神仙方術之事，而淮南有枕中鴻寶苑秘書，書言神仙使鬼物為

　　　　金之術，及鄒衍重道延命方。世人莫見。而更生父德，武帝時治淮南

　　　　獄得其書。更生幼而讀誦，以為奇，獻之，言黃金可成。上令典上方

　　　　鑄作事，費甚多，方不驗。上乃下更生吏。吏劾更生鑄偽黃金，繫當

　　　　死。更生兄陽城侯安民上書入國戶半贖更生罪。上亦奇其材，得逾冬

　　　　減死論。

当時、上（成帝）は神仙方術を復興しようと思い、劉向に重道延命の黄金を
作らせようとしたが、劉向はこれに失敗し、死罪を言い渡された。劉向の父
劉徳は武帝の時に淮南王劉安の遺蔵書「枕中鴻宝苑秘書」を得、劉向は幼い
時にこれを誦んじていたというのである。劉向は幸い死罪は免れることにな
るが、この記事は当時において先進的儒者であった劉向ですらも、神仙方術
といった超現世的世界とのつながりを、かなり強く持っていたことを証明し
ている。

　儒家思想が国教となり、それが生活レベルにまで浸透していくにつれ
て、怪力乱神の世界、超現実的神々の世界は、これ以後正統派の文学の世界
から漸次姿を消していくことになる。しかし、超現実的なものへの憧れと畏
怖とは、人の心の中から簡単に消えるものではない。時に六朝志怪として、
あるいは民間伝承として、それは今に至るまで姿を変えつつも語り継がれて
いるのである。

試論向秀〈思舊賦〉中「寫心」一辭的辭義

甲斐勝二[*]

甲斐勝二[*]

摘　要

向秀是魏晉時期的思想家，所謂竹林七賢之一。他的文集已經散佚了，我們目前能看到的他的文章只有兩篇，就是〈難養生論〉和〈思舊賦〉。在此我要討論的〈思舊賦〉不是大賦而是小賦，只有「寥寥的幾行」。不過在魏晉文學史的研究上也得到比較高的評價。並且要是研究在魏晉之王朝交替時期生活過的知識分子心態的話，〈思舊賦〉是不能忽視的作品。十幾年前，為在山東大學開的賦學會上準備稿子的時候，我搜集幾種翻譯而比比看。那時我發現了一個奇妙現象。就是我當時搜集的翻譯文差不多把〈思舊賦〉最後一詞「寫心」翻譯為「寫下心情」的。一看就推測到這些解釋都是好似根據《五臣注文選》來理解「寫心」的意思。如果就李善注理解的話，應該參考《毛詩》裡面的「寫」和「心」的用法。而在《毛詩》裡面「寫」和「心」兩個字一起用的時候，不是「寫下心情」而都是「排遣心憂」的意思。為什麼

---

[*]　福岡大學人文學部教部。

上面的幾種翻譯以「寫心」的「寫」字了解為書寫的「寫」呢？我想恐怕就是被魯迅的一句話：「要寫下去，在中國的現在，還是沒有寫處的。年青時讀向子期〈思舊賦〉，很怪他為什麼只有寥寥的幾行，剛開頭卻又煞了尾。然而，現在我懂得了」（〈為了忘卻的紀念〉）給影響的。

一

向秀是魏晉時期的思想家，所謂竹林七賢之一。他的文集已經散佚了，我們目前能看到的他的文章只有兩篇，就是〈難養生論〉和〈思舊賦〉。在此我要討論的〈思舊賦〉不是大賦而是小賦，只有「寥寥的幾行」。不過在魏晉文學史的研究上也得到比較高的評價。並且要是研究在魏晉之王朝交替時期生活過的知識分子心態的話，〈思舊賦〉是不能忽視的作品。❶因為除了《昭明文選》以外，《藝文類聚》、《北堂書鈔》、《淵鑒類函》等類書也收錄下來，雖不多卻有幾個人評論過，可以說一般讀書人都會看過。下面引用《中國古代文學作品多解大辭典》介紹〈思舊賦〉的文章❷：

> 〈思舊賦〉：賦篇名。西晉向秀作。……關於此賦的內容和特色，清何焯《義門讀書記》卷四十五說：「不容太露，故為詞止此，晉人文尤不易及也。」張惠言《七十家賦鈔》說：「子期以嵇、呂之誅，危懼入洛，返役作此。悼嵇、呂，實自感也。」魯迅〈為了忘卻的紀念〉

---

❶ 參考羅宗強：《玄學與魏晉士人心態》（杭州：浙江人民出版社，1991年），第三章·第一節政失準的與士無持操。

❷ 賈傳棠主編：《中國古代文學作品多解大辭典》（鄭州：中州古籍出版社，1997年6月），頁583。

說：「年青時讀向子期〈思舊賦〉，很怪他為什麼只有寥寥的幾行，
剛開頭卻又煞了尾。然而，現在我懂得了。」今人王彬主編《古代散
文鑒賞辭典》說：「〈思舊賦〉由過山陽舊居，引發對故友的思念，
表現出作者對過去隱逸生活的留戀。文章寫得蘊藉含蓄，情深意濃，
在抒情傾向上更近於詩。」此賦是嵇康、呂安被殺後不久，向秀應河
內郡徵召上計入洛陽，還經山陽舊居時所作。賦中表達了對亡友的深
切悼念和對魏王室行將顛覆的隱痛，曲折地抒發了對當時黑暗政治的
不滿和怨憤。全賦篇幅短小，寄意深厚，筆法含蓄回轉，情辭沉痛，
具有一唱三嘆之妙。在晉人抒情賦中，別具一格。

〈思舊賦〉可以說是「在晉人抒情賦中，別具一格」的作品，怪不得我
們比較容易找到幾種翻成當代漢語的翻譯文。十幾年前，為在山東大學開的賦
學會上準備稿子的時候，我搜集幾種翻譯而比比看。那時我發現了一個奇妙現
象。就是我當時搜集的翻譯文差不多把〈思舊賦〉最後一詞「寫心」翻譯為「寫
下心情」的。下面為了慎重起見，羅列我到目前找到的幾種翻譯文❸：

1.中華書局《魏晉南北朝文學史參考資料·思舊賦》(1962)：

「停車」二句：言停著的車子即將出發，於是就提筆寫下自己的心意。

2.人民教育出版社《古代散文選·思舊賦》(1962)：

〔停駕言其將邁〕　停下的車子就要(動身)走了。言，其，都是助詞，
沒有實在的意思。

---

❸　很遺憾，我還沒有看到過臺灣學者翻譯的〈思舊賦〉。

〔援翰〕執筆。翰，毛筆。〔寫心〕寫出心裡的感慨。

3.吉林文史出版社《文選·思舊賦》（1988）：

停著的車子就要起動，於是提起筆來寫下我感懷思念的心曲。

4.貴陽人民出版社《文選·思舊賦》（1994）：

停著的車子又要啟程啊！我拿起筆來寫下沉痛的心情。

一看就推測到這些解釋都是根據《五臣注文選》來理解「寫心」的意思。因為《五臣注》在該詞的下面注曰：「良曰：『寫心，寫思舊之心。』」可是《李善注文選》「停駕言其將邁」下有：「《毛詩》曰：『駕言出遊。』《廣雅》曰：『將，欲也。』胡廣〈吊夷齊文〉曰：『援翰錄吊以舒懷兮。』《毛詩》曰：『我心寫兮。』」如果就李善《注》理解的話，應該參考《毛詩》裡面的「寫」和「心」的用法。而在《毛詩》裡面「寫」和「心」兩個字一起用的時候，不是「寫下心情」而都是「排遣心憂」的意思。就是古代跟它同音的「瀉」字差不多一樣。下面看《毛詩》裡面的用例和注釋：

《毛詩·邶風·泉水》：駕言出遊，以寫我憂。
《傳》曰：「寫，除也。」《箋》云：「既不得歸寧，且欲乘車出遊，以除我憂。」
《毛詩·衛風·竹竿》：駕言出遊，以寫我憂。
《傳》曰：「出遊，思鄉衛之道。」《箋》云：「適異國而不見答，其除此憂，
　　維有歸耳。」
《毛詩·小雅·蓼蕭》：既見君子、我心寫兮。

《傳》曰：「輸寫其心也。」《箋》云：「既見君子者，遠國之君朝見于天子也。
　　我心寫者，舒其情意，無留恨也。」

《毛詩‧小雅‧裳裳者華》：我覯之子，我心寫兮。

《箋》云：「覯，見也。之子，是子也，謂古之明王也。言我得見古之明王，則
　　我心所憂，寫而去矣。」

《毛詩‧小雅‧車舝》：鮮我覯爾，我心寫兮。

《箋》云：「鮮，善。覯，見也。善乎！我得見女如是，則我心中之憂除去也。」

如果根據《詩經》的用法的話，「寫心」的意思是排遣自己心裡的憂心而覺得
舒服。那麼把上面的句子怎樣地翻譯好呢。我找到一種譯文，就是韓格平先生
將該句子翻譯爲❹：

待命的車馬即將遠行啊，於是取筆疾書以傾訴我心。　　注：《詩經‧
邶風‧泉水》：「駕言出游，以寫我憂。」

二

我們發現翻譯文有兩種，就是照五臣注的翻譯和照李善注的翻譯。孰是
孰非呢？其實這個「寫心」裡的「寫」字的意思原來從古代到現在逐漸變化來
的，這個現象已有幾個人講過。例如：

（清）段玉裁《說文解字注》寫字下，段曰：

謂去此注彼也。〈小雅〉曰：「我心寫兮。」《傳》云：「輸寫其心

---

❹　韓格平：《竹林七賢詩文全集譯注》（長春：吉林文史出版社，1997 年 1 月），頁 564-
　　565。

也。」按：凡傾吐曰寫，故作字作畫曰寫。俗作瀉者，寫之俗字。

（清）黃生《字詁義府合按》曰：

> 《說文》：寫，傳置也。」《禮記》：「器之溉者不寫，其餘皆寫。」
> 《注》：「謂傳之器中是也。」蓋此器之物置餘他器，謂之寫。因借
> 傳此本書書於他本，亦謂之寫。古云「殺青繕寫」，又云「一字三寫，
> 烏、焉成馬」，又云「在官寫書，亦是罪過」，皆此義也。今人以書
> 字為寫字，譌而不辨久矣。又如〈邶風〉「駕言出游，以寫我憂」，
> 蓋謂沈憂不能去懷，欲假出游暫為排遣，亦如將此憂傳置他處耳。今
> 人所謂寫懷、寫恨、寫意，並襲而用之，孰知古人本義奇妙如此乎？

《通假大字典》（黑龍江人民出版社 1993）曰：按：寫、瀉古今字。漢代即
分化。《方言》：「泄瀉為注下之症。」《釋名》：「揚、豫以東以吐為瀉。」
故此云寫通瀉。

《王力古漢語字典》(中華書局 2000)「寫」字下辨書和寫兩個字曰：「書」
是今所謂寫，「寫」是今所謂抄。「書」「寫」不同義。到了中古以後，「書」
與「寫」才成為同義詞。❺

如果寫和瀉是古今字，寫字原來沒有書寫的意思的話，什麼時候開始帶
有書寫的意思呢？向秀撰〈思舊賦〉的時候，這個「寫」字已經有書寫的意思
嗎？

對此江藍生《魏晉南北朝小說詞語匯釋》（語文出版社，1988）裡面有一段話。

---

❺ 王力以中古為魏晉南北朝隋唐代。《漢語史稿·緒論》曰：「公元四世紀到十二世紀為
中古。」

寫㈠摹似，仿照。「陳思王遊山，忽聞空里誦經聲清遠道亮。解音者則而寫之，為神仙之聲；道士效之。作步虛聲也。」（《異苑》）「則而寫之」，猶言依據彼聲而仿效之。前句言解音者「寫之」，後句言道士「效之」。「寫之」與「效之」意思正通。㈡抄寫。「寫」字今有「寫作」義，而六朝時「寫」為「抄寫」，「作」才是「創作」，如言「寫詩」，其義只能是抄寫詩。

不過，六朝後期好像已經有帶有書寫的意思。《中古詞語考釋》（曲守約　臺灣商務印書館 1968）曰：

> 《梁書・王筠傳》：「筠為草木十詠，書之於壁，皆直寫文詞，不加篇題。」按寫謂書寫，故亦即書也。此外又有寫字，雖係書意，然為解釋通順，實宜以述代之。如此用寫字文為：《宋書・徐羨之傳》：「近寫下情，言為心罄。」同書〈謝晦傳〉：「上表曰：『弔二公之冤魂，寫私門之禍痛。』」及同書〈王微傳〉：「略道阡陌，萬不寫一。」

這裡除了第一個例子以外，引用的《宋書》裡的幾個例句，都可以用跟「瀉」字關係密切的「抒發」的意思來解釋。❻因為劉宋時代成書的《世說新語》裡面，還沒有以書寫的意思用的「寫」字。《世說新語詞典》（商務印書館 1993）裡面寫字下只指出：1.摹畫，2.抄寫、謄寫，3.瀉的古字，4.抒發等四個意思，好像當時還沒書寫的意思。恐怕劉宋時代前，「寫」和「瀉」的分

---

❻　《中古詞語考釋》凡例曰：「本書以中古為稱，其時代所括，為自東漢以迄隋末。」《梁書》雖然寫著梁代的事情，可是在唐初成書，所以有可能受到唐代語言的影響。如果這樣《梁書》中的寫字用法比《宋書》裡面的寫字用法時代晚一些。

用還沒一般。爲了愼重起見下面看看一些魏晉時代的詩文裡能看見的「寫」字用例。

> （魏）王粲：日暮遊西園，冀寫尤思情。（〈雜詩〉）
>
> 阮籍：生年有命，時過慮深。何用寫思，嘯歌長吟。（〈四言詠懷〉）
>
> 　　　日暮思親友，晤言用自寫。（〈五言詠懷〉）
>
> （晉）何劭：道深難可期，精微非所慕。勤思終遙夕，永言寫情慮。（〈雜詩〉）
>
> 陸雲：室邇人鬲，中情則尤。抱恨東遊，神往性留。何以忍志，寄之此詩。
>
> 　　　何以寫思，記之斯辭。（〈失題〉）
>
> 張華：是用感嘉貺，寫心出中誠。（〈答何劭詩之二〉）
>
> 王羲之：有始有卒，自古而燃然。雖當時不能無情痛，理有大斷，豈可以之致弊。何由寫心，絕筆猥咽，不知何言也。（《全晉文》）
>
> 陶淵明：何以寫心，貽此話言。（〈贈長沙公〉）

　　上面例子都可以把「寫」字當爲「瀉」義理解，這就是跟《詩經》裡面的寫字同樣的用法。所以雖然漢代「寫」「瀉」早已分化了，但是在詩文方面仍然依照《詩經》的用字法而作詩句。這難怪的，因爲我們都知道除了魏晉時代以外歷代文人也很重視《詩經》，用《詩經》句子爲典故作詩句的人很多。❼

　　那麼，我們可以認定向秀作〈思舊賦〉最後句子裡面的「寫心」的意思，

---

❼ 參考王巍：〈詩經與建安文學〉，《第四屆詩經國際學術研討會論文集》（北京：學苑出版社，2000年）。

不是寫下自己的心情，而是傾訴心情，或者抒寫心憂的意思。**❽**

三

為什麼上面的幾種翻譯以「寫心」的「寫」字了解為書寫的「寫」呢？這是由於疏忽而造成錯誤嗎？我以為應該有別的緣故。難道他們翻譯的時候，沒看過李善的註釋嗎？要是他們看李善注，想起《毛詩·邶風·泉水》：「駕言出遊，以寫我憂。」《毛詩·小雅·車舝》：「鮮我覯爾，我心寫兮。」等句子來比較〈思舊賦〉「停駕言將出兮，援翰而寫心」的話，必定會推測到〈思舊賦〉和《毛詩》的關係。並且我相信當時翻譯的人都是有相當水平的人。假使僅僅是疏忽的錯誤，而我想那裡該有不可避免這種錯誤的原因。這個原因是什麼呢?我以為下面看的資料暗示了其原因。這是唯一以《詩經》為「寫心」出典而翻譯的韓格平先生對〈思舊賦〉的解析。

【解析】作者本可以不經過山陽，卻偏要繞道山陽，其目的，是要借此憑弔舊友，同時求得入身司馬昭僚屬的心理安慰。面對落日寒冰，遺跡舊廬，作者又能說些什麼呢?透過全篇的陣陣哀傷，可以真切地感受到作者心中深深的苦痛。魯迅先生指出，這篇賦幾乎是剛剛開始便結束了，其原因是當時政治的極端黑暗和恐怖。實際上，本文的動人之處，恰恰就在這情感濃烈的欲言又止之中。所以何焯稱本賦「不容太露，故為詞止此。晉人文尤不易及也」。

---

❽ 如果這樣的理解能成立的話，對整篇賦文的看法也應該發生變化，我如何解釋〈思舊賦〉，這請參看山東大學《文史哲》1990 年第 5 期。

　　其實韓格平先生的翻譯和這個解析好似有矛盾。如果「傾訴我心」的話，又為什麼「欲言又止之」呢？傾訴的詞義就是完全把自己要說的都說了的意思❾？《毛詩》裡面的「寫心」就是這個意思，而且「寫心」後就出現了自己暫且舒服的心理。如果向秀根據《毛詩》用典的話，作賦後他假使沒有十分的滿足，但會感覺到暫且的安慰，而且他會有了已經不必說了的感覺。例如王羲之曰：「何由寫心」時，他要問的是自己怎樣地把憂心排遣去而得到安慰?韓先生這樣好似矛盾地講的緣故，我想恐怕就是被魯迅的一句話影響的。因為如果向秀排遣自己的憂心而覺得安慰的話，不太合乎魯迅對〈思舊賦〉的說法。上面所有把「寫心」理解為「寫下心情」的先生們也是一樣，如果要照魯迅的看法，從〈思舊賦〉裡看起來向秀當時政治的極端黑暗和恐怖，那麼「傾訴心情而感覺舒服」不如「寫下欲言又止之的心情而留下餘音」。所以他們不自覺地根據五臣注曰「寫心，寫思舊之心」而翻譯的。看上面所引的幾種翻譯題解都引用魯迅的句子。例如《古代散文選·思舊賦題解》引用魯迅〈為了忘卻的紀念〉說：「這篇賦寫得很簡單，卻是有力地發抒了悼念舊友的感情，並且在一定程度上控訴了當時封建統治者殺戮無辜的罪惡。」《魏晉南北朝文學史參考資料·思舊賦》註釋曰：「魯迅先生曾說這篇賦幾乎是剛開始便結束了，其原因便是當時政治的極端黑暗和恐怖。」吉林文史出版社《文選·思舊賦題解》曰：「正如魯迅先生在〈為了忘卻的紀念〉一文所說，……在當時恐怖的政治局面下，作者實在不得不這樣寫。」貴陽出版社《文選·思舊賦題解》曰：「魯迅在1933年當國民黨反動派殺害了柔石等革命作家寫〈為了忘卻的紀念〉時，就深刻地指出本賦『剛開頭卻又煞了尾』的原因。」

　　在我看來，研究〈思舊賦〉的中國學者，好像很多人根據魯迅的那一句話來理解〈思舊賦〉，如果有另外的看法的學者也很小心地處理魯迅的句子。

---

❾　商務印書館《現代漢語詞典（修訂版）》：「傾訴：完全說出（心裡話）。」

例如，馬積高《賦史》（上海古籍出版社 1987）曰：

> 魯迅曾說「年青時讀向子期〈思舊賦〉，很怪他為什麼只有寥寥的幾行，剛開頭卻又煞了尾。然而，現在我懂得了。」……從此賦對嵇康的死因並無評論，而只有「黍離」，「麥秀」兩個象徵殷、周衰亡的典故暗示歷史環境來看，魯迅的分析是很正確的。但要補充一句：像這樣寥寥短章的抒情賦，自漢末以來，數量相當多的。……可見寫短的抒情賦也是漢末以來的一種風氣。

如果寫短的抒情賦是一種風氣的話，向秀也可能只是按這種風氣作賦罷了。我們可以只從短賦的文藝作品的角度來評價。如王琳《六朝辭賦史》（黑龍江文史出版社，1998）對〈思舊賦〉曰：「……妙聲絕而復尋，可以為這篇抒情小賦藝術風格的很好概括。全賦之妙就在于含蓄不盡，給讀者聯想回味的餘地」的時候，沒有指出魯迅的句子。

這麼大有影響力的魯迅一句話在〈為了忘卻的紀念〉裡能看見，下面引用該段文章。

> 前年的今日，我避在客棧裡，他們卻是走向刑場了；去年的今日，我在炮聲中逃在英租界，他們則早已埋在不知那裡的地下了；今年的今日，我才坐在舊寓裡，人們都睡覺了，連我的女人和孩子。我又沈重的感到我失掉了很好的朋友，中國失掉了很好的青年，我在悲憤中沈靜下去了，不料積習又從沈靜中抬起頭來，寫下了以上那些字。
> 要寫下去，在中國的現在，還是沒有寫處的。年青時讀向子期〈思舊賦〉，很怪他為什麼只有寥寥的幾行，剛開頭卻又煞了尾。然而，現在我懂得了。

不是年青的為年老的寫紀念，而在這三十年中，卻使我目睹許多青年的血，層層淤積起來，將我埋得不能呼吸，我只能用這樣的筆墨，寫幾句文章，算是從泥土中挖一個小孔，自己延口殘喘，這是怎樣的世界呢？夜正長，路也正長，我不如忘卻，不說的好罷。但我知道，即使不是我，將來總會有記起他們，再說他們的時候的。

我們對上面文章要注意的是，他只說「年青時讀向子期〈思舊賦〉，很怪他為什麼只有寥寥的幾行，剛開頭卻又煞了尾。然而，現在我懂得了」罷了的事情。不過，按當時的魯迅情況來看，較容易推測到魯迅提起〈思舊賦〉的意思。就是「寫得隱晦曲折，卻是有力地抒發了悼念舊友的感情，並在一定程度上控訴了當時封建統治者殺戮無辜的罪惡」。❿在語文課本上也注解曰：「由于當時在司馬氏政權的高壓之下，向秀不能直書其事來表達自己的哀思，所以文章寫得短而陰晦，全文一百幾十個字。」⓫如果在這樣的理解上翻譯「寫心」的話，不免無意識地翻譯為「寫下心情」。⓬

可是，在此我們特別要注意的是，魯迅對〈思舊賦〉的發言不是研究者的看法來講的，而是想起來「年青時讀」的時候的感覺來講的。並且不是對〈思舊賦〉文本本身的理解，而是對〈思舊賦〉產生背景的理解。而且當時魯迅生活的環境可能會影響到魯迅對〈思舊賦〉的看法。在文章中，魯迅是將自己當成向秀來推測的，但是魯迅也究竟不是向秀本人，而且向秀的處世也跟魯迅不完全一樣。所以魯迅對〈思舊賦〉的說法，我們可以參考一部分，而不應該認定為籠蓋整篇的。如果沒有魯迅的影響，翻譯〈思舊賦〉的人也一定會照《毛

---

❿　薛綏之：〈為了忘卻的紀念講解〉，《語言學習》叢刊 3（上海：上海教育出版社，1978年）。

⓫　全日制十年制學校高中課本《語文》第三冊（人民教育出版社，1980年）。

⓬　加之魯迅的這篇文章裡經常看到抒寫的「寫」字。這也容易影響到翻譯。

詩》用典來翻譯的吧。⓭

<h1 style="text-align:center">四</h1>

最後，圍繞「寫」字，我要提兩個有興趣的問題。

第一是，我上面提到五臣注對「寫心」的注釋「寫心，寫思舊之心」的時候，無條件地將「寫」字解釋爲書寫的意思。可是，唐代也有可能以寫字爲跟《詩經》一樣抒寫的意義來講的。因爲《廣韻》寫字下曰「憂也，除也，呈也，儘也」，還沒有書寫的意思。並且《實用全唐詩詞典》（山東教育出版社 江藍生 陸尊梧主編 1994）對寫字的字義云：「(1)1.傾吐，抒發。2.模仿，仿效。3.映照，映入。(2)傾瀉，流瀉。」口語較多的唐詩裡面好像還沒有書寫的意思。例如，李白〈酬岑勳見尋就元丹丘對酒相待以詩見招〉曰：「黃鶴東南來，寄書寫心曲。倚松開其緘，憶我腸斷續。不以千里遙，命駕來相招。……」趙象〈謝非煙詩〉曰：「珍重佳人惠好音，綵箋芳翰兩情深。薄於蟬翼難供恨，密似繩頭未寫心。」如果這樣，書寫的意思雖然梁代可以看見，而唐代也還沒一般，五臣用的寫字可以理解以傾吐的意思用的，他說「寫思舊之心」的句子也可以翻譯爲「傾吐思舊之心」，那麼五臣注跟李善注的理解差不多一樣，原來沒有解釋上的歧義。

第二是，《詩經》裡面的「駕言出遊，以寫我憂」的「寫」字原來就是「瀉」的意思，「以寫我憂」是把憂心瀉下除去而恢復安慰的意思的話，那麼同古代希臘亞理斯多德提出的 katharsisi 理論很像類似。下面看亞理斯多德《詩

⓭ 如果上面的研討有合理性，那麼在此爲了魯迅的名譽起見，我應該再說一句話：假使魯迅的幾句話影響到翻譯者，這不是魯迅的責任。如果追求責任的話，可以說是由於其認識的深處潛有以魯迅爲文學聖人的看法吧。

學·第六章》漢語翻譯和注釋：

> 悲劇是對於一個嚴肅、完整、有一定長度的行動的模仿……。借引起
> 憐憫與恐懼來使這種情感得到陶冶。
>
> （注）陶冶原文作 katharsisi，作宗教術語，意思是淨洗，作醫學術語，意思是宣
> 泄或求平衡。亞理斯多德認為應有憐憫與恐懼之情，但不可太強或太弱。他並且
> 認為情感是由習慣養成的。憐憫與恐懼之情太強的人於看悲劇演出的時候，只發
> 生適當強度的情感；憐憫與恐懼之情太弱的人於看悲劇演出的時候，只發生過適
> 當強度的情感，這兩種人多看悲劇演出，可以養成一種新的習慣，在這個習慣裡
> 形成適當強度的情感。這就是悲劇的 katharsisi 作用。一般學者把這句話解作「使
> 這種情感得以宣泄」，也有一些學者把這句話解作「使這種情感得以淨化」。（外
> 國文藝理論叢書《詩學·第六章》1962 羅念生譯）

這個亞理斯多德的 katharsisi 理論是古代產生的，並且他不太詳細地講
的，所以現在有各種各樣的看法。而詞源來看可以說這個詞義裡會至少有一種
把自己的心裡淨洗來得到安慰的意思。所以一般學者把這句話解作「使這種情
感得以宣泄」的吧。

對此，《詩經》裡有「駕言出游，以寫我憂」，這句的意思是一個嫁到他
國的女人想要回國，而不能回國所以要駕車出遊，暫且開心的意思。她用這樣
的方法來把自己心裡的憂悶瀉下去的。向秀呢？他卻作〈思舊賦〉來把自己心
裡的憂悶瀉下去，要得到安慰的。我們可以說對向秀來說，文藝是得到安慰的
一個方法的。這不是跟古代希臘文藝理論類似嗎?亞理斯多德的理論是對欣賞者
來講的，向秀的「寫心」是對文藝作者來講的。他們的視角不一樣，可是同樣
地了解文藝是將激情傾吐來得到安慰的方法。這對我來說是很有意思的現象。

不過，上面所說的問題，我還沒有詳細的研討，要繼續研究下去。

2001　7·30

歐陽脩の古文思想——作品中の「文」という語句から見た文章論

東　英寿*

摘　要

從來、北宋の古文家の思想を考察するに当たっては、「道」と「文」との関連に視点を据えて分析する方法が取られていた。その大部分は「文」を文章として把握した上で、「道」と「文」との関連を考察するものであった。歐陽脩の作品に表れた「文」という語句を検討していくと、確かに文章という意味の場合も存在するが、その一方で論語雍也篇の「文質彬彬」の様に、儒家の伝統思想に基づく「文采」、「飾り」という意味で用いられていることが多いのに氣づく。そこで、歐陽脩の作品中の「文采」という意味に用いられた「文」に域目し考察してみると、彼は儒家の伝統思想に則って「質」と「文」とは釣り合って切り離すことのできないものとして認めているのがわかる。ところが、歐陽脩は、そうした儒家の伝統的思想から逸した部分、即ち「質」に釣り合わない「文」（文采）の存在を指摘

---

*　鹿兒島大學教授。

するのである。それが、當時世間で流行していた駢文というタイプ
の文采で、それに対して歐陽脩は批判の眼を向けていたのであり、
決して駢文という文体自体を否定してはいないのである。

關鍵詞　古文　駢文　文　質　文采

一、道と文

　北宋の古文家の古文思想について考える際に、これまでは「道」と
「文」とに着目し、その関連を分析し考察するという手法が用いられて
きた。

　たとえば、北宋初期の古文家・柳開について、郭紹虞『中国文学批
評史』では「應責」、「上王學士第三書」を取り上げて「這就是以道為
本而文為末、以道為目的而文為手段的主張」と述べ❶、柳開は「文」を「道」
の表出手段としており、「道」を重視していると分析する。更に、顧易
生、蒋凡、劉明今『宋金元文学批評史』では「柳開積極提倡古道与古文、
但有重道軽文傾向。」と言う❷。また、同じく古文家・石介も「道」と「文」
との関係では、「道」に重点を置いていると評価されており、陳書良氏
は「理論与旗幟―歐陽脩的文壇領袖人格」の中で、歐陽脩が柳開と石介
の重道傾向を是正したとして、「在這一時期、歐陽脩是文壇領袖、他糾

---

❶　郭紹虞『中国文学批評史』（上海古籍出版社、1979 年新一版），161 頁記述。
❷　顧易生、蒋凡、劉明今『宋金元文学批評史』（上海古籍出版社、1996 年）上册、24
　　頁の記述。

正了柳開、石介等重道軽文、重理軽辞的錯誤観点」と述べる❸。

　　一方、欧陽脩の古文思想については、先行諸研究では「文道并重」として、「道」を重んじ、また「文」も重んじていると位置づけられることが多い。たとえば、羅根澤『中国文学批評史』三では「他道文同様推重」と言及するし❹、宋柏年『欧陽脩研究』においても「確立了文道并重」と述べる❺。更に寇養厚『欧陽脩文道并重的古文理論』では、欧陽脩が「道」と「文」の双方を重んじているとしてその論証を展開している❻。一方、欧陽脩の古文思想の考察で、「文道并重」以外に「先道而後文」という視点が付け加わることもあった❼。「道」も「文」も重視している欧陽脩は、先ず「道」を先に考え、その後に「文」を考えるという視点である。つまり、「道」と「文」との重視を、思考に及ぶ時間の前後に置き換え、その分析を行うものである。これは「道」と「文」とをどちらも重視するという観点だけでは、欧陽脩の古文思想を把握しきれないので生まれ出てきた分析視点ではないかと考えられる。

　　以上、従来の研究における欧陽脩の古文復興思想の分析視点を検討してきたが、これまでの考察で提出されている「道」と「文」とは具体的には一体何を指しているのであろうか。特に「文」については先行研究では、おそらく、文章、文章表現という意味合いで解釈されている様

---

❸　陳書良『理論与旗幟―欧陽脩的文壇領袖人格』（中国文学研究（長沙）1995年3期、1995年）。

❹　羅根澤『中国文学批評史』三（上海古籍出版社、1984年新一版）59頁の記述。

❺　宋柏年『欧陽脩研究』（巴蜀書社、1995年）65頁の記述。

❻　『文史哲』1997年3期、1997年、所収。

❼　前注の寇養厚『欧陽脩文道并重的古文理論』では「欧陽脩的基本観点是：先道而後文」と言う。

に思われる。しかし、歐陽脩の作品中で用いられている「文」を、上述した先行研究の如く、単に文章や文章表現という意味だけで把握してよいのだろうか。彼の作品中に用いられた「文」とは一体如何なるものと認識すべきなのであろうか。

　先行研究から明らかな様に、歐陽脩の古文思想を明らかにするためには、「文」の解明は必要不可欠である。従って、当時の実状に即して歐陽脩の「文」を理解しなければ、彼の古文思想を正確に解明することはできない。そこで、本稿では、歐陽脩の古文思想を考察する上で、関鍵と考えられる「文」について彼の作品に即して考察したい。歐陽脩の作品中に表出された「文」に対する認識を明らかにすることを手がかりとして、従来の古文研究とは全く違った角度から彼の古文思想を照射したい。

二、歐陽脩の作品中に見られる「文」

　歐陽脩の作品中に見られる「文」について、確かにこれまでの研究で指摘されてきた様に、文章、文章表現という意味で用いられている場合もある。たとえば、「答呉充秀才書」（『居士集』巻四十七）に次の様に述べる。

　　然大抵道勝者、文不難而自至也。故孟子皇皇、不暇著書。荀卿蓋亦晩而有作。若子雲、仲淹、方勉焉以模言語。此道未足、而彊言者也。
　　然れども大抵道勝れる者は、文難からずして自ら至るなり。故に孟子は皇皇として、書を著はすに暇あらず。荀卿も蓋し亦た晩に

して作有り。子雲、仲淹の若きは、方に勉焉として以て言語を模
す。此れ道未だ足らずして、彊ひて言ふ者なり。

揚雄や王通が「道」を修得せずに「言語」表現を模倣しただけなので、
欧陽脩は彼らを「道」の修得が不十分にもかかわらず無理に文章を作成
したとして批判している。ここは、「道」と「言語」表現、即ち文章と
の関連が述べられている箇所なので、「文不難而自至也。」の「文」と
は文章を指していることは言うまでもない。

　一方、欧陽脩は「代人上王樞密求先集序書」（『居士外集』巻十七）に
おいて次の様に述べている。

　　某聞、傳曰言之無文、行而不遠。君之所學也、言以載事、而文以
　　飾言、事信言文、乃能表見於後世。詩、書、易、春秋皆善載事而
　　尤文者、故其傳尤遠。荀卿、孟軻之徒亦善為言、然其道有至有不
　　至、故其書或傳或不傳、猶繫於時之好惡而興廢之。
　　某聞く、伝に曰く言の文無きは、行はれども遠からずと。君の学
　　ぶ所や、言は以て事を載せて、文は以て言を飾り、事は言文に信
　　せて、乃ち能く後世に表見さる。詩、書、書、易、春秋は皆善く
　　事を載せて文に尤るる者にして、故に其の伝はるや尤も遠し。荀
　　卿、孟軻の徒も亦た善く言を為す、然れども其の道に至る有り、
　　至らざる有り、故に其の書は或ひは伝はり或ひは伝はらず、猶ほ
　　時の好悪に繋がりて之れを興廃させるがごとし。

　この記述の中で、欧陽脩は『春秋左氏傳』襄公二十五年の次の記事
を引用している。

　　　仲尼曰、志有之。言以足志、文以足言。不言、誰知其志。言之無
　　文、行而不遠。
　　　仲尼曰く、志に之れ有り。言以て志を足らし、文以て言を足らす。
　　言はざれば、誰か其の志を知らん。言の文無きは、行はれども遠
　　からず。

　この『春秋左氏傳』の記述から明らかになることは、言葉の内容が有効
に伝達されるためには、「言」に「文」が必要であるということである。
この「文」とは、文采、飾りという意味であり、歐陽脩はそれを受けて
『春秋左氏傳』の引用の後に「言以載事、而文以飾言」即ち言葉に事を
載せ、それを「文」で飾ると述べる。そして『詩』、『書』、『易』、
『春秋』は「善く事を載せて」、「文に尤るる者」であり、従って遠く
まで行われると歐陽脩は述べているのである。
　　かかる論理は、歐陽脩独自のものではなく、次に挙げる様に儒者の
伝統的思想に基づいているのは明らかである。たとえば『論語』顔淵篇
には次の様に述べる。

　　　棘子成曰、君子質而已矣。何以文為。子貢曰、惜乎夫子之説君子
　　也、駟不及舌。文猶質也。質猶文也。虎豹之鞟、猶犬羊之鞟。
　　　棘子成曰く、君子は質のみ。何ぞ文を以て為さんと。子貢曰く、惜
　　いかな、夫子の君子を説くや、駟も舌に及ばず。文は猶ほ質のごと
　　きなり。質は猶ほ文のごときなり。虎豹の鞟は、猶ほ犬羊の鞟のご
　　とし。

　　君子は実質だけが必要だと言った棘子成に対して、子貢が「文猶質

也。質猶文也。」として、君子には文（飾り）も質（実質）もどちらも必要だと述べた箇所である。更に『論語』雍也篇に、

　　子曰、質勝文則野、文勝質則史。文質彬彬、然後君子。
　　子曰く、質、文に勝てば、則ち野となり、文、質に勝てば、則ち史となる。文質彬彬として、然る後に君子たり。

と述べる。「文」即ち装飾と「質」即ち実質・内実はどちらも必要なのである。この様に儒家の伝統文化においては、「文」は飾り、文采を指し、「質」は実質・内実のことであり、しかも上述した『春秋左氏傳』や『論語』の記述から明らかな様に、「文」と「質」とは切り離せず、同等の価値を持つのである。

　ここで、今一度前掲の歐陽脩の「代人上王樞密求先集序書」を振り返ると、『春秋左氏傳』や『論語』と同様に、明らかに伝統的儒家思想の表出であるのがわかる。歐陽脩が言う「文」とは飾り、文采という意味であり、「質」とは実質、内実で、「道」と言い換えることができるものであり、しかも「質」（道）と「文」（文采）とは釣り合って切り離すことのできないものなのである。歐陽脩は文采を肯定しているのであった。

三、「文」より見た古文思想

　前節で見てきた様に、歐陽脩の作品中で用いられている「文」には、文章、文章表現という意味と、文采、飾りという意味の、二つの場合があることが明らかとなった。ところが、これまでの歐陽脩の古文思想の

研究においては、ともすれば歐陽脩の作品に表れた「文」を機械的に文章と把握し、彼の古文思想を考察することが多かった。換言すれば、歐陽脩の作品中で、飾り、文采という意味に用いられた「文」も、文章、文章表現という意味に把握されてしまい、そのため彼の古文思想の考察に混乱が見られた。以下、歐陽脩の作品に見られる、飾り、文采という意味に用いられた「文」に着目して彼の古文思想を考察したい。

歐陽脩は「答祖擇之書」（『居士外集』巻十八）の中で次の様に言う。

> 夫世無師矣。學者當師經。師經必先求其意。意得則心定。心定則道純。道純則充於中者實。中充實、則發為文者輝光、施於事者果毅。
>
> 夫れ世に師無し。学ぶ者は当に経を師とすべし。経を師とするには必ず先ず其の意を求む。意得れば則ち心定まる。心定まれば則ち道純なり。道純なれば則ち中に充る者実す。中充実すれば、則ち発して文と為る者輝光あり、事に施す者果毅なり。

世間の「學者」に経書を師とすることを説いた一節である。注目すべきは「中充實、則發為文者輝光」という記述で、道を修得し「質」を充実させれば、「文」は光り輝くものとなると述べ、優れた「質」には優れた「文」が伴うことを主張しているのである。「質」即ち内面の充実は、「文」即ち文采、飾りを光り輝かせるわけで、これは『論語』に言う「文質彬彬」、つまり「質」と「文」とは釣り合うことを述べているのである。

ところが、王守国、衛紹生『〝文章太守〟的文論架構―歐陽脩文論

的淵源、成就、影響』においては❽、この「答祖擇之書」と後述する「與
樂秀才第一書」を引用した後に、

　　充中發外是一富有哲学意味的文学創作命題。
　　中を充し外に発するは哲学的意味に富んだ文学創作の命題である。

と述べ、「答祖擇之書」に用いられている「文」を文章として捉え、こ
の作品の内容が文学創作に関連しているとして議論を展開させる。また、
横山伊勢雄氏は、『唐宋八家文下・載道の思想』のなかでやはり「答祖
擇之書」を取り上げて次の様に言う❾。

　　ともあれ「道」を追究する經學者であり文學者でもある士大夫は、
　　「道」と「文」との高次な融合に努力したのは確かであって、歐
　　陽脩はそれを「祖択之に答うる書」（文集巻六八）の中で次のよう
　　に述べている。「學経をする者は、経書を師とすべきである。経
　　書を師とするときには、その意をつかむことを第一とする。意が
　　つかめれば自分の心が安定する。心が安定すれば道が純粋なもの
　　となる。道が純粋なものとなれば、自分の精神が充実する。精神
　　が充実すれば、そこから文章となって表れたものが光輝を放つよ
　　うになる」と。歐陽脩は載道のような観念的な議論はしないし、
　　一つ一つの文章に道が表現されているか否かを問うたりはしな
　　い。道は基底にあって文章を生む原動力となればよいのである。

---

❽　河南大学学報 1998 年 1 期、1998 年。
❾　横山伊勢雄『唐宋八家文下』（学習研究社、一九八三年）15-16 頁の記述。

したがって彼は、文章をどのように書けば、その「文學性」を充実させることができるか、と問われれば道を学ぶ具体的方法を示せばよいことになる。

横山氏は「答祖擇之書」における「文」を文章と捉え、「道」が文章を生む原動力になると結論づける。「「道」と「文」との高次な融合」とは歐陽脩の古文思想を考察する際に先行研究で提出されてきた「文道并重」と軌を一にする指摘であろう。更に、横山氏は「答祖擇之書」の記述から「文学性」にまで言及されている。しかし、既に見てきた様に、「答祖擇之書」で歐陽脩が述べていたことは、儒家の伝統的思想に則っとり、優れた「質」には優れた「文」が伴うということであって、「道」が文章を生む原動力や「道」と文章との高次の融合という意味合いや「文学性」等を強調したものではないのである。

かくの如く、従来の歐陽脩の古文思想の研究では、彼の作品に表れた「文」について、個々に詳細な検討を行うことなく、近代的思考に則り、文章という意味で把握されることが多かった。これでは、歐陽脩の古文思想の本質を解明できないと考える。

歐陽脩の用いた「文」を文采、飾りと把握することについて、たとえば「與樂秀才第一書」（『居士外集』巻十九）にも次の如く述べる。

然聞古人之於學也、講之深而信之篤。其充於中者足而後發乎外者大以光。譬夫金玉之有英華、非由磨飾染濯之所為而由其質性堅實而光輝之發自然也。

然るに古人の学に於いてや、之れを講ずること深くして、之れを信ずること篤きを聞く。其の中を充す者は足りて而る後に外に発

する者は大にして以て光る。譬へば夫れ金玉の英華有るは、磨飾
染濯の所為に由るに非ずして、其の質性堅実なるに由りて光輝の
自然に発するがごときなり。

　学問において中を充実させれば（実質を充実させれば）、発現して
くるもの（飾り、文采）は大きく光り輝く、つまり優れた「質」には優
れた「文」が伴うと歐陽脩は述べている。前掲の「答祖擇之書」の中に
言う「中充實、則發為文者輝光」と同一の思想である。
　更に歐陽脩の用いた「文」が儒家の伝統的思想に則っていることは、
たとえば次に挙げる「謝知制誥」（『表奏書啓四六集』巻一）において
も明確に窺うことができる。

　　然其為言也、質而不文、則不足以行遠而昭聖謨。
　　然れども其の言為るや、質にして文ならざれば、則ち以て行はる
　　ること遠くにして聖謨を昭かにするに足らず。

　これは『春秋左氏傳』の「言之無文、行而不遠。」と全く同一の思
考で、言葉には「文」（文采）が必要だと述べたものである。他にも、
歐陽脩が文采を重視している記述としては、たとえば蘇軾を推薦した「舉
蘇軾應制科状」（『奏議集』巻十六）では蘇軾を「文采爛然」として評
価するし、「與郭秀才書」（『居士外集』巻十七）では郭秀才について
「使其文采五色」と述べる。この様に、歐陽脩は文采、飾りを大いに肯
定している。とすれば、文采や飾り、つまり表現上の装飾・技巧を重視
する駢文についても、歐陽脩は完全には否定していないのではないか。
これまで文采や飾りは駢文を特色づけるものとして象徴化されてきた

が、文采や飾りがあるという理由だけでは、歐陽脩は駢文を否定しない
のである。

　一方、古文作成には文采が必要ないかと言えば決してそうではなか
ろう。蘇洵は「上歐陽内翰第一書」（『嘉祐集』巻十二）の中で次の如
く歐陽脩の古文を評価する。

　　　執事之文、紆餘委備、往復百折、而條達疏暢、無所間斷、氣盡語
　　　極、急言竭論、而容與閑易、無艱難勞苦之態。
　　　執事の文は、紆余委備、往復百折し、而して條達疏暢して、間斷す
　　　る所無く、気尽き語極まり、急言竭論し、而して容与閑易にして、
　　　艱難労苦の態無し。

　ここでは、歐陽脩古文の委曲を尽くし、曲がりくねった様で、暢や
かに繋がり、急激に高ぶったかと思えば、閑かにゆったりとして、苦し
みのない様子を述べているが、かかる印象はその大部分が歐陽脩の古文
の持つ表現、即ち文采によってもたらされたものではないだろうか。

　更に、たとえば歐陽脩には古文作成の過程で、次に挙げる様に苦労
して文章を作成した逸話が伝わっている。『湘山野録』巻中に次の様に
述べる。

　　　錢思公鎮洛。……命謝希深、尹師魯、歐陽公三人者各撰一記。……
　　　三子相掎角以成其文。文就出之相較。希深之文僅五百字、歐公之
　　　文五百餘字、獨師魯止用三百八十餘字而成。語簡事備、復典重有
　　　法。歐謝二公縮袖曰、……然歐公終未伏在師魯之下。獨載酒往之、
　　　通夕講摩。師魯曰、大抵文字所忌者、格弱字冗。諸君文格誠高。

然少未至者格弱字冗。永叔奮然持此説別作一記。更減師魯文廿字
而成之。尤完粋有法。師魯謂人曰、欧九真一日千里也。

　錢思公洛に鎮す。……謝希深、尹師魯、欧陽公の三人の者に命じて
各々一記を撰せしむ。……三子相捔角して以て其の文を成す。文就
り之れを出し相較ぶ。希深の文は僅かに五百字、欧公の文は五百余
字、独り師魯のみ止だ三百八十余字を用って成る。語簡にして事備
はり、復た典重にして法有り。欧謝の二公は袖を縮めて曰く、……
然れども欧公終に未だ師魯の下に在るを伏さず。独り酒を載せ之れ
に往き、通夕講摩す。師魯曰く、大抵文字の忌む所の者は、格弱字
冗なり。諸君の文は格誠に高し。然れども少しく未だ至らざる者は
格弱字冗のみと。永叔奮然として此の説を持し別に一記を作る。更
に師魯の文廿字を減じて之れを成す。尤も完粋にして法有り。師魯
人に謂ひて曰く、欧九は真に一日千里なりと。

　尹洙の簡潔な古文に感服した欧陽脩は、それを発憤材料として古文
の習得に励んだ。その際尹洙から「格弱字冗」という文章の欠点を指摘
された。欧陽脩はかかる欠点を克服すべく、内容（＝道）を充実させる
とともに、同時に文字数を削除するという表現面（文采）での熟考を重
ねたのであり、古文作成に当たっても「道」は言うまでもなく、「文」
（文采）を決して疎かにしていないことが如実に窺えるのである。

　これまでの研究では、古文は内容（道）を重視するものと認められ
てきたので、表現上の飾り（「文」）をもつことは否定的に捉えられ、
議論されることはなかった。あたかも「文」（文采）のない古文が存在
するかの如くであった。しかし、欧陽脩は「代人上王樞密求先集序書」
において「詩、書、易、春秋皆善載事而尤文者」として、五経を最も文

采のあるものとして評価していた。歐陽脩は「質」に釣り合うものとしての「文」（文采）を明確に肯定している。「文」（文采）のない古文の存在などはありえないのである。

四、歐陽脩の文章論

　何寄澎氏は『北宋的古文運動』の中で歐陽脩の作品の分析を通して「重道兼重文、歐陽脩与前此古文家相較、顯然已転入一個新的段階」と述べ、歐陽脩が「道」も「文」も重んじるようになったので、北宋の古文家の中で新しい段階に入ったと述べる❿。確かに、歐陽脩の作品に表出される「文」が文章という意味だけで用いられていたならば、この見解は首肯できよう。しかし、彼の作品には「文」を文采、飾りという意味で用いることが多く、何氏の考察ではかかる側面を全て切り捨てて結論づけていることになる。歐陽脩以前の古文家達も儒家なのであり、既に見てきた様に儒家の伝統に則って「質」（道）と「文」（文采）とは釣り合うものとして認識していたのは言うまでもなかろう。確かに柳開や石介は、「道」の重視を訴えていたが、伝統的な「文」を否定していたとは思えない。従って、歐陽脩に至って初めて「道」も「文」も重んじるようになり、北宋の古文思想を考える上で、新しい段階に入ったと何寄澎氏の様に断定することはできないであろう。

　むしろ歐陽脩の古文思想の中で、彼独自の見解として注目できるのは「論尹師魯墓誌」（『居士外集』巻二十三）の次の記述なのである。

---

❿　何寄澎『北宋的古文運動』（幼獅文化事業公司、1992 年）50 頁の記述。

偶儷之文、苟合於理、未必為非。故不是此而非彼也。

偶儷の文、苟しくも理に合すれば、未だ必ずしも非と為さず。故らに此を是として彼を非とせざるなり。

　従来、この記述は、偶儷の文であっても、理に合致していれば歐陽脩は評価するという方向で解釈されてきた。たとえば、寇養厚氏の『歐陽脩文道并重的古文理論』においては、この記述を引用した後に次の様に述べる❶。

文章的優劣與文章的体式并無直接必然的連繫、無論古文還是駢文、只要「合于理」、便應該肯定、反之、則應該否定、不能不加分析地是古文而非駢文。

文章の優劣と文章の体式とは決して直接の必然的関連はない。たとえ古文であろうとも駢文であろうとも、理にかなってさえいれば、肯定すべきであり、これに反していれば否定すべきである。分析を加えずに、古文を是、駢文を非とすることはできない。

　確かに、こうした解釈をとることも可能であろう。しかし、既に考察してきた如く、歐陽脩は儒家の伝統に則り、「質」と「文」とを切り離すことのできない、同等の価値を持つものと認めていたことを想起したい。「論尹師魯墓誌」で歐陽脩が言う「理」とは道理、実質という意味で、「質」に置き換えることができると考える。「偶儷之文、苟合於理、未必為非。」という表現から、歐陽脩は駢文の中で「質」（理）に

────────────────

❶　『文史哲』1997 年 3 期、1997 年、所収。

合致するものとともに、合致しないものの存在を明らかに意識している
ことがわかる。これは、伝統的儒家の思想、即ち優れた「質」には必ず
優れた「文」が伴う、「質」と「文」とは切り離せず釣り合うべきもの
であるという思想から、逸脱した思考である。つまり、この逸脱した部
分こそ、欧陽脩に至って始めて強く意識された見解だと言うことができ
るのである。

　　欧陽脩が彼以前の伝統的思想と比べて独自なのは、「質」に釣り合
わない「文」（文采）の存在に言及したことである。文采を肯定してい
る欧陽脩は、その文采の中で「質」に釣り合わない存在として駢文に否
定の目を向け始めたのである。つまり、彼は駢文という文体自体を否定
していたのではなく、「質」に釣り合う「文」（文采）を持ち得ないこ
とがあるとして駢文に否定の目を向けていたのである。従来の様に、古
文対駢文という文体の対立の構図で捉えると、古文家である欧陽脩自身
が、その一方で数多くの駢文を作成しており❿、一見すると矛盾した様相
を呈することになる。しかし、彼が駢文という文体を認めた上で、「質」
に釣り合わない「文」を持つことがあるとして駢文に否定の目を向けよ
うとしていたと認識すれば、駢文を作成したり評価したりする彼の態度
も大いに首肯できると考える。

　　一方、欧陽脩が古文を志向したことについては、彼が意識していた
『春秋左氏傳』の襄公二十五年「言之無文、行而不遠。」の記述の後半
部分における「行而不遠」に着目し考えてみたい。彼は「代人上王樞密
求先集序書」に中で次の様に述べる。

---

❿　欧陽脩が駢文を数多く作成していることについては、拙稿『欧陽脩の駢文観』（鹿
　児島大学法文学部紀要人文学科論集第 52 号、2000 年）参照。

又繫其所恃之大小、以見其行遠不遠也。書載堯舜、詩載商周、易載九聖、春秋載文武之法、荀孟二家載詩書易春秋者、楚之辭載風雅、漢之徒各載其時主聲名文物之盛以為辭。後之學者、蕩然無所載、則其言之不純信、其傳之不久遠、勢使然也。

又た其の恃む所の大小に繫かり、以て其の行はるること遠き遠からずを見るなり。書は堯舜を載せ、詩は商周を載せ、易は九聖を載せ、春秋は文武の法を載せ、荀孟二家は詩書易春秋を載せる者、楚の辞は風雅を載せ、漢の徒は各々其の時主の声名文物の盛を載せ以て辞を為す。後の学ぶ者は、蕩然として載する所無ければ、則ち其の言の純信ならず、其の伝の久遠ならず、勢ひ然らしむるなり。

　遠くまで伝わるかどうかは、書かれていることの大小によって決まることになり、漢以降は言葉に載せるものがないので「其傳之不久遠」と言う。この様に言葉を久遠に伝えることについて歐陽脩は「與杜訢論祁公墓誌書」（『居士外集』巻十九）の中で、次の様に述べる。

　　縁脩文字簡略、止記大節、期於久遠。
　　脩の文字簡略にして、止だ大節を記すのみに縁りて、久遠に期す。

　言葉を久遠に伝えるためには、簡略にして大節を記す必要がある。ここに歐陽脩の簡略、あるいは簡潔な文章への志向が見てとれる。「言之無文、行而不遠。」に則って「所載」が「大」即ち内容が大きく、それに「文」即ち文采が釣り合って、そして「簡略」であれば、言葉が久

遠に伝わることになる。「簡略」（簡潔）な文采を持つ文章として、欧
陽脩が意図し志向したのは、次に挙げる様に古文であったと言えよう。
たとえば、『易童子問』巻三や＜論尹師魯墓誌＞においては、

　　　孔子之文章、易春秋是已、其言愈簡、其議義愈深。（『易童子問』
　　　巻三）
　　　簡而有法、此一句、在孔子六經、惟春秋可當之。（「論尹師魯墓
　　　誌」）

と述べ、欧陽脩の『易』や『春秋』の簡潔さへの傾倒が窺える。しかも、
既に見てきた様に彼は五経を「尤文者」（文采に尤るる者）と述べてい
た。欧陽脩にとっては、「尤文」と簡潔は両立できるのである。古文は
「質」と「文」が釣り合い、しかもその簡潔さを以て欧陽脩は評価する
のであった。

　以上を要するに、これまでの欧陽脩の古文思想の考察では、彼の作
品に見られる「文」を当時の実態から切り離してしまい、ほとんどの場
合近代的思考に則り文章という意味合いで解釈し、その解明を試みてい
た。しかし、儒家の規範が強い当時、しかも欧陽脩は儒家であるという
ことを考えると、伝統的儒家の思想を無視して、「文」を文章としての
みで把握するだけでは、欧陽脩の思考の実質からかけ離れた分析に至っ
てしまうと言えるであろう。

　「質」と「文」とは釣り合うという従来の儒家の伝統的思想から逸脱して、
「質」に釣り合わない「文」の存在に目を向け始めていたこと、このことが
欧陽脩の特色だと言えよう。欧陽脩は、「質」と「文」とが釣り合う文章は
古文であろうと駢文であろうと、文体にかかわりなく全て認める。つまり、

駢文という文体そのものを否定しようとしていたのではない。「質」に釣り合わない「文」の存在を、世間で流行していた駢文の中に見出したのである。歐陽脩は、当時流行の駢文というタイプの文采に否定の目を向けていたのであった。

李夢陽の復古理論の根據

西村秀人*

摘要

「文は秦漢、詩は盛唐」というような、一見生硬で矯激なる文学的主張が、なぜ明代中期の文壇に百年にもわたる影響を及ぼし得たのか。本稿では、所謂古文辞派の最初の領袖李夢陽の文学論について、その理論的バックボーンとなるものを追究し、あわせて彼の文学論が世間に影響力を持ち得た理由を考察した。

その結果は次の通りである。すなわち、まず李夢陽の復古主義文学論は、その根底に『易』の思想を踏まえる。彼は簡易なる『易』の象に、後世の手垢に汚れないシンプルな文学的典範を擬え、その典範となる詩や詩句の象徴する意を感得することを重視した。また理論の構築にあたっては、朱子学的な体用の論に依拠した。李夢陽にとって文学とは「古学」、すなわち「天の之を生じ」「物の自ら則る」ところのものの文学的な探究であったのだが、これは言葉を換えれば、理の文学的探究にほかならない。夢陽の復古理論は、当時社会的に絶対的な権威を持っていた朱子学に大いに依拠することに

---

* 京都女子大學教授。

　　よって、世間に影響力を持ち得たのである。

關鍵詞　李夢陽　復古理論　朱子學

一

　　李夢陽（1472-1529）が第二甲十七名を以て進士に登第したのは、明
の孝宗の弘治六年（1493）、二十二歳の時である。考官は翰林院侍講学
士李東陽（1447-1516）。周知のように、李東陽はこのあと内閣大学士と
なって政治の機務に預かり、また所謂茶陵派を形成して文柄を握ること
になる。夢陽は、弘治十一年（1498）二十七歳の時戸部主事に任ぜられ、
弘治十八年戸部員外郎に、更にその翌年、正徳元年には戸部郎中に進む。
鈴木虎雄「李夢陽年譜略」（『芸文』第20年第1号）によれば、座主李東陽
の門下にあった李夢陽が、自らの文学的主張である所謂「古文辞」を唱
え始めるのは、二十七歳の時のことである。
　　『明史・李夢陽伝』はそのことについて次のように言う。

　　　宰相李東陽文柄を主り、天下翕然として之を宗とするも、夢陽獨
　　　り其の萎弱なるを譏る。

李東陽を敢然として「萎弱」と批判した夢陽が主張したのは、周知のように、
強烈な復古主義であった。一般に、「文は秦漢、詩は盛唐」というスローガ
ンによって知られる、その復古主義の、中身の検討は後述にゆずるとして、
まずは、夢陽登場に至るまでの過程を検討することから始めたい。今『明史
・文苑伝』によってそれを概観すれば次のようである。

永（楽）宣（徳）以還、作者遞も興るも、皆沖融演迤して、鉤棘を
事とせず。而して氣體漸く弱し。弘（治）正（徳）の間、李東陽は宋
元に出入し、流れを唐代に溯って、聲を館閣に擅にす。而るに李夢
陽、何景明は復古を倡言し、文は西京より、詩は中唐より而下は一
切吐棄す。操觚談藝の士は翕然として之を宗とし、明の詩文、斯に
於て一變す。

　すなわち、まず永楽から宣徳、正統にかけて四十三年もの間、内閣を一歩も出
ることなく、たえず政治の枢要の地位にいた楊士奇（1365-1444）が、「沖融演
？して、鉤棘を事とせざる」温雅な台閣の風を以て文壇を領袖し、尋いで、
成化以来「朝に立つこと五十年」（『明史・李東陽伝』）、弘治から正徳にかけて
は十八年にわたって内閣の機務に参与し、うち十五年間は宰相の地位にあった
李東陽が、旧来の台閣体の弊風を改めるべく、「宋元に出入し、流れを唐代に
溯り」、新たな文学党派を形成しながら文学の士を披誘した。そして李東陽い
まだ健在の間に、若き夢陽がその強烈な復古の声をあげたのである。

　　楊士奇と李東陽は、「明興りてより以来、宰臣の文章を以て縉紳を
領袖する者は、楊士奇の後、（李）東陽のみ」（『明史・李東陽伝』）とも
称えられる二人であるが、ここで注意しておきたいのは、楊士奇の台閣
体にせよ、また李東陽の茶陵派にせよ、それが「聲を館閣に擅にす」と
言うように、ともに翰林や内閣の士人達の間の文学であったということ
である❶。翰林にあって李東陽とも親交のあった呉寛（1435-1504）は言
う、「四方の人、京師を以て士林と為し、而して又館閣を以て詞林と為

───────────────

❶　廖可斌『明代文学復古運動研究』（上海古籍出版社、1994 年 12 月刊）も、台閣体
　や茶陵派の主体が翰林院であったことを指摘する。

し、爭いて求むる所有り。然れども率ね慶賀哀輓の作に過ぎざるのみ」
（『匏翁家藏集』巻40<中園四興詩集序>）。ここには、文壇の現實に對する不
滿も見えはするが、館閣こそが文壇であるという、ひとつの共通認識が
あったことを窺うことができる。しかるに李夢陽はといえば、「京師」
には居ても「館閣」の外に居る部郎であり、やや遅れて出て夢陽に投合
した何景明（1483-1521）も「館閣」の外の中書舍人であった。では今度
は、翰林に居ながらも夢陽に呼応し、彼らの主要メンバーである前七子
の一人にも數えられた、康海（1475-1540）の言うところを見てみよう。

> 本朝の詩文、成化より以来、館閣に在る者倡えて浮靡流麗の作を
> 為り、海内翕然として之を宗とす。文氣大いに壞るるに、其の不
> 可なるを知らず。夫れ文は必ず先秦兩漢、詩は必ず漢魏盛唐にし
> て、其の復古に庶幾きのみ。（『渼陂續集』巻中「 明翰林院修撰儒林
> 郎康公神道之碑」）

夢陽らの復古の主張が、反館閣の意識に出るものであったことが窺われるの
である。

　では、館閣の文學とはどのようなものであったのか。「慶賀哀輓の
作」ばかり求められ、「浮靡流麗の作」に滿ちていたというのだが、更
にもう一度呉寛の言うところを見てみよう。

> 館閣は日長く、史事は暇多し。方石（謝鐸）、西涯（李東陽）二
> 公、凡そ會晤遊賞する所と、夫の感嘆懷憶餽遺とは、悉く之を詩
> に發す。（『匏翁家藏集』巻41「 後同声集序」）

謝鐸は茶陵派のメンバーである。この序文自体の文脈からいえば、これは李東陽を批判するものではないのだが、それでも館閣の閑雅な雰囲気は伝わってくる。ところが、実は明は、宦官の禍毒甚だしかった時代である。趙翼の『廿二史箚記』によれば、「明代宦官の権を擅ままにするは、王振より始まる」という。王振はちょうど楊士奇ら三楊の頃の宦官で、はじめは三楊に憚るところがあったが、三楊の死後は「跋扈制す可からず」という専横ぶりであり、その後も、李東陽の時には劉瑾が出て、「専攬益ます甚だし」という有様であった❷。しかるに李東陽は、というよりも、ここで問題なのは、李東陽を中心とする文学のありようなのだが、それは次のようなものであった。

> 李文正（東陽）當国の時、毎日朝罷めば、則ち門生其の家に群集す。皆海内の名流なり。其の坐上常に満ちて、殆ど虚日無く、文を談じ藝を講じ、口を絶って勢利に及ばず。（『四友斎叢説』巻8）

要するに、李東陽にとって文学は、政治むきのことを遮断した、名流たちとの風流閑雅な楽しみであったのである。李東陽は、宋代に隆盛してのち殆ど振わなかった「詩話」、すなわち詩に関する専著も残しているのだが、その『懐麓堂詩話』について、『四庫提要』は「是の時、詞林の諸公は、多く詩を以て事と為す」と記している。

　さて、こうした李東陽の文学のありかたをおそらくは、前述に触れたように「萎弱」とした夢陽であったが、彼はまた次のようにも言う。

---

❷　『廿二史箚記』巻33、35。

　　　世嘗に謂う、刪りし後は詩無し、と。無しとは雅を謂うのみ。風
　　　は謡の口より出ず。孰か得て之を無しとせんや。今、其の民謡一
　　　篇を録し、人をして真詩は果たして民間に在るを知らしむ。（『空
　　　同集』巻6「郭公謡後語」）

あるいはまた言う、

　　　孔子曰く、禮失われて之を野に求む、と。今、真詩は乃ち民間に
　　　在り。而して文人學子は、顧って往往にして韻言を為りて、之を
　　　詩と謂う。（『空同子集・詩集自序』❸）

話の糸口に使われた「刪りし後は詩無し」は、北宋の邵雍の言葉❹。「無し
とは雅を謂うのみ」は、夢陽の創見ではなく、朱子の「黍離より降は國風と
為す。而して雅亡ぶ」の解釈をふまえる。ただ夢陽の関心は、『孟子』の「詩
亡びて然る後春秋作る」の解釈にあるのではなく、専ら当今の「文人学子」
の詩に向いている。ここに「文人学子」とは、館閣の士人達を指すであろう
❺。「雅」は亡んだが「風」は今に存続するとする夢陽はまた、「風は政に生

---

❸　筆者が使用した四庫全書所収66巻本『空同集』には、「詩集自序」を載せない。よ
　　って68巻本『空同子集』を以てこれを補う。
❹　邵雍の「自従刪後更無詩」の詩句は、楊時の『亀山語録』巻2に引く。しかしこれ
　　が邵雍自編の『撃壌集』中には見えないことについて、『四庫提要』に考察がある。
　　邵雍のこの詩句は、『二程遺書』巻2上にも引き、更に『性理大全』巻39に、程氏
　　曰くとして、これを載せる。
❺　「詩集自序」で夢陽は、自らの詩をも「文人学子の韻言」にすぎぬと反省してみせ
　　ている。しかしこれは要するに謙辞であって、批判の切っ先は、時の文学を指導し
　　た「館閣」に向けられている。また、「文人学子の韻言」なる言葉は、友人王叔武
　　（崇文）の口を借るかたちになっているが、考え方は〈郭公謡後語〉と通じており、
　　夢陽の考えとして扱う。

ずる者なり」（『空同集』巻 41「嘯台重修碑」）と言う。政治を遮断して「詩
を事とする」館閣の士人達の詩を「韻言」と揶揄する夢陽の反発には激しい
ものがある。

　ところで、夢陽の思う文学にとって、問題は館閣の文風のみではな
かった。そもそも明の取士の制度は、方法は多岐にわたるとはいえ、そ
の中心は経義の試験によるものであった。このことはつまり、唐代と違
って、詩賦の能力は全く問われなくなったということを意味する。更に、
答案は形式上の制約の強い八股文で作ることが要求された。夢陽と同年
代の文徴明（1470-1559）は、皮肉をこめて次のように言っている。

　　　惟うに我が國家は經学を以て士を取る。士、苟しくも志を用世に
　　　有さば、方に章を追い句を琢き、規然として有司の尺度に合うを
　　　圖りて、而も一えに敢えて詩を言わざるべし。（『文徴明集』補輯
　　　巻19「東潭集叙」❻）

すなわち、李東陽や李夢陽の周囲には、官僚の素養として、文学が重視され
ない状況があったのである。そしてその状況は、およそ百年後の謝肇？が「今
の士子は幼きより制義を習い、詩と仇と為る」（『小草斎詩話』巻１「内篇」）
と言うところからも窺われるように、抜きがたく変わることはなかった。更
に、文徴明の言うところを見てみよう。

　　　夫れ朱氏の學、世に行われてより、學者動もすれば根本の論を以
　　　て士習を劫持す。六經の外、復た益有るに非ずと謂い、一たび詞

---

❻　周道振輯校『文徴明集』（上海古籍出版社、1987 年 10 月刊）による。

　　　章に渉れば、便ち道病と為す。之を言う者は自ら以て是と為し、

　　　而して之を聴く者は敢えて以て非と為さず。當時の名世の士と雖

　　　も、亦た自ら其の學ぶ所の正に出るに非ざるを疑う。(『文徴明集』

　　　巻17「晦庵詩話序」)

朱子学が科挙に取り入れられたのは元の中葉のことであるが、永楽 12 年、
勅を奉じて朱子学派の注解による『四書大全』『五経大全』『性理大全』が編
纂され、朱子学は官僚たるものの則るべき基本原理となる。そして文学は、
文徴明の言うように、ややもすれば理学（道学）の攻撃を受けることになる
のである。

　　　『明史・劉健伝』に次のような記述がある。

　　　(李) 東陽、詩文を以て後進を引き、海内の士は皆掌を抵ちて文

　　　學を談ずるに、(劉) 健聞こえざるが若く、獨り人に治經窮理を

　　　教う。

劉健は、李東陽と同様、内閣大学士であり、呉与弼とともに明代朱子学の祖
とされる薛？の伝を得る道学者である。『明史・劉健伝』は、「學問深粹、色
を正して敢えて言い、身を以て天下の重きに任ず」と言い、また「其の事業、
光明俊偉、明世の輔臣、比ぶ者有ること鮮し」とも言う。つまり、一方は、
前述に見たように、政治的実務と隔絶した文学の世界を尊重し、また一方は、
そうした文学を無視して、時の政治の基本原理の究明にいそしむという、際
立った対照を見せている。では、夢陽はどうであったか。

　　　小子何ぞ夫の詩を學ぶこと莫きや、と。孔子、詩を貴ばざるには

非ず。言の文らざるは行われて遠からず、と。孔子、文を貴ばざ
るには非ず。乃ち後世文詩を謂いて末技と為すは何ぞや。豈に今
の文の古の文に非ず、今の詩の古の詩に非ずや。閣老劉、人の此
れを學ぶを聞けば、則ち大いに罵りて曰く、就え作りて李杜に到
るも、只だ是れ酒徒なるのみと。李杜果たして酒徒ならんか。そ
もそも李杜の上、更に詩無きか。諺に曰く、噎ぶに因りて食を廃
すと。劉の謂いか。（『空同集』巻66「論学下篇」）

「閣老劉」すなわち劉健の悪罵は、実は、李東陽に向けられたものである❼。
夢陽はそれを咎めて噛み付いているのである。詩文が儒者の末技であるとい
うのは、すでに言うまでもなく、北宋の周廉渓の「文は道を載する所以なり」
（『通書・文辞』）の説に由来し、二程によって愈々強化され来たった、道
学者一般の見解である。それ故に、たとえば宋元二朝に仕えた戴表元は「後
宋百五十余年、理學興りて文藝絶ゆ」（『清容居士集』巻28「戴先生墓誌銘」）
と嘆かざるをえなかったのであった。夢陽は、そうした文学軽視の見解が決
して孔子を十全に継承するものではないと言う。そして、文学の復古こそが、
「食」のごとく、不可欠の価値を持つと主張するもののように思われる。風
流閑雅の世界に閉じこもる文学への批判は、同時に、理学の軽視を受ける文
学の改革を企図するものでもあったのである。

---

❼　『四溟詩話』巻2に、「李西涯（東陽）閣老、詩を善くす。門下詞客多し。劉梅軒
（健）閣老之を忌む。人の詩を學ぶを聞けば、則ち之を叱して曰く、就え作りて李
杜に到るも、只だ是れ酒徒なるのみと。李空同（夢陽）の劉は噎ぶに因りて食を廃
すと謂うは、是れなり」と。

二

　「何（景明）李（夢陽）は、齊桓・晉文の如く、功烈天下に震い、而して覇氣終に存す。（李）東陽は、衰周・弱魯の如く、力、強横を禦ぐに足らず」と『四庫提要』懷麓堂集の項に言うが、復古の精神における両者の違いの一面を、うまく言い当てている。「詩は人の鑑なる者なり」（『空同集』巻51「林公詩序」）と言い、「古の文は、其の人を文とす」（『空同集』巻66「論学上篇」）と言うように、詩文にはその人の人間性が現れていなければならないとする夢陽の文学精神を考察するには、どうしても夢陽自身の人となりを見ておく必要があると思われる。

　李夢陽の生涯は、まるで「鉤棘を事とする」かのようである。34歳、戸部員外郎の時には、外戚張鶴齡を糾弾して獄に繋がれる。結局孝宗の庇護を得て赦されるが、他日路上で張鶴齡に遇った時に馬の鞭で殴りかかり、鶴齡の歯を二本も折ったという。三十五歳、戸部郎中の時には、戸部尚書韓文に代わり宦官劉瑾の弾劾文を草して山西布政使に左遷され、更に生命の危機すら招くに至る。ただその気節は、一世を震動せしめたという。三十九歳、劉瑾の誅せらるるに及んで、故官に復し、翌年江西提学副使となるが、上官や同列と次々に争いを起こし、挙句には敵を陥れるために上奏を偽撰して下獄し、四十三歳の時、遂に停職処分を受ける。その後家居するも益々気を負い、園池を治め、賓客を招き、日々年若い義侠の者に従って射猟し、空同子と号して名は海内に震ったという。四十八歳の時、朱宸濠の反乱に連坐させられて官籍を削られ、その後自らの詩集『弘徳集』を刊行したり、『空同子』を著したりし、五

十八歳でその波瀾に満ちた生涯を閉じる❽。

　ここに見られる夢陽の気節を恃む姿勢、あるいは強烈な気負いは、実は何景明ほか七子にも共通して見られる性格である。『明史・李夢陽伝』に言う、

　　　皆一世を卑視し、而して夢陽尤も甚だし。

また「何景明伝」に言う、

　　　景明、志操耿介、節義を尚とび、榮利を鄙しみ、夢陽と並んで國
　　　士の風有り。

更に「康海伝」に言う、

　　　康海（中略）夢陽と相倡和し、諸先達を訾議す。忌む者頗る衆し。

また更に、こうした矯激ぶりは、仲間内にも及んでいる。『四庫提要』空同集の項には、盟友何景明との間の論争、更には同じ古文辞派内の薛蕙の、「粗豪、李空同（夢陽）を解せず」の詩句をとりあげ、「氣類の中、已に異議有り」と指摘する。また、王世貞は次のような話を伝える。

　　　何仲黙（景明）と李献吉（夢陽）は、交誼良に厚し。李、逆瑾の悪
　　　む所と為るに、仲黙、李長沙に上書して之を相救い、又画策して

---

❽　『列朝詩集・李副使夢陽小伝』『明史・李夢陽伝』『四庫提要・空同集』による。

康脩撰をして間に居らしむ。乃ち免かる。以後文を論じて相掊撃
し、遂に小間を致す。蓋し何遅く出でて、名は遽かに李に抗す。
李漸く平らかなる能わざるのみ。何、病革まり後事を屬して謂う、
墓文必ず李の手より出さしめよと。時に張以言・孟望之側に在り。
私かに曰う、何君没すれば、恐らく李の文を得る能わず、李の文、
恐らく何の意を得ず、吾曹、戴仲鶡・樊少南と共に之を成せば可
なりと。今、望之の銘、亦た寥落して甚だしくは稱されず。『芸苑
卮言』巻6)

一方、宰相李東陽は、武宗の正徳の時司礼監となって専横を極める劉瑾のま
えに、力なく顔を伏せるばかりであった。前述の劉健は、劉瑾を弾劾して左
遷される際、涙を流してこれを見送る李東陽に対し、「何為すれぞ泣くや。
使し當日力めて爭わば、我輩と同に去らん」(『明史・李東陽伝』)と言い
放ったという。夢陽の矯激性は、むしろこの劉健や、敢然として王振に抗し
て死刑を宣告された、劉健の師薛? に近いようにも思われる。ともあれ、李
東陽の名声は、この劉瑾弾劾の事件をさかいに、決定的に凋落していくこと
になる。

　さて、李夢陽が李東陽を批判し、劉健に抗して、自らの思う復古を
唱言し始めたのは、２７歳の時のことであった。その当時のことを、夢
陽は後年、弟子に宛てた手紙のなかで次のようにふり返っている。

　　僕、少壯の時、翮を雲路に振るい、嘗に鸀鸞の末を周旋して謂え
　　らく、學は古を的とせずんば、苦心するも無益なり、と。又謂え
　　らく、文には必ず法式有り、然る後、音度に中諧すること、方圓
　　の規矩に於けるが如し、古人の之を用いるは、自ら之を作るには

　　非ず、實に天の之を生ずるなり、今人の古人に法式るは、古人に
　　法式るには非ず、實に物の自ら則るなり、と。是の時に当り、篤
　　行の士は翕然として臻向し、弘治の間、古學遂に興る。（『空同集』
　　巻62「答周子書」）

若い夢陽の強烈な自負もさることながら、彼の文学の出発点が「古学」であったということが注目される。また、これを逆に言えば、ここに「古学」というのは、夢陽にあってはあくまでも、「天の之を生じ」「物の自ら則る」ところのものの文学的探究だということになる。更にこの弟子宛ての手紙の続きを見てみよう。

　　而るに、一二の輕俊、其の才辯を恃み、筏を舍てて岸に登るの説
　　に假りて前美を扇破す。稍稍聞見すれば便ち横肆に高下今古を譏
　　評して謂う、文章家は必ず自ら一戸牖を開き、自ら一堂室を築く
　　と。古に法る者を謂いて踏襲と為し、往に式る者を影子と為し、
　　口に信せて筆を落とす者を其の比擬の跡を泯ぼすと為す。而るに、
　　後進の士は、其の従い易きを悦び、其の趨り難きを憚り、乃ち即
　　ち附唱し、響風に答え、俗変を成して止過む可き莫し。而して古
　　學廢る。（同上）

夢陽の思う文学が、創作に主眼を置くものではなかったことは、改めて注意しておきたい❾。また、詩文において自ら一門戸を開くという考えを、ある

---

❾　松村昴〈李夢陽詩論〉（『中国文学報』第51冊、1995年10月刊）に、「思うに李夢陽の詩作の原則を一言でいうならば、『論語』述而篇にいう「述べて作らず」、に落着くのではあるまいか。つまり祖述であって創作ではない、ということである。」と言うのを参照。

いは風潮を、結果はともかくとして頑なに拒否する。そしてあくまでも、「前美」を尊重し、「古に法る」ことを主張している。しかしこの主張は後進には理解されず、その結果、「古学」が廃れてしまった、と夢陽は言う。夢陽における「古学」が文学にほかならず、文学はとりもなおさず「古学」であったこと、もはや疑いを容れないであろう。

　因みに、この「答周子書」に見られる議論は、実は何景明との論争が下敷きになっている。「筏を舎てて岸に登るの説に仮りて」夢陽の模擬を批判したのも、夢陽に「自ら一戸? を開き、自ら一堂室を築く」ことを勧めたのも、「子の高き處は、是れ古人の影子なるのみ」と言ったのも、「其の擬議の迹を泯ぼす」べきを主張したのも、みな何景明である❿。「古学」の盟友同士ではあっても、夢陽には夢陽の純粋に考究する、妥協の余地のない「古学」があったわけである。また、夢陽には、李東陽と違って、詩文論の専著はなく、かえって哲学的な、「化理」「物理」「治道」「論学」「事勢」「異道」という、箇条書きの筆記がある。夢陽は何景明に対して「僕は詩を知る者には非ず」（『空同集』巻62「再与何氏書」）と言っているが、これは単なる謙辞というよりは、夢陽の文学観そのものに由来する言葉であるように思われる。

　さて、夢陽の思う文学は、「前美」を尊重し、「古に法る」こと、つまり、「天の之を生じ」「物の自ら則る」ところの「法式」に法ることであり、その古の「法式」を学ぶことであった。そしてその学び方の主たるものが、所謂「文は秦漢、詩は盛唐」、つまり学ぶべき時代を限定し、その時代の作品を極力模擬するというやり方なのである。

　ところで、夢陽のこのような一見生硬で矯激なる主張が、なぜ「翁

---

❿　『何大復集』巻32「与李空同論詩書」。『空同集』巻62「駁何氏論文書」。

然として之を宗とする」ほどの影響力を持ち得たのであろうか。更に言えば、いわば若造の部郎の言うことではないのか。そしてまた、そもそも「詩を知る者に非ざる」夢陽が、何を可として確信して、このような主張をなし得たのであろうか。単なる「覇気」だけでは説明がつかないように思われる。結論を先に言えば、それは夢陽に、自らの主張が朱子学をふまえるという自覚があったからであり、また前述に見たように、世間を納得せしめるのに、朱子学こそは何にもまして十分な根拠たりえたからである。以下、夢陽の主張を朱子学との関連で見ていくことにする。

三

　夢陽の復古の主張の特徴は、何といっても、時代を限定して、その時代の詩文を模擬すべしとしたところにある。

　　（李）東陽、實に臺閣の耆宿を以て文柄を主持す。其の論詩、法
　　度音調を主とし、而して極めて剽竊粧擬の非を論ず。（『四庫提要』
　　懷麓堂詩話の項）

というように、李東陽は模擬を嫌った。また夢陽自身、

　　僕を短る者は必ず曰う、李某豈に文を善くする者ならんや。但だ
　　能く古を守りて之に尺尺寸寸たるのみ、と。（『空同集』巻62「駁何
　　氏論文書」）

というように、当時からすでに、その模擬を非難するものもあった。何景明すらその一人である。しかしその非難は、夢陽の作品の出来についてであって、夢陽は次のように弁明する。

> 僕の之に尺尺として寸寸たる者は、固り法なり。假令僕古の意を竊み、古の形を盗み、古の辞を剪截して以て文を為らば、之を影子と謂うも可なり。我の情を以て今の事を述べ、古の法に尺寸たりて其の辞を襲うこと闕きが若きは、（中略）此れ奚ぞ可ならざらんや。（『空同集』巻62「駁何氏論文書」）

夢陽が主張しているのは、「古学」の方法としての模擬であり、あくまでも「我の情を以て、今の事を述べる」のだと言う。ここはその結果としての作品の出来がどうであるかについては問わず、夢陽の意図したところを追究していくことにする。因みに、夢陽がここで言う「古の法」とは、すでに前述に見たように、「天の之を生じ」「物の自ら則る」「法」である。これは『滄浪詩話』に言う「詩法」や、また李東陽が「所謂法なる者は、一字一句、対偶雕琢の工に過ぎず」（『懐麓堂詩話』）という時の「法」とは些か異なる。それはともかくとして、李東陽が頻りに模擬を否定するなかで、敢えて夢陽は、二十七歳の若さで、模擬を主張したのである。

　ここで想起されるのが朱子である。朱子は言うまでもなく道学者であるが、詩文の鑑賞を得意とした。しかも朱子こそは、古人の作品を模倣して学ぶことを重視した。

> 古人、文を作り詩を作るに、多く是れ前人を模倣して之を作る。
> 蓋し之を学ぶこと既に久しければ、自然に純熟せん。（『朱子語類』

巻139「論文上」）

この後半部分については、夢陽は次のように言っている。

　　必ず同じき者有り。（中略）之を守りて易わらず、久しくして推移
　　し、質に因り、勢に順い、融鎔して自ら知らず。是こに於いて曹
　　（植）為り、劉（楨）為り、阮（籍）為り、陸（機）為り、李（白）
　　為り、杜（甫）為り、即ち今は何大復為り。何ぞ可ならずや。此れ
　　變化の要なり。（『空同集』巻62「駁何氏論文書」）

これは何景明が、『易・上繋辞』にいう「擬議して以て其の變化を成す」を
根拠に、それぞれが一家言を成すべしと説いたのを、批判したものである。
夢陽の「変化」の理解は、朱子の「自然に純熟す」と同軌である。

　　次に、学ぶべき時代を限定するのは、なにも李夢陽の専売特許では
ない。「三代兩漢の書に非ざれば敢えて観ず」（『韓昌黎文集』巻3「答李翊
書」）とは、唐代の古文復興運動の旗手韓愈の態度であるし、「夫れ詩を
学ぶは、識を以って主と為す。入門は須く正しかるべく、立志は須く高
かるべし。漢魏盛唐を以って師と為し、開元天宝以下の人物と作らず」（『滄
浪詩話・詩弁』）と厳羽も説いた。厳羽の『滄浪詩話』は、李東陽も高く
評価した。これを見れば、学ぶべき時代を限定するということ自体は、
当時において別段奇異な考えではなかったわけである。朱子は、学ぶべ
き対象を限定することについては、まず詩について次のように言ってい
る。

　　古今の詩は凡そ三變あり。蓋し書傳記す所の虞夏より以来、下り

て魏晉に及ぶを、自ら一等と為す。晉宋の間、顏・謝より以後、下りて唐初に及ぶを、自ら一等と為す。沈・宋以後律詩に定著してより、下りて今日に及ぶを、又一等と為す。然るに唐初より以前は、其の詩を為る者に固より高下有るも、法は猶お未だ變ぜず。律詩出ずるに至って、而る後詩の、法に與り、始めて皆大いに變じ、以て今日に至って益ます巧にして益ます密なり。而して古人の風に復する無し。故に嘗て妄りに經史諸書載する所の韻語を抄取し、下りて文選の漢魏の古詞に及び、郭景純・陶淵明の作る所を尽すを以って、自ら一篇と為し、而して三百篇、楚辞の後に附し、以って詩の根本準則と為さんと欲す。（『朱文公文集』巻64「答鞏仲至」）

つまり、詩においては、律詩ができる以前の「古人の風」を残すものを選んで、「根本準則」としている。因みに、ここに朱子の言う「法」は、夢陽の言う「古の法」に近いように思われる。

ところで、夢陽は盛唐の詩、ことに杜甫に倣ったのだが、前述に、李杜を酒徒にすぎぬとした劉健に対して、「そもそも李杜の上、更に詩無きか」と反発したように、盛唐の詩のみを学ぶ対象とするのではない。夢陽が盛唐詩を取る理由は、「詩は唐に至って古調亡ぶ。然れども自ら唐の調の歌詠す可き有り。高き者は猶お管弦に被らしむるに足る」（『空同集』巻52「缶音序」）というものである。「古学」の趣旨からしても当然であろうが、夢陽は盛唐から漢魏に遡る姿勢を見せる。『四庫提要』は空同集の項に「古體は必ず漢魏、今體は必ず盛唐」と言うが、これが事実に近いであろう。夢陽は次のように言っている。

夫れ三百篇は逸絶すと雖も、然れども作者は猶お諸を漢魏に取る。（中略）予、陳子昂の感遇詩を観るに、（中略）唐音颯颯乎として源を開くなり。李白の古風を為るに及んでは、咸（阮）籍の詞を祖とす。宋人、原作者を究むるに、陳（子昂）、李（白）を顧て極まる。豈に其れ未だ（阮）籍の作を観ざるか。孰か天下に鍾期有りと謂わんや。（『空同集』巻50「刻阮嗣宗詩序」）

つまり盛唐の李白も魏の阮籍を祖とするというところを、詩を学ぶものは知る必要があるのである。そして、宋人は詩を知らないと夢陽は嘆いてみせるのだが⑪、陳子昂の感遇詩の源が阮籍の詠懐詩にあるという説は、すでに唐の皎然の『詩式』に見え⑫、夢陽自身の鑑識眼による創見というわけではない。更に、夢陽は次のように言っている。

李子乃ち顧て徐生に謂いて曰く、子も亦た謝康楽の詩を知るか。是れ六朝の冠たり。然れども其の始めは陸平原に本づく。陸・謝二子は則ち又並びに曹子建を祖とす。故に鍾嶸曰く、曹・劉は殆ど文章の聖、陸・謝は體貳の才為り、と。夫れ五言は、漢を祖とせずんば則ち魏を祖とするは固より、乃ち其の下れる者は、即ち当に陸・謝に效うべし、と。（『空同集』巻50「刻陸謝詩序」）

---

⑪ 因みに朱子は、「古風両巻は、多く陳子昂に效う。亦た全て其の句を用いる処有り。太白の子昂を去ること遠からざれば、其の之を尊慕すること此くの如し」（『朱子語類』巻140）と言う。しかし朱子は、後述するように、李白の詩は文選の詩に習うからよいのだとも言っている。

⑫ 『唐詩品彙』巻3に「僧皎然云う、子昂の感遇三十首は、阮公の詠懐より出ず」。通行本の『詩式』には見えない。

つまり、漢魏に遡ることを説くのは同様であるが、陸機と謝霊運がともに曹植を祖とするという説は、これもすでに鍾嶸の『詩品』にある。謝霊運が陸機に本づくという説は詳らかではないが、鍾嶸は謝霊運と陸機の源を曹植と見るとともに、宋、晋、魏、それぞれの時代の最高の詩人として、謝霊運、陸機、曹植を選んでおり、夢陽はこの流れを遡ることの必要を説くのかもしれない。ともあれ、夢陽のここの論も、やはり夢陽の創見ではなく、詩風の源流を考察した先人鍾嶸の『詩品』に大いに依拠するもののように思われる。

ところで、夢陽が学ぶ対象を、「古調滅ぶ」と注釈しながら盛唐にも求める点は 朱子と異なるように見えるが, 朱子も盛唐詩を否定するわけではない。たとえば「李太白は終始選詩に学ぶ。所以に好し。杜子美の詩の好き者は、亦た多く是れ選詩に学ぶ」（『朱子語類』巻 140）と言うように、李白にせよ杜甫にせよ『文選』に学ぶものはよしとする。このように見てくると、学ぶ対象の選び方に夢陽独自の鑑識眼を感じることはできないのであるが、概して言えば、「漢魏の古詞」を尊重し、そこに根ざす盛唐の詩をもまた尊重するという姿勢は、両者に共通する。更に言えば、そもそも盛唐詩の尊重は、『滄浪詩話』の流れを汲む高棅の『唐詩品彙』以来、当時の人々のいわば常識だったのだが❸、その盛唐の詩の源流を漢魏にまで遡る必要を説いた点、夢陽は朱子に近づいている。そして、詩を学ぶのに漢魏盛唐と時代を限る姿勢、いわば「根本準則」を立てる姿勢が、何よりも朱子と酷似する❹。

　次に、文についての朱子の基本的な考え方は、次のようなもので

---

❸　『明史・高棅伝』に「其の選する所の唐詩品彙、唐詩正声は、明の世を終うるまで、館閣之を宗とす」と。

❹　因みに、朱子の「根本準則」をたてる姿勢は、高棅の『唐詩品彙』にも影響を及ぼしている。唐の詩人を「正宗」「大家」「名家」等に分けるのがそれである。『唐詩品彙・五言古詩叙目』参照。

ある。

　　　道は文の根本なり。文は道の枝葉なり。惟だ其の根、道に本づく。
　　　所以に之を文に發すれば、皆道なり。（『朱子語類』巻139）

すなわち、あくまでも道を根本とする。この考えから、唐代の古文家につい
ては、文が道と一体でないとして次のように言っている。

　　　大率、文章盛んなれば、則ち国家は却って衰う。唐の貞観・開元
　　　の如き、都く文章無し。韓昌黎（韓愈）・柳河東（柳宗元）の文を
　　　以て顕わるるに及んで、唐の治は已に前に如かず。（同上）

更に、蘇東坡についても、蘇東坡その人のなかで、文が道と分かれて二つに
なっていると批判する❻。朱子は文には、詩のように「根本準則」を設ける
ことはないが、学ぶべき対象については、細かく発言している。たとえば次
のごとくである。

　　　韓（愈）の文は、力量、漢の文に如かず。漢の文は、先秦戦国に如
　　　かず。（同上）

韓愈の文より漢の文、漢の文より先秦戦国の文。つまり基本的には、古いも
のの方が道と一体となっているものが多いとするのであろう。要するに、唐
宋の古文より秦漢の文をとる。ただ条件付きということになると、

---

❻　『朱子語類』巻139。

　　　韓（愈）柳（宗元）の文の好き者は、看ざる可からず。（同上）

と、韓愈・柳宋元の評価すべきものは、これを評価し、文の作り方を学ぶという点では、

　　　人、曾ず文章を作らんことを要むれば、須く一本の西漢の文と、
　　　韓（愈）の文、欧陽（脩）の文、（曾）南豊（鞏）の文とを取るべし。
　　　（同上）

と、前漢を主とするものの、韓愈・欧陽脩・曾鞏も取り、一概に、漢より後の文を否定し去るわけではない。

　　夢陽は秦漢の文に限定するが、まずなによりも、宋儒の理に過ぎるのを批判する。

　　　宋儒興りて古の文廢る。宋儒の之を廢するに非ず。文、自ら之を
　　　廢するなり。古の文は、其の人を文とす。如えば其の人使ち了と
　　　して画けるが如く、似たるのみ。是の故に賢者も過ちを諱まず、
　　　愚者も美を竊まず。今の文の、其の人を文とするや、美悪と無く、
　　　皆道に合い志を傳えんと欲す。是の故に、實を考えれば則ち人無
　　　く、華を抽せば則ち文無し。故に曰く宋儒興りて古の文廢ると。
　　　（中略）ああ、儒の理を言うこと、爛然ならずや。童？すら能く談
　　　ず。（『空同集』巻66「論学上篇」）

すなわち、前述にも触れたように、なによりもその人の人間性が、ありありと文に現れていることを重視する。ただここに、「賢者も過ちを諱まず、愚

者も美を竊まず」と夢陽が言うのは、予め措定された「道」に自らを合わせるのではなく、まず徹底して自分自身であることを尊重するものであり、朱子を一歩踏み出しているようにも思われるが、この点については、また後述する。更に、朱子は蘇東坡を嫌ったのであったが、夢陽も蘇東坡に関して次のように言っている。

> 檀弓に文は極まるの論興りてより、天下の古を好むの士は惑う。是に於いて惟だ之を約し、務めて湔洗を為し、聱牙を為し、剗別を為し、観る者をして事とする所を知りて、事とする所以を知らざらしむ。其の形容を彷彿するに由無し。西京の後、作者聞く無し。(『空同集』巻66「論学上篇」)

「檀弓に文は極まる」とは、蘇東坡の論である。ここでは、文の内容が、といってもその関心の中心は、前述のことと合わせ考えれば、文に現れるその人の人間性ということであろうが、それが心にリアルにイメージできることを重視し、この理由を以て、前漢より後の文を否定している。

　このように見てくると、文における時代の限定については、基本的には同様と見なすことができるであろう。ただ、文における「道」の捉え方をめぐって、夢陽と朱子の間で多少の出入がある。しかし、朱子の文論における「道」は、三浦国雄氏によれば、「人間のやむにやまれぬ叫びであり、現実的な効用とは別の基準で評価されるべきもの」であり❶、だとすれば、夢陽の文論は朱子のそれとそれ程矛盾しないことにな

---

❶　吉川幸次郎、三浦国雄『朱子集』(中国文明選)(朝日新聞社、1976 年 12 月刊) 第
　 7 章「歴史と文学」。

る。そもそも、文論において唐宋を退け秦漢を取る説は、元末の翰林の重鎮欧陽玄が、「三代より而下、文章は唯だ西京のみ盛んと為す」（『圭斎文集』巻7「潛渓後集序」）と、前漢を取る以外は、同じく元末の虞集、明に至って、宋濂、方孝孺、楊士奇、李東陽、管見の及ぶ限りいずれにも見えず、夢陽の「文は秦漢」の限定は、やはり朱子の文論を極端に簡素化したものではなかったかと思われる。

　以上要するに、模擬といい、時代の限定といい、まだ年若い夢陽が、「一世を卑視して」これを主張することができたのは、朱子に違わないという自覚の為せるわざであったと、私は思うのである。

四

　夢陽が朱子を意識すると思われるのは、実は、上述のような、模擬や拠るべき作品の限定といった、表面的なことがらに止まるわけではない。「古学」について、夢陽は次のように言っている。

　　夫れ古を追う者は、未だ其の體を先にせざる者有らず。然れども
　　守りて未だ化せず。故に蹊径存す。（『空同集』巻52「徐廸功集序」）

これはどのような意味であろうか。以下、ここに言う「体」について、次に「守る」ということについて、考察を加える。まず「体」について、夢陽は次のように言っている。

　　夫れ體は用に對するの名なり。用無くして體有らんや。吾が儒は、
　　寂然として動かざる者、體なり。感じて遂に通ずる者、用なり。

人の動くや、常に活。故に感ずれば則ち通ず。所謂化を敦くして
川流之を一に欲し、而して之を萬に散ずる者なり。(『空同集』巻6
6「事勢篇」)

「体」、すなわち「寂然として動かざる者」とは、『易・上繋辞』に、「易は
思うこと無きなり。為すこと無きなり。寂然として動かず、感じて遂に天下
の故に通ず」とあるのを踏まえるが、その朱子の注に、「其の无心を言うな
り。寂然たるは感の體なり、感通するは寂の用なり、人心の妙、其の動静亦
た此くの如し」と言っており、夢陽はこれに拠る。また、『中庸』に、「萬物、
並び育きて相い害せず。道、並び行われて相い悖らず。小徳は川流し、大徳
は敦化す。此れ天地の大なりと為す所以なり」とあり、その朱子の注に、「大
徳は、萬殊の本なり」と言う。要するに、夢陽の言う「体」は、「感の体」、
また「大徳」であり、「小徳」の「川流」を、根源の一に収斂するものであ
る。これは、図式的には、まさしく朱子の「理一分殊」の考えに則るもので
ある。
　尋いで、「守る」ということについては、夢陽は次のように言って
いる。

　　惟だ聖人のみ能く天下の變に通ず。其の次は、守るに如くは莫し。
　　身を守る、官を守る、禮を守る、法を守る、皆是れなり。或るひ
　　と謂う、琴瑟絃を改むるとは何ぞやと。空同子曰く、琴瑟を調う
　　る者は、必ず琴瑟を能くする者なり。否らずんば則ち愈いよ更わ
　　りて愈いよ乱る。故に曰く、其の次は守るに如くは莫しと。(『空
　　同子』巻66「事勢篇」)

「琴瑟」が喩えるものは、前述の「古の法」であろう。「古の法」を更えれ

ば乱れるばかりである。前述に夢陽は何景明を批判して、「必ず同じき者有り。（中略）之を守りて易わらず、久しくして推移し、質に因り、勢に順い、融鎔して自ら知らず」と言ったのであった。「聖人」ならぬ身は、「質に因り、勢に順い」、すなわち自分自身の性質や境遇に随って、それぞれがそれぞれに、「大徳」の化を享けた「川流」たる「小徳」を守って生きるのが最も良く、文学もまたそこに生まれる。しかし、「守りて未だ化せず」、つまり「小徳」を守る努力をして「大徳」に貫通しない。換言すれば、「必ず同じき者」を感得できない。そこで、「蹊径」が必要となる。その「蹊径」が、夢陽の場合所謂「文は秦漢、詩は盛唐」であり、模擬だということになる。要するに、夢陽の主張は、その根底においても、朱子学を理論的バックボーンとするのである。

　さて、夢陽の言う「体」を追究すると、朱子の体用論を通して、『易』に行き着くのであるが、更に夢陽は、詩を『易』の象に喩えて、次のように言っている。

　　　易を知る者は、與に詩を言う可し。比興は、懸象の義なり。（『空
　　　同集』巻66「論学上篇」）

また次のように言う。

　　　易のみ獨り象を言う。象は一を懸けて以て萬に會する者なり。又
　　　一一は象の由りて始まる所なり。一以て萬に會す。故に象を得れ
　　　ば言を忘る。萬以て一に會す。故に意を得れば象を忘る。它経は
　　　一理を言えば、則ち一理に止まる。一事を言えば、則ち一事に止
　　　まる。（『空同集』巻65「化理上篇」）

「象は一を懸けて以て万に会する者」というのは、前述の体用の考えと理論的に同じである。しかも夢陽は「易を知る者は、与に詩を言う可し」と言う。つまり、夢陽がその文学論の根底に据えるものは『易』であり、『易』の思想を、朱子の体用論に拠りながら文学論として理論化しているのである。山口久和氏は『易』の根本思想について、「自然や社会は複雑に変化（変易）するが、その背後に存在する不変（不易）の法則は、卦という簡易な象によって提示し、理解することが可能であるという考えである」と要約される❿。今これを体用の考えにあてはめれば、「不易」は「体」であり、「変易」は「用」ということになる。そして「簡易」なる「象」であるが、夢陽はここで、詩の比興を、「象」の象徴性にもとづいて、比興の重んずべきを主張している。「象を得れば言を忘る」「意を得れば象を忘る」というのは、王弼の『周易略例・明象』に見える言葉である。王弼は卦象の形や卦辞・爻辞の字面にとらわれるのではなく、その背後にある意の考究を重んじた。つまり、夢陽にとっては、簡易なる『易』の象は、いわば後世の手垢に汚れない、シンプルな文学的典範にあたるが、その典範となる詩や詩句が象徴する意を、あくまでも己の知性・感性を駆使して、心に感得することを重視したのである。ここに言う「比興」とは、単に詩作の技法というよりは、広く文学的な生き生きとした想像力を言うであろう。

　ところで、夢陽は『易』に関わって、更に次のように言っている。

　　天道は理を以て言う。故に曰く、盈つるを虧きて謙に益すと。地
　　道は勢を以て言う。故に曰く、盈つるを變じて謙に流くと。鬼神

---

❿　加地伸行編『易の世界』（中公文庫）（中央公論社、1994 年 4 月刊）第 2 章「易の理論と歴史」。

　　は功用を以て言う。故に曰く、盈つるを害して謙に福すと。人道
　　は情を以て言う。故に曰く、盈つるを悪みて謙を好むと。盈謙は、
　　分限を以て言うのみ。消長昇沈を謂うには非ず。（『空同集』巻65
　　「化理上篇」）

　『易』謙卦の象辞の文自体はともかくとして、ここで注目したいのは、夢陽
がその象辞の意を「人道は情を以て言う」と解釈しているところである。天
道、地道、鬼神、人道が一貫するものであることは言うまでもない。しかし
夢陽は、天道や地道、鬼神は人間の「分限」を超えるものだとし、人間の根
底に「情」を据える。つまり、ここが夢陽の文学者夢陽たる所以だと思われ
るのだが、夢陽にとって人間が生きるとは、人間の動かざるを得ない心の動
き、すなわち「情」の、有りようそのものなのである。「宋人は理外の事を
言わず。故に其の失、拘にして泥なり」（『空同集』巻65「物理篇」）とも言
うように、夢陽は「理」に拘泥することを批判する。前述に見てきたように、
通常の人間は性質や境遇に制約されて、賢愚美悪等の差異を生じざるを得な
いわけであるが、しかしまたそれぞれがそれぞれに自分の性質や境遇に忠実
に随って生きるしかなく、古の典範の象徴する美の感得、すなわち文学（古
学）も、そのように生きるところにしかないと、夢陽はするのである。因み
に、ここで「性情」とは言わず、「情」とのみ言うのもこのような考えによ
るであろう❶❽。もっとも夢陽も、朱子学に拠る者の例に違わず、

---

❶❽　夢陽は盛んに「情」の語は使うが、「性情」の語は『空同集』中、一箇所でしか使
　　用していない。『空同集』巻59「蛤雀論」に、「剛柔異質、性情遷焉」とあるのが
　　それである。

　　　天地の間に流行するは、即ち道なり。(『空同集』巻66「論学上篇」)

と言い、あるいは、

　　　天地の間、皆性なり。(『空同集』巻66「事勢篇」)

とは言う。しかし次の夢陽の言葉は、はなはだ興味深い。

　　　天地の間、惟だ聲色のみ。人、安んぞ能く之に溺れざるや。聲色
　　は、五行精華の氣なり。之を以て神と為す者なり。凡そ物は竅有
　　れば則ち聲あり。色無くば則ち敝わる。此れを超えて而も離れざ
　　るか。此れ之を溺れずと謂う。(『空同集』巻65「化理上篇」)

形而上の「性」や「道」には、当然「声色」は無い。形而下の「物」は「声
色」が有ることによって、はじめて人の心がそれに応じ、人の心が応じて感
覚されることによって、はじめてリアルに存在する。「声色」は、「五行精華
の氣」であり、「神」であるという。ここに「神」とは、『易』上繋辞に「陰
陽測られず、之を神と謂う」あるいは「変化の道を知る者は其れ神の為す所
を知るか」という、その「神」をふまえるであろう❶。つまり、「物」の変
化の奥にある霊妙なるはたらきに、人の心の奥底の霊妙なるはたらきが感通
するとき、「物」は純粋にリアルに存在するのである。朱子は道学者として

---

❶　目加田誠「六朝文芸論に於ける「神」「気」の問題」(『文学研究』第 37 輯 1984 年
　　3 月刊、『中国の文芸思想』講談社学術文庫、1991 年 10 月刊に転載) に、『易』の
　　「神」についての考察がある。

情に欲の兆すのを慎重に排除した。文学者夢陽の熱い思いは、人の心は動か
ざるを得ない、というところにある。動けば「溺れ」やすい。しかし夢陽は
「超えて而も離れず」と微妙な言い回しをしながらも、「道」と「性」に、
敢えて「声色」を並べているのである。前述に夢陽は「人の動くや、常に活。
故に感ずれば則ち通ず」と言ったのであった。夢陽が重んじたのは、心の動
態であり、また生気なのである。「天地の間、惟だ聲色のみ」は、すでに言
うまでもなく、前述の「人道は情を以て言う」と、軌を一にする。

　　　夫れ詩に七難有り。格は古、調は逸、気は得、句は渾、音は円、
　　　思は沖、情以て之を発す。七者備わりて而る後、詩昌んなり。然
　　　れども色に非ざれば神ならず。宋人は茲を遺る。(『空同集』巻48
　　　「潜虬山人記」)

詩の格といい、調というも、自分自身の心の奥底の精妙で美しいはたらきに
生まれるのでなければ、真実の世界、すなわち「前美」との霊妙な感通もな
いのである。ここで一言加えれば、理学者朱子が定理を措定したように、文
学者夢陽には常に、典範となる具体的な文学作品があったのであり、「声色」
はあくまでも、「道」や「性」と並ぶものであった。夢陽にあって朱子学的
な世界像が壊れているわけではないのである。因みに、夢陽は次のように言
っている。

　　　天地の間に流行するは、即ち道なり。人の日に為して怠らざるは、
　　　即ち理なり。随いて發して之を験するは、即ち學なり。(『空同集』
　　　巻66「論学上篇」)

「学」とは、「古学」、すなわち文学である。「随いて発して之を験す」、つまり、それぞれの性質、境遇に随って、そこに生じる思いを言葉にする❷。更にその言葉を古人の典範に照らしてみる、と夢陽は言う。感得は必ずこの検証のすえに得られるのである。では、典範に照らしてみて、何を感得するのか。夢陽は「情」について、更に次のように言っている。

　　夫れ天下は、慮を百にして致を一にす。故に人必ずしも同じからずして心を同じうし、言必ずしも同じからずして情を同じうす。故に心は懽びを為す所の者なり。情は言を謂う所の者なり。是の故に、科に文武有り、位に崇卑有り、時に鈍利有り、運に通塞有り。後先長少は人の序なり。行蔵顕晦は天の畀（たま）うなり。是の故に、其の言を為すや直宛区れ、憂楽殊なる。境を同じくして途を異にし、感を均しくして各々之に応ずるも、其の情に至っては、則ち同じからざる無し。何ぞや。諸心を出す者は一なればなり。故に曰く、詩は以って観る可しと。（『空同集』巻五十九「叙九日宴集」）

「慮を百にして致を一にす」は、やはり『易』に拠る。すなわち「下繫辞」には、「子曰く、天下何をか思い何をか慮らん。天下帰を同じくして塗を殊にし、致を一にして慮を百にす。天下何をか思い何をか慮らん。日往けば月

---

❷　『空同集』巻 51＜梅月先生詩序＞に、「情動けば、則ち會す。心會せば、則ち契す。神契すれば、則ち音なり。所謂寓に随いて發する者なり」という。「随いて發す」は、ここに言う「寓に随いて發す」と同義であると解せられる。因みに、「寓に随いて發す」は、『孟子・尽心下』の「将に身を終えんとするが若し」の朱子の注に、「遇に随いて安んじ、己に預かる無し。性分の定むる所の故なり」とあるのを意識するであろう。

来り、月往けば日来り、日月相い推して明生ず」という。理論的には、すで
に見た体用の論と同じである。ここで注目すべきは、夢陽が「致を一にす」
を解釈して、「其の情に至っては、則ち同じからざる無し」と言っていると
ころである。もちろん、「諸心を出す」ところの「一」なるものとは理であ
ろう。<下繋辞>のこの部分の朱子の注は、「理は本より二無し。而して塗を
殊にし慮を百にす。自然に非ざるは莫し」という。朱子はあくまでも「理」
を重んずる。しかし夢陽が問題にしているのは、「一」なるものから流れ出
すところの「情」である。夢陽は次のようにも言う。

　　　情は性の発なり。然れども訓みて実と為すは、何ぞや。天下、未
　　　だ不実の情有らざればなり。（『空同集』巻66「論学上篇」）

夢陽にとっては、「情」こそがリアルなのである。また次のようにも言う。

　　　理は、行いを同じくして、情を異にせんと欲す。（『空同集』巻66
　　　「論学下篇」）

道徳的行為は人人同じであるべきだが、それぞれ素質も境遇も異なる人間の
情は、理の当然として、それぞれ異なる、と言う。前述でも夢陽は、まず徹
底的に自分自身であることを主張していたのであった。これは、「其の情に
至っては、則ち同じからざる無し」の主張と、一見矛盾するかに見える。し
かし、前述に見てきたことからすでに明らかなように、夢陽にとっては矛盾
ではない。それぞれに化を享けた「小徳」の川流は、「大徳」の一に収斂す
る。つまり、それぞれが徹底的に自分自身であることによってはじめて、同
じからざるはなき情に、いわば万古不易の情に、感通できるはずだからであ

る。夢陽の「古学」のめざすところは、つまるところ、この万古不易の情の感得にあったのである。そして、これはほかならぬ朱子の言うところでもあった。朱子は言う。

　　　人情、安んぞ異なること有るを得んや。(『朱子語類』巻80)

　夢陽の復古理論の根底には『易』があり❷、その理論化は、朱子学に拠ってなされていた㉒。夢陽の文学の出発点は、前述に見たように、「天の之を生じ」「物の自ら則る」ところのものの文学的探究であった。「天の之を生じ」「物の自ら則る」ところのものとは、「理」である。夢陽は朱子学的な窮理を文学の世界に移しかえた、とも言えるのではないか。朱子学の権威については、前述に引用した文徴明の言葉が、端的に物語っている。すなわち、

　　　夫れ朱氏の学、世に行われてより、学者動もすれば根本の論を以
　　　て士習を劫持す。六経の外、復た益有るに非ずと謂い、一たび詞
　　　章に渉れば、便ち道病と為す。之を言う者は自ら以て是と為し、
　　　而して之を聴く者は敢えて以て非と為さず。当時の名世の士と雖

──────────

㉑　『易』の思想に本づくと言われる文学理論の書に『文心雕龍』がある。その「原道」
　　に「人文の元は太極より肇まる。神明を幽賛するに、易象惟れ先だつ。庖犠其の始
　　めを画し、仲尼其の終わりを翼く。而して乾坤の両位は独り文言を制す。言の文あ
　　るは、天地の心なるかな」と言う。夢陽の言う所と通じるところもあるが、夢陽が
　　積極的に『文心雕龍』に拠った跡は見出せない。
㉒　山口久和「明代復古派詩説の思想的意義」(『人文研究』第37巻第3分冊、1985年
　　12月刊)に、「復古派の文学論が文学史の中で占める位置と、程朱学が思想史の中
　　で占める位置との間に、相同的な関係がある」と指摘する。

　も、亦た自ら其の学ぶ所の正に出るに非ざるを疑う。

李夢陽の復古理論は、まさに「根本の論」に沿うものであった。李東陽に代わって文壇に旋風を巻き起こし、以後百年にもわたる「古文辞」の隆盛の基を築き得た理由もここにある。

李夫人故事の継承と変容

桐島薫子*

はじめに

　西安市からおよそ四十五キロ、咸陽市の興平県東北に前漢武帝の墓茂陵はある。茂陵の周囲には、功臣霍去病、衛青の墓も点在し、漢代帝王陵墓の中では最大の規模を誇っている。また、茂陵がその他の漢代陵墓と異なっている点は、正式な配偶者として陳皇后及び衛皇后を持ったにもかかわらず両皇后の陵墓はなく、その代わりに愛姫李夫人の陵墓を有していることである。

　一九九九年八月、筆者はこの茂陵を訪れた。ちょうど夕陽が薄橙色に染まっていく時間で、夕陽に映える緑の平地にこんもりと築かれた武帝陵と、そこから西北五百メートル余りの所にある李夫人の陵墓の佇まいは、まるで、武帝の李夫人に対する「思慕」を具現化したかのようであった。更に、この武帝の「思慕」の情は、筆者の中で、ふと、『源氏物語』を連想させ、桐壺の更衣に対する帝の愛情へと繋がっていったのである。後に、この連想が偶然の所産でなかったことは、本稿で述べる李夫人故事に関する考察を通じて明らかとなった。

---

*　筑紫女子大學副教授。

　本稿は、李夫人がどのように後の人々に受け止められ、伝承されたの
か、ということについて考察した一試論であるが、李夫人故事の継承と変容
を詳しく考察する前に、李夫人とは一体どのような女性であったのか、とい
うことをここで確認しておきたい。

　そもそも、武帝の最初の皇后となった陳皇后は、武帝のおば館陶公主
の娘で、武帝にとっては従姉妹にあたった。また、この結婚の前には、武帝
の父景帝が、はじめは武帝ではなく栗姫の生んだ別の皇子を皇太子としてい
たが、栗姫に婚姻の申し出でを断られた館陶公主の讒言により皇太子交替と
なり、公主の推薦で武帝が皇太子の資格を獲得した、という経緯があった。
しかし、結婚後、武帝と陳皇后の間に子供はできず、やがて、陳皇后は巫蠱
の妖術で武帝呪詛しているとの角で謹慎を命じられた。

　一方、武帝には平陽公主という姉がおり、この姉が、自分の所で働いい
ていたいた衛子夫という女性を武帝に謁見させて薦め、これが後に衛皇后と
なった。その衛皇后が老年期になった頃、またしても平陽公主が自家で養っ
ていた若く美しい女性を武帝に献じたが、この女性が李夫人で、武帝は彼女
を頗る寵愛したが、病で夭逝してしまった。李夫人の死後、武帝は思慕の情
やみ難く、彼女の霊魂を招来したり、皇后に準ずる扱いをして陵墓を作った
りしたのであった❶。

　このように、陳皇后、衛皇后勢力に挟まれて夭折した李夫人というの
は、実際の歴史上では、平陽公主によって降って湧き、瞬く間に姿を消した
霞のような存在であったにもかかわらず、中国文学の世界では、逆にしっか
りと受け継がれ、ふくらみを持つ故事として伝わっていった。もちろん散逸
した物も多く、全体像を把握する事は困難であるが、現在に伝わった限られ

---

❶　吉川幸次郎氏著『漢の武帝』（岩波書店）参照。

た文献を拾い集めていくことで、その時代に於ける李夫人故事の継承と変容の様子をかいま見ることは可能ではないか、と考える。

　李夫人の記録は正史『漢書』外戚伝に記載されているが、、その後、説話とし残っているものに『捜神記』『拾遺記』『法苑珠林』があり、唐代には一つのテーマとして白居易、李賀、李商隠などによって、それぞれの詩風を凝縮した作品の中で詠出されている。

　一方、日本文学に於いても、平安時代には『源氏物語』や『唐物語』、鎌倉時代には『平治物語』や『源平盛衰記』『十訓抄』などに引用され、両時代を通じて一貫した嗜好の下に受容されていった。この「一貫した嗜好」こそ、筆者が二つの陵墓を見た際に抱いた感想の所以を解きあかすことになると考える次第である。

一、李夫人の歴史的記录

『漢書』外戚伝

　『漢書』外戚伝の内容は、㈠李夫人が兄李延年の詩歌と平陽公主の計らいによって武帝に寵愛されるようになった過程、㈡李夫人が病に倒れ、案じて見舞う武帝を拒否しつづける場面、㈢李夫人の死後、武帝が思慕の念から方士に彼女の霊魂を呼び出させる場面、といった構成で記述されている。本文に曰く、

　　　孝武李夫人，本以倡進。初，夫人兄延年性知音，善歌舞，武帝愛之。
　　　每為新聲變曲，聞者莫不感動。延年侍上起舞，歌曰：「北方有佳人，
　　　絕世而獨立，一顧傾人城，再顧傾人國。寧不知傾城與傾國，佳人難

再得！」上嘆息曰：「善！世豈有此人乎？」平陽主因言延年有女弟，

上乃召見之，實妙麗善舞。由是得幸，生一男，是為昌邑哀王。李夫

人少而蚤卒，上憐閔焉，圖畫其形於甘泉宮。（中略）初，李夫人病篤，

上自臨候之，夫人蒙被謝曰：「妾久寢病，形貌毀壞，不可以見帝。

願以王及兄弟為託。」上曰：「夫人病甚，殆將不起，一見我屬託王

及兄弟，豈不快哉？」夫人曰：「婦人貌不修飾，不見君父。妾不敢

以燕媠見帝。」上曰：「夫人弟一見我，將加賜千金，而予兄弟尊官。」

夫人曰：「尊官在帝，不在一見。」上復言欲必見之，夫人遂轉鄉歔

欷而不復言。於是上不說而起。夫人姊妹讓之曰：「貴人獨不可一見

上屬託兄弟邪？何為恨上如此？」夫人曰：「所以不欲見帝者，乃欲

以深託兄弟也。我以容貌之好，得從微賤愛幸於上。夫以色事人者，

色衰而愛弛，愛弛則恩絕。上所以攣攣顧念我者，乃以平生容也。今

見我毀壞，顏色非故，必畏惡吐棄我，意尚肯復追思閔錄其兄弟哉！」

及夫人卒，上以后禮葬。（中略）上思念李夫人不已，方士齊人少翁言

能致其神。乃夜張燈燭，設帷帳，陳酒肉，而令上居他帳，遙望好女

如李夫人之貌，還幄坐而步。又不得就視，上愈益相思悲感，為作詩

曰：「是邪，非邪？立而望之，偏何姍姍其來遲！」令樂府諸音家絃

歌之。上又自為作賦，以傷悼夫人。

　　武帝の妾、李夫人は、もと歌妓から出世したもである。さきに、夫人
の兄李延年は、生まれつき音感がよく、歌舞に巧みなところから、武帝の寵
愛が篤かった。新しい歌曲は変奏曲を作るたびに聞く者で感動しない者はい
なかった。李延年が帝のお側に侍っている時、立って舞いながら歌うには、
「北方に佳人あり、絶世にして独立し比べるものがない。一度顧みれば人の
城を傾け、再び顧みれば人の国を傾く。どうして知らないことがあろうか、

この美人に溺れれば城も国も傾くことを。（しかしそれでも）佳人は二度とは得難く、踏みとどまることはできない。」武帝は溜息をついて言った「見事だ！なれど、この世にそのような女性がいるのだろうか、いやしまい」と。平陽公主（武帝の姉）はそこで延年に妹がいると申し上げた。帝はそこで召し出してみると、実際、美しく舞の名手であった。これから寵愛を受け、男児一人を生んだが、これが昌邑哀王である。李夫人は若くして早死にした。帝は憐れに思い、その姿を甘泉宮の壁に描かせた。（中略）先に李夫人が危篤になったとき、手は自身で見舞いに出向いたが、夫人は布団を引っ被って言った「私は長らく病に臥せておりました、顔形はやつれ果てております。とてもお上のお目にかかれたものではございません。息子の昌邑王と兄弟を宜しくお願い致します。」と。帝は「そなたの病気は非常に重いそうな。殆ど起きようとはしないが、私を一目見て王と兄弟のことを頼むのが、どうして不快なことになろうか、なりはしまい」といった。夫人は「女は飾らぬ顔では君や父にお目通りしないものです。私もだらしない格好でお上にお目に掛かることはできません。」といった。帝は「夫人よ私を一目見さえすれば千金を与え、兄弟に高官の地位を与えよう」というと、夫人は「高官を下さることは、お上の思し召しのままになるさこと。私がお目に掛かることとは関わりございません。」と答えた。帝はどうしても李夫人を見たいと言うが、結局、李夫人は顔を背けて泣き、一言も言葉を発しなかった。そこで帝は不快になって立ち上がった。李夫人の姉妹は彼女を責め立てて「貴方は、だた帝に一見して兄弟のことを頼むことができないといの、そんなことはないでしょうに？なぜ、帝をそれほど恨むのですか？」と詰問した。李夫人は「お上にお目通りしない理由は、それは深く兄弟のことをお願いしたいからです。私は容貌の美しさで低い身分から帝の寵愛を受けるようになったのです。そもそも容色で人にお仕えする者は、容色が衰えたら愛情は冷めてしま

うのです、愛情が冷めてしまえば恩も絶えてしまいます。お上が恋々として私をお想いになる理由は、それは今までの普段の容貌のせいなのです。今、私が褻れ衰え、容色が以前にょうでないのを御覧になれば、必ず畏れ嫌い私に唾吐きかけて御見捨てになるでしょう。（そうなったら）心の中でそれでも兄弟を憐れみ眼をかけることをなさるでしょうか、いやそうはならないでしょう。」李夫人が亡くなると、帝は皇后の礼を以て葬儀を執りおこなった。（中略）帝は李夫人を思念してやまず、方士で斉の人で少翁とい人物が、「私ならば夫人の魂を呼び寄せられます」といったので、そこで、夜、蝋燭をずらりと立て、几帳を設け、酒や肉を列べ、帝に他の帳の影に居させると、遠くに美しい女性で李夫人のような容貌が見え、彼女が帳を巡って座ったり立ったりして歩いているのが見えた。又、近づいて見ることができないので、お上は益々思慕して為に詩を作っていうには「李夫人なのか、違うのか？立って望むとひらひらとして何とゆっくりとしてその来ることの遅き事よ」と。武帝は楽府の者に命じて弦楽器で音楽を付けて歌わせ、また夫人を悼む賦を作った。

二、李夫人故事の継承と変容（説話篇）

①『捜神記』

先ず、いわゆる志怪小説に分類される晋の干宝著『捜神記』には以下のように、『漢書』をほぼ踏襲しつつ、しかし、内容は大幅に縮小された形で、武帝が李少翁に命じて李夫人の霊魂を呼び寄せる場面と、彼女を思って詩歌を詠じる場面のみが語られている。

漢武帝時幸李夫人。卒後帝思念不已。方士齊人李少翁言能致其神、

及夜施帷帳明燈燭而令帝居他帳遙望之。見美女居帳中如李夫人状。

還幄坐而歩、又不得就視、帝愈益悲感爲作詩曰：「是耶非耶立而望

之偏娜娜何冉冉其來遲。」令樂府諸音家絃歌之。

②『拾遺記』

　次に、これも志怪小説に分類される王嘉著『拾遺記』にも李夫人故事
が記載されている。『晋書』によると、作者王嘉は、「五穀を食らはず，美
麗を衣ず，清虚服気し，世人と交游せず。東陽谷に隠し，崖を鑿ちて穴居す。」
といった生活を送っている。このような作者によって記述されたからであろ
うか、『拾遺記』中の李夫人故事には道術の要素が色濃く反映しており、李
夫人を慕う武帝の狂夫ぶりが道術への傾倒とともに強調されているように思
われる❷。本文に曰く、

漢武帝思懷往者李夫人、不可復得。時始穿昆霊之池、泛飛翔禽之舟。

帝自造歌曲、使女伶歌之。時日已西傾、涼風激水、女伶歌聲甚遒。

因賦『落葉哀蟬』之曲曰：「羅袂兮無聲、玉墀兮塵生。虚房冷而寂

寞落葉依於重扃。望彼美之女兮安得、感余心之未寧！」帝聞唱動心、

悶悶不自支持、命龍膏之燈以照舟内、悲不自止。親侍者覺帝容色愁

---

❷　また、李夫人故事は、庶民へも浸透していったらしく、民間芸能にも大きな影響
を与えている。具体的には、現代に伝わる皮影劇（皮影戲）は、動物の皮を材料
にし、細かく彫り込んだ着色した操り人形をスクリーンの後ろから押しつけるよ
うに操作して色鮮やかに映し出す民間芸能だが、その源流については、『漢書』
外戚伝や『拾遺記』の李夫人故事が挙げられている。（『集郵報』1995 年 5 月 17
日第 38 期総第 381 期第 2 版 http://stamps.363.net/zhuanti/021piying.htm 参照、西安皮
影博物館ＨＰ http://www.leather-silhouette.com/ 参照）

怨、乃進洪梁之酒、酌以文螺之卮。卮出波祇之國。酒出洪梁之縣、
此屬右扶風、至哀帝廢此邑、南人受此釀法。今言「雲陽出美酒」、
兩聲相亂矣。帝飲三爵、色悦心歡、乃詔女伶出侍。帝息於延涼室。
臥夢李夫人授帝蘅蕪之氣。帝驚起、而香氣猶着衣枕、歷月不歇。帝
彌思求、終不復見、涕泣洽席、遂改延涼室為遺芳夢室。初、帝深嬖
李夫人、死後常思夢之、或欲見夫人。帝貌顦頓、嬪御不寧。詔李少
君、與之語曰：「朕思李夫人、其可得見乎？」少君曰：「可遙見、
不可同於帷幄。」帝曰「一見足矣、可致之。」少君曰：「黑河之北
有暗海有潛英之石、其色青、輕如毛羽。寒盛則石温、暑盛則石冷。
刻之為人像、神語不異真人。使此石像往、則夫人至矣。此石人能傳
譯人言語、有聲無氣、故知神異也。」帝曰：「此石像可得否？」少
君曰：「願得樓船百艘、巨力千人、能浮水登木者、皆使明於道術、
齎不死之藥。」乃至暗海、經十年而還。昔之去人、或升雲不歸、或
托形假死、獲反者四五人。得此石、即命工人依先圖刻作夫人形。刻
成、置於輕紗幕里、宛若生時。帝大悦、問少君曰：「可得近乎？」
少君曰：「譬如中宵忽夢、而晝可得近觀乎？此石毒、宜遠望、不可
逼也。勿輕萬乘之尊、惑此精魅之物！」帝乃従其諫。見夫人畢、少
君乃使舂此石人為丸、服之、不復思夢。乃築靈夢臺、歲時祀之。

漢の武帝は亡き李夫人を思慕したが、再び逢う機会を得ることはでき
なかった。ある時、昆霊の池を穿ったばかりの時、飛翔禽の舟を浮かべた。
帝は自ら歌曲を造り、女伶にそれを歌わせた。日は既に西に傾く頃で、涼風
が水を波立たる中、女伶の歌聲は甚だ胸に迫るものであったので、『落葉哀
蟬』の曲を賦した。「羅袂、聲無く、玉墀に塵生ず。虚しい部屋は寒々しく
寂しく、落葉が扉に重なり積もっている。美しい女性を望んでも、どうして

得ることができようか。私の心は穏やかでははいられない！」帝は唱われる
のを聞いて心を動かし、悶悶として自ら支えることができなかった。龍膏の
燈で舟内を照らすようにさせたが悲しいみは止まなかった。親しく侍る者は
帝の様子が愁怨に沈むのを見て、洪梁の酒を進め文螺の巵で酌をした。巵は
波祇の国より出たものである。酒は洪梁県のもので、右扶風に属していた。
哀帝がこの邑を廃すと、南人はこの醸法を受け継いだので、今でも「雲陽に
美酒が出る」といい、両声が相乱れた。帝は三爵飲むと悦楽の情が出てきて、
詔して女伶を侍らせた。帝は延涼室で休んだが、眠ったら夢に李夫人が出て
きて、帝に蘅蕪の気を授けた。帝が驚いて起あがると、その香氣はまだ衣や
枕に付着していて数ヶ月経っても消えなかった。帝は益々李夫人を思い続け
たが、もう見ることはできず、涙で席を濡らし、とうとう延涼室を遺芳夢室
と改めた。初めの頃、帝は深く李夫人を気に入り、死後は常に夢に見ていた。
夫人を思慕する余り帝は憔悴してしまったので、嬪御たちは心配であった。
帝は詔して李少君を呼び、「朕は李夫人を思ってるのだが、会えるか？」と
聞いた。少君は「遙かに離れた場所からであれば可能ですが、同じ帷幄では
無理です。」と答えた。帝は「一目でいいから、夫人の魂を招来せよ。」と
いった。少君は「黒河の北の暗海に潜英石があり、色は青、毛羽のように軽
く、寒さが盛んになれば温かくなり、暑さが盛んになれば冷やりします。こ
の石を彫って人像をすれば、神語は真人と同じですから、石像を生かせて夫
人の霊を呼びましょう。この石人は人の言語を伝達でき、声は有れども気配
はないので、神異をなすことができます。」帝が「この石像は手入るか？」
と尋ねると、少君は「樓船百艘、巨力の者千人、水に浮かび木に登れる者を
得て皆に道術を習得させて、不死の薬を与えたいと思います。」といった。
そして暗海へ至り、十年を経て返ったが、ある者は雲に上って帰ってこず、
ある者は仮死となり、戻ったのは四、五人であった。石が手に入ると、すぐ

に工人に命じて以前に描かれていた李夫人の絵に従って彫刻がなされた。彫り終わると、軽い紗の幕の中に安置したが、まるで生きているようであった。帝は大いに悦んで、「近寄ってもいいか？」と聞いた。少君は「宵に急に見た夢を、昼に近寄って観察できるものでしょうか？この石は毒で、遠くから望んだようが宜しいのです。近寄ることはできません。萬乗の尊厳たる帝が、この魅惑のものに惑われませんように！」といった。帝はその諫言に従った。帝が夫人を見終わると、少君は春でこの石人を丸にし、これを帝に飲ませた所、もう思慕して夢見ることはなくなった。そこで霊夢臺を築き、歳時にこれを祀った。

　説話篇で見てきたように、李夫人故事が『捜神記』『拾異記』といった志怪小説類に所収され、当時に於いては、神怪な語り物として継承され、或いは道術部分が膨らんだ形で変容を遂げていたことがわかる。このことは、そもそも『漢書』外戚伝に、方士の登場や招魂などそれを誘発する物語的要素があったかことも大きく影響しているであろう。

③『法苑珠林』

　『法苑珠林』一百二十巻は、唐の釈道世の撰である。道世は上都西明寺の僧であった。同書は高宗総章元年に成ったもので、朝散大夫蘭台侍郎隴西李儼が序を書いている。本文に曰く、

　　漢武帝幸李夫人。夫人卒後、帝哀思不已。方士少翁言「能致其神。」及施帷帳明燈燭、帝遙望見美女居帳中如李夫人之狀而不得就視之。

　ここに記録されている李夫人故事は、『捜神記』を更に短縮したもので、李夫人の招魂が抽出された内容である。このことから、唐代の説話類で

は、李夫人故事内容の新奇な発展はもうなくなっているといえよう。一方、唐代には、以下の詩歌篇に述べるように、多くの詩人たちが李夫人故事をモチーフとした作品を作っているのである。

三、故事の継承と変容（詩歌編）

李夫人故事は、唐代には、特に関心を集めたようで、詩歌に於いては「李夫人」を題とした詩歌が生まれ、正に競作ともいえる程の個性的作品群が生まれた。ここでは、その中で、①白居易の諷諭の作品、②李賀の「李夫人」詩を代表とした、愛情物語としての悲哀に重点を置いた作品、③潘岳「悼亡詩」を継承した李商隠「李夫人」三首に見る妻への情愛を読み込んだ作品を取りあげる。

①諷喩を込めた作品

新樂府　「李夫人　孌惑に鑒みるなり」　白居易

漢武帝，初喪李夫人。	漢の武帝　初めて李夫人を喪へり。
夫人病時不肯別，	夫人病む時　肯て別れず，
死後留得生前恩。	死後　留め得たり生前の恩。
君恩不盡念未已，	君　恩盡きず　念ひて未だ已まず，
甘泉殿裏令寫眞。	甘泉殿裏に真を寫さしむ。
丹青畫寫出竟何益，	丹青寫し出すも竟に何の益かあらん，
不言不笑愁殺人。	言はず笑はず　人を愁殺す。
又令方士合靈藥，	又　方士をして靈藥を合わせしめ，
玉釜煎錬金鑪焚。	玉釜に煎錬し金鑪に焚く。

九華帳深夜悄悄，	九華帳深うして　夜　悄悄、
反魂香降夫人魂。	反魂香は降す夫人の魂。
夫人之魂在何許，	夫人の魂　何れの許にか在る、
香煙引到焚香處。	香煙引き到る焚香の處。
既來何苦不須臾，	既に來たる　何を苦しみて須臾ならざる、
縹緲悠揚還滅去。	縹緲悠揚として　還た滅去す。
去何速兮來何遲，	去ること何ぞ速やかに來ること何ぞ遲き、
是耶非耶兩不知。	是耶　非耶　兩つながら知らず。
翠蛾髣髴平生貌，	翠蛾髣髴たり平生の貌、
不似昭陽寢疾時。	昭陽に疾に寢ねし時。
魂之不來君心苦，	魂の來たらざるとき　君の心苦み、
魂之來兮君亦悲。	魂に來たるとき　君亦た悲しむ。
背燈隔帳不得語，	燈に背き帳を隔てて語ることを得ず、
安用暫來還見違。	安んぞ暫く來って還た違(さ)らるるを用ひん。
傷心不獨漢武帝，	心を傷ましむること獨り漢武帝のみならず、
自古及今皆若斯。	古より今に及ぶまで皆斯くの若し。
君不見穆王三日哭，	君見ずや　穆王三日哭し、
重璧臺前傷盛姬。	重璧臺前に盛姬を傷むを。
又不見泰陵一掬淚，	又た見ずや　泰陵一掬の淚、
馬嵬坡下念楊妃。	馬嵬坡下楊妃を念ふを。

縦令妍姿艶質化為土,	縦令え妍姿艶質化して土と為らるも、
此恨長在無銷期。	この恨みは長に在りて銷ゆる期無し。
生亦惑，死亦惑，	生にも亦た惑ひ死にも亦た惑ふ，
尤物惑人忘不得。	尤物人を惑はして忘れ得ず。
人非木石皆有情，	人木石に非ざれば皆情有り、
不如不遇傾城色。	傾城の色に遇はざるに如かず。

　この詩は漢の武帝が李夫人の色香に迷い、戯けの限りを尽くしたことを述べて鑑戒としたものである。先に挙げた『拾遺記』にも「初、帝深嬖李夫人」「此石毒、宜遠望、不可逼也。勿軽萬乗之尊、惑此精魅之物！」「帝乃従其諫。」などの記述があり、既に李夫人先故事に風諭の意味が込められていたが、これらはあくまでも、李夫人の死後、彼女を思慕する武帝の気持ちに起因した方士による石像造りにまつわるもので、直接、李夫人自身に言及した表現ではなかった。

　「李夫人」詩に於ける白居易の独自性について考えると、先ず第一に、「周穆王と盛姫」という過去の例と「玄宗と楊貴妃」という同時代の例を挙げることで、惑いを生じるような美人には逢わない方がましだ、という諷諭の結論を導き出していることである。このことについて、川合康三氏は、

　　　李夫人に死別した漢の武帝の悲しみ、霊媒の力で招き寄せた姿をかいまみていやました悲しみを綴ったあと、
　　　傷心不獨漢武帝　　心を傷ましむるは独り漢武帝のみならず
　　　自古及今皆若斯　　古より今に及ぶまで皆斯くの若し

　と、この悲哀がいつの世にもありうべきことを述べ、その例として

君不見	君見ずや
穆王三日哭	穆王三日哭し
重璧臺前傷盛姫	重璧台前　盛姫を傷むを
又不見	又た見ずや
泰陵一掬涙	泰陵一掬の涙
馬嵬坡下念楊妃	馬嵬坡下　楊妃を念ふを
縦令妍姿艶質化為土,	縦令え妍姿艶質化して土と為るも
此恨長在無銷期	此の恨みは長に在りて銷ゆる期無し

周の穆王と盛姫（『穆天子伝』巻六）、玄宗と楊貴妃の二組を挙げて、普遍性を証する。「諷諭」の部類に白居易自らが編した「李夫人」では、この悲哀が免れがたいものである以上、悲哀の根源である佳人にははじめから会わないのに越したことはない、という一種逆説的な判断で詩を結んでいる。

人非木石皆有情	人は木石に非されば皆情有り
不如不遇傾城色	傾城の色に遇はざるに如かず

「感傷」の部に属する「歌」では、こうした客観的な視点は敢えて放棄し、これによって生じる悲哀の感情そのものを高らかに謳いあげている。

と述べておらる❸。「長恨歌」もまた、「漢皇重色思傾国」で始まり李夫人

─────────────────

❸　『終南山の変容──中唐文學論集』所収「長恨歌について」参照（研文出版1999年出版）。

故事が深く投影されているが、風諭詩「李夫人」詩とは、その主題が大きくことなっている、ということである。このように同じ詩人の複数の作品で李夫人故事を引用し、風諭と悲哀といった異なる主題が演繹していく例は、後述する李商隠にもみられる。これは、当時の同故事の浸透度の深さを示すものともいえよう❹。

　次に、白居易の「李夫人」詩についての第二の特徴は、再生・招魂といった道教的要素が独創的に継承されていることである。具体的には、方士に「反魂香」を調合させ李夫人の姿を現さしめた表現である。この出典は『博物志』の「武帝の時、西域月氏国、弱水を度りて反魂香三枚を貢す。……疫死して未だ三日ならざる者、之を燻じれば即ち治る、乃ち返生の神薬なり。」であると思われ、また『漢武帝内伝』『海内十洲記』にも同じような記述がある。そもそも、李夫人故事と道教の結びつきについては、『漢書』に「方士」が登場している時点で既に深い繋がりがあり、『拾遺記』に至っては増幅し散漫に拡大された感があったが、しかし、白居易は「返魂香」を新しく組み入れることで散漫になりがちな道教の要素を李夫人の招魂に集約させ、故事そのものに深みを増すことに成功したといえよう。

②愛情物語としての悲哀に重点を置いた作品

　　　李夫人歌　　李賀

　紫皇宮殿重重開，　　　　　紫皇の宮殿　重重開き、

---

❹　李商隠には「漢宮」詩があり、その中で李夫人故事を引用し、「通霊夜醮達清晨，承露盤晞甲帳春。王母不來方朔去，更須重見李夫人。」といっているが、劉学鍇、余恕誠両氏著『李商隠集解』には「託漢武以諷武宗」と注している。李商隠には、後述するように「李夫人」三首の悼亡詩もある。

夫人飛入瓊瑤臺。	夫人飛び入る瓊瑤臺。
緑香繡帳何時歇,	緑香繡帳　何れの時にか歇まん
青雲無光宮水咽。	青雲　光無く　宮水咽ぶ
翩聯桂花墜秋月,	翩聯たる桂花　秋月に墜つ,
孤鸞驚啼商絲發。	孤鸞驚啼して商絲發す。
紅壁闌珊懸珮璫,	紅壁闌珊　珮?を懸く,
歌臺小妓遙相望。	歌臺の小妓　遙かに相望む。
玉蟾滴水滴人唱,	玉蟾　水を滴らせ　滴人唱う,
露華蘭葉參差光。	露華　蘭葉　參差として光る。

　　李賀が「李夫人」詩で重視したものは、愛情物語としての悲哀で、その切り口は、夭折した後の李夫人の霊魂の世界である。読者は、この作品によって初めて李夫人の霊魂の世界を実感できるのではないだろうか。原田憲雄は次のように述べておられる❺。

　　　（中略）　長吉に諷意がなかったとは断言できまい。けれども、この詩に意図したものは政治批評よりも、悲哀の重さであった。「武帝が李夫人の霊を道士をして、呼び来させようとしたことは、痴かしいといえばいえようが、死という決定的な運命に対して反抗しようとすることは、愛の強さと死に対する思考の深まり、と見て見られぬことはない。そうして、この愛の強さと、死の思考の深まりとは臨終に遂に面を見せなかった李夫人の、モラリストとお呼ぶにふ

---

❺　『李賀論考』（朋友書店　昭和55年出版）参照また、李夫人故事? 愛情面の要素を主題とした作品には、鮑溶「李夫人」、曹唐「漢武帝思李夫人」、張爲祐「李夫人詞」、徐夤「李夫人二首」などがある。

さわしい心理洞察、女性としてのかなしみを底まで味わいつくして
いた自己省察の鋭さから生まれていることを思えば、これを軽々し
く鑑戒の対象にしえないことは明らかであろう。李夫人の死をめぐ
る事件の重さが、正当に計量されるには長吉を待たねばならなかっ
た。長吉は「夫人飛入瓊瑤臺」の一句によって、死者の住むべき位
置を設定した。だが生ける人にとって、それが好ましいものでない
ことは、否、それがいかにも好ましいものであろうと、醜悪と苦痛
に満ちたこの世界の方が離れがたいという人間共通の感情が「紫皇
殿重々開」の一句に指摘されたのであった。李義山は「白玉楼中の
人」なる語を選んだとき「夫人飛入瓊瑤臺」と「筆補造化天無功」
の両句を念頭に浮かべていたに違いない。「天」と「死」のメタフ
ィジック、これを外にして、李長吉の詩を理解することは出来ぬ。
これを理解した人は、李義山ただ一人であった。私は固くそう信ず
る。

もし、原田氏のいう「李夫人の、モラリストとお呼ぶにふさわしい心理洞察、
女性としてのかなしみを底まで味わいつくしていた自己省察の鋭さ」を読み
とるならば、李賀の作品は、李夫人という女性の生前の悲哀とともに、もう
一つ、皇帝という対象を除けば、一個の人間として李夫人の信頼を真に獲得
していなかった武帝の悲哀、というものも同時に想起させるのではないだろ
うか。

　一般には武帝の思慕の念が主題となってきた李夫人故事だが、愛情自
体を中心に持ってきた場合、李賀のように真の愛情のあり方にまで洞察は深
まっていくだろうし、その洞察を更に深め個人の感情という精神世界に引き
入れたのが、次の李商隠の「李夫人」三首であったと思われるのである。

③妻への感情を読み込んだもの

　　西晋の潘岳は「悼亡詩」三首の中で李夫人故事を用いており、李商隠
の「李夫人」三首もその系統を継承したとの見方がある。劉学鍇、余恕誠両
氏は「此三首悼亡詩無」と述べている❻。これに加え、李商隠の「李夫人」
詩が、唐代の同じ詩題の作品と違って、三首構成であることも、潘岳「悼忘
詩」や元稹「遣悲懐」が三首構成であるのに合わせて三首としたのではない
か、とも思われるので、現段階では、李商隠「李夫人」三首を妻王氏の悼亡
の詩とする考えを踏襲し、以下、一首ずつ解説を加えながら、考察を進める
こととする。

　　　　　　　李夫人三首　　李商隠
　　　　其一
一帯不結心,　　　　　　一帯　心を 結ばず、
兩股方安髻。　　　　　　兩股　方めて髻を 安んず。
慚愧白茅人,　　　　　　慚愧す　白茅の人、
月沒教星替。　　　　　　月　沒して　星をして 替えるしむるを。

　　先ず、前半二句は、二本の綾絹の帯ならば夢の中で心を一つに結びつ
けることができるのに、自分と柳仲郢が賜ろうとした楽籍の女性とでは結び
合うべき帯が一本でそれができない、同じく二本の股であってこそ初めて髻
をきちんと安定させることができるのに、一方が欠けているので安定させる
ことはできない。つまり、男女双方に愛情があって初めて二人は結ばれるの
であって、どちらか一方が欠けては愛の成就は不可能であることを比喩して

---

❻　『李商隠詩歌集解』第三冊（中華書局 1988 年出版）参照。

いる。後半二句は、李少翁に命じて李夫人の招魂を行った武帝に対し、月である唯一無二の女性である妻が亡くなったからといって、輝く無数の綺羅星の一つである女性に身代わりさせることはできない、といっている。

其二

剰結茱萸枝，	剰りて結ぶ茱萸の枝、
多擘秋蓮的。	多だ擘く秋蓮の的。
獨自有波光，	独り自ら波光有るも、
綵囊盛不得。	綵囊 盛るを得ず。

前半二句は妻亡き後には辛い味の茱萸の枝が過剰なまでに実を結び、それらは苦悩となって私の妻への恋慕の情を引き裂くさばりである、という。後半二句は生前輝きを放っていた妻の目元を五彩の囊一杯に留めおくことができなかったことを嘆いている。

其三

蠻絲繋條脱，	蛮糸 條脱を繋ぎ、
妍眼和香屑。	妍眼 香屑に和す。
壽宮不惜鑄南人，	寿宮 南人を鋳るを惜しまず、
柔腸早被秋眸割。	柔腸 早に秋眸に割かる。
清澄有餘幽素香，	清澄余り有り幽素の香、
鰥魚渇鳳真珠房。	鰥魚渇鳳は真珠の房、
不知痩骨類冰井，	知らず 痩骨凍井に類するを、
更許夜簾通曉霜。	更に許す 夜簾暁を通すを。
土花漠漠雲茫茫，	土花漠漠として雲茫茫たり、
黄河欲盡天蒼蒼。	黄河尽きんと欲す、天蒼蒼だるに。

　　第一句、二句は、『漢書』で武帝が李夫人の肖像画を描かせたことを受け、南蛮の美しい糸は彼女の腕輪を繋ぎ、彼女の艶めかしい視線が散り行く花びらと解け合う、といい、第三、四句は神殿に黄金を惜しむことなく刻された彼女の遺像をそれを見るものの纏綿たる心情が早くもその涼しげな視線によって千々に裂かれてしまった、といっている。第五句では人知れず薫る彼女の残り香、第六句は真珠の部屋に寂しく一人残された李商隠を表し、第七、八句は病気の身体が氷井のように冷え切ったのも気付かず夜通し妻を思い続ける心情を吐露し、第九、十句は妻の墓の想像とともに、黄河が蒼蒼とした天空に向かって尽きていくように悲しみも果てしなく続くことを暗示している。

　　以上、李商隠の「李夫人」三首は、李夫人故事の物語性よりは、むしろ武帝の李夫人への纏綿たる思慕の情に焦点を当てて深く掘り下げている。しかし、その特徴としては、今までが武帝による一方的な愛情表現の捉え方に終始していたのに対して、第一首の冒頭にあるような、愛情の双方向性の必要までもが鋭く指摘されている。ここには、李賀の「李夫人」詩を経てきた愛情の捉え方が影響しているのではないだろうか。また、ここには、妻王氏と李夫人を渾然とオーバーラップさせる手法で、幻想的、象徴的に亡妻の姿と彼女へ思慕の念を読み込もうとする李商隠の作風が影響していると思われる。❼

---

❼　拙著『晩唐詩人考——李商隠・温庭筠・杜牧の比較と考察——』（中国書店1998年出版）参照。

三、李夫人故事の日本への伝承

　　さて、唐代に盛んに詠出された李夫人故事は、日本では早くも平安時代には人口に膾炙した故事となっていおり、その後、鎌倉時代へと受け継がれていったが、その伝承のされ方には時代の変化に左右されない共通した嗜好が反映されている。これは李夫人故事と同じように中国と日本で継承され、変容していった隠者の妻孟光故事のそれとは全く異なる様相を呈しているのである。これは何を意味しているのか、以下に日本での伝承例を列挙し、両故事の比較を加えながら考察していくことにする。

①平安期の受容例

　『源氏物語』「総角」

○亡せたまひて後、いかで夢にも見たてまつらむと思ふを、さらにこそ見たてまつらねとて、二ところながらいみじく泣きたまふ。……外国にありけむ香の煙ぞ、いと得まほしく思さるる。

　　同書　　「蜻蛉」

○女の道にまどひたまふことは、他の朝廷にも古き例どもありえれど、まだかかることはこの世にあらじとなん見たてまつる。

○さるは、をこなり、かからじと思ひ忍ぶれど、さまざまに思ひ乱れて、人木石にあらざればみな情ありと、うち誦して臥したまへり。

○絵に描きて恋しき人見る人はなくやはありける、ましてこれは慰めむに似げなからぬ御ほどぞかしと思へど……。

　　同書　　「東屋」

○人の御気色はしるきものなれば、見てもゆくままに、あはれなる御心ざまは、岩木ならねば、思ほし知る。

　　　　同書　　「宿木」

○口惜しき品なりとも、かの御ありさまにすこしもおぼえたらむ人は、心
　もとまりなんかし。昔ありけん香の煙につけてだに、いま一たび見たて
　まつるものにもがなとのみおぼえて……。

　　　『栄華物語』二七「ころものたま」

○やうやう日頃になるままに、中納言殿、あはれに恋しく悲しくとも世の
　常におぼされて、文集の文をおぼしあはせらる。李夫人の有様もかやう
　にこそとおぼされて、灯火を背き、壁を隔てて語らふ事を得ず。いづこ
　ぞ暫く来りて、早くあひ見る事を目せん。心をいたす事、一人武皇のみ
　にあらず。古より今に至るまで、また多くかくの如しとおぼし続け
　て……。

　　　『唐物語』第十八話「玄宗と楊貴妃」

○われ又いはきならねばむくふこころあさからむや。……これひとりきみ
　のみにあらず。人むまれて木石ならねば皆をのづからなさけあり。……
　いりとしいりぬればまよはずといふ事なし。しかじただ心をうごかす色
　にあはざらんには。

　　　同書　第十五話「李夫人」

○むかし、漢武帝、李夫人はかなくなりて後、思ひなげかせ給ふ事、とし
　月ふれどもさらにをこたり給はず。そのかみやまひをせし時、みゆきし
　たまひしかども、いかにもみえたてまつらざりけり。御門あやしとおぼ
　して、このよしをとはせ給ふに、「我、君になれつかうまつりし程つゆ
　ちり気色にたがひたてまつらざりき。又御こころざしあさからねば、う
　らみをのこす事もなし。しかれども、やまひにしづみかたちかわりての
　ち、みことそむくつみあるべけれども、又おもふ所なきにあらず。むら
　さきのくさのゆかりまでみぐみ給、あはれみをかうぶる事は、ただ君の

御こころざしのあらたまらざる程也。しかるを今のかたちに昔の御心か
はりなば、はかなきあとにも、うれへの涙いろまさる事を思ふに、おと
ろえすがた、いとみえたてまつりまうし」ときこえさす。御門これをき
かせ給ふに、かなしくわりなくおぼさる。たとひ夜半のけぶりとたちの
ぼるとも、いかでかそのゆかりをなつかしとおもはざらむ。ただこの世
にて、いまひとてびあひみん事を、しゐてのたまはすれども、つゐにき
かではかなくなりにければ、御門御心にうらみふかし。甘泉殿のうちに、
むかしのかたちをうつして、あさゆふに見給けれど、物いひゐむ事なけ
れば、いたづらに御心のみつかれにけり。

　　ゑにかける すがたばかり のかなしきは
　　とへどこたへぬ なげき なりけり

またなき人のたましゐをかへす香をたきて、夜もすがらまたせ給ふに、ここ
のへのにしきの帳のうちかすかにてよのともし火のかげほのかなる、やうや
くさよふけゆくほど、あらしすさまじくよしづかなるに、反魂香のしるしあ
るやとおぼえ給ひけれど、李夫人のかたちあるにもあらず、なきにもあらず、
ゆめまぼろしのごとくまがひて、つかのまにきえうせぬ。まつことひさしけ
れど、かへる事はうばたまのかみすぢきるほどばかり也。ともし火をそむけ
て帳をへだてて、物いひこたふることなければ、なかなか御心をくだくつま
とぞなりにける。

②鎌倉期の受容例

『平治物語』下「常葉六波羅に参る事」

○異国に聞こえし李夫人楊貴妃、我朝には小野小町和泉式部もこれにはす

ぎしとぞみえし。貴妃がすがたをみな人は、百の媚をなすといへり。…
人木石にあらず。しかじ傾国の色に相ざらんにはと、文集の文なり。

『源平盛衰記』巻九「宰相由預丹波少将事」

○中宮は月日の重なる儘に、いとど御身を苦しくぞ思し召しける。……少
し面痩せさせ給ひて、御目だゆげに見えさせ給ひける御有様は、漢の李
夫人の照 (昭) 陽殿の病の床に臥したりけんも、角やとぞ人申しける。

『十訓抄』第九「可停懇望事」

○唐帝の楊貴妃に別れし根は、長恨歌と云文の名においてきこゆ。漢皇の
李夫人にをくれし根、いかばかりなりけん。骨は化して塵となるとも、
此恨長く有てきゆる期なからんと楽府にかかれたる、いとつみふかくこ
そ聞ゆれ。凡いもせの中の恨あさからぬためしは、云つくしがたし。…
是偏に愛着生死の業なれども、木石ならぬ身の習にて、此恨にしづむた
ぐひ、古今不知数。只傾城の色にあはざらん事を乞願ふへし。

　　以上、日本に伝来した李夫人故事の受容状況を見ると、武帝の李夫人
への纏綿たる思慕と、楊貴妃とも繋がる悲劇の愛情物語、といった要素をよ
り強く受容し、更には独自の文学に融合させて「ものの哀れ」の情感を含有
させてているように思われる。『唐物語』「李夫人」について羌国華氏は、

　　　　『唐物語』は白氏の「李夫人」の肝心の「鑒嬖惑」部分と李夫人の
　　　姉妹の登場の部分などをカットして、帝対李夫人、李夫人の姉妹対
　　　李夫人のやり取りを、帝と李夫人、いわば男と女の悲しい物語とい
　　　う形に集約した。本説話の表現主眼は愛し合う男女の離別の悲しさ
　　　の強調におかれていることが伺われる。

と述べておられる❽。また、日本での李夫人故事への関心について近藤春雄氏は、

　　　我国での関心は、李夫人が傾国の美女であること、その話があわれ
　　　であること、反魂の話が面白いことなどに向けられていることがし
　　　られるが、ところでさらに李夫人の我が国で喧伝せられた理由を考
　　　えるならば、それは長恨歌が喧伝せられて楊貴妃の喧伝せられたの
　　　が大きく関連しているように考えられる。…李夫人の話は国文学に
　　　多くの影響を及ぼしたが、しかしその影響も長恨歌の楊貴妃の大き
　　　いのにくらべれば及ぶべくもない。そんなわけで李夫人の影響はま
　　　ま楊貴妃のかげにかくれていることを否めないが、しかしそのかげ
　　　にあって微妙に働きかけている場合のあるのは見逃せないことえあ
　　　り、それにそれを和文にしたものが伝えられているということは、
　　　何より関心の深さを示すものというべきである。

と述べておられる❾。
　　日本に於ける李夫人故事の受容情況をより理解するために、ここで、
李夫人故事同様、中国で継承されて唐代の詩歌に多く引用され、日本でも
平安期から鎌倉期にかけて受容された後漢の隠者梁鴻の孟光の故事と比較
してみると、孟光故事は、平安中期には全く注目されず、平安末に引用さ
れた例も日本的趣向により変質したものでしかなかったのに、鎌倉期にな
ると俄に脚光を浴びて理想の妻像・武家社会の教訓的故事として引用さ

---

❽　小林保治氏著『唐物語全釈』（笠間書院）参照。
❾　『白氏文集と国文学　新楽府・秦中吟の研究』（明治書院 1990 年出版）参照。

れ、その中には、源頼朝が、貴族社会から武家社会の移行期に潤滑油的役割を果たした妻北条政子の比喩として用いたとされる例があるなど、貴族社会の平安期と武家社会の鎌倉期によって全くことなる受容現象を呈していた❿。一方、李夫人故事は、既に述べたように、平安時代に嗜好された要素がそのまま一貫して鎌倉時代へと継承され引用されているのである。これは李夫人故事が、社会の変化に関係なく愛好された要素を有した物語であったことを証明している。

　では、その要素とは何であろうか？日本での引用例からいえることは、それは、㈠李夫人が皇帝の寵愛を受けつつ夭折した悲劇性を持っていたこと、㈡死後も皇帝の情愛を繋ぎとめた存在であったこと、㈢実在の女性でありながら現実離れした人物像を有していたこと、㈣楊貴妃の比喩に用いられたこと、などであり、これらは、中国の引用例の中でも中心的な要素であった。これらの要素は、李夫人故事を題材として引用しようとする作者と、それを受け止める読者に尽きせぬ興味と想像の楽しみを提供したに違いなく、平安時代、鎌倉時代のみならず、現在に到るまで継承されてきた、「作者と読者の心を捉える物語のパターン」であった、と言い換えることもできよう。このように、中国と日本での李夫人故事の継承と変容を比較考察することで、文学という媒体を通して、中国と日本で共通した感受性が芽生え、脈々と個々人の中に浸透していったことがわかる。

おわりに

　李夫人故事は、中国文学の世界では、『漢書』外戚伝に始まり、小説

---

❿　拙論「孟光故事の變容──白居易の妻と北條政子──」（『日本中國學會報』第53集所収）

類では『捜神記』『拾遺記』『法苑殊林』と継承され、変容を遂げ、詩歌類
では、六朝に潘岳が悼亡詩に引用し、唐代に至ると、白居易、李賀、李商隠
に受け継がれ個性的な作品が詠出された。

　また、日本文学に伝来した李夫人故事は、平安期から鎌倉期にかけて、
武帝の李夫人への纏綿たる思慕・楊貴妃とも繋がる悲劇の愛情物語が醸し出
す哀れさが一貫して受容された。これらは、日本人の嗜好によって濾過され
たかの如く、愛情物語として原話が有した最も基本的な要素でもあった。

　筆者は、本稿の冒頭で、初めて武帝と李夫人陵墓を訪れた時、ふと、
『源氏物語』の桐壺の更衣に対する帝の愛情表現を連想した、という感想を
述べたが、高文漢氏は、

　　　在「宇治十卷」里，物語作家借用或化用《李夫人》的詩句多達七次，
　　　分別散見于《總角》、《宿木》、《東屋》、《蜻蛉》、《浮游》等
　　　卷中。那麼，物語作家為什麼這么鍾情于《李夫人》呢？歸結起來，
　　　大致有兩點；首先，《李夫人》于《長恨歌》有異曲同工之妙。從《長
　　　恨歌》一首詩來看，寫的自然是唐玄宗與楊貴妃的愛情故事，但全詩
　　　悄是以「漢皇重色思傾國」而引出全詩的，并且《長恨歌》的前半部分
　　　（「漁阳鼙鼓动地来，惊破霓羽衣曲」，約占全詩120句的四分之一）也具有較
　　　強的諷諭意義。而《李夫人》則將穆王、盛姬與玄宗、楊貴妃相提并
　　　論，以追思武帝、李夫人之事，旨在「鑒嬖惑」，其諷諭意義更是不
　　　言自明的。物語作家以《長恨歌》，為藍本，引出桐壺帝、源氏公子、
　　　薰三代愛情故事，最后在以《李夫人》作為結尾的參照對象，無疑是
　　　在警示后人；這種走火入魔式的「愛情」是靠不住的，是非常危險的。
　　　同時，在物語結構上，紫式部這種引用白詩的方式也起到了前后相扣、
　　　首尾栅呀恬喘。

と、『源氏物語』の冒頭と末尾には李夫人故事が影響していることを指摘している⓫。また、藤井貞和氏は、

> 『源氏物語』のここかしこに李夫人説話の引用がみられ、桐壺の巻にもその影が大きく落ちているのではないかということについては、かつて論じたことがある。新間一美氏にも『漢書』からそれを論じるところがあって首肯できる。……「夫人病時不肯別、死後留得生前恩」という簡潔な表現は印象深く桐壺更衣の形象にすなおに通うものがある。

と指摘しておられる⓬。

　李夫人故事が中国で広く浸透し、それが日本に伝わり、更には、この物語に触発された紫式部が大いに『源氏物語』に取りいれたことで、『源氏物語』を読み継ぐ日本人も、知らず知らずのうちに李夫人故事のエッセンスに触れていたことになる。このように見ていくと、筆者が武帝と李夫人の陵墓を眺めていて抱いた桐壺帝と桐壺更衣との愛情物語への「連想」は偶然ではなく、嘗て『源氏物語』を一読者として鑑賞してきた筆者の中に、無意識の内に、中国と日本で李夫人故事を媒体として共有・継承されてきた、「悲劇の愛情物語に対する感受性の蓄積」があったからではないか、と思われるのである。

⓫　『中日古典文学比較研究』（山東教育出版社，2000年出版）。
⓬　『白居易研究講座　第四巻日本における受容（散文篇）』所収「源氏物語を中心に」参照。

『躋春台』──「宣講」スタイル の公案小説集

阿部泰記*

摘　要

『躋春台』四十篇は、清末四川中江県の劉省三が創作した韻散混淆体の白話体の語り物であるが、従来研究されることが少なく、胡士瑩『話本小説概論』（中華書局、1980年）に「最後の擬話本集」と定義して以来、この説が今日も踏襲されている。「擬話本集」とは明の「三言二拍」等の宋元話本を模擬した小説を指すが、この作品は「宣講」という清代に行われた社会教化政策のもとで出現した説唱作品であり、都市の大衆を読者とした「擬話本」とはその出自を同じくしない。筆者は本書が『古本小説集成』（上海古籍出版社、1990年）所収の光緒刊本影印本を目睹して、まず登場人物の歌詞を挿入したその文体を見て「擬話本」説を疑い、さらに本書にしばしば「宣講」の場面が出現することから、宣講が清代の郷村における説教活動であり、現存する『宣講集要』などに収載する「案証」（実例として挙

---

*　山口大學文學部教授。

げる故事）が本書と同じく人物の語る歌詞を挿入していることを見て、本書は実は宣講に出自する語り物スタイルを持つ物語集であると確信するに至った。「案証」では因果応報、勧善懲悪を説くため現世・冥界の「公案」が多くなり、『躋春台』でも四十篇中三十篇が「公案」である。本稿では作品の紹介を通じて、以上のような筆者の考えを具体的に述べた。

一、はじめに

『躋春台』四十篇（元亨利貞四集、各集十篇）は、清末四川中江県の劉省三が創作した韻散混淆体の白話体の語り物（曲芸）である。その主旨は善書と類似しており、因果応報を説いている。この書籍は我が国には渡来しておらず、大塚秀高『増補中国通俗小説書目』（汲古書院、1987）には首都図書館・上海図書館に蔵するという。しかしながら中国でも研究されることが少なく、胡士瑩『話本小説概論』（中華書局、一九八〇）に「最後の擬話本集」と定義して以来、❶この説が今日も踏襲されている。「擬話本集」とは明の「三言二拍」等の宋元話本を模擬した小説を指すが、この作品は講釈師のテキストを模倣した「擬話本」とはその出自を同じくしない。筆者は本書が『古本小説集成』（上海古籍出版社、1990）中に上海図書館所蔵光緒刊本が影印刊行されて初めてこれを目睹し、❷まず登場人物の歌詞を挿入したその文体を見

❶　第十五章「清人編刊的話本集叙録」、二　専集　33・『躋春台』。

❷　その後、蔡敦勇校点本（『中国話本体系』収、江蘇古籍出版社、1993年）、金蔵・常夜笛校点本（『古代公案小説叢書』収、群衆出版社、1999年）が出版された。江蘇省社会科学院明清小説研究中心編『中国通俗小説総目提要』（中国文聯出版公司、1990年）には蔡国梁氏による提要を載せる。

て、「擬話本」説を疑った。さらに本書にしばしば「宣講」の場面が出現することから、宣講が清代の郷村における説教活動であり、現存する宣講テキストが本書と同じく人物の語る歌詞を挿入していることを見て、本書は実は宣講に出自する語り物スタイルを持つ物語集であると判断するに至った。また本書に現世・冥界の案件を扱う「公案」が多いのは、因果応報・勧善懲悪の主旨を反映させやすいからだとも考えた。本稿では筆者の以上の考えをさらに具体的に述べてみたい。

二、作品の主旨

本書の作者劉省三については、光緒己亥（1899）に書かれた銅山林有仁の序文に、「中江県の劉省三君は隠者である。門を閉ざして外に出ず、一人で勧善懲悪の一書を著し、『躋春台』と名付けた。」と記す。また本書の各巻目録後には「凱江省三子編輯」と記しており、『古本小説集成』本の黄毅「前言」にはこれについて、「凱江は中江の別名であり、四川中江県の県境を流れている。……林有仁は中江の銅山に居住し、一九二〇年に八十五歳で死去したことが、一九三〇年編纂の『中江県志』巻二十二に劉徳華作の墓誌銘に見える。❸凱江省三子とは、清末四川中江県の人、劉姓で、省三は字或いは号である。」と説明を加えている。❹『躋春台』という書名は、『老

---

❸ 民国十九年『中江県志』巻二十二「文徴」四、劉徳華『林先生愛山墓誌銘』に、「先生姓林氏、諱有仁、字心甫、号愛山先生。自粤遷蜀中江之銅山。……受業於暁谷黄公世詰。……年八十五、以民国庚申子月六日卒。」といい、巻一「輿地」水、入涪之水に、「五城水、一名中水、一名武水、其名凱江者、則沿隋人凱州之称而並以及水也。」という。

❹ 本書巻三「審烟槍」の篇末に「此案乃余下科場所聞及者。」といい、『中江県志』の光緒己亥後の科挙及第者に劉姓の挙人がいないと指摘する。

子』第二十章「衆人熙熙、如享太牢、如春登台。」に基づいており、林有仁序に「善行を積めば必ず余りある幸を受けて余りある災いを免れ、善行をなせば必ず多くの幸を招いて降りかかる禍を消すことができ、かくて衆人とともに春の台を踏んで、和やかに天の幸を受けようというのが、省三の著述の意図である。」と述べるように、勧善の書を意味していた。黄毅「前言」では、「本書の主旨に至っては、確かに勧善懲悪である。原作に全く勧善懲悪の意味がなくても、改編後には勧善懲悪の作品となる。『聊斎志異・新郎』は妖怪が新郎を誑かして失踪させた理由を説明しないが、「失新郎」では新郎の父親が猟をして殺生した悪報だとし、『聊斎志異・小翠』は狐狸の報恩の故事を述べるが、報恩を受ける者は善行を行ってはおらず、狐狸がその人物のおかげで雷撃を避けただけであるのに対して、「失新郎」では善行と放生で善報を得たとしている。」と述べ、本書が先行作品からストーリーを借用したり、❺郷里の伝聞をアレンジしたりして成ったものであり、❻『聊斎志異』「新郎」「小翠」を応報譚に変えている点を特徴として指摘している。

ただこの「前言」では、本篇が「公案」（裁判故事）であることを説明していない。本篇のストーリーは、「新郎の父親が新婦を官に訴え、官は新婦を無罪放免しようとするが、新婦の父親の養子が妻を殺害して、新郎の父親に新婦との結婚を要求し、拒絶されたため、新郎の父親が新婦と姦通したと誣告したのを見て、養子と新婦が姦通して新郎を謀殺したと疑って、新婦を有罪とする。だが昔狐を放生した新郎の父親の友人が新官となって帰郷する。彼は痴呆の息子が生まれたことから懺悔して清廉な官となったため、昔放生した狐の娘が現れて息子の痴呆を治癒した上、新郎の居場所を占いで捜し出

---

❺　『聊斎志異』のほか、李漁『無声戯』などからの借用がある。

❻　全四十篇のうち、その半数の二十篇が四川の故事である。

して冤罪事件を解決する。養子は徒刑三年の判決を受けるが、獄中の疫病で死亡する。新郎の父親は懺悔して善行に努めるが病死する。新婦の父親も裁判で家計が窮迫して病死し、その子孫は傭人として貧窮する。」という内容で、短編小説「公案」類に属する話であり、❼事件は目に見えない因果応報の理によって発生し、官は平生の罪を懺悔して初めて事件を解決でき、またたとえ官が軽い審判を下しても最終的には神が残酷な裁きを下すという、宗教的性格が強い点に特徴がある。

　「失新郎」以外でも、次のようにその三十篇が因果応報を説く公案を形成している。

　①「双金釧」——甥を破産させる叔父と婚約破棄を謀る岳父が、娘が若者に贈った金の腕輪を盗品として誣告する。官は天候の異変を受けて若者を救い、若者は艱難を克服して出世し、帰郷して叔父と岳父を轅門の鎖の上に一日中跪かせる。叔父は帰宅して死亡し、その子は廃人となり、岳父は狂犬に咬まれて発狂し、子孫を噛み殺す。

　②「十年鶏」——人妻と姦通した行商人が同業者の夫を毒殺する。人妻は夫の亡霊に追われて死に、行商人は帰郷して十年鶏の頭を食べて中毒死する。妻は夫殺しの嫌疑をかけられるが、官が容疑を晴らし、妻は殺された同業者が追い出した弟と再婚する。

　⑤「義虎祠」——婦女を籠絡する女が、友情厚い少年が親友を殺害したと誣告する。少年の母と妻が関帝に祈ると、猛虎が山中から出てきて少年の無罪を証明し、女は関帝廟の周将軍に自供を迫られて、自ら舌や腸を引き出

---

❼　大塚秀高『増補中国通俗小説書目』、55頁。但し、『蹐春台』四十篇の中には非公案の九篇③「東瓜女」、④「過人瘋」、⑧「節寿坊」、⑩「唖女配」、⑬「白玉扇」、⑱「川北桟」、⑲「平分銀」、㉘「解父冤」、㉞「錯姻縁」を含む。

して死ぬ。猛虎には義虎祠が建てられる。

⑥「仙人掌」——妾腹の次男の嫁を再婚させて財産分与を渋る姑が、長男に推されて腹が膨れた嫁を姦通罪で官に訴えるが、道士の証言で、節義を重んじる男女が接触して懐胎したことが分かって釈放される。姑は急病死し、告げ口した隣家の婦人は舌に腫れ物ができて餓死する。

⑨「売泥丸」——怠惰で情事の話を好む傭人が、善人の成功をまねて疫病の丸薬を作るが、患者を殺して投獄され、牢獄で病死して荒野に捨てられ、死体は野獣の餌食となる。

⑪「捉南風」——閨房の話を好む商人が妻と姦夫に殺され、酒好きの男が冤罪を被るが、山西高平県令の白良玉が土地神の暗示を得て犯人鄭南風を捜索し、吏が勧世歌を唱って、逃亡した姦夫を発見する。

⑫「巧姻縁」——妹の婚約者が兄に虐められ、佃戸の娘を殺害した犯人として誣告されるが、官が応報を受けて冤罪事件だと悟り、城隍の暗示を得て兄を犯人と知り、機知によって兄に罪を自供させて処刑する。岳父は女婿を恨んで、四藩の乱を予言したと公言して女婿を危機に陥れるが、岳父は戦乱で落命し、女婿は戦乱の中で老婆を救った応報で妻と再会する。後半部は李漁『十二楼・奉先楼』に拠る。

⑭「六指頭」——新郎を殺した犯人として六本指の生徒が冤罪を被るが、城隍の暗示により教師に姦淫されて自殺した生徒の親の復讐だと判明し、教師は宮刑を受け乞食をして餓死する。

⑮「審豺狼」——不孝者の銀細工師が金で人妻と姦通するが、人妻と懇意の無頼と酒を飲んだ後に姿を消す。ここに狼の治療をした医者が報酬として銀細工師の所持品を受け取って冤罪を被るが、狼が犯人は無頼だと証明したため救われる。

⑯「万花村——提督の子が読書人の嫁を懸想し、従者が夫を盗賊として

誣告するが、恩を受けた凧売りが帰郷し、嫁に変装して提督の娘と逃亡した
ため、提督の子は憂鬱が高じて痴呆となり、河に身を投げて死ぬ。

⑲「棲風山」──貧乏な女婿との婚約解消をたくらむ岳父が、女婿が侍
女を殺害した犯人だと誣告するが、冤罪だと知った新任県令が流罪として友
人の元へ送る。娘は父に再婚を迫られて姑の家に逃げ、姑が死ぬとまた逃走
して棲風山の女山賊と意気投合する。女婿は科挙に及第して山賊を平定し、
妻と女山賊を娶る。

⑳「吃得虧」──気性が激しい富者の傭人が水車を壊した隣人と争い、
隣人が自殺したため投獄される。富者は反省して忍字銘を座右に置くが、将
棋で友人を殺して自首し、監獄で自殺する。子は損をせよという父の遺言を
守って善行を施し、無頼が恨んで不運の藁人形を投げ込むが、藁人形に反省
を促して不運を好運に転じ、悪鬼も善行によって城隍に昇格する。

㉑「陰陽帽」──盗賊を殺傷して恨まれた男が、死体を乗せた駕籠を担
がされて冤罪を被る。子は乱世に勧世歌を唱って祖母を養い、鬼神が贈った
隠れ帽で不義の財を盗んで捕まるが、官は天の贈り物だと確認して釈放す
る。子は隠れ帽を被って賊将を殺し、父と再会する。鬼神は孝子を援助した
ので昇進する。

㉒「心中人」──医者が診察した妾を毒殺した冤罪を被るが、天地と竈
に祈ると夫が訴えを取り下げ、妾の亡霊が真犯人である正妻を取り殺す。だ
が県令は賄賂を要求し、娘に女官となるよう強要する。娘は拒んで自害し、
婚約者も殺され、県令は男女の死体から出た心臓型の珍物を朝廷に献上する
が、腐蝕した血液に変じたため処刑され、男女は皇女と宰相の子に転生して
結婚する。部分的に『花影集・心堅金石伝』に拠る。

㉓「審煙鎗」──富者の子が婚礼の夜に阿片を吸って中毒死する。舅は
新婦を訴えるが、新婦の母が関帝に祈ると、鴉が按察使の前に女囚の衣服を

落とし、按察使が煙管を調べると、中から百足が出て、その毒が死因と判明する。富者は急死し、継嗣も家産を蕩尽する。

㉔「比目魚」―前妻の子を追い出した父が、継嗣が不肖で家産を蕩尽したため病死し、継母も餓死する。子は俳優となって婚約者と出会うが、婚約者は土地の親分との縁談を拒絶して河に身を投げ、子もその後を追う。団長は親分を告訴し、男女は祀られるが、晏公神によってヒラメに変身した後、人間に変身して結婚し、子は官となって親分を処刑する。李漁『無声戯』第一回「譚楚玉戯裡伝情、劉藐姑曲終死節」に拠る。

㉕「仮先生」―偽善者の子が教師となり、密かに生徒から会費を徴収して酒肉を食べ、生徒が中毒死して冤罪を被る。妻も監獄見舞いの帰途、悪僧に襲われたため、教師が懺悔すると、新任の官が生徒の死因を百足の毒だと明かして釈放され、過ちを懺悔して歌唱すると、妻と再会する。

㉖「南郷井」―悪僧が姦通した女の夫を殺して井戸に捨て、善僧が井戸に落ちて、中から男女の死体が出たため冤罪を被るが、犬が夫の首を悪僧の前に示して夫の母が妻と悪僧を訴え、娘の乳母が娘と従兄の逃亡を援助したと証言したため、善僧は釈放され従兄が捕まる。従兄が懺悔して母が関帝廟に祈ると、周将軍が乳母の甥に犯行を自供させる。善僧は前世で悪僧と娘の仲を疑って殺した応報を受けたのであった。

㉗「双報冤」―蛇を殺生する夫が娼婦を買う従兄を諫めたため、讒言に遭って農作に従事するが、蝦弁当を食べて中毒死したため、妻は従兄と姦通して夫を殺した冤罪を被る。妻が殺生を懺悔すると、県令白良玉が夫の死因は蛇毒であると明かし、歌を作って殺生を戒める。

㉙「南山井」―化粧をしない妻を蹴り殺した好色な夫が妖艶な女と再婚するが、家産を蕩尽し、後妻の姦通を禁じられずに行商に出る。富者が酒の上の冗談で人殺しをしたと口にして仇敵に訴えられ、偶然に井戸から死体

が出て、後妻が夫の死体だと証言する。県令は懸賞金を出して、出頭して夫の頭を提出した姦夫を捕らえる。富者はそれ以後酒を断つ。

㉚「巧報応」——不孝者の傭人が溺愛した子に捨てられ、子は仕立屋となって県令の娘を誘惑するが、娘は薬屋と姦通して仕立屋を殺す。娘に拒絶された好色な秀才は、薬屋に逃げられて自害した娘の死体に触れて捕まる。秀才は家族が城隍に祈り、官が城隍から犯人を暗示されたため釈放されるが、結局は雄鶏の肉が胸に詰まって死亡する。

㉛「螺旋詩」——悪妻を娶って愛想を尽かした書生が、友人を訪ねた際に、田螺売りの少年に殺生を諫め、自らも阿片喫煙を諫められる。書生は田螺の画いた詩のお陰で災禍から逃れ、官は田螺の詩から書生の妻を殺した犯人を捜索する。友人もおばの嫁と姦通して次男を殺したと誣告されるが、吏が宣講を聴いて犯人を発見し、書生の妻を殺した犯人も同時に捕らえる。官は次男の死はおじが訴訟を唆した応報だと説明し、友人と嫁を結婚させる。

㉜「活無常」——雀肉を好む長男が不孝者の悪妻に薬物で廃人にされ、悪妻は舅が嫁を姦淫したと騒いで追い出し、義兄と姦通する。次男の嫁はおじの家に隠れるが、おじが蝦餅を食べて中毒死すると冤罪を被る。子が城隍廟の無常に祈ると、処刑場に無常の乗り移った義兄が出現し、おじの死因が殺生であると明かす。舅と次男は高官に昇進して事件を再審し、おじが百足の毒に当たったと検証する。嫂は夫と舅の帰還を知って自害する。

㉝「双血衣」——妻が夫の留守中に泊めた隣家の婦人が殺されて、姦淫目的で侵入した妻のおじが冤罪を被るが、おじの妻が神に祈り、おじが前非を悔いると新官が赴任し、血の付いた教師の衣服が発見されて教師が逮捕される。教師が人妻に邪念を懐いたことを懺悔すると凶器が見つかり、教師に扮装した塾の下僕の犯行だと判明する。

㉟「血染衣」——醜貌の妻を虐待する書生が雌雄の鵲を見て悔悟するが

妻が病死し、夫を殺して人妻を得よという女の冗談に相槌を打ったところ、夫が殺されて冤罪を被る。母が三王観に祈願すると新官が赴任して鵲が物証の在処を暗示し、閨房の話を好む友人が捕まるが、懺悔すると弟が犯人の情報を得て犯人を捕らえる。夫は不孝者で、死は自業自得であった。

㊱「審禾苗」—美貌を鼻にかける娘が鷺鳥の脚を好む高利貸の子に嫁ぎ、婚礼の夜に新郎が殺されて、閨房の話を好む従兄と姦通して殺害したという冤罪を被る。娘が懺悔すると新官の白良玉が赴任し、死体の口から禾が生えているのを見て、犯人は「韓穀生」だと推知し、吏が「文昌帝君遏慾文」の宣講を聴いた際に犯人を発見して事件は解決する。

㊲「孝還魂」—強盗が富者の妻を殺す事件が起り、我田引水の佃戸が冤罪を被る。誤って強盗の手伝いをした孝子は口封じのため強盗に殺されるが、死後も母に食物を送ったため、官が城隍に祈願すると、暗示を得て強盗を逮捕し、孝子は復活する。

㊳「蜂伸冤」—字を書く紙を粗末にした餅売りの妻が殺され、蜘蛛を排除した好色な高利貸が冤罪を被る。だが子を失う応報を受けた訴訟屋が高利貸に城隍に贖罪させると、黒蜂が県令を死体の在処に導いたため、夜番が妻の亡霊に迫られて殺人を自供する。

㊴「僧包頭」—富者が貧乏な女婿の殺害を謀るが、宣講を聴いて節義の尊厳を知った娘が婚約者を救ってともに逃走する。富者の子は追跡しておばの家を捜索したため、おばの姦通が発覚して、姦婦である僧が自害し、富者はその死体を娘の死体に仕立てるが、娘の再婚相手が欺瞞を見抜いて官に訴える。官は富者一家と再婚相手に罰金を科して娘に贈り、男女を結婚させる。

㊵「香蓮配」—賭博の形に妻を売ろうとした夫が妻の愛情を知って悔悟し、悪友と口論となるが、県令が通りかかって悪友を処罰する。夫の死後、

子は勧世歌を唱って母を孝養し、戦乱の中で救った老婆と子が富豪の妻と娘
であったことから富豪の女婿となる。

　以上の話では冤罪譚が多く、天地或いは鬼神（関帝、城隍、土地、竈、無
常など）、宗教者（道士、講生）、動物（虎、狼、鴉、犬、田螺）が冤罪を暗示
したり、恩人が報恩したり、自分が出世をして復讐したりして必ず冤罪が雪
がれ、犯人は処罰された後にさらに厳しい天罰を被り、殺害された善人は転
生して幸福を得たりする。また冤罪を被ったり殺害されたりする所以は、不
義、教唆、嫉妬、詐欺、悪逆、好色、飲酒、虐待、姦淫、強情、強権、阿片、
偽善、殺生、讒言、化粧、不孝、非情、窃盗、文字汚損、賭博など、自分自
身や身内の現世の悪行や前世の悪行の応報であることが多く、懺悔して善行
に努めることによって救われる。また事件を捜査する吏も自ら勧世歌を吟唱
したり、講師の宣講を聴いたりして善行に努めれば犯人を逮捕することがで
きることがある。要するに善行を勧め、悪行を戒める主旨を「公案」として
巧みに表現した物語集だと言える。

三、作品の文体

　作品は、『中国歴代小説辞典』（雲南人民出版社、1993年）『躋春台』解
題で蔡国梁氏が指摘するように、「宋元の話本や明清のその他の擬話本と比
較すると、一つ明らかに異なる特徴があり、いつも話の中間に人物の独唱を
挿入し、歌詞は一人称で、その中に二人称の科白がある。」

　たとえば「失新郎」では、①友人が学友（新郎の父親）の殺生を戒める、
②新郎の両親が息子の失踪を悲しむ、③新婦が官に冤罪を訴える、④嫁の父
親の養子が殺害した妻の亡霊に責められて殺人を自供する、⑤新婦が拷問に
屈して殺人を自供する、⑥友人の妻が息子を殺した嫁緑波を罵る、⑦新郎が

出現して曾祖父に救われた経緯を語る場面に歌唱を用いている。その④場面は以下のように、養子が官の追求を懼れる感情を生々しく写し出している。

（歌詞は十言定型詩全五十句）

> 大老爺坐法堂高懸明鏡、切不可将大帽拿来搨人。……因乾妹花燭夜丈夫命尽、乾父母願将女許我為婚。〔狗奴。既知他丈夫命尽、是如何死的、尸在何処、好好招来。講満。〇呀、大老爺呀。〕這是我自揣摩暗地思忖、並不是知他的存亡死生。……（県令様よお裁きは公明正大願います、権力で罪を着せたりなさらぬよう。……新郎は婚礼の晩に命絶え、義父母どの新婦を私にくださった。〔畜生め。娘の夫が死んだと言うなら、どうして死んだか、死体はどこにある、有り体に白状せよ。言わないか。〇ああ、県令様。〕それは私の想像で、生死のことは知りませぬ。……）

また末尾には、講話から導き出される因果応報の道理を述べている。たとえば「失新郎」篇では、

> 従此案看来、人生在世、惟傷生罪大、放生功高。你看、羅云開失子陥媳、家業凋零、無非傷生之報。劉鶴齢為善、所以功名利達、身為顕官、又得狐仙為媳、痴児転慧。汪大立大利盤剥、卒為財死。胡徳修貪淫図娶、自惹災殃。観此数人可知「善悪之報、如影随形、禍福無門、惟人自召。」古人之言、信不誣矣。（この事案から見ると、人はこの世に生まれて、殺生こそ罪深く、放生こそ功高きものなのです。ご覧なさい、羅云開が我が子を失い息子の嫁を陥れ、家業が凋落したのは、皆殺生の報いです。劉鶴齢は善行によって功名に利あり、自身は顕官となり、狐仙も嫁に来て痴呆の子を聡明にしたのです。汪大立は強欲であったため、最後は財によ

って死にました。胡徳修は淫を貪り美女を娶ろうとしたため、自ら災禍を招いたのです。この数人を見ると、「善悪の報いは影が形に随うがごとく、禍福に門は無くその人が招く」ことが分かり、古人の言葉は真に偽りないのです。)

という応報説で結んでいる。

　こうした「説」と「唱」を交えながら因果応報を説く文学とは何だったのか。上記の黄毅「前言」と蔡国梁解説では言及していない。❽林有仁の序文には、明の呂坤（字叔簡、号新吾、河南寧陵の人。1536-1618）が中流以下の庶民を教化する歌曲を開発して以来、後世の作品がこれを真似てさらに応報の思想を加え、案件を証として用い、「宣講」に効果を与えたと言う。

　　昔明代、大儒呂新吾先生が著した『呻吟語』は極めて深奥で流俗を教化し、婦人・子供・樵夫・牧童には専ら俗歌・俚語によって訓えた。その書名を『呂書五種』という。……卑近な言葉は、最も中層以下の者に適しており、後世これに倣う者は夥しく、特に応報を借りて勧善懲悪を行い、案件を引いてそれを明かしたため、宣講を得意とする者に、迫真の力で人を覚醒させ、清夜に清々しい鐘声を聞かせた。

　呂坤の『呂氏五種』とは、『小児語』『続小児語』『閨範』『好人歌』『宗約歌』であろう。清代には義塾で教科書として使用していた。❾たとえ

---

❽　注❷引蔡敦勇校点本「前言」にも宣講との関連は言及しない。

❾　清栗毓美「義学条規」（徐棟輯『牧令書』、道光 28 年〔1848〕刊、巻 16「教化」所収）に、「応随時宣講聖諭也。……而窮郷僻壤未能週知、既立義学、自応責成。紳士率同約正副郷地保、在於該處村集、毎逢朔望日、請塾師敬謹宣講。省城現刻有『聖

ば『小児語』は四言・六言・雑言と分けて教訓歌を綴っており、童蒙に分かりやすく記憶しやすい歌詞を用いている。

> 一切言動、都要安詳。十差九錯、只為慌張。沈静立身、従容説話。不要軽薄、惹人笑罵。……（すべての言動、落ち着いて。過ちのもとは、慌てること。物腰沈着、ゆっくり話せ。軽薄なれば、笑われる。）

　　『躋春台』が用いた三・三・四の十言定型詩を挿入する文体は、その精神を『呂氏五種』から継承してはいるが、形式としては「説」と「唱」を交える宝巻・鼓詞・弾詞などの語り物文学や地方劇の板式音楽との関連性が深いと言える。語り物や板式音楽では七言、十言の定型詩が基本であり、七言は二・二・三、十言は三・三・四で構成する。板式音楽は曲牌音楽が自由な形式で変化に富む特徴を持つのに対して、リズムが一定していて唱いやすいという特徴を持つため、広く民間に流行した。❿『中国曲芸志』河南巻（中国ISBN中心出版、1995年）には、現代に伝承する「善書」（「講聖諭」）の上演形式が「説」と「唱」から成り、「唱」は七言句や十言句を伴奏なしで詠唱すると説明し、楽譜として「　洛陽孝女」「　五元哭墓」「　割肝救母」を記載している。また同書湖北巻（中国ISBN中心出版、2000年）には、「漢川善書」を

諭廣訓』『聖諭講解』……且省中刻有呂新吾先生『小児語』『好人歌』『閨戒』『宗約歌』四種、毎学發給一部、俾師徒隨時講習。」と言う。栗毓美は開封府尹であり、呂書は道光七年開封府署雕版『呂書四種合刻』を指している。『小児語』は実際には呂坤の父呂得勝の作品である。

❿　張庚・郭漢城主編『中国戯曲通史』（中国戯劇出版社、1992年）参照。なお澤田瑞穂氏は宝巻の文体が十言形式の梆子腔劇と俚俗性において通じるとして、宝巻が梆子腔劇の影響を受けたとする清黄育楩『破邪詳弁』巻三を引く。『増補宝巻の研究』（国書刊行会、1975年）52頁。『校注破邪詳弁』（道教刊行会、1972年）79頁。

紹介して、場面によって「大宣腔」（十言句）、「小宣腔」（七言句）、「流水宣腔」（七言句）、「金丫腔」（十言句）、「梭羅腔」（七言句）、「笑楽腔」（七言句）、「怒斥腔」（七言句）、「哀思腔」（長短句）、「流浪腔」（七言句）などを使い分けると言う。

また林序が指す『呂氏五種』の流れを汲む後世の作品とは、「宣講」の「案証」として用いられた故事のことであろう。「宣講」とは、元来郷村が自主的に行う教化活動「郷約」の中に取り入れられた皇帝の諭言講読のことで、清代では順治九年（1652）の『聖諭六訓』「孝順父母」「尊敬長上」「和睦郷里」「教訓子孫」「各安生理」「毋作非為」、康熙九年（1670）の『聖諭十六条』「敦孝弟以重人倫」「篤宗族以昭雍睦」「和郷党以息争訟」「重農桑以足衣食」「尚節倹以惜財用」「隆学校以端士習」「黜異端以崇正学」「講法律以警愚頑」「明礼譲以厚風俗」「務本業以定民志」「訓子弟以禁非為」「息誣告以全善良」「戒匿逃以免株連」「完銭糧以省催科」「聯保甲以弭盗賊」「解讐忿以重身命」に雍正帝が雍正二年（1724）に注釈した『聖諭広訓』を講演することが官主導で行われた。❶こうした宣講の内容については、翰林院編修郭嵩燾編『宣講集要』十五巻首一巻によってその概要を知

❶ 和田清『中国地方自治発達史』（汲古書院、1939年初版、1975年影印版）、150頁参照。『宣講集要』「講約事例」には、人口稠密な場所に講約所を設立して老成した貢生を約正とし、毎月朔望日に輪番で『聖諭広訓』を宣講したことを記し、『躋春台』の各篇でも、「公廟」などで宣講を行う場面を述べており、その効用を重視している。因みに清黄六鴻『福恵全書』（康熙33年〔1694〕）巻25「教養部・城郷分講」には、寺院や家廟など広くて聴衆が入れる場所で宣講するといい、『重修合州志』十二巻（乾隆53年〔1788〕）巻八「風俗・講約」には、「有司公服詣城隍廟。」（官は官服で城隍廟に参詣する。）といい、『江安県志』（嘉慶十七年）巻三「典礼・講約」には、「講約所在東街大禹廟内。」という。『躋春台』では、公廟（⑲「平分銀」、㊱「審禾苗」）、観音廟（㊴「僧包頭」）、仮設の祭壇（⑨「過人瘋」）などを宣講の場所とする。

ることができる。❷この書は巻首に『聖諭六訓解』、『聖諭広訓』、各巻に『聖諭十六条』の講説とそれを実証する故事である「案証」、巻十五には『文昌帝君遏慾文』などの勧世文や勧世歌を載せている。林序に言うように、歌詞や故事を使った教化方法は、『呂氏五種』がそうであったように、民衆に分かり易く効果的であったようである。❸たとえば巻一「敦孝弟以重人倫」は、「孝字」から説き始め、

　　　天下善事最多、孝就是第一件、悪事也多、不孝就是第一宗。所以聖

---

❷　光緒三十二年（1906）、呉経元堂刊本。民国上海錦章図書局石印『改良増図圏点離句宣講集要』十五巻首一巻は光緒本に絵図を付したテキストで、『明清民間宗教経巻文献』（新文豊出版公司、1999年）にも収載する。

❸　『宣講集要』巻首の郭嵩燾序（著作年不明）には、「今見是書、于十六条中、加以細注、徴引古今事跡、均有実証、所採各種歌調、雖未尽善、亦属雅俗参半、差可為宣講推広之意。」と効果を認めている。その後も新案を採集して宣講テキストは夥しく編纂され、『宣講集要』を継承した『宣講拾遺』（天津済生社蔵版、光緒24年〔1898〕）の通真老人序に、「叶成音律、演作歌謡。其言情処、苦者令人感泣、楽者令人鼓舞。」と言い、さらに『宣講拾遺』を模倣した『宣講管規』（謙記商務印刷所、民国24年〔1935〕）の宣統三年〔1911〕許鼎臣序に、「写其情与理与事之始末曲折、暇為父老女婦童稚隷賢誦説、聴者或喜或泣或驚或愧。」と言って、物語と詠唱形式が観客を感動させて流行したことを指摘している。Victor H. Mair "Language and Ideology in the Written Popularizations of the Sared Edict", David Johnson, Andrew Nathan, Evelyn Rawski ed. 1985 POPULAR CULTURE IN LATE IMPERIAL CHINA, University of California Press. 1985. にも、「時代が下るにつれ、地方官の主宰する宣講が形骸化する一方で、農村を巡回して宣講に借りて説話を語る宣講人が誕生するほど郷村の宣講活動が活性化していった。」という。竹内房司「清末四川の宗教運動─扶鸞・宣講型宗教結社の誕生」（学習院大学文学部研究年報37、1992年）参照。ただ咸豊元年（1851）に四川総督が、「往々仮宣講聖諭為名、旁引異説、或託鸞筆、斂銭惑衆、淆乱人心。」という告示を出しており、公序良俗を汚す側面もあったようである。

諭頭一条、就講「敦孝弟以重人倫」。（天下に善事は最も多く、孝がその筆頭で、悪事も多く、不孝がその筆頭です。故に聖諭の第一条に「孝弟を厚くして人倫を重んず」を講じているのです。）

と康熙帝の聖諭第一条を講説し、続いて「案証」として「大舜耕田」の故事を述べ、

父母有賢的、有不賢的。不賢更要安心。従前虞舜他的父母不賢、他能安父母的心、後来他父母都化成賢了、所以推他是古今第一箇行孝聖人。……一日象擺布他父母、叫舜去蓋整牛欄草屋、底下端去梯子、放起火来、要把他焼死。（父母には賢者と愚者がありまして、愚者であれば、なおさら気遣わねばなりません。昔舜は父母が愚者でしたが、よく気遣い、後に父母が賢者に変わったので、古今第一の孝行な聖人と推されたのです。……ある日、象は父母に命じて舜に牛小屋の屋根を修繕させ、下で梯子を外して放火し、焼死させようとしました。）

故事の途中には舜の歌詞二首と瞽瞍の歌詞一首を挿入する。舜が放火されても平然を装い、父母を安堵させて詠唱する歌詞は、次の十言定型詩である。（全十句）

這一交跌下来昏倒一陣、猶幸得平地下身子不疼。想是那倒灰的有火不禁、二爹娘切莫要因此受驚。……（躓いて転んでしまって気を失い、幸いに平地であってけがも無し。灰捨ての火の不始末に相違なし、父母よこれしきのことに驚かるな。……）

また篇末は教訓を述べて結んでいる。

> 従此看来、你們無論賢愚、無論富貴貧賤、都要学舜。為媳婦的都要
> 学那両個公主。父母的心、就無不安了。（この話から見ると、あなた方
> は賢者も愚者も富貴も貧賤も、みな舜を学ばねばなりません。嫁はみな二人の
> 王女を学ばねばなりません。そうしてこそ父母の心は安らぐのです。）

　　このように人物の歌詞を挿入し、「従此（案）看来」という句で始まる
訓話で話を収束する文体はまさしく『躋春台』の文体と一致し、『躋春台』
は宣講における「案証」故事の形態を取っていたことが分かる。

　　また「大舜耕田」では父母弟に対する因果応報を説いてはいないが、
『宣講集要』には悪行に対して直接天罰が下るとする「案証」が多く、事件
沙汰になる「案証」も少なくない。たとえば巻二「孝虎祠」は、子を食った
虎の捜査を命じられた吏が日頃民衆を虐待してこの災禍を被ったと懺悔して
城隍神に祈ると、城隍は子が前世で虎を虐げたため食われたと説明して虎を
自首させ、官は虎に老人を孝養させる。巻四「斉婦含冤」は、姑殺しの冤罪
を被って処刑された嫁が前世で悪行を犯した応報だと冥王に告げられるが、
孝行の善報で後宮に転生し、官が誤審を懺悔すると、三年ぶりに降雨が起こ
る。巻十二「鳴鐘訴冤」は、母に躾られた娘が嫁ぐが、腹が出た体型を嫂か
ら嘲笑され、夫に不貞を疑われて娘の父母が訴えられる、娘が観音廟に祈る
と、嫂が夫婦の仲を裂いた罪を自責して自ら舌を引き出して死ぬ、官は兄と
弟を処罰し、娘の賢母を表彰する。❶❹

---

❶❹　その他、巻二「苦子行孝」、巻四「墜楼全節」「孝媳化姑」、巻五「殺身救父」「嫌
　　受累」「嫌媳悪報」、巻六「兄義弟利」「高二逐弟」「狗報恩」「陸英訪夫」、巻七「埋

　明代には因果応報思想による勧善懲悪を説く民衆教化政策が採られた。❶❺洪武帝の『教民榜文』第二十八条には、「冥冥之中、鬼神鑒察、作善作悪、皆有報応。」（目に見えないことでも鬼神が監察しており、善行悪行には皆応報がある。）といい、郷村で行われた郷約の中でも、王守仁『南贛郷約』（『王文成公全書』巻十七）のように「若有二三其心、陽善陰悪者、神明誅殛。」（もし誓いを破って陰で悪事を行えば神が裁きを下される。）と誓い合う。そして清代でも義塾で『太上感応篇』『文昌帝君陰隲文』『関聖帝君覚世真経』の「三聖経」と称される善書が『三字経』などの啓蒙書とともに基本教科書とされ、❶❻『宣講集要』「宣講聖諭規則」には、読諭生が『聖諭六訓』『聖諭広訓十六条』を読み上げた後、「文昌帝君蕉窓十則」❶❼「武聖帝君十二戒規」❶❽「孚佑帝君家規十則」❶❾竈王府君訓男子六戒」❷❶「竈王府

狗勧夫」「大男速長」「嫌貧遭害」、巻八「無頼叔」「教子息争」「捜鶏煮人」、巻九「惜字獲金」「濫写遭譴」、巻十「積米奉親」「小楼逢子」、巻十一「佔嫁妻」「方便美報」、巻十二「士珍酔酒」「淫逆報」「双人頭」「焦氏殉節」、巻十三「忠孝節義」「小忿喪身」「王生買薑」、巻十四「淫悪巧報」「施公奇案」がある。

❶❺　酒井忠夫『中国善書の研究』（国書刊行会、1960年初版、1972年）参照。

❶❻　清余治『得一録』（光緒11年〔1885〕重刊）巻五「義学章程」など。『中国教育体系歴代教育制度考』（湖北教育出版社、1994年）参照。『躋春台・義虎祠』でも義塾の教師雷雲開が『三字経』が終わると『三聖経』を教えたため、子弟の品行が良かったと述べる。

❶❼　「戒淫行」「戒意悪」「戒口過」「戒誇功」「戒廃字」「敦人倫」「浄心地」「立人品」「慎言語」「広教化」。

❶❽　「戒不孝父母」「戒侮慢兄長」「戒道人過失」「戒好勇闘很」「戒驕傲満仮」「戒汚穢竈君」「戒嫖」「戒賭」「戒打胎溺女」「戒食牛犬鰍鱔等肉」「戒穢溺字紙」「戒唆人訟」。

❶❾　「重家長」「整礼儀」「理家規」「勤執業」「節費用」「立内正」「教新婦」「端蒙養」「睦宗族」「正己身」。

❷❶　「戒不孝父母」「戒不和兄弟」「戒嫖賭溺女」「戒闘很唆訟「戒穢污字紙」「戒好談閨間」。

君訓女子六戒」❷❶「竈王府君新諭十条」❷❷などの神戒を読み上げるなど、「案証」における因果応報の主旨も民衆教化には不可欠であったのである。

四、語り物としての体裁

『躋春台』四十篇は、従来「擬話本」と認識されてきたが、文体を検証すると、作中に人物の歌唱を挿入し、結末を訓話で収束するという特殊な文体を持っており、これは作品中にも出現する「宣講」という皇帝の民衆教化の諭言を講説する際に語られた「案証」と一致することが判明した。だが『宣講集要』が『聖諭広訓十六条』に沿って「案証」を説いているのに対して、『躋春台』はアトランダムに話を並べ、冒頭に話の内容を要約した長短句を置いている。たとえば、『宣講集要』巻十四「施公奇案」と『躋春台・南山井』を比較してみると、ともに『聊斎志異・折獄』を素材として酒色を戒める話としているが、『宣講集要』が、「『聖諭十六条』「解仇忿以重身命」、仇忿不解、必至謀害報徳、捨身喪命。然仇忿之起、固非一端、究其来由、多壊於酒。」（『聖諭十六条』の「仇忿を解いて以て身命を重んず」は、怨恨が解消しなければ、必ず殺戮で徳に報い、身を犠牲にして命を失うことになります。怨恨の発生は色々な事が発端となっていますが、その原因を考えると、酒に冒されることが多いのです。）と『聖諭十六条』に基づいて説き始めるのに対して、『躋春台』は「四関原是迷魂陣、惟有酒色更凶。凡事皆要合乎中。不為彼所困、免得入牢籠。」（「四関門〔酒食財気〕は狂わせる、

---

❷❶　「戒不孝公婆」「戒不敬丈夫」「戒不和妯娌」「戒打胎溺女」「戒抛散五穀」「戒艶粧廃字」。

❷❷　「順父母」「戒淫悪」「和兄弟」「信朋友」「忍口」「節慾」「除驕矜」「息争訟」「広施済」「培古墓」。

中でも酒食は凄まじい。すべて中庸肝心なり。惑わなければ、入牢無し。」）と語り物風にテーマを要約した詞によって説き始めている。また『宣講集要』が『聊斎志異』を加工することなく引用して酒戒を説き、富者が酒の上の冗談で人殺しをしたと口にして仇敵に訴えられる話を述べるのに対して、『躋春台』は色案と酒案を組み合わせて、好色な夫が妖艶な女と再婚して家産を蕩尽し、後妻の姦通によって殺害される話を前に置いて、二段構えの話に変えている点には物語創作への工夫が見られる。

　『躋春台』は本来の聖諭宣講が文学として発展を遂げた段階の文体とストーリーを備えており、宣講を背景として生まれた小説だと位置づけるのが妥当であろう。本書林序には、「此勧善懲悪之俗言、即『呂書五種』教人之法也、読者勿浅近薄之。」（この書の勧善懲悪の通俗表現は、まさしく『呂書五種』の教化方法であり、読者は平易だからと軽視してはならない。）と言い、本書が読物として創作されたことを明示している。

　ちなみに『宣講集要』の後に民間の善堂で続々と編纂された宣講集を見ると、『躋春台』とは異なり、皆聖諭宣講の体裁を守っている。天津楽書堂の荘跛仙編『宣講拾遺』（同治十一年〔1872〕序）は『宣講集要』と同じく、首巻に「宣講聖諭規則」「欽定学政全書講約事例」を掲載し、奉天綿州虹螺県鎮堅善講堂の楊子僑編『聖諭六訓宣講醒世編』六巻（営口〔奉天府〕成文厚蔵板、宣統元年〔1909〕）は順治帝の聖諭六訓に基づいて案証を編集し、洛陽郊外の教師周景文編『宣講管規』六巻も『聖諭六訓』に従って編修している。なお『躋春台』においても、宣講の場面は「過人瘋」「節寿坊」「平分銀」「仮先生」「螺旋詩」「審禾苗」「僧包頭」七篇で出現し、「平分銀」では、公廟で聖諭の講生が王章（聖諭）・神戒を講じて、聖諭第四条「重農桑以足衣食」から始めて案証「銭益蒸稗」を述べるという典型的な宣講スタイルを描写していることも補足しておきたい。

金庸の小説における道教人物

陸平舟　陳菁　林秀娟*

序　論

　　金庸の小説は、特に中国の現地生まれ現地育ちの道教思想をとりわけ多く取り入れたことを実に興味深く感じる。道教に関しては、魯迅先生の洗練した一言はずっと印象に残っている：「中国的根源大抵在道教（中国の根源は大抵道教に在り）」。これは道教思想が如何に中華民族の血脈に浸透しているかを簡単明瞭に示した言葉である。金庸もまた歴代の知識人たちと同じように、贔屓するほど好むようである。道教思想には中国伝統文化の精髄と極意があり、まるで見えない手のように炎黄子孫の心の琴線に触れ、世界中の華人の共鳴を起こしている。

　　この論文においては、紙数に限られるため、その小説に出てくる道教の人物のみを抜擢し、自分なりに考察し、解釈を加え、金庸小説の人気の秘密を探ってみたいと思う。

---

*　陸平舟，南開大學漢語言文化學院講師；陳菁，久留米大學大學院生；林秀娟，久留米大學中國語講師。

趙志敬

　『神雕俠侶』の中では、全真教派の三代目の道士趙志敬は一心に全真教の教主になりたいため、尹志平が小龍女の体をひそかに犯したことを弱点として手に握ってこの教主の後継ぎ者を脅かした一方、蒙古のハンの勅封を得ることを望んでいる。いたって野望を抱えている卑劣な人物である。

　ところが、趙志敬に関しては、『全真教伝授源流表』❶には載っていない人物で、小説の虚構だから不思議なことではないが、しかし当表では全真教三代目の道士の一人として「張志敬」という似たような名前が見られる。しかも、『中国道教史話』❷によると、丘処機の後、尹志平（1169－1251）、李志常（1193－1256）、張志敬（1220－1270）、王志坦（1200－1272）、祁志誠（1219－1293）等は相次いで教主の位に継いだとある。金庸はただ道教人物の名前らしく似せようとするためわざと「趙志敬」という名前を作ったと思われるかもしれないが、しかし小説では王重陽や全真七子をはじめ、尹志平・李志常・王志坦・祁志誠等全真教の他の人物までは皆宗教史上実在した人物の名前（ただ生卒年月や長幼関係には若干ズレがある）が使われているのに、一人だけ違うことが実に興味深い。なぜそのまま「張志敬」という名前を使用しないのだろうか？

　実はそこからまさに金庸の心に秘めている矛盾する心理が見られる。

　一方では武侠小説は大衆文学として「通俗」的にさせ、読者が理解しやすい内容と概念で書かないと、と常に意識している。つまり俗世界の立場

---

❶　南懐瑾『中国道教発展史略』（復旦大学出版社，1996 年），頁 112。
❷　李振綱主編　孔令宏著　『中国道教史話』（河北大学出版社，1999 年），頁 262。

に立ち、宗教人物にもある程度俗世界の行動パターンで行動させ、俗世界に通用する「権力」と「利益」闘争にめぐって書いている。そこで「趙志敬」というような権力欲に満ちている卑劣な人物を作り出して俗世間の読者たちの目に晒され、彼らからの共鳴、即ちこの場合では卑劣な人物に対する一種の強烈な憎悪感を期待しているのである。

　しかし、一方金庸は実在した宗教思想や人物のイメージを歪曲してはいけない、という宗教思想史に精通している金庸ならではのこだわりを持っている。「張志敬」にあんな卑劣なイメージを与え、無実な罪を被せるようなことは、決して宗教や歴史を尊重する金庸のやりかたではない。そこで苗字を改めて全く違う人物の「趙志敬」を作ったわけである。

丘処機

　『射雕英雄伝』では、丘処機はとても熱烈な「入世精神」を見せていて、甚だしきに至っては「余計なお世話をする」ほど俗世界に関心を持っている。そのために無論それ相応な外見と性格づくりにも金庸は気を配っている。

　丘処機の登場に当たって次のような描写が見られる。
　……忽聴得東辺大路上伝来一陣踏雪之声，脚歩起落極快，三人転頭望去，却見是箇道士。
　那道士頭戴斗笠，身披簑衣，全真罩満了白雪，背上斜挿一柄長剣，剣把上黄色糸条在風中左右飛揚，風雪満天，大歩独行，実在気概非凡。郭嘯天道：「這道士身上很有功夫，看来也是条好漢……」
　……楊鉄心道：「天凍大雪，道長何不過来飲幾杯解解寒気？」

那道人冷笑一声，健歩如飛，頃刻間来到門外，臉上満是鄙夷不屑之
色，冷然道：「叫我留歩，是何居心？爽爽快快地説出来罷！」

楊鉄心想我們好意請你喝酒，你這人却凭地無禮，当下揚頭不睬。郭
嘯天却抱拳道：「我們兄弟正自烤火飲酒，見道長冒寒独行，斗胆相
邀，衝撞莫怪。」那道人双眼一翻，朗声道：「好好好，喝酒就喝酒！」
大踏歩走進来。

……

那道人「哼」了一声，也不理会，取過酒壺，自斟自飲，連乾三杯，
忽地解下簑衣斗笠，抛在地下。楊郭両人細看時，只見他三十余歳年
紀，双眉斜飛，臉色紅潤，方面大耳，目光炯炯照人。他跟着解下背
上革囊，往卓上一倒，咚的一声，郭楊二人都跳起身来。原来革囊中
滾出来的，竟是一箇血肉模糊的人頭。……（第1回）

訳文：❸

……その時、東の大通りの方から雪を踏む足音が聞こえた。おそろ
しく早足である。おやっと、三人が一斉に窓の外に目をやると、笠
をかぶり蓑の合羽をはおって、ななめに長剣を背負った道士が一人、
全身雪まみれになって、大股で歩いてゆく様が見えた。剣の柄から
は黄色い帯が風に舞い上がっている。

「あの道士はただ者ではない、武芸のたしなみがありそうじゃ」と
郭嘯天が言えば……

---

❸ 「日」岡崎由美監修、金海南訳 『射雕英雄伝』（徳間書店，1999年）本論文の訳
文は殆どこのシリーズの叢書に参考した。

……楊鉄心が大声で呼び止めた。「道士殿、お待ちあれ。この雪夜の寒さ、こちらへ来てちと暖まらぬか」

道士はこちらを振り向くと、飛ぶが如く、あっという間に門までもどってきた。二人を見ると、フンといかにも見下すような笑みを浮かべ、冷ややかな声で、「貧道を呼び止めたはどういう料簡じゃ、とく申されよ」

楊鉄心は、せっかく好意で呼んだのに無礼なやつ、と顔をそむけたが、郭嘯天の方はいんぎんに、「われら兄弟、ちょうど二人で酒を飲んでいたところ、貴殿が雪の中を通りかかるをお見かけ申し、一献いかがとお呼び止めした次第、他意はござらね」

道士はなおも横柄に一言、「ならば飲むとしよう」と、さっさと中へ入る。

……

道士は相手にせず、だまって手酌で三杯飲むと、やおら頭の笠を脱いで床に投げ捨てた。見れば三十そこそこの年、つり上がった眉の下から鋭い目が光る。ついで背中の皮の包みを解くと、机の上にほうりだした。ドンと一声、郭、楊二人は思わず立ち上がった。見れば中からころがり出たのは、血まみれの人の首ではないか。……

まさに『三国演義』の猛将張飛にある程度似ている丘処機の衝動的で、無鉄砲で、しかも少し横柄で傲慢な性格が後に「江南七怪」と異名をとる七人の侠客との間にいささかを起こさせ、変わった決着のつけ方を持ちかけさせる。丘処機は楊康を捜し出して弟子にし、七怪は郭靖を捜し出して弟子にする。そして二人が十八歳に成長した時、武術の試合をさせて勝負をつけようというのである。これはまさに『射雕英雄伝』を展開させる主な筋立てに

なっている。というので、丘処機という人物の傲慢で無鉄砲な性格は小説にはとても不可欠なものとも言えよう。

　　しかし、宗教史上に実在した丘長春（処機）はチンギスハンに招かれ、艱難困苦を克服して、遥々に砂漠へ行き、四年間もわたり、数十国を経て、万里余りを旅して、チンギスハンの西征路線を追随した。『元史』には、その旅について「蹀血戦場，避寇絶城，絶糧砂漠（戦場に汢血し、絶城に避寇し、砂漠に絶糧す）」という記載がある。チンギスハンに「神仙」と呼ばれる全真教の大師匠として、このように艱難辛苦をなめてやっと会えたので、普通は不老長寿や、神仙術の修錬といった内容を伝授するはずだが、実際に彼はチンギスハンに教えたのは皆中国の正統学術で、儒・道両教の忠・孝・仁・義に関する話で、とりわけチンギスハンに諄々と戦争や殺人を戒め、天下を治めるように諫言した。それで、チンギスハンから虎符茎書を頂いて帰ってきて、道家文化の威勢を増長させた。それに、丘処機とその弟子たちはまたそれを頼りにして戦地で沢山の国民の命を救い、元兵の残害殺戮から免れさせたのである。これは実に歴史書物に残すべく、賞賛すべき功績である。

　　金庸は無論この史実を看過していない。小説では、丘処機は西遊する途中、戦禍の惨烈さを目にして、心の中では惻然として深く感慨した。チンギスハンが彼に不老長寿の術を問う機会に乗じて、繰り返して彼を教え導いて、民の為に命乞いをする、という全く史実と変わらない内容が見られる。ただ、金庸は肝心の二人の間で交わした会話を次のように書いている：

　　……（成吉思汗）向丘処機問道：「聴説中華有長生不老之法，杜道長有以教我。」
　　丘処機道：「長生不老，世間所無，但道家練気，実能却病延年。」
　　成吉思汗問道：「請問練気之道，首要何在？」丘処機道：「天道無

親，常与善人。」成吉思汗問道：「何者為善？」丘処機道：「聖人
無常心，以百姓心為心。」成吉思汗黙然。

丘処機又道：「中華有部聖書，叫作《道徳経》，吾道家奉以為宝。
『天道無親』、『聖人無常心』云云，都是経中之言。経中又有言道：
『兵者不祥之器，非君子之器，不得已而為之，淡為止。而美之者，
是楽殺人。夫楽殺人者，則不可以得志於天下矣。』」……（第37回）

訳文：

……「聞くところでは、中華には不老長寿の術があるそうじゃが、
まことか？」チンギスハンはさっそくたずねた。

丘処機はおもむろに答えた。「不老長寿の術などはこの世にござい
ませぬ。ただ道家の方にしたがって気功を行えば、寿命を延ばすこ
とはできましょう」

「では気功の要点はなんじゃ？」

「天の道は無親、ただ善人にくみす」

「善人とはどのような者を言う？」

「聖人は常の心なく、ただ百姓の心をもって心となす」

チンギスハンはそれを聞くと、黙然とだまりこくった。

丘処機がさらにつづける。「ただいま申し上げたのは、どちらも中
華の『道徳経』という書物の言葉でございます。またこの書物には
かような言葉も見えまする。兵なるものは不祥の器にて、君子の器
にあらず。やむをえずしてこれを用いる時は、恬淡をむねとすべし。
これを美とする者は、人を殺すを楽しむ。それ人を殺すを楽しむ者
は、天下にその志を得ることあたわず。」……

　では、傲慢で無鉄砲な丘処機は同時にこのような道を悟り得ている偉い大師匠であることは、少し釣り合わないのでは、と一見不思議に思われるかもしれないが、金庸が伝統文化を大衆文学に取り込もうとする工夫の痕跡は正にこのようなところに残っている。

　金庸は伝統の文化・宗教思想及び歴史を尊重する作家であるため、丘処機の歴史における功績を褒め称えざるを得ない立場である。しかし、丘処機の身に「とげ」を取り付けないと、人物の間に衝突が生まれなくなり、ストーリの展開もうまく出来ないのである。すると、丘処機の道徳・人格を歪曲しない範囲内で彼の傲慢で無鉄砲な性格を作ったのであろう。しかも、丘処機が暴れる原因としては、すべて愛国主義と正義を講じるためだと書かれている。

　また、チンギスハンが丘処機に謁見した対話の内容に関して、『元史・釈老伝』には以下のような記録が残っている：太祖時方西征，日事攻戦。処機毎言，欲一天下者，必在乎不嗜殺人。及問為治之方，則対以敬天愛民為本。問長生久視之道，則告以清心寡欲為要。太祖深契其言，曰：天錫仙翁，以悟朕志，命左右書之，且以訓諸子焉。於是錫之虎符，副以璽書。不斥其名，惟曰神仙。（太祖は時方に西に征して、日び攻戦に事とす。処機はつねに言ふ、天下を一にせんと欲する者は、必ず殺人を嗜まざるに在らん、と。治を為すの方を問ふに及びて、則ちこたふるに敬天・愛民を以って本と為す、と。長生久視の道を問ふ。則ち告ぐに清心・寡欲を以って要と為す、と。太祖深く其の言を契りて曰く：天、仙翁を錫ひて以って朕の志を悟らしむ、と。左右を命じて之を書せしむ。且つ以って諸子を訓へるなり。是こに於いて、之に虎符を錫ひて、副ふに璽書を以ってす。其の名をささず、惟神仙を曰ふのみ。）まとめてみると、丘処機の教えは、殺人を嗜まざること；敬天・愛民を以って本と為すること；また清心・寡欲を以って要と為することの三つで

ある。

これと対照的に、金庸の小説では、丘処機の教えは、「それ人を殺す
を楽しむ者は、天下にその志を得ることあたわざること；聖人は常の心なく、
ただ百姓の心をもって心となすること；道家の方にしたがって気功を行ふこ
と」である。

歴史書物『元史』と金庸の小説に書かれる丘処機の教えは比べてみると、前
の二か条は一緒とみてもよいが、第三条の長生久視の道については、『元史』の清
心・寡欲と『射雕英雄伝』の気功を行うことの二つに分かれている。これも
金庸の改造である。武侠小説では、武芸と気功の緊密な関係はいうまでもな
いからである。既に丘処機に武功を与えて、傲慢で無鉄砲な性格を作った以
上、丘処機の教説も積極的な「入世精神」を持たせ、「気功を行う」ことで
「清心・寡欲」を取って代わったのである。

王重陽

金庸の『射雕英雄伝』では、全真派の創始者である王重陽という輝か
しい人物像を浮き彫りにした。彼は道家の精神具えている典型的なキャラク
ターである。

小説では、王重陽は華山論剣の天下第一人者と推戴した。これは彼の
武功への推戴だけではなく、同時に彼の人格精神への推戴でもある。

最も王重陽の人格精神を表現した小説の内容としては、彼は華山で剣
術を論じて天下第一の称号を獲得し、しかもそれで武学の経典である『九陰
真経』を保有する資格を持った。しかし彼はこの経書を得た後、その中の功
夫を修練ぜずに、経書をある石箱に入れ、彼が座禅する時に敷いてある座布
団の下の石板の下に押さえつけていた。師哥がなぜこうするかを老頑童の周

伯通にはずっとはっきり見透かせない。やはり郭靖のほうが推測ついた：「我想，王真人的武功既已天下第一，再練得更強，仍也不過是天下第一。我還想，他到華山論劍，不是為了争天下第一的名頭，而是要得這部『九陰真経』。他要得到経書，也不是為了要練其中的功夫，却是相救普天下的英雄豪傑，教他們免得互相斫殺，大家不得好死。」（訳文：「いえ、その王真人さまの武術は天下第一ですから、もっと強くなってもやっぱり天下第一ではないですか。華山で剣を論じられたのも、きっと天下第一を争うためではなく、『九陰真経』を手に入れるためだったと思います。そしてそれも『九陰真経』の武術を修得するためではなく、天下の英雄豪傑を殺し合いから救うためだったのではないでしょうか」）

　　原著にはまたこういうふうに続けて書いている：

　　周伯通抬頭向天，出了一会神，半晌不語。郭靖很是担心，怕説錯了話，得罪了這位脾気古怪的把兄。
　　周伯通歎了一口気，説道：「你怎能想到這番道理？」郭靖搔頭道：「我也不知道啊。我只想這部経書既然害死了這許多人，就算它再宝貴，也該毀去才是。」
　　周伯通道：「這道理本是最明白不過的，可是我総想不通。師哥当年説我学武的天資聡明，又是樂此而不疲，可是一来過於着迷，二来少了一副救世済人的胸懐，就算畢生勤修苦練，終究達不到絶頂之境。当時我聴了不信，心想学武自管学武，那是拳脚兵刃上的功夫，跟気度識見又有什麼干係？這十多年来，却不由得我不信了。兄弟，心地忠厚，胸襟博大，只可惜我師哥已経逝世，否則他見到一定喜歓，他那一身蓋世武功，必定可以尽数伝給你了。師哥若是不死，豈不是好？」想起師兄，忽然伏在石頭上哀哀痛哭起来。……（第16回）

訳文：

　　周伯通は空を見上げ、じっとだまったままである。郭靖は、なにか
　悪いことを言って、相手を怒らせたのではないかと心配になった。
　しばらくして周伯通は大きなため息をついた。
　「おまえ、どうしてそれが分かったんや、言うてみい」
　「いえ、別に、ただ『九陰真経』のせいでそんなにたくさんの人が
　死んだのなら、どんなに貴重なものでも、ない方がいいと思ったの
　です」
　「そうや、そのとおりや。しかしわいにはどうしてもそれが納得で
　きへんのんや。兄貴はむかし、わいは武術の才能もあるし、努力も
　するが、ひとつには執着が強すぎる、ふたつには世の中の人を救お
　うちゅう見識がないよって、どんなに修行しても最高の境地には到
　達できへんとぬかしよった。わいはその時、なにを言うてるねん、
　武術は武術や、拳術や剣槍が強ければそれでええ、器量やら見識や
　らがなんの関係がある、と思うたが、この十年、兄貴の言葉を信じ
　んわけにはいかんようになった。おまえは気持ちが広うて見識もあ
　る、兄貴が死んでしもたんが残念や。兄貴が生きとっておまえを見
　たら、きっと気に入って、なんでも教えてくれたはずや。兄貴が生
　きとったらどんなにええか……兄貴、兄貴、ううう」周伯通はとう
　とう泣き出した。……

老頑童は郭靖のことを「心地忠厚，胸襟博大（気持ちが広くて見識もある）」
と言い、また王重陽が若し死んでいなければ、郭靖に会うと「必定喜歓（き
っと気に入る）」と言った。これは実は王重陽ご本人も「心地忠厚，胸襟博

大」だと表明している。彼が『九陰真経』に対する処理方式はこの点をよく裏付けられるのである。更にこの点をよく証明できることとしては、王重陽の死後、西毒欧陽鋒は奪いに来たし、東邪黄薬師は騙しに来たし、黄薬師の弟子の陳玄風・梅超風はすなわち盗みに……この経書を獲得するために、多くの人は手段を選ばなかった。その目的としてはただ経書を奪い武芸を習得してから制覇し、力を頼りにする。結局陳玄風・梅超風は師を裏切って人と列を同じくすることを潔しとされなくなり；黄薬師もそのために自分の妻を惨死させざるを得なかった；欧陽鋒は最後に『九陰真経』を逆さまに練習してしまったため狂気になった。……これらのことは反面から王重陽の人物像をより偉く作り出したのである。

　この王重陽大師匠への理解は他のところからもできる。『神雕侠侶』ではまた彼が出家する前に北方の群雄を率いて金兵の侵入を抵抗して反撃する往事をも書いたし、彼が女の英雄林朝英との間で起こった感情的波瀾及び無念な結末をも書いた。金庸は王重陽に対する回想と追念を以って王重陽の人物像を更に豊満にならしめ、真実さに満ち、人を感動させるような力を持たせたのである。

張三豊

　また、金庸の『倚天屠龍記』では、道士張三豊という気持ちが磊落で、親切でやさしく、心に拘束されるものがなく、自然体である人物像を描写した。張三豊はもともと歴史上ではつかまえどころのない伝奇的な人物である。彼は遼東懿州（今は遼寧阜新県の境内である）の人で、名は全一、又君宝で、三豊は彼の号である。彼は道術を修錬して頗るつきの境地に至っていて、一人で閑雲野鶴のように各地を遊歴し、弟子を招いたり道を講じていた。

彼は実につかまえにくい人なので、一層伝奇人物の色彩に覆われていた。明の太祖朱元璋はあちらこちらと彼を捜していたが見付からなかったが、彼に関する伝説は逆にますます多くなってきた。明の成祖は兵を率いて靖難を起こした時は真武大帝の助けを得たと偽り語った。成祖は即位した後人を遣わして武当山へ行かせ、労働者三十万人を使い、大いに真武宮や真武観を修築させた。それに、人を遣わして張三豊を捜させたが、それでも見付からなかった。明の英宗の時、張三豊に「道微顕化真人」という称呼を贈ったが、張三豊はまだ生きていたかどうかは知れていないのである。

　張三豊の人柄と武功については、原書の中では抜きん出ている描写がある。最も人を感動させられるのは、趙敏の率いてきた蒙古朝廷の武士が明教の教徒のふりをして武当山に侵入して騒がせる時の様子だった。その時彼の身辺には身障者の三番目の弟子である兪岱岩を除いては、ほかは皆行方不明になり、彼自身は既に重傷を負っていた――

　……張三豊双目如電，直視趙敏，説道：「元人残暴，多害百姓，方今天下群雄並起，正是為了駆逐胡虜，還我河山。凡我黄帝子孫，無不存着個駆除韃子之心，這才是大勢所趨。老道雖是方外的出家人，却也知大義所在。空聞、空智乃是当世神僧，豈能為勢力所屈？你這位姑娘何以説話如此顛三倒四？」

　趙敏身後突然閃出一条大漢，大声喝道：「兀那老道，言語不知軽重！武当派転眼全滅。你不怕死，難道這山上百余名道人弟子，個個都不怕死麼？」這人説話中気充沛，身高膀圓，形相極是威武。

　張三豊長声吟道：「人生自古誰無死，留取丹心照汗青！」這是文天祥的両句詩，文天祥慷慨就義之時，張三豊年紀尚軽，対這位英雄丞相極為欽仰，後来常歎其時武功未成，否則必当捨命去救他出難，此

刻面臨生死関頭，自然而然的吟了出来。他頓了一頓，又道：「説来
文丞相也不免有所拘囿，但求我自丹心一片，管他日後史書如何書
写！」望了一眼，心道：「我却杜這套太極拳能留伝後世，又何嘗不
是和文丞相一般，顧全身後之名？其実但教行事無愧天地，何必管他
太極拳能不能伝，武当派能不能存！」（第24回）

訳文：

張三豊は鋭いまなざしで趙敏を睨み据えた。

「元人の暴虐、民草の悲しみ、いま天下に群雄の並び立つは、まさ
に胡虜を除き、わが山河を取り戻さんため。わしは黄帝の子孫じゃ。
時の趨勢とは、韃靼を駆逐することを言う。老道は方外の出家じゃ
が、大儀の所在は知っておる。空聞・空智は当世の神僧、どうして
権力に屈しよう。こなた、なにゆえかような戯れ言をおおせか？」

趙敏の背後からいきなり一人の大男が現れ、大喝一声していった：
「この老け道士め、言語の軽重を知らず！武当派はあっという間に
全滅するよ。おまえは死を恐れなくても、まさかこの山にいる百余
名の道人弟子も皆死を恐れないというのか？」この人は元気に満ち
た精力的な話し方をしていて、背が高くがっちりしていて、形相は
すごく猛々しかった。

張三豊は声を伸ばして吟じていう：「人生古より誰死ぬことなから
ん。丹心を留取して汗青を照らさん！」これは文天祥の詩二句であ
る。文天祥が立派な心意気で犠牲になった時、張三豊はまだ年が若
く、この英雄に極めて敬服をしていた。その時自分の武功はまだ十
分ではなかったことでよく後に嘆いた。そうでなければ必ず命を捨

てても彼を救い出すのであろう。この時生死存亡の瀬戸際に面して、思わず吟した。彼はちょっと止まってからまたいった：「そういえば文丞相にも拘られる所あることを免じられない。但し俺は丹心一片を求めるだけで、将来史書にどう書かれようがかまうもんか！」彼は兪岱岩を一目見てから思った：「俺は実はこの型の太極拳が後世に伝われるように願っているのは、あに文丞相と変わらずに、死んだあとの名声に心を配っているのでは？実はただ事を行うのに天地に恥じないようにすればよい。何ぞ必ずしも太極拳が伝われるかどうか、武当派が存せるかどうかを構わん！」

　死に脅かされても平然とするような人物は、歴史においては少なくはない。しかし、張三豊のように、平然として死に対すると同時に、まだ自己反省を絶えず、道について続けて考えている人物は、恐らく多くはないだろう。この種の高潔な精神は実に俯仰天地に恥じなく、道の真義を心得ていると言えるのだろう。

黄　裳

　『射雕英雄伝』の中ではそれを武学と結合させ、本の中で一番凄い武学の経典『九陰真経』の来歴に関して、黄裳という人物が道教思想の集大成した『道蔵』の内容を読んで悟って作り出したものであると書いている。

　周伯通道：「是啊！兄弟，你年紀雖小，武林中的事情倒知道得不少。那你可知道《九陰真経》的来歴？」郭靖道：「這個我却不知了。」……
　……周伯通道：「徽宗皇帝於政和年間，遍搜普天下道家之書，彫版

印行，一共有五千四百八十一卷，称為《万寿道蔵》，皇帝委派刻書
之人，叫做黄裳……」

周伯通説道：「他生怕這部大道蔵刻錯了字，皇帝発覚之後不免要殺
他的頭，因此上一卷一卷的細心校読。不料就這麼読得幾年，他居然
便精通道学，更因此而悟得了武功中的高深道理。他無師自通，修習
内功外功，竟成為一位武学大高手……」（第16回）

訳文：

「なんや、知っとるやないか。知っとるんやったら、はやくそう言
え」

周伯通は自分が話そうとしたことを郭靖がみんな知っているのでご
機嫌ななめである。

「じゃあな、『九陰真経』がどんなもんか知っとるか？」

「いえ、知りません」

周伯通はようやく得意げに胸を張った。「なら教えたる、よう聞け
よ。徽宗皇帝の時のことや、天下にある道教の本をみんな集めて出
版したことがある、『万寿道蔵』いうてな、全部で五千四百八十一
卷、皇帝の命令でそれをやったんは黄裳という役人や…」…

「黄裳先生はな、その『万寿道蔵』に間違いがあっては大変やちゅ
うんで、五千卷の本を全部くわしく読みはってん。そいで知らん間
にやな、道教の教理に精通したばかりやない、外功と内功の武術に
もえろうくわしゅうなったんや。どやおまえに真似できるか？」

「いえ、とんでもない。一生かかっても五千卷の本を全部読むこと
なんかできません、ましてその中から武術の道理を会得するなんて、

とうてい無理です」

「そやろ？よう分かってるやんか。そいで黄裳先生は大武術家になりはったんやが、やっぱり役人のままやった……」

　北京の三聯書店が一九九四年出版した『射雕英雄伝』の付録によると、黄裳は確かに実在した人物である。陳国符氏の『道蔵源流考』では、宋の徽宗が天下の道教遺刻を尋ね探すことを頗る詳しい。徽宗は政和三年に天下に道教の神仙経典を尋ね探すように詔して、そして収穫はとても大したものだった。政和五年に経局を設けて、道士に校庭訂するように勅して、福州の猪県に送り，郡守の黄裳に工匠を雇い、版を刻ませた。その刊行された道蔵は『政和万寿道蔵』と称されて、全部で五百四十函で、五千四百八十一巻もある。黄裳は字晟仲で演山先生と称され、福建延平の人で、高宗の建炎三年卒し、年八十七である。『演山先生神道碑』では彼のことを「頗る延年養生の術に従事す。道家の書を博覧して、往々として深く解りて、之を日用に参す」とある。

　小説では、正にこの黄裳が天下武功の最高の理をまとめた武学経典『九陰真経』を書いた、というふうに虚構した。それで『九陰真経』の始まりは、欧陽克と郭靖の暗唱によると、このようである：「天之道，損有余而補不足，是故虚勝実，不足勝有余……（天の道は、余り有るを損して足らざるを補う。是故に虚は実に勝ち、足らざるは余り有るに勝つ…）（第18回）」この最初の綱目は即ち老子の『道徳経』（これは『道蔵』の中で第一の経典である）より出たものである：「天之道，損有余而補不足；人之道，損不足而奉有余（天の道は、余り有るを損して足らざるを補う；人の道は則ち然らず。足らざるを損して以って余り有るに奉ず）。」よく考えて見れば、もともとこの『九陰真経』は『道蔵』より出たもので、黄裳のような道教史上で重大な貢献をした人物を以って『道蔵』

を独学した武学の大家に封号したのも不思議ではないだろう。金庸の虚構は
まさに「理に順ひて章を為す」といえよう。

結　語

北京大学の教授陳平原氏がその　『千古文人俠客夢』に以下のように
書いている：

在二十世紀的中国，仏、道因其不再在政治、文化生活中起重要作用而
逐漸為作家所遺忘。除了蘇曼殊、許地山、林語堂等寥寥幾位，現代小説家很
少以和尚道士為其表現対象，作品中透出仏道文化味道的也不多見。倒是在被
称為通俗文学的武俠小説中，仏道文化仍在発揮作用，而且取得了前所未有的
成就。以致可以這様説，倘若有人想借文学作品初歩了解仏道，不妨従金庸的
武俠小説入手。❹（訳文：二十世紀の中国では、仏教・道教は二度と政治や
文化生活の中で重要な働きをしなくなるため次第に作家たちに忘れられてい
る。蘇曼・許地山・林語堂等有数な作家を除いては、現代小説家が和尚や道
士をその表現する対象とすることはまれで、仏や道の雰囲気を漂わせるよう
な作品も珍しい。意外と通俗文学と呼ばれる武俠小説の中では、仏や道の文
化はいまだに働いていて、しかも未曾有な成果をあげたのだ。すると、若し
文学作品で初歩的に仏や道を理解をしたいなら、金庸の武俠小説から始まっ
ても差し支えないだろうと言えよう。）

まさにそのように、金庸の小説は二十世紀の中国で武俠小説の三回目
のピークを迎えて、しかも二十一世紀の今日でもなお人気が衰えない最大な
秘密は、中華思想及び民族文化伝統の尊重と継承にあると思う。

---

❹　陳平原　『千古文人俠客夢』（人民文学出版社，1992年），頁76。

參考文獻

盧国光　『道教哲学』（北京，華夏出版社，1998）

林世田等編校　『全真七子伝記』（北京，宗教文化出版社，1999）

王卡主編　『中国道教基礎知識』（北京，宗教文化出版社，1999）

于平主編　『道家十三経』（北京，国際文化出版公司，1995）

漆緒邦　『道教思想与中国古代文学理論』（北京，北京師範学院出版社，
　　1988）

卿希泰主編　『中国道教第四巻』（上海，東方出版中心，1994）

李振綱主編　孔令宏著　『中国道教史話』（保定，河北大学出版社，1999）

周高徳　『道教文化与生活』（北京，宗教文化出版社，1999）

南懐瑾　『中国道教発展史略』（上海，復旦大学出版社，1996）

李振綱主編　孔令宏著　『中国道教史話』　（保定，河北大学出版社，1999）

陳平原　『千古文人侠客夢』　（北京，人民文学出版社，1992）

王西平・陳法永主編　『重陽宮与全真道』　（西安，陝西人民出版社，1999）

陳墨　『金庸小説与中国文化』（南昌，百花洲文芸出版社，1995）

陳墨　『孤独之侠─金庸小説論』（上海，上海三聯書店，1999）

桂冠工作室著　『侠之大者─金庸評伝』（北京，中国社会出版社，1994）

文史知識編輯部編　『道教与伝統文化』（北京，中華書局，1992）

「日」岡崎由美監修　『武侠小説の巨人─金庸の世界』（徳間書店，1996）

陳烺及其《玉獅堂十種曲》

陳美雪*

一、前　言

　　中國古典戲曲，由宋代戲文、元代雜劇，奠定下堅實的基礎。中間經過明代傳奇作家的努力，作品豐碩，造詣高超。到了清代，延續前朝的成果，清初崑曲的發展已進入全盛時期，不但劇作量爲其他各個時期所不及，而且創作成就也達到相當高的水平。

　　從劇作的思想性來說，清人以異族入主中國，統治階級爲鞏固政權，殘酷地壓迫漢人，尤其是具有民族意識的文人階層，懷才不遇，戲曲成了他們心靈的寄託，一方面藉以施展才華，二方面借古人酒杯，澆自己塊壘。藉著戲曲的演出，發洩內心憤激不平的情感，傳達廣大群眾痛苦的心聲。因此這個時期戲曲作品的主題思想相當顯豁，貫穿著一條主線——那就是反抗清朝的統治。

　　到了康熙雍正年間，清朝入關統治中國，已有二十年之久，政局逐漸穩定，經濟發達，文化也日趨繁榮，戲曲在這種環境之下，也得到了進一步的發展。劇作家人才輩出，劇本數量之多、質量之高，達到了登峰造極的境界，戲曲理論的著述也相繼產生。這時統治階級以軟硬兼施的手段，採取懷柔政策來籠絡知識份子，緩和民族矛盾，但仍有不少人利用戲曲曲折含蓄，又極其深刻地抒發內心的悲痛，冀望能有漢族的子孫東山再起。因此戲曲的主題思想中，

＊　世新大學中國文學系副教授。

那條體現民族壓迫的主線，仍此起彼伏地延續著。

乾隆年間，經過初期的勵精圖治，文化經濟達到清朝最繁盛的時期，與社會各階層生活密切相關的戲曲，自然得到迅速發展的機會。乾隆皇帝本人又愛好戲劇，所謂「上有好者，下必甚焉」，在宮廷中除了歷代相傳的承應戲外，又產生了長達二百四十齣的歷史大戲，成為傳奇的一支，宮廷戲曲與民間戲曲相互影響，在演出方面，不論劇情、腔調、行頭、臉譜、道具、做工，都有很大的改進。劇本的思想內容反民族壓迫不再是主線，歷史故事、社會生活、小說情節……，異彩紛呈，表現多元發展的趨向。

這時傳奇和雜劇的體制更加多樣化，劇本的長短越來越自由，並創造了可分可合的劇本。曲牌的使用也不受限制，或南曲或北曲，或南北合套，作者可任意選擇。傳奇和雜劇嚴格的界限逐漸消失，而崑曲仍居於劇壇盟主的地位。

從乾隆中葉開始，情況發生了變化，太后兩次壽慶和乾隆六次南巡，使得地方上大劇團名演員相繼以進京獻技為榮，造成崑曲、弋陽腔、秦腔、皮黃爭奇鬥勝的局面。崑曲遂由獨霸劇壇轉為與地方戲分庭抗禮。總之，乾隆年間是我國戲曲演進變化一個很重要的時期。

嘉慶以後，不再有過去的盛況，逐漸有所縮減。由於經濟不景氣，道光皇帝下令裁員，因此這時期舞臺所演出的戲，僅限於從前的劇目和一些粉飾太平、歌功頌德的承應戲，這時崑曲已是強弩之末，雖然作家作品數量產生了不少，可是質量已不能與乾隆以前媲美了。尤其缺乏具有舞臺經驗，能結合實際演出來進行創作的人才，造成創作與演出脫節，劇本成了文體的一種，逐漸形成由場上轉到案頭的趨勢。傳奇雜劇的創作成為文人餘事。劇壇盟主已讓位給皮黃，崑曲上演機會日益減少，尤其咸豐和慈禧非常愛好皮黃，再加上四大徽班在北京相互競爭，對皮黃的發展起了很大的推進作用，因此形成清末劇坊的迴光反照。鴉片戰後，清廷政治更趨腐敗，民主革命思想勃興，作為案頭文學

的雜劇傳奇有一支分化爲反映革命思潮的工具。❶

　　本論文所要研究的劇作家陳烺，正是處在嘉慶以後到清末這個時期，前述清代戲曲的發展概況，除了希望對清代整個戲曲發展有一個基本的認識之外，更進一步著眼於給陳烺的劇作一個定位，藉由陳烺劇作所呈現出來的主題思想，從而看出他作品的價值和意義。

二、作者生平及其劇作

　　陳烺（嘉慶 20 年－光緒 21 年，1817-1898），字叔明，號雲石山人，晚年號潛翁，一號玉獅老人。江蘇陽湖縣（今武進）人。邑增生，父母早亡，由兩兄撫養成人。年少時即發憤苦讀，然科場多次應試不中，又遇戰爭，半生流離困苦，年五十方以鹽官分發浙江，浮沈下僚，甚不得志。

　　擅長繪山水畫，工詩詞戲曲，精通音律，在浙江數十年，和俞樾、譚廷獻、錢元涪、宗山、吳唐林、楊葆光等當代文人學士結翰墨緣，經常在風景優美的湖山勝地吟詩作畫，當時人都以得到他的畫爲一大樂事。以教育英才爲己任，年輕人多願向他請教。辭官歸里時，年已七十八歲，暇時與家鄉長老參究佛學，著《禪門問答》一卷、《禪眞語錄》四卷，尚未完稿，便與世長辭，享年八十二歲。

　　他一生著作很多，惜大半散失。現存的有《中國畫史》、《讀畫輯略》、《雲石山房剩稿》、《玉獅堂傳奇十種》，其中尤以戲曲作品爲世所稱。❷

---

❶ 見周妙中著：《清代戲曲史》（鄭州：中州古籍出版社，1987 年 12 月），頁 249。
❷ 陳烺生平，參考以下資料：
　1.莊一拂編著：《古典戲曲存目彙考》（臺北：木鐸出版社，1986 年 9 月）。
　2.馬良春、李福田主編：《古典文學大辭典》第 5 冊（天津：天津人民出版社，1991 年 10 月）。

玉獅堂十種傳奇都是陳烺晚年的創作，《仙緣記》、《蜀錦袍》、《燕子樓》、《海虹記》刊於光緒十一年（1885），稱爲《玉獅堂傳奇四種》，後來續刊了《梅喜緣》，稱爲《玉獅堂傳奇五種》。到了光緒十七年（1891），其他五種刊印行世，即《同亭宴》、《回流記》、《海雪吟》、《負薪記》、《錯姻緣》，稱爲《玉獅堂後五種傳奇》，與前五種總稱合刻本爲《玉獅堂傳奇十種》，卷末又附上現存最遲的作品《悲鳳曲》。《悲鳳曲》是說唱文學，以說書人的口吻，由一人問一人答的方式說明情節，故事敘述浙江江山縣王氏養媳毛鳳姑，婆婆逼迫爲娼，不從，被割下耳舌慘死。短短一套曲子，寫出了一個飽受欺凌的弱女子的不幸遭遇，揭發舊社會的黑暗面，讀後令人髮指。此故事不在十種曲研究範圍之內，僅在此一筆帶過。

筆者所見《玉獅堂傳奇十種》，乃九州大學圖書館濱文庫所藏。前有總序兩篇：一是仁和譚廷獻序，是就後五種傳奇所作之總序。一是曲園居士俞樾序，是就前五種傳奇所作之總序。其後同里吳唐林序一篇，玉獅老人自序一篇，以及當代文友、學生七人所寫之題詞，以詩詞抒發觀劇後之感想，此皆是對第一種傳奇《仙緣記》所作之評論。以下各種傳奇都循例，開頭有一或兩篇序和題詞數首。另有後序兩篇，分別由門下學生劉炳照、徐光鑒所撰。從這些序和題詞中可以看出各劇本所反映的思想。

又前五種傳奇皆由鐵嶺宗山嘯吾校正，後五種前有嘉定錢元涪題字。前五種曲分上、下兩卷，每卷八齣，共十六齣；後五種篇幅縮小，每種僅八齣。除後五種傳奇開頭有作者填詞一首外，餘結構組織大都相同。

3.周駿富編：《清代傳記叢刊》（臺北：明文書局，1985 年 5 月）第 197 冊。

4.莊一拂編著：《明清散曲作家匯考》（杭州：浙江古籍出版社，1992 年 7 月），頁 38。

三、《玉獅堂十種曲》之劇情概要

本文重點在談論玉獅堂十種所反映的思想，為了避免空談無據，以下先將各劇本故事內容大略介紹於後：

(一)《仙緣記》

一名《碧玉環》，故事脫胎於唐人小說顧夐的〈袁氏傳〉，元鄭廷玉有《孫恪遇猿》雜劇。此傳奇演唐開元年間，孫恪偕父同歸故里，返鄉途中訪峽山寺僧惠幽，贈碧玉環一支，並云：「他日富貴姻緣，神仙眷屬都在於此。」後孫生進京應試落第，窮途末路，不得已變賣玉環，買家袁氏周濟，移居他宅，遂與袁氏女結為連理。一日偶逢中表張閑雲，觀孫恪顏色，妖氣頗濃，乃授寶劍一把，勸其早作圖謀。後為袁氏所知，忿而質疑其恩將仇報，孫生表明心意，從此奮志功名。得官赴任途中經峽山寺，訪高僧惠幽，則已亡化。見師父馴養之獼猴就食，袁氏裂衣化白猿而去，小沙彌說前因，孫生亦披髮入山。

(二)《蜀錦袍》

演明末石砫土司秦良玉的事蹟[3]，董榕《芝龕記》、許鴻磐《女雲臺》雜劇，題材亦同。故事以隱士聞人杰拜訪高人朱道貞談國事開頭，言楊應龍叛亂，秦良玉偕夫君馬千乘領兵擊潰，楊逃亡藺州奢崇明處，挾仇報復，誣指馬千乘八大罪，將其擒拿入獄。適賊攻圍成都，紅崖墩一役，誅賊將樊龍。平蜀後，上表乞恩，不料赦書到日，夫君病死獄中。後闖王李自成揭竿而起，長驅直入

---

❸ 秦良玉的事蹟，見張廷玉等撰：《明史》（北京：中華書局，1974年）列傳第158，〈秦良玉〉。

北京，秦奉詔勤王，都城平定，崇禎帝賜錦袍，用以嘉勉。張獻忠猖獗蜀中，秦收拾殘兵，背水一戰，兵敗欲自刎，左右侍衛跪求：「暫回石砫，以圖後舉。」後秦往各苗洞募兵籌餉，豈料國破君亡，欲歸無所。末以聞、朱二人遙奠先王作結。

(三)《燕子樓》

演關盼盼故事，根據《白氏長慶集》〈燕子樓詩序〉加以潤色。傳燕子樓事之戲劇屢見：宋元戲文有《許盼盼燕子樓》、元侯克中有《關盼盼春風燕子樓》雜劇、明竹林逸士有《燕子樓》傳奇、清葉奕苞亦有《燕子樓》傳奇。此劇敘述張建封除爲淮南節度使，移鎮赴任途中，李希烈謀反，爲張生所挫，不甘心，遣手下胡忠乘機行刺。胡忠在舊識老鴇歌妓院中，見關盼盼姿容絕色，乃設計將關盼盼獻給張生，藉以行事，後知張生忠義，不忍殺害，又自認不信不義，自刎而死。張生既得關盼盼，寵愛非常。白居易與張生爲故交，將赴淮陽，順道拜訪，席間見關盼盼，彼此吟詩唱和。後張生因病過世，關盼盼念從前舊愛，誓死守貞，移別業燕子樓居住，立誓：「從今足跡不下樓，以畢此生。」一日，關盼盼接到白居易書函，責其不能死殉，從此絕食待斃。白居易和詩三首以寄慨。

(四)《海虬記》

演外山王海杰嘯聚海中，爲李乘招撫的故事。❹宗山序中指出：「《明史》永樂七年命總兵李珪平海盜於欽州，相傳即此事所祖。」此劇內容敘述李楚材奉諭旨遣高朋按海圖密訪，高乘船海中遇難，爲大同公主海玉蟬救回，成就一

---

❹ 《明史》本紀第6，成祖2：「七年，夏四月壬午，海寇犯欽州，副總兵李珪遣將擊敗之。」即此事所本。

段婚姻。外山王見高朋，知其來意，乃與夫人餞別，二人回中土見李乘，李以賓主之禮待之，海杰見李四公子不凡，謂其勳業必在我輩之上，乃授公子兵法，待劍術諳習之後，海杰以死明志。

(五)《梅喜緣》

取材於蒲松齡《聊齋志異》〈青梅〉，以張介受與程青梅、王阿喜的姻緣，寫人生聚散，世態炎涼。故事敘述書生張介受家中清寒，然奮志求學，事母至孝。金陵人程無垢欲往西川謀職，暫將幼女青梅權寄堂弟程無量處，誰知程賭博輸錢，竟將姪女賣到王員外家。青梅為張生孝行所感，欲促成其與小姐王阿喜婚事，終因員外夫婦勢利，無法如願。青梅遂自媒嫁張生，小姐贈金釵玉成其事。後員外選官曲沃，攜眷同往。青梅既嫁，奉姑盡孝，張生連登甲榜。王家小姐因父親賄賂私行，贓發為上官參勘去任，又遇盜搶劫，父母痛財受驚，相繼而歿。王阿喜舉目無親，欲尋自盡，神鬼救助，放他回陽。於是賣身葬親，花花公子富有才將納為妾，被悍妻所逐。老尼憐其無依，留庵中居住。青梅父親亦尋女來到庵中，小姐認其為義父。一日，青梅在往丈夫任所途中，因避驟雨來到庵中，遂與父親、小姐相認。

(六)《同亭宴》

演武夷君宴幔亭、秦始皇求仙沒達到目的的故事。劇本內容敘述神仙武夷君念人事悠悠、塵寰擾擾，欲指示迷途，以救生靈之厄。這時秦皇當政，暴虐無道，卻妄求長生，派方士徐福帶童男女五百人，駕舟前去訪仙。又值大旱，民不聊生，控鶴仙人約眾仙祭禱祈雨，以蘇民困。秦皇執迷不悟，魔王託夢示警。秦末，四海亂亡，群雄並起，男女人民逃奔，尋覓小桃源，道童仙人指點迷津。眾仙於八月十五大會峰頂，與避難鄉人同享讌樂。漢興，祀武夷君，百姓建漢祀亭，以示不忘先人之德。

㈦《回流記》

此劇演王守仁平朱宸濠之亂和婁妃沈江的故事。❺是繼蔣士銓《一片石》、《第二碑》、《采樵圖》而作。內容敘述婁妃擔心藩王個性貪婪驕肆，恐有隱憂，一日朱宸濠於陽春別院宴飲，婁妃趁機勸諫，寧王不聽，依舊募水陸精兵數萬，以清君側爲名，興師攻取金陵。婁妃見前次言諫不被接納，復又題畫兩幅，以寓規諫之意。王守仁巡撫江西，見宸濠心懷不軌，調兵迎敵，敗宸濠於黃石磯。婁妃投江殉難，龍王派水部神將倒流江水，保其屍身。婁氏死後，上帝以其忠貞，封英烈貞妃。

㈧《海雪吟》

此劇演永曆時鄺露抱琴殉難及猺洞土司女公子雲鸒孃的故事，近人王蘊章有《綠綺臺》傳奇，亦敷演此事。內容敘述鄺露（湛若）乃一介寒士，擅長琴藝。南海縣令爲人貪鄙，派僕役前來聘請，爲鄺嚴詞斥退，縣令怒而革其生員身分，並欲拘捕治罪。好友顧天民勸其遠行以避禍。鄺生既別家園，來到廣西桂林邊界一猺洞，土司傾義重士，極爲禮遇，其女雲鸒孃亦通琴藝，兩人時相切磋，頗爲相知。一日，鄺露譜〈塞鴻秋〉曲，有歸與之志，雲鸒孃稟父送其歸返。鄺生見雲鸒孃學識淵博、武藝絕倫，卻無機會爲朝廷效命，十分惋惜。鄺生回鄉，廣州失陷，無家可歸，遂賦抱琴歌，與古琴同殉。

㈨《負薪記》

演張誠孝友事，據《聊齋志異·張誠》故事敷演而成。劇本內容敘述齊州人張民軼，因遭靖難之變，原配散失。逃至豫中，續娶，生子張訥，未幾妻

---

❺　《明史》卷117，列傳第5，諸王2：「初，宸濠謀逆，其妃婁氏嘗諫，及敗，嘆曰：『昔紂用婦言亡，我以不用婦言亡，悔何及。』」

亡,復娶牛氏,生子張誠。牛氏性情悍妒,每日叫前妻子張訥上山采樵,薪少便加鞭打。次子張誠天性友愛,常規勸母親。一日,張訥伐薪少了,母不給飯吃,弟懷得麵餅,分與兄長吃。後張誠以兄身體怯弱,無法受此勞苦,入山助兄砍柴,張訥一再勸阻無效。當天山中忽然出現猛虎,將弟啣去,張訥思量不能回家見父母,以斧砍頸自盡。張訥遊魂來到陰間尋找弟弟,遍尋不著,幸遇菩薩以楊柳沾露遍灑其頸,傷口痊癒,睡夢中醒來,決意往各地找尋弟弟。張訥沿途訪覓,貲囊罄盡,只好求乞而行。一日,在行乞道中,遇人解圍,認出弟弟,說起前事。張誠自被虎啣去,置之道旁,張千戶救治得蘇,收養為子。乃延至千戶家,始知千戶之母即張民軼散失多年之前妻。於是兄弟返鄉,一家骨肉團聚。

(十)《錯姻緣》

本《聊齋志異·姐妹易嫁》故事。敘寡婦倪氏,先夫見背,攜子毛紀往見張學古,求張宅尺土安葬;張學古將墓地奉贈,見其子器宇不凡,留在家中延師課讀,謂其將來必有成就,欲以長女許配與他,不意張大姑嫌貧,迎娶當日,堅不上轎,虧得次女深明大義,張老無奈,只好將她易嫁過去。婚後事姑盡孝,情敦好合,毛紀專意進取功名。大比之年,毛生因嫌妻頭髮短少,夢中隱萌易妻之念,竟被黜下一科。後文昌宮星官託夢示警,從此再也不敢心生妄念。姐姐自適里中富家兒,不務正業,專事遊蕩,家道日漸陵夷,姐夫一病身故。其姐削髮空門,情景堪憐。

從以上的劇情介紹中可以知道,陳烺的劇作多是根據小說故事或大家所熟知的歷史人物事蹟改編而成,這也是一般戲曲取材的特色,也就是以大家共同的經驗來喚起觀眾的共鳴!

四、陳烺劇作所反映的思想

　　陳烺生長的晚清時代雖有各種進步的思想萌芽，如譴責帝國主義侵略、鼓民主革命、提倡婦女解放等，也反映到某些劇作家及劇本上面，但陳烺是個傳統文人，他個性保守，加上傳統教育的影響，所以，他的劇作所反映的大抵都是傳統社會裏所強調的忠孝節義思想。茲將其劇本所反映的主要思想分析如下：

(一)忠君愛國的思想

　　這可以《蜀錦袍》一劇爲代表。劇中女主角秦良玉爲馬千乘之夫人。她是位有忠義之氣、愛家愛國的女子。她對明末西南地區的動亂，感到憂心。對楊應龍反叛，更覺可恨。她爲了協助夫君，調兵遣將，一副男兒氣概。如第三齣〈援播〉的〈鵲橋仙〉云：

> 狼煙遍野，妖星如彗，一念時艱心墜，疆場若得裹尸回，也勝似男兒千倍。

可以看出秦良玉爲國捐軀的大丈夫氣概。由於朝廷的腐敗，其夫馬千乘因受楊應龍陷害，病死獄中。秦良玉以女兒之身襲夫君之職，挑起夫君未竟的功業·她說：「君父有急，爲臣子者雖赴湯蹈火，亦所不辭。」（卷下，第十二齣〈勤王〉）。出動全家大小保衛家園。晉見崇禎皇帝時，頗受皇上之褒獎。當張獻忠攻陷楚地，長驅至夔州，事態危急，秦良玉很堅定地說：「惟有收拾殘兵，背城一戰，捐軀以報國耳。」（卷下，第十五齣〈兵潰〉）當事情不可爲，秦良玉欲拔劍自刎，侍從奪劍跪求時，她說：「我以一孱婦，蒙國恩二十年，今不

幸至此，其敢以餘年事定職哉！」（同上）當她遇見朱道貞、聞人杰兩位義士，
得知崇禎帝已殉國，馬上拈香拜跪，哭奠一回，並說：「妾身所以不即死者，
欲圖重起義師，以期恢復耳。否則何惜一死，以從先帝於地下。」（卷下，第
十六齣〈遙奠〉）難怪聞人杰要說：「秦夫人忠義凜凜，誠為女中大夫。」（同
上）秦良玉為完成丈夫未完之志業，以個人有限的力量，扛起保家衛國的重責
大任。此種義氣足令當時男子氣短，貪官污吏也感到羞愧。

(二)堅貞守節的思想

　　這方面的思想，可以《燕子樓》為代表。關盼盼本是青樓歌妓，但她潔
身自好，常感嘆：「惜花人等閒難遇」（卷上，第一齣〈夢因〉）「薄倖兒多，
鍾情人少。」（卷上，第五齣〈納姬〉）後來，因李希烈想向張建封報復，遣胡
忠將關盼盼送入張建封府內。若關盼盼得到寵愛，胡忠也方便行事。張建封和
關盼盼過著一段恩愛的日子。後來張建封病篤，向關盼盼說：「我頭目昏眩，
恐不濟事的了。你們去留聽之。無須勉強。」（卷下，第十一齣〈星隕〉）後來，
張建封逝世，張生前對關的寵愛有加，讓關永生難忘，她說：「我想尚書在日，
如何寵愛，倘或稍變初心，何以見尚書於地下，從此當洗盡鉛筆，誓死終身，
以報尚書之德便了。」（卷下，第十二齣〈誓嫁〉）此後，關盼盼就移住燕子樓，
並云：「我從今足跡不下樓，以畢此生便了。」（卷下，十二齣〈誓嫁〉）表示
她從此要為張建封守節過一生。

　　守節的婦女雖然意志堅定，但日常生活也覺寂苦的，所以，關盼盼說：
「奴家一自樓居，塵緣已絕，身經百折疾病纏綿，縱然勉強支持，也覺偷生乏
趣。」（卷下，第十四齣〈樓殉〉）這時，恰好白居易寄來一首律詩云：「黃金
不惜買蛾眉，揀得如花四五枝。歌舞教成心力盡，一朝身去不相隨。」（同上）
這是白居易在質疑她不能殉節。關解釋說：「自公薨背，妾非不死，恐後人以
我公重色，有從死之妾，是玷我公清範也。」（同上）自古為夫守節的婦女多

得不計其數，關盼盼祇不過是千百個例子的典型而已。陳烺的《燕子樓》與其說是要強調婦女守節的重要，倒不如說是當時封建禮教的反映。

(三)感恩圖報的思想

《梅喜緣》所要表達的是一種感恩圖報的思想。程青梅本來是孤苦無依的少女，被賣到王家當王阿喜的婢女。由於王阿喜善待程青梅，兩人情同姊妹，程青梅也一直有回報之心。所以，王夫人差程青梅到張介受家向張的母親問病時，他見到張介受侍奉母親極為孝順，就想到為小姐王阿喜擇配，她說：「我前日來時，見張相公自啗糠粥，而以肥甘奉母，如今患疾，又能竭盡心力，似此孝行，深為可嘉，我想小姐擇配，莫過此人。」（卷上，第四齣〈感孝〉）這個想法，由於王家覺得門不當戶不對沒有實現。恰好王員外要調官山西，張介受家又央人來求婚，程青梅就嫁給了張介受。王阿喜還送給程青梅金釵，所以青梅說：「婢子蒙小姐厚待，如今又贈釵環，此德此恩，沒身難報。」（卷上，第八齣〈遣嫁〉）後來，王阿喜父母雙亡，受盡折磨，流落尼庵，適巧程青梅到尼庵避雨，再與王阿喜相會。程青梅馬上把王阿喜迎回家裏，準備為王阿喜和丈夫舉行婚禮。且還向王阿喜私下說：「虛此位以待君久矣。」（卷下，第十六齣〈雙圓〉）意思是說我程青梅不敢居正妻的位子。從婦人的心理來說，如果不是對方對己有大恩大德，何以能有此寬大的心胸。就是因為王阿喜以前對待程青梅的恩情，使程青梅感恩圖報，願意虛位以待。這種報恩的觀念，在寫《梅喜緣》中可說發揮到了極致。

(四)兄弟友愛的思想

這可以《負薪記》為代表。張民軼繼妻牛氏，生性悍妒，自己有子名張誠，而常鞭撻前妻之子張訥，有時還不給飯吃。張誠除規勸其母外，也把母親所給的食物分給張訥。由於張誠有如此體認，所以十二歲小小年紀就會說：「人

生至愛惟昆季，友誼如何比得來。」（第二齣〈刈薪〉）張誠助兄採柴，爲老虎
銜去。張訥自責，睡夢中，遊魂來到陰間，尋找弟弟張誠。但卻遍尋不著。張
訥向父母自請要外出尋弟，到揚州盤纏已盡，只好淪爲乞丐。

那被虎啣去的張誠，並沒有死，爲張千戶所收養。張誠陪千戶外出，見
群人打架，原來是當乞丐的哥哥與人發生糾紛。兄弟相認，一起回千戶家。兄
弟各敘這段時期的種種遭遇。沒料到張千戶竟是張民軼正妻在兵災中離散後，
與人所生之子。則張千戶與張訥、張誠，可說是同母異父，同父異母之兄弟矣。
兄弟等人遂一起回豫中晉見父親，全家團圓。

這個劇本所要強調的是兄弟的友愛，像張訥、張誠，可說是同父異母兄
弟，張誠爲虎所噬，張訥爲尋回弟弟，歷經千辛萬苦，竟淪爲乞丐，這種兄弟
的友愛之情在人間也許並不罕見，但兄弟爲瑣細之事反目成仇者亦不在少數。
陳烺這一劇本對兄弟能友愛者有嘉勉的作用，對不友愛的兄弟當有勸誡的意
味。這劇本深具教化的意義，於此也可看出一二。

㈤不可有輕貧嫌醜的思想

這可以《錯姻緣》一劇的代表。張學古的大女兒張大姑本來許配給貧窮
的毛紀。迎娶當日，張大姑因嫌毛紀太貧窮，堅不上轎。幸好二女兒深明大義，
願意代姊姊嫁過去，才解決了這尷尬的場面。所以張學古感嘆地說：「虧得我
生了兩個女兒，若單是一個，教我今日怎樣挨得過去。」（第四齣，〈代嫁〉）
毛紀婚後專意功名，其妻怕夫婿將來變心，所以向毛紀說：「不是妾過慮，但
凡讀書人未得志時，尙無他念，一到名成，就難說了。」（第五齣，〈窺妝〉）
大比之年，毛紀因嫌妻子頭髮短少，不太雅觀，在夢中有易妻的念頭，竟被黜
落三年，後來文昌宮星官托夢警告，才不敢有他念。

毛大姑嫁給里中富家兒後，因丈夫「不務正業，專事蕩游，家業日漸陵
夷。」後來丈夫病故，祇好削髮入空門。俞樾在這劇本前的序說：「此一事有

可以警世者二，婦人女子，欲其於貧賤中識英雄，良非易易……然以一念之差，成終身之誤，清夜自思，能不淒然淚下，是可為婦女鑒者一。至於男子，當食貧居賤，與其妻牛衣對立，孰不曰：『苟富貴，無相忘。』乃一朝得志，便有「貴易交，富易妻」之意；若毛生者，偶萌此念；然已黃榜勾消，青雲蹭蹬，使非神明示夢，有不潦倒一生乎？是可為男子鑒者一。」認為此一劇本既可作為婦女嫌貧愛富的鑒戒，也可作為男子富貴易妻的鑒戒。

其他如《海虬記》，強調天命不可違；《同亭宴》闡揚「行善者留芳百世，作惡者遺臭萬年」的道理；《海雪吟》、《回流記》同情知識份子的懷才不遇。雖主題思想沒有前文所舉那麼明確，但也都有其教化作用。

五、結　論

從前文的討論分析，約可得下列數點結論：

其一，陳烺是江蘇陽湖縣人。是晚清重要的戲曲作家。他的《玉獅堂傳奇十種》是晚年的創作。其中《仙緣記》、《蜀錦袍》、《燕子樓》、《海虬記》刊於光緒十一年（1885），稱為《玉獅堂傳奇四種》，後來又續列了《梅喜緣》，稱為《玉獅堂傳奇五種》。到了光緒十七年（1891）又刊行《同亭宴》、《回流記》、《海雪吟》、《負薪記》、《錯姻緣》，稱為《玉獅堂後五種傳奇》，與前五種總稱為《玉獅堂傳奇十種》。卷末又附有現存最遲的作品《悲鳳曲》。

其二，《玉獅堂十種曲》大都取材於前人的小說故事或歷史人物。取材於小說者，如《仙緣記》，脫胎於唐人小說顧敻的〈青梅〉；《負薪記》則取材於《聊齋志異》的〈張誠〉故事；《錯姻緣》則取材於《聊齋志異》的〈姐妹易嫁〉故事。取材於歷史人物故事的，如《蜀錦袍》，演明末女將秦良玉的故事。《燕子樓》演關盼盼的故事。《海虬記》演外山王海杰嘯聚海中，為李

乘招安的故事。《同亭宴》演武夷君宴幔亭，秦始皇求仙沒達成目的的故事。
《回流記》演王守仁平宸濠之亂和婁妃沈江的故事。《海雪吟》演永曆時酈露
抱琴殉難及猺洞土司女公子雲鞸孃的故事。從這些劇本的取材，可以知道陳烺
善於汲取人人熟知的小說或歷史故事作爲素材，從這些題材中去宣揚他的教化
思想。

其三，陳烺的《玉獅堂十種曲》，每一劇本大都有一明確的主題思想，
如《蜀錦袍》反映了忠君愛國的思想；《燕子樓》反映了關盼盼堅貞守節的思
想；《梅喜緣》所要表達的是感恩圖報的思想；《負薪記》所要表達的是兄弟
友愛的思想；《錯姻緣》要表達的是不可輕貧嫌醜的思想。其他各個劇本也都
反映了某種思想。但總而言之，陳烺所要傳達的是藉戲劇的創作來宣達傳統倫
理思想。所以傳統倫理道德中的忠孝節義，幾乎都可以在他的劇本中找得到。
或許有人會以爲陳烺所處的是一個大變動的時代，何以陳烺不能借他的劇本來
反映社會的變動？這可能是陳烺所受的是傳統的教育，個性也趨於保守。他依
照傳統的方式來宣揚倫理道德，可說也善盡一位知識份子的社會責任。不一定
人人都去鼓動風潮，才算有功於社會。

臺灣國語文教科書之考察

——以原住民文學選文為對象

黃文吉[*]

摘　要

原住民在臺灣雖屬少數族群，但從早期的歌謠與神話傳說，乃至目前的現代文學創作，都有其特色及成就。本論文針對臺灣各級學校國語文教科書，考察它們選用原住民文學作品的情況，可歸納為以下四點：㈠原住民文學作品已成為教科書選文的對象；㈡原住民文學選文的作者涵蓋面廣；㈢原住民文學選文內容相當豐富；㈣原住民文學選文形式呈現多樣化。最後，個人也提出兩點期許：㈠在教科書編纂方面，希望開放後民間版的教科書，能呼應本土化、多元化的社會主流價值，重視原住民文學的特殊成就，多選用原住民文學作品，或編纂一套原住民文學作品選讀，這是增進瞭解和尊重原住民的一條便捷道路。㈡在原住民文學創作方面，希望原住民朋友持續投入搜集歌謠和神話傳說的工作，以豐富原住民文學的內涵；更期盼原住民朋友，透過文學來捍衛固有文化，也能夠創造新文化，相信有一天原住民文學就如運

---

[*]　彰化師範大學國文學系教授。

動、歌唱一樣，將為臺灣在國際上揚眉吐氣。

關鍵詞　國語文教學　教材教法　國語文教科書　原住民文學、選文

一、前　言

　　劉三富教授賢伉儷鶼鰈情深、待人熱誠，凡是到過日本福岡的臺灣學界朋友，對這一對模範夫妻都讚不絕口。劉教授為傑出的原住民，當年和夫人結婚的時候，也是轟動一時的社會新聞，媒體記者用大標題寫著：「漢家女下嫁山地郎」。雖然事隔多年，劉教授回憶起來，還是憤憤不平地說：「什麼下嫁嘛！」這種感受，絕對不是那些漢人本位思想者所能體會的。

　　媒體記者的無知、措辭不當，固然難辭其咎，但形成這種觀念的背後力量，更要負大半責任。臺灣過去戒嚴時期的教育，都是以「反共愛國、鞏固領導中心」為最高指導原則，就以國語文教育為例，課文中不是充滿政治人物教條式的文章，就是充滿中國大陸情懷的文章。至於與臺灣這塊土地息息相關的作品，則往往被忽略了。

　　尤其不可原諒的，是對這塊土地、人民、語言、文化所存在的鄙夷態度，電視節目常以樸拙的臺灣市井小民為取笑對象，臺灣人的母語被禁止出聲，這是眾所周知的事。對臺灣原住民傷害最深的，不是颱風，不是洪水，更不是猛獸，而是號稱得到原住民崇拜的「吳鳳」。過去的小學國語教科書，為了宣揚「成仁取義」的精神，特別編寫了一課與吳鳳故事相關的課文，大意是：臺灣阿里山原住民有以人頭祭祀的習俗，通事吳鳳為了改變他們的習俗，最後犧牲了自己的性命。原住民誤殺吳鳳之後，發誓再也不取人頭祭神了。

　　吳鳳的故事由來已久，雖然不是教科書編寫的人創造出來的，但為了宣揚一種理念，不考慮少數族群是否會受到傷害，硬將這則故事編入教材，無疑

地是一種很粗暴的行爲。原住民子弟在這樣的教材踐踏下，屈辱了二三十年，也使得曾經受這種教材荼毒的人，對原住民留下一種野蠻的、文化落後的刻板印象。

隨著臺灣政治自由化、民主化的腳步，原住民的基本人權也逐漸浮出檯面，吳鳳故事的課文在各方壓力下終於被刪除了，「吳鳳鄉」也正名爲「阿里山鄉」。但教育的目的，並不只是消極地避免歧視不同的族群，更應該積極的尊重各族群，增進族群間的瞭解。因此，本人願意利用爲劉教授祝壽的機會，對目前臺灣各級學校的國語文教科書，作一全面的考察，以瞭解這些教科書對原住民文學的選文情況，並提出個人的一些淺見。

二、大專教科書—《大學國文精選》率先選用原住民文學作品

臺灣的大學及專科學校，承繼中小學階段的國語文教育，在一年級都安排有國文課程。由於大專教育自主性較高，所以各學校的實施方式不盡相同，如有的學校開設一些專書課程，供學生依自己興趣選修，如此就沒有統一教材。但大部分學校還是採取共同的教材，遵照規劃的進度上課。教材的來源，有的是學校老師自己編纂，有的則採用市面流通的教材。本文是以這兩類教材爲考察對象，共搜集有下列十一種版本：

1. 《國立政治大學國文選》（增訂本）　國立政治大學中國文學系主編　臺北：編者出版　1964 年 9 月初版、1995 年 2 月初版 24 刷

2. 《東吳國文選》　東吳大學中國文學系國文選編輯委員會編　臺北：東吳大學　1984 年 8 月重編初版、1993 年版

3. 《大學國文選》　國文教學研討會編　臺北：幼獅文化事業公司　1984 年 9 月初版、1999 年 8 月修訂版

4. 《師院國文選》　李殿魁總主編　臺北：五南圖書出版公司　1988 年 10 月初版、1999 年 10 月初版 7 刷

5. 《大學國文選》　國立高雄師範大學大學國文選編輯委員會編　臺北：學海出版社　1995 年 7 月初版

6. 《大學國文精選》　彰化師範大學國文系編輯委員會編著、李威熊總主編　臺北：五南圖書出版公司　1997 年 9 月初版、1998 年 7 月初版 3 刷

7. 《大學國文選》　師大、臺大、政大等校 16 位名教授合編　臺北：三民書局　1998 年 8 月初版、1999 年 8 月再版

8. 《大學國文選》　大學國文選重編委員會編　臺北：中國文化大學出版部　1998 年 9 月

9. 《輔大國文選》　輔大國文選編纂委員會編　臺北：輔仁大學出版社　2000 年 10 月 3 版

10. 《大學國文選》　大學國文編輯委員會編　臺北：五南圖書出版公司　2000 年 9 月初版

11. 《大學文選》　國立成功大學中國文學系大學文選編輯委員會編　高雄：麗文文化事業公司　2001 年 9 月初版

　　這些版本中有的出版較早，還可看到一些政治性文章，如五南版《師院國文選》，選有：蔣中正〈大學之道〉、蔣經國〈我們是為勝利而生的〉二文；幼獅版《大學國文選》，在一九八四年版也選有：孫文〈民報發刊詞〉、蔣中正〈國父百年誕辰紀念文〉、蔣經國〈創造新時代的大事業〉等三文；由此可看出過去語文教育受到政治滲透之一斑，即使自主性較高的大專國文教育也不能倖免。

　　一般大專國文教材，都是以古典文學為主，如《國立政治大學國文選》（增訂本），共收有七十五篇文章，都是古文、詩詞選；《輔大國文選》，共

收有六六篇文章，也都是古文、詩選、詞選、曲選；高雄師大《大學國文選》，在六〇篇範文中，除了一篇〈現代詩選〉外，其它也全都是古文。但隨著社會的腳步，新編或新修訂的教材，也開始重視現代文學了。如幼獅版《大學國文選》，在一九九九年八月修訂時，增加了：〈現代詩選──履歷表〉（梅新）、〈現代散文選──方陽光〉（王鼎鈞）、〈現代小說選──屏東姑丈〉（李潼）等三篇現代文學；三民版《大學國文選》，在四〇課範文中，也有五課與現代文學有關：〈說青年之人生〉（唐君毅）、〈置電話記〉（吳魯芹）、〈瓷碗〉（洪素麗）、〈一勺靈泉〉（李元洛）、及一課含有〈金龍禪寺〉（莫洛夫）等四首的〈現代詩選〉。

在眾多版本中，選文最具開創性的，莫過於五南版《大學國文精選》，本書是由彰化師大國文系二十位教授共同編纂而成，筆者忝爲編輯小組召集人，與同仁擬出選文的方向，就是要：重視作品的「文學性」、「典範性」，並兼顧「現代性」及「本土性」。所以除選有膾炙人口的古典經典名作外，也選有許多臺灣先賢的作品；現代文學除當代名家外，也選有臺灣早期的作家。本書可以說最能掌握時代脈動、最貼近臺灣土地的大學國文教材。（有關本書較詳細的介紹，可參考拙文〈大學國文教材的新突破〉，發表於《自由時報·自由廣場》，1997 年 8 月 27 日）。

因此，《大學國文精選》沒有讓原住民在這本教材中缺席，收錄有早期平埔族的歌謠〈下澹水頌祖歌〉，還選有田雅各小說〈最後的獵人〉及莫那能新詩〈鐘聲響起時〉，這是原住民文學首次登上國文教科書的舞台，也是大專學生首次能從國文課中聽到原住民的心聲。茲將這三篇原住民作品介紹如下：

(一)〈下澹水頌祖歌〉

這首早期平埔族的歌謠，是選自黃叔璥《臺海使槎錄·番俗六考》。黃氏在清康熙六一年（1722），首任巡臺御史，任職期間，他透過公私管道采擷

風俗歌謠，撰成《臺海使槎錄》。其中〈番俗六考〉三卷，搜集臺灣南北兩路各地原住民部落的歌謠三十四首，以漢字記錄其音，並翻譯其意，可說是重視原住民歌謠採集工作的第一人。下澹水是當時鳳山八社之一，屬於平埔族中西拉雅族的馬卡道支族，大概在今天屏東的萬丹鄉一帶。這首歌謠的譯文如下：

> 請爾等坐聽！論我祖先如同大魚，凡行走必在前，何等英雄！如今我輩子孫不肖，如風隨舞！請爾等坐聽！

歌謠是在祭祀時頌揚祖先有骨氣、有擔當、勇往直前的英雄氣概，同時，也一再提醒、訓戒後世子孫，不能淪為隨風起舞的牆頭草。歌謠很忠實地反映出原住民的勇武精神，對經常受外力欺侮的臺灣子民頗有鼓舞作用。

(二)〈最後的獵人〉

這篇小說選自《最後的獵人》。作者田雅各（1960－　），本名拓拔斯·塔瑪匹瑪，南投縣信義鄉布農族人。現擔任醫師，從事基層醫療工作，業餘之暇勤於寫作，小說集除《最後的獵人》外，還有《情人與妓女》，並有散文集《蘭嶼行醫記》，曾獲吳濁流文學獎、賴和文學獎。

這篇小說是以作者的故鄉為場景，描寫主角比雅日與妻子吵架，賭氣上山打獵的過程。故事情節雖然簡單，但對日常生活的描繪非常細緻，將臺灣的山林景色，以及布農族打獵的情況，很生動的刻劃出來。尤其作者有深刻的文化思考，從中反映出現代文明侵襲下原住民文化的失落，也讓大家思考在多元化的社會裡，如何尊重少數族群文化的問題。

(三)〈鐘聲響起時〉

這首新詩選自《美麗的稻穗》。作者馬烈亞佛斯·莫那能（1956－　），

漢名曾舜旺，臺東縣達仁鄉排灣族人。中學畢業後，因眼疾而無法進入師專、
軍校就讀，後從事捆工、砂石工等勞力工作。現眼睛已經全盲，以按摩維生。
在惡劣的生活環境中，仍然秉持對族人之愛，化作心靈之歌，著有詩集《美麗
的稻穗》。曾應邀到美國愛荷華大學及日本訪問，並獲一九八九年「關懷臺灣
基金會」獎助。

這首詩是在反映原住民的雛妓問題，但作者並不採取直接的控訴，而以
原住民少女的口吻，借用教堂與學校的鐘聲，泣訴她們受難的心聲，第三段寫
道：

> 當教堂的鐘聲響起時
>
> 媽媽，妳知道嗎？
>
> 荷爾蒙的針頭提早結束了女兒的童年
>
> 當學校的鐘聲響起時
>
> 爸爸，你知道嗎？
>
> 保鑣的拳頭已經關閉了女兒的笑聲

鐘聲、心聲交織著原住民雛妓的血淚，聲聲震撼人心，只要有道德良知的人，
在受感動之餘，一定支持富有正義感的檢察官掃除人口販子，將作奸犯科者繩
之以法，並激發關懷弱勢族群的熱情。

彰化師大編的《大學國文精選》問世之後，馬上受到許多大專院校採用，
銷售量逐年增加，尤其重視本土文學、選用原住民文學作品的作法，更獲得教
育界的肯定，成爲各級學校國文教科書的編纂趨勢，如目前剛出版由成功大學
中文系主編的《大學文選》，除了在現代詩單元也選用莫那能的〈鐘聲響起時〉
外，並且在史傳文學單元還選用蔡善神的〈布農女人的故事〉，在母語文學單
元選用〈賽夏族矮人祭歌歌詞〉，由此可見本書也相當重視原住民文學。茲將

這兩篇選文介紹如下：

㈠〈布農女人的故事〉

　　本文選自江文瑜編《阿媽的故事》，該書是女權會策劃「阿媽的故事」徵文比賽作品集。作者蔡善神（1974－　），族名達嗨憫奇暖，臺東縣布農族人。他生性豪邁熱誠，關心原住民事務，自高二起即參加「還我土地」、「原住民正名」等社會運動；又喜好寫作，迭有佳構，除本篇外，也曾參加《山海文化雜誌》舉辦的原住民文學獎，獲得散文類佳作。

　　這篇故事，是作者訪談媽媽、及伯父、姑姑等親人之後，以祖母自述的口吻，來描寫一個布農族阿媽的一生遭遇及內心世界。從故事中，我們可以瞭解布農族婦女在過去封閉的原住民社會裡，她們的婚姻制度、家庭地位、宗教信仰、經濟活動、風俗習慣等情形，也體會出布農族婦女在遭遇種種困境時，所表現的韌性及適應力，令人敬佩。

㈡〈賽夏族矮人祭歌歌詞〉

　　這首歌詞選自《山海文化》（1994 年 3 月號），是中央研究院民族學研究所胡台麗教授與其師李壬癸先生前往新竹縣五峰鄉採錄，根據賽夏族人朱耀宗的念唱與解釋加以記錄而成。朱耀宗（1920－　），本名 bonai kale，新竹縣五峰鄉賽夏族人，從小便從父親處習得祭歌，父親並為他解釋過詞義，曾經是賽夏族中唯一會唱祭歌者。

　　矮人祭是賽夏族大規模的祭典活動，其背後有一個充滿史詩性質的傳說故事，是賽夏族獨特文化的表徵。矮人祭歌共十五首，包含三十四節，二二九句，每節以一種植物的尾音押韻，具有詩形完整、詞意豐富的史詩形式。本教材選錄祭歌第四首，有唱法、歌詞、及章節說明。這首歌分為三節：第一節以矢竹的尾音押韻，為矮人訓示：女子出嫁如小鳥般飛走了，要好好照顧，不可

欺負,攜手作親家,不要吝嗇。第二節以桃李樹的尾音押韻,爲矮人勸勉賽夏族婦女不可偷懶。第三節以黃藤的尾音押韻,矮人繼續勸勉賽夏族婦女種植穀物不可半途而廢。祭歌所呈現的文學、藝術價值,值得大家珍惜。

三、高中教科書——已有三家版本選用原住民文學作品

臺灣高中國文教科書,過去從一九五三年起,共有四十五年之久都是由國立編譯館統編標準本。隨著政治開放的腳步,一九九九年九月開始,高中國文教科書也逐年開放民間出版社編印,目前已開放到第五冊(高三上學期)。經審查通過從第一冊編到第五冊的出版社共有:大同資訊公司、三民書局、正中書局、南一書局、翰林出版事業公司、龍騰文化事業公司等六家。

回顧過去統編本的國文教科書,都是以古典文學爲主,現代文學所佔的比例偏低,本土文學更是點綴性質,並沒有受到重視。在這種情況下,見不到原住民文學作品則是很自然的事。

我們考察開放後六家不同版本的國文教科書,雖然各種版本都必須受到教育部課程標準的規範,但很明顯的,各家版本在選文方面已經趨於多樣化,而且比較重視本土文學。因此,我們發現這六家版本中,已有三家選用原住民文學作品,即:大同資訊版第一冊選用夏曼·藍波安的散文〈飛魚季〉(第二版編在第三冊,第三版改編在第一冊)、正中版第四冊選用夏曼·藍波安的另一篇散文〈海洋朝聖者〉、龍騰版第四冊選用莫那能的新詩〈恢復我們的姓名〉,茲將這三篇介紹如下:

(一)〈飛魚季〉

本文選自《冷海情深》,作者夏曼·藍波安(1957-),漢名施努來,

蘭嶼雅美族人。大學法文系畢業後，曾擔任國小、國中代課老師，也開過計程車，後又進入清華大學人類學研究所深造。他熱心原住民事務，曾任蘭嶼公共事務促進會會長、原住民權利促進會執行委員等職務。平日勤於寫作，因生長環境與海洋長期為伍，其作品對海洋有深刻的體會，既善於敘寫雅美族的風俗人情，也經常歌頌海洋的豔麗和雄闊。著有《八代灣的神話》、《冷海情深》、小說《黑色的翅膀》等書。

本文以雅美族重要的活動——飛魚季節的捕魚為敘述主軸，作者除了生動活潑的描述自己的捕魚經過，更在行文間記錄了雅美人的文化傳統、習俗禁忌和價值觀。文章以捕魚事件的具體描寫，指出自己族群潛藏逐漸漢化的困境，結尾處則以捕獲難得的大魚，來重新肯定自己在族群中的地位，並深刻體會唯有親身力行到大海捕魚，才能明白雅美文化的特質。雖然本文是以雅美族的飛魚文化和價值觀出發，但也啟發了其他族群的省思，不應該以自己文化為本位而否定他人的文化，應尊重每個文化的形成及其特殊的表現和意義。

(二)〈海洋朝聖者〉

本文也是選自夏曼·藍波安的散文集《冷海情深》。作者敘述他和叔叔、表哥三人，利用夜晚到小蘭嶼（位在蘭嶼東南方海面的小島）附近海域射魚的體驗和省思。文中描寫他們夜間潛泳於浩瀚的大海，冒著強勁的激流，只憑著防水手電筒照明，捕捉龍蝦，射獵大魚，顯現出雅美族與大海相融合的天性，因此他們敬畏大海，信仰海神。由於作者是頭一次夜潛深海射魚，也是頭一次受叔叔感召，「面對夜裡的海洋虔誠的祈禱」，篇名〈海洋朝聖者〉正點出雅美族崇拜海洋的特殊意義。全文不僅客觀描述射魚的經驗，更重要的，是作者對傳統雅美文化的不斷省思，經過身體力行之後，表現出回歸與認同的態度。在多元化的社會裡，此文所呈現的雅美族海洋文化風貌，耐人尋味，對增進族群間的瞭解頗有助益。

(三)〈恢復我們的姓名〉

這首新詩選自《美麗的稻穗》。是莫那能第二首入選國文教科書的作品，前面〈鐘聲響起時〉已介紹過他的生平，莫那能選擇詩歌體裁吐露原住民的心聲，確實有其過人之處。

原住民是臺灣這塊土地的最早居民，他們有自己的語言、文化、風俗習慣，命名方式也有自己的倫理背景，和漢人不一樣。但隨著漢人的大量移入，他們的經濟、文化受到很大的衝擊，生活日益艱困，連代表自己身分的姓名，都遭受政治力的逼迫，使他們的姓名「在身分證的表格裡沉沒了」，這是非常悲哀的事。所以作者藉著詩的語言，細數他們現在的處境：

> 無私的人生觀
> 在工地的鷹架上擺盪
> 在拆船廠、礦坑、漁船徘徊
> 莊嚴的神話
> 成了電視劇庸俗的情節
> 傳統的道德
> 也在煙花巷內被蹂躪

除了反映原住民在現實生活的劣勢外，作者仍然很堅強的鄭重宣告：「我們拒絕在歷史裡流浪」，他要求社會讓他們重新恢復自己的「神話」與「傳統道德」，在原來是「自己的土地」上，讓他們恢復自己的「姓名與尊嚴」。這是一首原住民自覺的詩，近幾年隨著法令的修訂，原住民已經可以恢復他們的姓名，但如何讓他們有尊嚴生活在自己的土地上，還需要靠社會大眾的彼此關懷與尊重。

四、國中教科書——正蓄勢待發選用原住民文學作品

從小學到大學各級學校教科書中，國民中學這一階段是最後開放的，到目前為止，國中國文教科書仍然使用國立編譯館統編本，必須等到明年九月，教育部實施的九年一貫課程延伸到國中一年級之後，才將逐年告別統編本的時代，改採各民間出版社編纂的教科書。

目前國中國文教科書，是國立編譯館根據教育部於一九九四年十月所公布的課程標準編輯而成，一九九七年八月出版第一冊，供國中一年級新生使用，到二○○○年一月出版了第六冊，教科書更新才大功告成。這一次的課程標準規定，和過去有一個很大的不同，就是除了必修之外，又增列了選修課程，使學校可以因應不同的需要，開設選修課程。國文除規定為必修之外，也可另外開設選修課，因此，國立編譯館遵照課程標準，又編有國文選修課本一至三冊，供一至三年級選修使用。

我們考察這一次的新教材，大都能尊重從事教學老師的意見，將一些老師反映不佳的課文加以汰換，如政治意味濃厚又令師生厭煩的文章：蔣中正〈我們的校訓〉及〈弘揚孔孟學說與復興中華文化〉兩篇舊課文，都被刪除了，增選了不少富有時代意義的好文章。另外現代文學的比重增加了，本土文學也比較受到重視，這些都是值得稱許的好現象。因此，我們雖然在必修本中沒有發現原住民的文學作品，但在選修本第三冊中，瓦歷斯‧諾幹的散文〈來到部落的文明〉終於被選進去了，這也是國立編譯館國文統編本首次對原住民文學的肯定，編者的用心由此可見。

隨著九年一貫課程列車的啟動，明年九月國中一年級又將更換教材，這是四十多年來國中國文首次開放民間編印，目前許多出版社都積極的投入教科

書事業，在市場的競爭下，如果所編的教科書不能貼近時代的脈動，這種教科書將被淘汰。所以各出版社的編者，無不竭盡心力去掌握社會對教科書的期待，希望自己編的教科書能被肯定而樂於採用。因此，尊重多元文化、關懷少數族群既然是開放後臺灣社會的主流價值，所以原住民文學作品在國語文教育中必然扮演不可或缺的角色。如筆者參與康軒文教公司編纂的國中國文第一冊，已擬選用利格拉樂·阿𡠍的散文〈男人橋〉，友人張高評教授參與南一書局編纂的國中國文第一冊，也擬選用亞榮隆·撒可努的散文〈飛鼠大學〉，其它版本雖然不可得而知，但相信在重視原住民文學的趨勢下，各家版本都不敢讓原住民文學缺席的。茲將國立編譯館選修本及康軒版、南一版所選用的三篇原住民文章介紹如下：

㈠〈來到部落的文明〉

本文選自《荒野的呼喚》。作者瓦歷斯·諾幹（1961－　），因音譯不同，又名瓦歷斯·尤幹，漢名吳俊傑，筆名柳翱，臺中縣和平鄉泰雅族人。師專畢業後，回母校自由國小擔任教師；教學之餘，熱衷創作，兼擅詩、散文、小說、報導文學等各種文體，並關注臺灣原住民議題。曾任《原報》總主筆，並與排灣族妻子利格拉樂·阿𡠍創辦《獵人文化》雜誌，後又成立「臺灣原住民人文研究中心」，致力於推展原住民文化工作。著有《永遠的部落》、《荒野的呼喚》、《想念族人》、《山是一座學校》等十餘種。曾獲鹽分地帶文學獎散文首獎、時報文學報導文學類首獎及詩類推薦獎、臺北文學獎散文首獎、文學年金等多項榮譽。

本文記述在「文明」的衝擊下，作者童年的夢想消失，族人生活的逐漸改變；人們陶醉在「文明」帶來的種種方便中，忘了老泰雅的傳統與身爲泰雅人的尊嚴，藉此寄託他的感慨。全文藉著交通與電視傳播兩種科技文明，描述強勢文化入侵原住民部落的情形。作者雖以第一人稱觀點，敘述了部落文化在

二十年裡變遷的景況，但行文之間，非但不見作者個人憤懣埋怨之情，反而在略帶幽默的筆調之中，看到作者的自我嘲諷。這種含蓄的表現方式，使隱藏在文字背後的辛酸，彷彿一道安靜卻又掙扎不已的伏流，隨著作者自我調侃的文筆，不時觸動讀者的心靈，令人讀後有「笑中帶淚」之感，並且深深地思考如何保存傳統文化的嚴肅課題。

㈡〈男人橋〉

本文選自《穆莉淡——部落手札》。作者利格拉樂·阿𡠅（1969－　），漢名高振惠，生於屏東市，父親是安徽人，母親為排灣族人。高中畢業後，曾任小學代課老師，後與丈夫瓦歷斯·諾幹合辦《獵人文化》雜誌，開始投入原住民運動和文學創作，二〇〇〇年代表原住民膺選為總統府人權咨詢小組的一員。她曾以報導文學的方式，記錄到各族訪查的觀感，同時在散文創作中，深刻省思原住民女性的處境。其作品著重於社會關懷與族群問題的表達，文字質樸，具有明顯的敘述性。著有：《誰來穿我織的美麗衣裳》、《紅嘴巴的WuWu－阿𡠅初期踏查追尋的思考筆記》、《穆莉淡－部落手札》等書。

本文是作者追憶童年時期與母親回娘家的經歷，描寫出遙遠艱辛的路程、惡劣的颱風天氣，甚至吊橋遭洪水沖垮時，都無法擊退母親與族人返回部落的意念，最後藉著數十個排灣族男人的手臂串連成「男人橋」，相互扶持，以護衛女人與小孩過溪，而安全抵達彼岸。文章傳達了作者對族人團結合作的感動，刻畫出他們不畏艱辛的性格，以及捍衛部落的強烈信念，值得讀者細心體會。

㈢〈飛鼠大學〉

本文選自《山豬·飛鼠·撒可努》。作者亞榮隆·撒可努（1972－　），漢名戴志強，臺東縣太麻里排灣族人。現職擔任警察，並開設一家原住民文化沙龍性質的餐廳，業餘從事寫作。擅長描述山中的自然萬物，將原住民的獵人

哲學融入作品之中，對原住民文化的失落有很深的感觸，著有《山豬·飛鼠·撒可努》。曾獲巫永福文學獎、及第一屆中華汽車原住民文學獎散文組第一名。

本文是作者回憶國中時跟隨父親尋找飛鼠窩、獵捕飛鼠的經過，清晰地描述飛鼠的習性和驚人的求生本領；而父親則以飛鼠上大學變聰明的妙喻，說明了動物繁衍種族、逃避災難的生存之道，也鼓舞作者學習和上進的動機。尤其文末特別點出父親的獵人哲學：「把動物當成人看待，把自己也想成是動物，你就會了解牠們的習性，聽得懂牠們說的話。」這種尊敬自然的精神，正是山林生命生生不息的關鍵，處在自然生態橫遭破壞的今日，能掌握自然生存法則的獵人文化，更值得我們重視。

五、國小教科書——介紹原住民的課文內容相當豐富

國民小學國語教科書開放民間出版社編印，是從一九九六年九月國小一年級新生開始，到現在剛好邁入第六年，今年六年級就是一路使用新教材上來的。而參與開放後新教材編印的單位，除原有的國立編譯館之外，另有民間業者：牛頓出版公司、南一書局、康軒文教公司、新學友出版公司、翰林出版公司等五家參與。由於政府從今年開始實施九年一貫教育政策，所以一年級新生又更換新教材，但必須等數年之後，各年級才能全面更換完成。因此，本文以目前國小所使用的六種版本教科書爲依據，除牛頓版只出到三下（第 6 冊）及各版六下（第 12 冊）尚未出版外，其它各冊都是考察的對象。

國小的本國語文教育稱爲「國語」，和國中以上稱「國文」是有區隔的。換言之，國小的國語文教育首重在語言訓練，其次才是文學養成。爲了循序漸進讓學生認字，所以每一課的生字都必須按照規劃出現，在這種情形下，國小國語教科書的課文，大半都是由編者自撰或改寫，少有選文。但也有版本嘗試

在高年級（五、六年級）以選文的方式呈現，這是較爲特殊的。爲了完整呈現國小國語教科書對原住民的反映情況，因此考察的對象就不能侷限於選文，只要內容和原住民有關的課文，即使是編者自撰或改寫，也都包含在裡面。

在諸多版本中，和原住民有關的課文以國立編譯館版、新學友版爲最多，各有三課，翰林版有二課，其他牛頓版、南一版、康軒版，則都只有一課。茲將各版本和原住民有關的課文內容介紹如下：

(一)祭典

各版本和原住民有關的課文內容，以描寫祭典最常見，如南一版（4 下第五課）的〈歡樂豐年祭〉，以原住民歌唱的方式，感謝天、地、神明的賜福，及山、水、祖先的護佑，讓他們能夠豐收。新學友版（2 下第十三課）的〈看豐年祭〉，描述參觀魯凱族豐年祭的情形，除寫他們華麗的傳統服裝和族花百合花之外，並凸顯慶典活動中最具特色的盪秋千：

> 秋千差不多有三層樓高，用長長的竹子架起來。魯凱族的少女，在那麼高的秋千上，盪過來盪過去，好像美麗的蝴蝶在空中飛來飛去。

讓學生對豐年祭有更深刻的印象。牛頓版（3 上第八課）的〈布農族的「打耳祭」〉，以書信的方式介紹布農族打獵的特殊祭典，寫信的小朋友敘述他在打耳祭上，看到一位老祭司，將獵物的耳朵掛在大樹上，布農族的小男孩排成一排練習射箭；接著，大人的射箭比賽，他們拿著很大的弓箭，以能射中目標爲莫大光榮。接下來，有幾位布農族老人圍成圈圈唱歌，表演的是最特別的「八部和音唱法」。康軒版（2 上第六課）寫祭典的另一種活動，題目爲〈卑南人的「兒童節」〉，敘述卑南人每年小米收割完了，完成「新米祭」之後，晚上，卑南部落的小男孩，一個個光著上身，手上、臉上都畫得黑黑的，手裡拿著香蕉葉。在大哥哥

的指揮下，跑進人家屋裡，趴在地上，一邊用力拍打，一邊叫著：「ㄚ ㄌㄚ
ㄧㄚ ㄅㄚ ㄍㄞˋ ·ㄊㄚ！」他們一家一戶的去報佳音，也爲每一戶人家
帶來幸福和平安。主人爲了謝謝大家，還做了許多好吃的小點心，送給大家吃。
這一天是小朋友最快樂的日子，可說是卑南人的「兒童節」。編纂者用「兒童
節」描述卑南小孩子參加祭典的歡樂情形，頗能引起小學生的興趣。

(二)生活環境和技藝

　　另外也有描寫原住民生活環境優美的課文，如國立編譯館版（3 下第四課）
的〈大海裡的翠玉〉，歌頌雅美族人的家鄉－蘭嶼，形容她像藍色大海裡的一
顆翠玉，在白浪間閃耀著碧綠的光芒；同時觸及雅美人生活的辛勞，稱許他們
「上山勤耕種，下海捕魚忙。……小米地瓜芋頭香，飛魚魚乾掛成行。」新
學友版（4 下第二課）的〈高山青〉，雖以「高山青，澗水藍，阿里山的姑娘美
如水呀！阿里山的少年壯如山……」這首歌當開頭，描寫阿里山的林木之美，
但文中則沒有再涉及原住民。

　　臺灣原住民婦女擅長織布，原住民的衣服顏色鮮艷，圖案美麗，富有民
族特色，頗能引人注目。翰林版（2 上第九課）的〈魯凱族的女孩〉，特別介紹
魯凱族衣服上百步蛇花紋的由來。課文寫一個魯凱族的女孩，有一天，在田裡
挖番薯的時候，突然看到一條百步蛇，她被蛇身上美麗的三角形花紋吸引住了。
回家以後，她立刻坐在織布機前，試著織出那種花紋，經過很多次的失敗，最
後終於成功了。她把織花紋的方法告訴大家，從此以後，魯凱族的衣服比以前
更加漂亮了。這樣的課文，除了引發學生文學的想像力之外，也使他們對原住
民的服飾留下深刻的印象。

(三)神話和歷史人物

　　臺灣原住民的神話相當豐富，只可惜過去不受重視。國立編譯館版（4 下

第十三、四課）的〈日月山水〉，以兩課的篇幅介紹了邵族的神話，編者的用心值得肯定。這則神話大意如下：住在中部高山的邵族，生活快樂逍遙，有一天，日月突然消失，大地一片漆黑，人們失去了笑容，生活越來越苦。有一對年輕夫妻，下決心要幫大家把日月找回來，他們歷盡險阻，發現了日月原來被兩條惡龍摘來當球玩。在苦思對策時，一位老婆婆賜給他們金、銀剪刀，夫妻倆就以金、銀剪刀和惡龍展開大戰，憑著過人的勇氣終於殺死了惡龍。當他們搶回日月，不知道如何送這兩個火球回天上時，忽然，雷聲大作，他們的身體不斷長高，力氣也變大了。夫妻各拔起一棵樹，把日月托在樹頂，努力將日月托回天上去。最後，他們成功了，但兩人也精疲力盡，這時才發現自己手臂上已經長出了樹，身體化作了岩石，兩腳也深深的埋入地裡，動彈不得。他們變成兩座大山，分別站在潭的兩邊。這兩座大山，據說是大尖山和水社大山，這個深潭就是日月潭了。這則神話用來解釋自然山水的由來，富有豐富的想像力，也歌頌祖先勇於為公的犧牲精神，深具啟發意義。

原住民的歷史典範人物，過去也被埋沒而不為莘莘學子所知，殊為可惜。新學友版（4上第八課）的〈霧社勇士〉，介紹泰雅族的抗日英雄－莫那·魯道。莫那·魯道為霧社泰雅族的總頭目，在日治時期率領族人起來抗暴，日軍出動飛機、大砲猛攻，這些霧社勇士一再抵抗，數次擊退日軍，但還是無法抵擋敵人的現代化武器，最後壯烈犧牲了。這是原住民對抗外來侵略可歌可泣的一頁，值得成為臺灣人民共同的記憶。

(四)選文——〈山是一座學校〉

以上的課文都是編者自撰或改寫，只有翰林版（6上第一課）的〈山是一座學校〉，是一篇選文。該篇為新詩，選自《山是一座學校》一書。作者瓦歷斯·諾幹，國中國文選修本第三冊選了他的〈來到部落的文明〉一文，前面已經介紹過。這首詩以親切的口吻告訴孩子，山像是一座學校，它提供我們許多學習

的地方。作者運用生動的譬喻，娓娓道來：

> 推開第一道門
>
> 你將發現
>
> 是一座沒有黑板的教室：
>
> 操場就是寬廣的草原，
>
> 你將與野獸一同捉迷藏，
>
> 和星星親密的交談，
>
> 樹藤和你跳繩比賽，
>
> 流水教你歡唱童謠。

接著描述第二、三座教室，山中的各種景物，透過擬人化之後，都變成我們的玩伴，如寫黃昏：「它會舞動輕柔的金披風，引領你徘徊而迷路」；有的則變成我們的學習對象，如寫草和石頭：「柔弱的草，謙虛的彎腰；巨大的石頭，堅忍的立正」等等。因爲山中可以讓我們玩及學習的東西實在太多了，它有無數座的教室，但都必須靠自己去接觸、去發現、去體會，所以作者結尾說：

> 你將發現自己是學生也是老師，
>
> 你的眼睛、你的皮膚、你的手腳，
>
> 甚至於你的耳朵，都是最好的老師。

整首詩活潑有趣，充分體現了原住民熱愛自然，以自然爲師的民族性，這正是工商業發達的今天，生活在城市的人們所欠缺的，值得大家反省和學習。

六、結　語

　　我們考察了臺灣各級學校的國語文教科書，由於高職國文教科書很早就開放民間編印，各家版本原來就相當多，目前根據教育部新的課程標準又更新到第三冊，屬於新舊交替之際，版本愈加顯得龐雜，故暫時沒有將這些教科書列入考察範圍。其他從大學以降的高中、國中、國小等各級學校的國語文教科書，都已經針對原住民文學選文情況作了介紹。由以上的介紹，我們可以將臺灣國語文教科書選用原住民文學的情況歸納如下：

㈠原住民文學作品已成為教科書選文的對象

　　從彰化師大編纂的《大學國文精選》選用原住民文學作品以來，由於本土化、多元化已是臺灣社會的主流價值，認識和尊重原住民文化也是值得重視的課題，所以各級學校國語文教科書的編者，都逐漸注重原住民文學，將他們的作品選入教材之中，以供學生仔細研讀，這是一個非常值得肯定的現象。

㈡原住民文學選文的作者涵蓋面廣

　　我們觀察各級學校教科書所選原住民文學的作者身份（國小編寫的課文則以內容代表所屬族群），不僅有早期的平埔族，就目前的原住民而言，也包含有：布農族、排灣族、賽夏族、雅美族、泰雅族、卑南族、魯凱族、邵族等，幾乎已經涵蓋原住民各個族群，使各個族群不同的生活習俗、文化特色都能五彩繽紛呈現出來，如亞榮隆‧撒可努（排灣族）對山的謳歌、所反映的獵人文化，和夏曼‧藍波安（雅美族）對海的禮讚、所描寫的漁人文化，兩者雖然都原味十足，但畢竟還是有一些差異性，這種不同的特色，正是它們可貴的地方。

㈢原住民文學選文內容相當豐富

原住民在臺灣屬於少數族群，其部落文化受到工商社會的衝擊，逐漸的流失，目前原住民的有識之士，都積極投入搶救文化的工作，其文學作品在這方面的呈現最多，國語文教科書選文的內容也大都反映這樣的事實。此外，原住民的祭典、生活環境、神話、歷史典範人物、乃至於社會弱勢地位問題等，在教科書選文中也都可以看得到，這對瞭解原住民具有正面的意義。

㈣原住民文學選文形式呈現多樣化

原住民是喜愛唱歌的民族，像早期記錄下來的平埔族歌謠，或目前還在傳唱的賽夏族祭歌，都可印證這樣的說法。歌謠之外，原住民的神話傳說，富有豐富的想像力及很高的敘事性。現代的原住民作家，有的擅長新詩，有的擅長小說，也有的擅長散文；一般而言，他們都喜歡以散文從事報導文學創作，反映原住民生活及文化的困境。原住民文學形式的多樣化，在教科書選文中都已經呈現出來。

除了以上客觀情況的歸納之外，個人對未來教科書的編纂及原住民的文學創作也有一些期許：

㈠教科書編纂方面

雖然原住民文學作品已經成為國文教科書選文的對象，尤其教科書開放民間編印之後的趨向更是如此，但是還有不少民間版的教科書，或昧於呼應本土化、多元化的社會主流價值，或不瞭解原住民文學的特殊成就，因此有關原住民文學的選文付之闕如，這是編者需要加油的地方。

目前教育部正在推行九年一貫教育，其實不只九年要一貫，就國語文教育而言，從國小、國中，以至高中、大學，也都需要一貫，因此，我們希望每一階段的國語文教科書都有原住民的文學作品，而且能循序漸進、有計畫地讓

學生透過文學作品瞭解原住民。

如果教科書因篇幅有限，無法完整呈現原住民的文學風貌，個人建議民間出版業者，可編一套原住民文學作品選讀，就像國立編譯館編的《中國古典詩歌欣賞系列》（國小四冊、國中三冊、高中二冊），提供學生課外閱讀之用，相信透過優良的文學作品，是增進瞭解和尊重原住民的一條便捷道路。

㈡原住民文學創作方面

原住民早期的歌謠和神話傳說，由於沒有文字記錄，很多都流失了，這是非常可惜的事。近年來，已有不少原住民朋友投入搜集歌謠和神話傳說的工作，希望這項工作能夠持續，也期盼歌謠和神話傳說對豐富原住民文學的內涵有所幫助。

原住民從事現代文學的創作雖然起步較晚，但某些長期筆耕不輟的原住民作家，像田雅各、瓦歷斯·諾幹、夏曼·藍波安等人，作品已經寫出自己的獨特風格，在臺灣文壇上也有一定的評價。目前社會對原住民文學創作頗多期許，如中華汽車公司成立中華汽車原住民文教基金會，和山海文化雜誌社、中國時報人間副刊共同舉辦「中華汽車原住民文學獎」，去年與今年兩屆下來，共收有近三百篇的稿件，提昇了原住民文學的創作風氣；因此，我們希望原住民朋友，透過文學來捍衛固有文化，也能夠創造新文化，相信經過一段時間的努力，原住民文學就如運動、歌唱一樣，將為臺灣在國際上揚眉吐氣。

漢字傳入日本與日本文字之起源與形成

陸曉光*

摘　要

古代日本文字大體經歷了吸收漢字、使用漢文、以漢字標寫日語特殊
辭彙、以日語語序書寫漢文、萬葉假名、平片假名、和漢混合語體等
諸階段。本文追溯梳理漢字傳入日本和日本文字之起源及形成的過程，
認為日本從最初沒有文字到自己創造出獨有的假名文字與「和漢混合」
的文字體系，這個過程同時是全面引進漢字、學習使用漢字、並根據
日本原有語言對它消化和再創造的過程；這一過程從語言層面顯示出
日本民族自古就有樂於和善於吸收外來先進文化的卓越才能和傳統，
另一方面，它也印證了古代中國文化的價值魅力在異域語言文字中的
影響和積澱。

關鍵詞　漢字　日本文字　和漢混合體　起源　形成

　　如果說一個民族的文明史是從使用文字進行社會交往和文化承傳開始的
話，那麼可以認為，日本文明的歷史從它起始之初便與中國文明結下了不解之

＊　華東師範大學東方文化研究中心教授。

緣。

日本民族與世界上其他民族一樣，很早就有自己的口頭語言（日語中謂之
「大和言葉」（やまとことば）。但是就日本的文字而言，它卻是在中國的漢字
傳入日本以後才逐漸？生形成。如同思想的表達離不開語言一樣。一個民族的
文化之形成和承傳離不開文字，一個民族的文化的影響力也首先表現於它的文
字。因此，從對中國文化作自我認識的立場而言，日本文字賴漢字而得以產生
形成的歷史至少是古代中國文化之國際影響力的一種物件化呈示；從考察中日
文化之關係的立場言，則這一文字層面的影響過程理應是需要瞭解把握的基本
方面。在日本學術界，有關這一歷史過程的論著並不少見（本文大部分資料即來
源於此），然而在中國方面，無論是在漢語學界還是在中日比較文化等領域，
以筆者管見所及，相關的論著卻屬鮮有。筆者緣此而有興趣對該過程略作扒梳
整理，本文爲此概說。

一、關於漢字傳入日本

關於漢字何時並以何種方式傳入日本的問題，通常的說法是：日本最初
的漢字是從秦漢以來自中國大陸經北方的朝鮮半島而進入日本。❶這一說法因
其簡要而未免疏漏。下面我根據相關資料，以時間先後爲序列敘早期漢字傳入
日本的若干事項。

日本考古學界於一九五八年在日本九州南部的種子島發現的一批陪葬
物，其中有一片上面寫有「漢隸」二漢字的「貝箚」（貝製片狀物，陪葬或祈祝
時用）。這批陪葬物被推定爲約西元前三世紀的入土。由此而論，則漢字早在

---

❶ 《日本語本科大事典》（東京：大修館書店，1988 年）「日本語の表記の歷史」部分。

中國的戰國後期便已經進入日本。❷

　　漢語中「秦代」的「秦」字，在日語中訓讀爲「hata」（即日語平假名「はた」之音）。這個發音在日語中的原意是指織布人。中國秦代時已經有養蠶織絹之事，據此可以推測，其時中國大陸已經有人進入日本，並且他們很可能大都以養蠶織絹謀生。由於他們來自中國秦朝，因而以「秦」爲姓氏；又由於從事織絹之事在日語當時口語中被稱爲「hata」，所以「秦」字遂有「はた」的訓讀。據此還可推測，當初這些秦朝時代的中國人進入日本時帶去其他漢字也是極有可能的事。據說，日語中的一些讀音爲「hata」的姓氏或地名，諸如羽田、幡多、波多、波田、八田等，其原初都是從秦氏子孫繁衍而來或與之有關。

　　漢字最初頻繁進入日本並得以較爲普遍流傳的時期大約始於東漢。根據有關資料，在日本的長崎、對馬、佐賀、福岡、熊本、宮崎、廣島、京都、大阪等地的出土文物中，都發現過刻有「貨泉」或「貨布」之類漢字的中國古代貨幣。這些貨幣據考是東漢王莽（西元前45～西元23）執政時期鑄造發行❸（參見本文末所附圖一）。這種刻有「貨泉」或「貨布」的中國古代貨幣在日本各地被出土發現的事實表明，其時在日本各地都可能曾有來自中國大陸的人，至少有過與大陸的交往。在這個過程中，傳入日本的漢字當也不至於僅僅限於這些貨幣中的漢字。

　　此外，與此相關而最爲著名的文物是一七八四年在日本九州福岡縣志賀島出土的一枚金質印璽。這枚金印二點三釐米見方，其上刻有「漢倭奴國王」五個漢字（參見文末印圖二）。關於這枚金璽，《後漢書》「東夷傳」中有如下記載：

---

❷　《日本考古論集》之十，《日本と大陸の古文化》（東京：吉川弘文館，1987年），頁137。

❸　資料並圖轉見《日本考古學論集》之十，《日本と大陸の古文化》，頁137。

> 建武中元二年（西元 57），倭奴國奉貢朝賀。使人自稱大夫，倭國之極
> 南界也。光武賜以印綬。

這段文字中提及光武帝賜予當時的倭奴國使臣以「印」，且其中所說奉貢朝賀者來自「倭國極南界」，其方位正與福岡縣地處日本南部的地理位置相合。因而日本學術界一般認爲該出土之金印正是漢光武帝所授賜。漢光武帝的「建武中元二年」爲西元五七年，則該金印並上刻之漢字當是在此年傳入日本。

被認爲是日本最早官修史書的《日本書紀》（成書於 720 年）記載了日本應神天皇（270-310）十六年（285）時，由中國大陸一位叫王仁的博士從百濟（朝鮮古國之一）進入日本並傳入漢籍之事：

> （應神天皇）十五年秋八月壬戌朔丁卯，百濟王遣阿直岐（人名），貢良
> 馬二匹。阿直岐亦能讀經典。即太子菟道稚郎子師焉。於是，天皇問
> 阿直岐曰：「如勝汝博士亦有耶？」對曰：「有王仁者，是秀也。乃
> 征王仁也。」
> 十六年春二月，王仁來之。則太子菟道稚郎子師之。習諸經典于王仁，
> 莫不通達。所謂王仁者，是書首等之始祖也。（以上引文有省略）❹

上引資料中百濟王所遣使者阿直岐也是一位從朝鮮半島進入日本的「能讀經典」者，而他推薦的這位於經典「莫不通達」的王仁博士，根據其姓名可以判斷，他原來很可能是中國大陸本土的知識人。王仁進入日本的時間是應神天皇十六年，即西元二八五年，該年在中國爲晉代第一位皇帝即晉武帝司馬炎

---

❹ 見《日本書紀》上，「應神天皇」節，《日本古典文學大系》（東京：岩波書店，1971年，第 5 版）。

的太康六年。但日本辭書《廣辭苑》的「王仁」條中稱其爲「漢高祖之裔」❺，其所據不詳。或許他被認爲是漢代宮廷派遣到朝鮮半島的任職官員之後裔。

比《日本書紀》更早八年的日本另一本史書《古事記》（成書於 712 年）中也有與上相類的記載。其中還具體言及王仁進入日本時帶去了《論語》十卷、《千字文》一卷等漢籍。在該書中，王仁之名按日語發音之音變而轉以漢字標寫爲「和邇吉」（讀音爲 waniki，假名標寫爲「わにき」）。

王仁的身份是「博士」（漢代爲執掌圖書典籍和負責經學傳授之官職），進入日本後又帶入重要漢籍，並且其所教物件又是應神天皇的王子，日本史書以他爲漢字的最初傳入者，是在比較正統的意義上而言。實際上在王仁以前，上面引文阿直岐所能解讀的已是漢字書籍。並且，如前如述，漢代以前漢字已漸入日本的證據也多有所見。

總之，根據上面所述各項史實可知，中國的漢字早在戰國時代就已經進入日本，經過秦代而迄至東漢時期，伴隨著中國經濟文化對日本的輻射，中國的貨幣在日本各地廣泛流傳，中國的典籍也被日本皇室引進，漢字由此而滲入到下至日本基層經濟、上迄日本最高層文化的各領域。日本歷史上也由此結束了不知文字爲何物的時代。

二、倭武王呈宋順帝的表文

中國古代史籍中最早記載及日本的是班固（32-92）所撰《漢書·地理志》，其中寫道：

> 樂浪海中有倭人，分爲百余國，以歲時來獻。

---

❺ 《廣辭苑》（東京：岩波書店，1996 年）。

其中「樂浪」指朝鮮古地名；「樂浪海」中的「倭人」，則是指與朝鮮隔海而居的日本民族。中國古代史書在隋代以皆以「倭」指稱日本。這段史料只是記載「倭人以歲時來獻」，尚未言及倭王以文字上表之事。當時距王仁博士帶漢籍進入日本的時間相距約二百年，不難想象，其時日本尚沒有能使用漢字漢文者，因而「以歲時來獻」之際沒有上表文書是很自然的。但是在《魏志·倭人傳》的「正始元年」記載中，則言及了日本島上當時的統治者以漢字所寫文章上表中國皇帝之事：

> 太守弓遵遣建中校尉梯雋等，奉詔書印綬詣倭國，拜假倭王，並齎詔賜金帛、錦罽、刀、鏡、采物。倭王因使上表，答謝詔恩。

「正始元年」爲西元二〇四年，其時距王仁帶漢籍進入日本尚有約半個世紀，倭王方面恐怕尚不會有人能使用漢字寫表文。又據《日本書紀》「履中天皇」的記載：

> 始于諸國置國史，記言事，達四方志。

「履中天皇」是日本歷史上第十七代天皇，其執政時期大約在五世紀初。換言之，在《魏志·倭人傳》中「倭王因使上表」記載的約二百年後，日本才剛剛開始在各地諸小藩邦設置掌管文字的官職。日本學者由此推測，在此以前的倭王向中國皇帝所呈表文，大致是由處於中國和日本之間的朝鮮半島上的當時中國官吏所代作。❻

古代日本最早的一篇文章見於中國史書《宋書·蠻夷傳》的「倭國」部分，這篇文章即倭王武上給宋順帝（在位 477-479）的表文。《宋書》中引錄了

❻　參見《岩波講座》叢書之八，《日本語》，頁 166。

其中主要內容。因該表文至少在名義上是日本有史以來首次的文字表達，且對於瞭解中日文化關係史極爲重要，故這裏全文引錄於下：

順帝昇明二年，（倭王）遣使上表曰：

「封國偏遠，作藩于外，自昔祖禰，躬擐甲冑，跋涉山川，不遑寧處。東征毛人五十五國，西服眾夷六十六國，渡平海北九十五國，王道融泰，廓土遐畿，累葉朝宗，不愆于歲。臣雖下愚，忝胤先緒，驅率所統，歸崇天極，道經百濟，裝治船舫，而句驪無道，圖欲見吞，掠抄邊隸，虔劉不已，每致稽滯，以失良風。雖曰進路，或通或不。臣亡考濟實忿寇仇，雍塞天路，控弦百萬，義聲感激，方欲大舉，奄喪父兄，使垂成之功，不獲一簣。居在諒闇，不動兵甲，是已偃息未捷。至今欲練甲治兵，申父兄之志，義士虎賁，文武效功，白刃交前，亦所不顧。若以帝德覆載，摧此強敵，克靖方難，無替前功，竊自假開府，儀同三司，其餘咸各假授，以勸忠節。」

詔除武使持節，都督倭、新羅、任那、加羅、秦韓、慕韓六國諸軍事、安東大將軍、倭王。

筆者參考日本學者自己的訓釋❼而將這段表文譯成中文白話如下：

宋順帝（劉宋第八代，也是最後一代皇帝，在位 477－478）的昇明二年（478），倭國派使者到劉宋朝廷呈上表文。表文中說：

「我們拜受中國皇帝賜封的倭國處偏遠之地，大陸之外。往昔我們的祖先曾親自披甲帶冑、跋山涉水而不敢安居。如此而先後征服了東面

---

❼ 石原道博：《譯注中國正史傳》（東京：國書刊行會，1975 年 8 月）。

毛人（蝦夷族）的五十五國、西面眾夷（熊襲、隼人等族）的六十六國、還渡海平定了北面的九十五國。王道和融安泰，我們開疆拓土，擴大了藩畿；代代向中國朝貢，每年都無怠懈。我作為君王的屬臣，雖然是下愚之類，卻依然勉力效法祖先，率領所統部下，歸順朝拜中國朝廷。在為朝拜而途經百濟時，我們製造配備了船舶等。但是高句麗（朝鮮）人卻很不講道義，企圖侵吞。他們搶奪人財，宰殺不絕。以至於我們常常厄滯難進，並因此而失去航海路上的順風；即使冒險前進，航路也是時通時阻。下臣的亡父濟對這些寇仇攔截堵塞我們朝貢天子進路，實在是憤怒難抑，曾準備率領百萬勇壯，仗義出師。正當要大舉征討時，不料突然父兄去世，只得作罷。垂成之功，因此而虧於一簣。居喪期間，不能動兵操甲，所以偃旗息鼓而一直未能奏捷。時至今日，我想操甲練兵，完成父兄未竟遺志。我手下的勇士們能文能武，會爭相立功；即使是刀刃劍鋒相交於前，也不會顧盼回首。倘若能得皇上德風垂拂，消滅這頑劣之敵，平定厄難，那當成為前所未有的功績。我已私下借皇上之恩，仿效三公儀制，開設府署，配置僚屬。身邊其餘的人也都各各假授銜稱，以此勸勉部下盡忠效節。」

於是，宋順帝下詔任命倭武王為使持節，管領督察倭、新羅、任那、加羅、秦韓、慕韓六國的軍事，並任安東大將軍、倭國王。

簡言之，這篇表文的大意是：倭國王經歷艱辛征戰，先後征服平定了毛人為夷等許多小邦，才建立了統一國家。此後歷代都歸崇中國天朝，並事進貢，但是在前來朝貢途中，卻時常遭受句驪（朝鮮古國）人的搶劫堵截，難以順利如願貢獻。現願練甲治兵以討伐高驪，並望宋順帝能俯允垂恩，鼎力相助，並授相應官職稱號。

我們這裏要注意的是這篇表文的形式本身，它不僅全用漢字表達，而且

具有六朝駢體文的風格：文字華麗、音節鏗鏘，基本上都用四字句，且對仗嚴整、氣脈酣暢。據上引《宋書》中所言，這篇表文呈于宋順帝昇明二年即西元四七八年。其時距王仁進入日本已有近兩個世紀，因而日本方面已有能使用漢字寫文章者是完全可能的。但是由於駢文本身所需要的特殊技巧，一般認為，這篇文章未必是日本人自己所寫，至少它是經過了《宋書》作者沈約的加工修飾。無論如何，這篇駢文表明，在日本尚未有自己的假名文字時，他們是用漢字、漢文進行書寫記錄和國事交往等活動的。由此還可以推測，在其他各種需要用文字書寫表達的場合，當然也只能使用漢字漢文。並且，由於掌握漢字漢文技巧的難度，早期的作者，大致也是那些直接受過中國文化培養熏陶、具有較深厚漢學素養的大陸人。

三、漢字在早期日語記錄中的表音功能

日本早先雖無文字，卻有口語；另一方面，漢字漢文畢竟也不可能完全替代表達日本社會中本有口語的意義。例如，最顯然的是那些日本特有的人名和地名，在尚未產生日語表音假名文字的早期日本社會中，標寫人名地名之類就只能借助於讀音相近的漢字。漢字輸入日本以後，也確實曾被以標音的方式來記錄表現這些特殊的辭彙和稱名，而這些被用以標音的漢字的字義則完全與人名地名無關。這種用漢字標音的方法，可以說就是日本表音的假名文字產生的萌芽。

且以日本出土文物中被鑒定為西元五世紀中葉的一把刀上的銘文為例。這把刀出土于日本九州熊本縣江田船山古墳中，據考該刀大約作于倭王珍時代（約西元438年）。刀上銘文中有顯然不屬漢語辭彙的字組。銘文如下：

治天下複□□□齒大王世，奉為典曹人，名無利工。八月中，用大綺

> 釜，並四尺廷刀，八十練六十　上好口刀。服此刀者長壽，子孫注注
> 得三恩也。不失其所統。作刀者，名伊太加。書者，張安也。（引文中
> 標點另加，字形與原資料略有出入。下引同此）。❽

　　雖然這篇銘文中有些字已難以辨認，但其大意還是可以把握。它的結構
基本上屬於漢語文法，結尾處注明了「書者張安」，可見作者當是進入日本的
中國人。值得注意的是其中首句的「複□□□齒」、次句的「無利工」、最
後第二句的「伊太加」，這些皆爲指稱人名的漢字，它們都是用於標記當時日
本口語語音的音讀字。其中「伊太加」據考就是日本歷史上的第十八代天皇即
反正天皇。❾

　　晚些以後，在日本埼玉縣稻荷山出土的鐵劍銘文中，用漢字表音的方法
更爲明顯。該劍的正反兩面都有銘文，正面銘文如下：

> 辛亥年七月中記：乎獲居臣，上祖名意富比詭，其兒名多加利足尼，
> 其兒名弓已加利獲居，其兒名多加披次獲居，其兒名多沙鬼獲居，其
> 兒名半弓比。

反面的銘文爲：

> 其兒名加差披余，其兒名乎獲居臣。世世爲杖刀人首，奉事來至今，
> 獲加多支鹵大王寺，在斯鬼宮時，吾佐治天下，令作此百練利刀，記

---

❽　轉見末永雅雄：《日本の武器、大刀と外裝》（東京：雄山閣書店，1992年），頁66-67。
❾　參見《岩波講座・日本語8文字》（1997年），頁116。

吾奉事根源也。❿（參見文末附圖三，又可參見《日本語百科大事典》319 頁附圖）

　　這篇銘文雖然句法結構、文字表現都是用漢字漢文，但是其中大部分的漢字都只是起表音作用。全部一百十五字中有四十九字表音，除了反面銘文中的「斯鬼宮」之「斯鬼」表地名外，其餘皆表人名，它們分別爲「乎獲居臣」、「意富比詭」、「多加利足尼」、「弓已加利獲居」、「多加披次獲居」、「多沙鬼獲居」、「半弓比」、「加差披餘」、「乎獲居臣」、「獲加多支鹵」。這些人名分別是作刀者九代祖先的姓名。一些日本學者認爲，其中作刀者「獲加多支鹵」五個漢字，就是日語口語「わかたける」的漢字表音；其人也就是日本歷史上第二十一代天皇、在中國史書《宋書·倭國傳》中被稱爲「倭王武」的雄略天皇。⓫

　　同類的文物還可舉日本和歌山縣隅田八幡宮所藏的人物畫像圓鏡中的銘文。銘文如下：

　　　　癸未年八月日十大王年，男弟王，在意柴沙加宮時，斯麻，念長奉，遣開中費值穢人今州利二人等，所白上同二百旱，所此鏡。

　　日本有學者認爲，根據該銘文中「癸未年」推斷，此人物畫像鏡當是西元四四三年或五〇三年的用品；而其中「意柴沙加」、「斯麻」、「今州利」則分別是用以表示口語中地名和人名之發音的假借漢字。⓬（見文末附圖四）

---

❿　銘文資料轉見《日本の古代遺迹 31 埼玉》（東京：保育社，1986 年 10 月）。銘文中標點為引者所加。

⓫　見《広辞苑》「雄略天皇」條目。

⓬　參見大野嶺夫、藤井保夫：《日本の古代遺迹 46 和歌山》（東京：保育社，1993 年）。

四、「變體漢文」和「宣命體」

　　大約在西元七世紀下半葉，日本的文字記載中出現了一種被稱爲「變體漢文」的現象。其特徵是雖然總體形式仍是漢文，但是其中卻夾雜了日語的語法和辭彙。例如下面的碑文（「上野國山名村碑」，作於 681 年）：

　　辛巳歲集月三日記。佐野三家定賜健守命孫黑殼刀自，此新川臣兒斯多多彌足尼孫大兒臣娶生兒長利僧，母爲記定文也。放光寺僧。

該碑文譯成日語爲：

　　辛巳の歲，集月三日記す。佐野の三家を定め賜ひし健守の命の孫、黑殼の刀自、此れ新川の臣の兒、斯多多彌の足尼の孫，大兒の臣に娶ぎて生める兒、長利僧、母の爲めに記し定むる文也。放光寺僧。❸

　　將上面兩段文句相互對照可以看出，下段文句中除了加入一些助詞の、に、て、以及一些訓讀假名外，在語順方面與上段文句並無差別。其中最值得注意的是，「佐野三家定賜」的組合結構，按照典型的漢語語法應爲「定賜佐野三家」，即「動詞+賓語」的順序；但是在上引原文中卻爲「賓語+動詞」的順序，這種順序顯然是受日語「佐野の三家を定め賜ひし」語序的影響而來。又同文後面「母爲記定文也」句中的「母爲」，按漢語語序當作「爲母」，這種倒置顯然也是由於日語對該句作「母の爲めに記し定むる文也」的訓讀而來。

---

❸　以上參見《岩波講座日本語8》（東京：岩波書店），第 17 項。

日本有研究者因此認為，變體漢文這種按日語順序書寫的文體，與其說是日本的漢文，不如說是使用漢字而作成的日語。❶

再如日本最早的史書《古事記》中有這樣的記載：

> 老夫與老女二人在而，童女置中而泣。（《古事記》須佐之男之命、大蛇退之條）

譯成日語為：

> 老夫と老女と二人在りて、童女を中に置きて泣く。

上下兩段文字的語序顯然相同。但是上段漢文語順中的「童女置中而泣」，按漢語語順寫的話，嚴格應為「置童女於中而泣」，即動詞「置」應在賓語「童女」前面，而引文中的「置」卻是在「童女」後面，這種變化無疑也是按日語語順書寫的結果。

《古事記》中下面一段也能說明變體漢文的特徵：

> 自其地發，到當藝野上之時，詔者：吾心恒念自虛翔行，然今吾足不得步，成當藝當藝斯玖，故號其地為當藝也。自其地，差少幸行，因甚疲，沖禦杖稍步。故號其地為杖沖阪也。到坐尾津前一松之許，先禦食之時，所忘其地禦刀，不失猶有。（《古事紀》祝詞）❶

---

❶ 參見同上。

❶ 這段記載譯成日語為：其地より發たして、當野（たぎの）の上に到りましし時、詔りたまひしく、「吾が心，恒（つね）に虛（そら）より翔（かか）り行かむと念（おも）ひつ。然るに今吾が足得（え）步（あゆ）まず、當芸當芸斯玖（たぎたぎしく）成（な）りぬ」とのりたまひき。故、其地を號（なず）けて當芸（たぎ）と謂ふ。其地より差

　　《古事記》通篇基本上都是摹仿中國古代文言文的形式寫成，這段文字也是同樣。不過與中國古文還是有些不同。例如末句「所忘其地禦刀，不失猶有」，讀來總令人覺得不是道地的古文言句子。又「詔者：吾心恒念自虛翔行」句，倘若在中國古文人筆下，恐怕一般會寫成「上曰：吾心時念自虛翔行」的。這些還屬次要，今天日本的漢語專家用漢語文章也不免會有類似情況。重要的是文中的「當藝當藝斯玖」，這五個字其實不是漢語辭彙，而是以漢字標寫當時日語口語詞「たぎたぎしく」之音的結果，該詞的意思謂形容疲勞後腳下無力、舉步蹣跚狀。

　　再看日語歷史上曾經有過的宣命體。它是與上述變體漢文循同一北京而演變形成。所謂宣命體是當時日本天皇頒發詔敕、即向庶民百姓宣告皇命、以及祭神祝詞中所用的一種文體。一般認爲該文體出現於大約七世紀末。宣命體的特徵是不僅行文中的漢字基本按日語語順排列，而且將日語語法中特有的活用詞尾及表示句子結構的助詞之類以小寫的漢字參夾表示。茲舉日本史書《續日本記》卷一所載日本文武天皇的即位詔書爲例：

　　　　現禦神止大八鳩國所知天皇大命良麻止詔大命乎集侍皇子等、王等、
　　　　百官等、天下公民諸聞食止詔。

　　上引文中的漢字出現大小兩種，大的仍用漢字原意，但讀日語音；小的漢字只作爲一個符號表示一個日語字母或音節，文中小字「止」、「乎」分別

（やや）少（すこ）し幸行（い）でますに、甚（いと）疲（つか）れませるに因りて、禦杖を衝（つ）きて稍（やや）に歩みたまひき。故、其地を號けて杖衝（つえつき）坂と謂ふ。尾津（をつ）の前（さき）に禦食（みをし）したまひし時，其地に忘すれたまひし禦刀（みはかし）、失（う）せずて猶（なほ）有き。參見《日本古典文學大系・古事紀》（東京：岩波書店，1958 年）。

表示「と」與「を」的發音,它們屬於日語中表示句子結構的助詞。「良麻止」表示「らまと」一詞,即日語「旨」的口語音。這段文字譯成漢語的大致意思是:

> 現禦神禦宇大和國天皇降詔于集侍禦前諸皇子、諸親王以及百官、庶民曰。❻

宣命體被認爲是日語發展史上所謂「和漢混雜」文體的雛形,它的出現表明日文的表現形式已初具規模。漢字在其中被賦予另一種功能,即不僅充當假名以表音,而且還被用以表現日語的語法結構。

五、萬葉假名的出現

現代日語中的假名爲平假名與片假名,而在此之前日本歷史上另有過「萬葉假名」。萬葉假名可謂是日本現在所用假名體系形成過程中的一個仲介階段。

隨著中國文化的不斷輸入,中國的詩歌也開始在日本朝野流行,由此生了作詩的時尚。大約在八世紀中葉,日本出現了最古的漢詩集《懷風藻》與和歌集《萬葉集》。前者收錄的是日本人摹仿中國六朝詩歌而寫的作品;後者收錄有自日本仁德天皇(第十六代,應神天皇之子)至淳仁天皇(第四十七代,在位 758-764 年)各時期的計四千五百餘首和歌,作者包括天皇至各階層有漢學修養的人士。《懷風藻》因是漢詩集,其漢字漢文的性質自不必言;《萬葉集》也是用漢字寫成。但是不同而尤其重要的是,其中所用漢字卻大都喪失其原來的意義,它們只是被作爲一種符號來表示日語語音。例如春、秋在日語當時口

---

❻ 譯文參用張聲振:《中日關係史》(長春:吉林文史出版社,1986 年),頁 129。

語中訓讀爲 haru（はる）、aki(あき)，而該書中則被按訓讀音標寫爲「波流」、「阿伎」。又如今天日語中的「懷かしい」，（なつかしい，意爲懷念），在該書中則被標寫爲「名津蚊爲」，原因是這四個漢字在當時日語中分別可訓讀爲 na(な)、ti(つ)、ka(か)、shi(し)，因而被以這四個漢字來表示該詞。這種標音方法以前並非完全沒有（例如前述人命地名的標寫方法），但是至《萬葉集》時代才大量使用，所以後來將這種以漢字標讀日語發音的方法體系稱爲「萬葉假名」。順便指出，正如嚴紹璗先生所言，《萬葉集》的詩集名稱與中國古典語文的影響有關：中國古典中的「萬葉」一詞有千秋萬代和詩文衆多繁茂之意，日本人當是兼此二意而取「萬葉」爲詩集名的。**⑰**

關於萬葉假名在日本和歌中的具體用法，且以《萬葉集》卷五第七九三首的一詩爲例。相傳此詩作者名爲大伴旅人（665-731。《萬葉集》中多有他的作品），該詩如下：

余能奈可波　牟奈之伎母乃等　志流等伎子　伊與余麻須萬須　加奈之可利家理

該詩計有三十一個漢字（日本和歌通常為三十一個音節），全文對於中國人來說，可謂完全不知所云。即使對今天的日本人來說，除非研究過《萬葉集》，一般也會如墮雲霧。將這些萬葉假名轉換成今日的日語平假名，並以相應的萬葉假名及羅馬字標音對照，則爲：

よのなかは　むなしきものと　しるときし　いよよますます　かなしかりけり
余能奈可波　牟奈之伎母乃等　志流等伎子　伊與余麻須萬須　加奈之

⑰　嚴紹璗：《中國古代文學關係史稿》（長沙：湖南文藝出版社，1987 年）。

可利家理

yononakawa munashikimonoto shirutokishi yiyoyomasumasu
kanashikarikeri

　　上引萬葉假名的漢字在當時日語中的讀音與現代漢語的發音已經有所不同，但是今天我們即便以現代漢語的發音來讀這些漢字，也仍然可依稀感覺到它們與上列的日語平假名的發音有著讀音上的對應假借關係。倘若將這首詩進一步轉換？現代日語的和歌體的話，則爲：

　　　世の中は　空（むな）しきものと　知る時し　いよよますます　悲しかりけり**⑱**

　　該歌的大意是說：人世實在是無常空虛，而切身感知此理時，益發使人悲傷不已。據說作者是因妻子去世，悲痛欲絕而作此歌。**⑲**不過，這裏我們主要注意的不是該歌辭的內容，而是漢字在原歌中的所起的作用。

　　再舉同卷第八〇三、作者爲山上憶良（660-733，日本文學史上著名歌人，曾作為遣唐使到過中國）的一首：

　　　銀母金母玉母　奈爾世武爾　麻佐禮留多可良　古爾斯迦米夜母

用平假名與和漢混合體標寫則爲：

　　　しろかねもくがねもたまも　なにせむに　まされるたから　こにしかめやむ

　　　　　銀 も、金 も、玉も、 何せむに、 勝れる 寶、 子に及かめやむ。

---

⑱　據《広辭苑》「萬葉假名」條目中的相關譯文。
⑲　參照《日本古典文學大系·萬葉集》中的相關解釋。

此歌大意是說：金子也罷，銀子也罷，玉也罷，皆不足爲貴，稀世珍寶比不上自己子女。順便一提，日語中有「萬の藏より子が寶」的諺語（萬寶不如子女貴），據說其所出便是此歌。❷

　　從上面所引兩首和歌的標寫方式可見，所謂「萬葉假名」的漢字，基本上已不具有漢字原來的意義，而主要充當表示日語語音的符號功能。

　　同五十音圖的現代日語相比，古代日語的語音數量雖然稍多些，但是據考大約也不過是八十七種。但是萬葉假名中所用的漢字卻紛繁爲多，據統計達九七三個。❹表音用的萬葉假名漢字爲什麼數量如此之多？這是因爲漢語中的字有許多同音或近似音的緣故。當時和歌的作者們在以漢字作假名表音時，由於尚未約定成俗和未有統一規定，會選用不同形而同音、近音的字。因此同一個日語音節，常常會被幾個、十幾個，乃至更多的漢字來標寫。例如，根據《日本語學大辭典》所附「主要萬葉假名表」，「ki」（き）這個音在當時曾被三十四個漢字標寫。其中二十七個作音讀，它們分別爲：

　　　　支、吉、岐、伎、棄、枳、企、耆、妓、祇、祁、貴、紀、幾、奇、騎、寄、氣、記、機、己、忌、綺、歸、基、既、規

另外七個作訓讀的是：

　　　　寸、杵、來、服、城、木、樹

　　在萬葉假名中，不僅不同的漢字可以標注同一個音，而且同一個漢字也

---

❷　參見《日本古典文學大系·萬葉集》對該歌的解釋。

❹　參見《萬葉集》（東京：岩波書店，1968年第15版），「解說」部分。

可以標注不同的日語音。例如日語「nu」（ぬ）與「no」（の）這兩個音曾分別被「努」、「怒」、「奴」等漢字標注。這種紛繁雜亂的情況表明，萬葉假名尚等進一步向規範化發展。

六、平假名與片假名的形成

日語中「假名」一詞的起源，最初是緣「眞名」而來。「眞名」指名副其實的、形、聲、義兼有的漢字；「假名」則顧名思義，指假借漢字作日語音符。萬葉假名在意思上是假漢字，但是在字形上又是眞漢字，因此它又曾被稱爲「眞假名」。❷

平假名與片假名都是大致于日本平安時代在萬葉假名即表音漢字的基礎上進一步發展形成的。它們的形成有一個漸進的仲介過程。如前所說，萬葉假名在標注同一個日語音時，可以有幾個乃至幾十個音近的漢字，並且同一個漢字在不同作者筆下，會表示不同的日語音。這種紛繁交雜的現象使讀者難以辨別讀識文義，因而勢必被進一步改進。不難推想，在這個改進過程中，經過反復實踐運用，標音的漢字逐漸趨於一致，亦即一個日語音漸由一、二個比較固定的漢字標寫。簡而言之，平假名與片假名便是在這些已經基本固定了的表音漢字的基礎上形成。

今天的日語爲什麼會有平假名和片假名兩種形式？通常的解釋是，因漢字書寫有正楷與草體之分，平安時代的男子和僧侶們在學習漢文時多用畢恭畢敬的正楷體書寫；在閱讀漢文時，日本人通常又要將之轉換成日語來理解，此就必須把文章中的漢字作爲日語的名詞、動詞或形容詞的詞幹，而再添加一些古漢語通常省略或沒有的語法助詞（如てにをは之類）、或者是日語特有的活

---

❷ 據《日本語百科大事典·假名の成立》（1993 年，第 5 版）。

用詞尾、以及必要的訓讀標記等，這種解讀方式需要經常在漢文的相關部分附加一些記號或簡明夾註之類。爲求迅捷簡便，已經相對固定化了的萬葉假名的漢字便被以偏旁或簡略的筆畫取代標寫，由此而形成了片假名。與此同時，宮廷中女子在寫作和歌、隨筆、情書之類時則一般喜歡用曲線條的柔和草體抒寫表達。草體本身具有省略簡寫性質，因而不必再將字分割省略，由此形成片假名。㉓總之，可以肯定的是，現代日語中的平假名與片假名都是從萬葉假名中那些經過長期使用而漸趨固定、最終約定成俗了的相關漢字變異脫胎而來。

現代日語所謂五十音圖中實際有四十六個音項，這裏不妨列出它們的平假名和片假名之字源所出。㉔

平假名的字源

あ—安	い—以	う—宇	え—衣	お—於
か—加	き—幾	く—久	け—計	こ—己
さ—左	し—之	す—寸	せ—世	そ—曾
た—太	ち—知	つ—川	て—天	と—止
な—奈	に—仁	ぬ—奴	ね—禰	の—乃
は—波	ひ—比	ふ—不	へ—部	ほ—保
ま—末	み—美	む—武	め—女	も—毛
や—也		ゆ—由		よ—與
ら—良	り—利	る—留	れ—禮	ろ—呂
わ—和				を—遠

㉓　藤堂明保：《漢語と日本語》（東京：秀英出版社，1979年，第9版），頁303；又《日本語百科大事典》頁322-333。

㉔　據《日本語百科大事典》附錄「資料九」。

ン—無

片假名的字源

ア—阿	イ—伊	ウ—宇	エ—江	オ—於
カ—加	キ—幾	ク—久	ケ—介	コ—己
サ—散	シ—之	ス—須	セ—世	ソ—曾
タ—多	チ—千	ツ—州	テ—天	ト—止
ナ—奈	ニ—二	ヌ—奴	ネ—禰	ノ—乃
ハ—八	ヒ—比	フ—不	ヘ—部	ホ—保
マ—末	ミ—三	ム—牟	メ—女	モ—毛
ヤ—也		ユ—由		ヨ—與
ラ—良	リ—利	ル—流	レ—禮	ロ—呂
ワ—和				ヲ—乎

ン（未詳）

　　將平假名與片假名兩表相互對照可見，兩者的漢字字源並非完全相同。
同音而字源不同者有十六對：安—阿、以—伊、衣—江、計—介、左—散、
寸—須、太—多、知—千、川—州、仁—二、波—八、美—三、武—牟、留—
流、遠—乎、無—（未詳）。其餘三十對則相同，相同者占大半。這一現象一
方面表明，當時萬葉假名的漢字在過渡到平、片假名時，其所用漢字已相當集
中固定，另一方面也表明，平假名與片假名是各自相對獨立地發展過來的，因
此相互之間才會有部分字源的差異。

　　平假名與片假名的形成標誌著日本文字的正式成立。這樣說是因為，一
方面，平假名與片假名是日本獨創和特有之文字；另一方面，有了平假名和片
假名，日本文字才既有漢字的表意符號，又有假名這種名副其實的表音符號，

並因此才眞正能夠形成延續至今的那種將漢字與假名混合使用的所謂「和漢混合體」的文字體系。

七、餘 論

日本從最初沒有文字到自己創造出獨有的假名文字與「和漢混合」的文字體系，這個過程同時是全面引進漢字、熟悉使用漢字，並根據日本原有語言對它消化和再創造的過程。無疑，這一歷史過程首先顯示出的是日本民族樂於和善於吸收外來文化的獨特而卓越之才能。但是另一方面，我們可以想象，假如當時地處孤島的日本沒有機會和中國及周邊國家交往，日本民族使用文字的歷史無疑會大大延遲。進而言之，假如當時中國的經濟文化相對於日本沒有顯著優勢的話，那麼作爲當時中國經濟文化之表徵的漢字對於日本民族也決不會像我們已經看到的那樣具有吸引力。屬於象形文字的漢字較之於非象形的表音文字明顯具有難度。如果說這種難度對於中國本民族的大多數人也曾經造成過學習困難的話，那麼對於完全使用別一種語言的日本民族而言，它的難度就至少是有過之而無不及。正是這種難度，從一個側面更凸顯出古代日本民族學習中國文化的熱情、努力和執著。一般而言，一種文字體系的難度對於學習者是某種消極因素，但是當這種文字體系代表著某種特殊價值的時候，尤其是當這種文字體系成爲獲取這種特殊價值所必需的方式和途徑時，那爲其難度就會被其所代表的價值之魅力消解，甚至適成其價值之特殊性和超越性的表徵。就此而言可以說，具有特殊難度的漢字在古代日本之所以受崇敬，之所以被對方設法不遺餘力地引進消化，乃至被轉化再造成爲日本民族自己的文字，最根本原因在於漢字所代表的價值對於當時日本民族的魅力。沒有這種魅力，日本民族在語言上的創造力極可能會向別一方向發展。日本明治維新時期出現的「限制漢字」甚至「取消漢字」而代以使用羅馬字的思潮印證了這種可能。在這個意

義上可以說，日本民族吸收漢字而創造本民族文字體系的過程，也同時是古代
中國文化的價值魅力在日本語言文字領域展現和積澱的過程。

（1998 年草稿，2001 年 9 月修改）

附圖一：日本各地出土的中國漢代「貨泉」和「貨布」。（本文第一節）

1.長崎縣シゲノタン遺跡出土　　　　2.長崎縣ハルノツ
遺跡出土貨泉

3.福岡縣御床松原遺跡出土貨泉

4.熊本縣外圍遺　　5.宮崎縣曾井古墳出　　6.福岡縣仲島遺跡出土貨布
跡出土貨泉　　　　土貨泉

資料來源：《日本考古學論集》之十，《日本と大陸の古文化》（東京：吉川弘文
館，1987 年），頁 137。

附圖二：一七八四年在日
本九州福岡縣志
賀島出土的金
印，印上文字爲
「漢倭奴國王」。
（本文第一節）

資料來源：《廣辭苑》（東京：日本岩波
書店，1996 年，第 4 版）。

附圖三：日本埼玉縣稻荷山出土的辛亥銘識劍。（本文第三節）

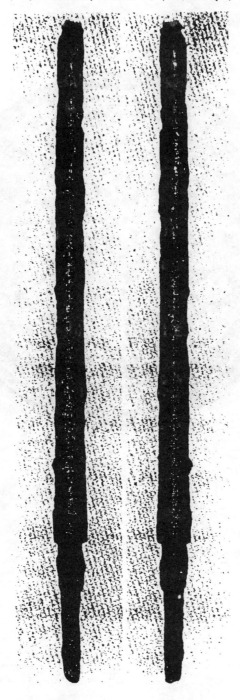

資料來源：《日本の古化遺跡 31 埼玉》（東京：日本保育社，1986 年）。

附圖四：日本和歌山縣隅田八幡宮所藏人物畫像鏡，鏡上有銘文。

（本文第三節）

編 後 記

　　一九九四年七月至九月間，筆者申請到九州大學文學部中國哲學史研究室作爲期三個月的研究。一住下來，即在連清吉教授的陪同下，拜訪了心儀很久的劉三富（笠征）教授。後來多次到劉教授家作客，他慢慢敘述在日本奮鬥的經過。其他的事不談，光是接濟臺灣和中國兩地來的留學生，並擔任風險極高的「保證人」，即有數百人之多。這時筆者更感覺劉教授的偉大。回國後，在《國文天地》十卷十期（1994 年 10 月）發表一篇〈我在九州大學的學術活動〉，特闢一節表彰劉教授和連清吉教授對臺日兩國學術文化交流的貢獻，兩位堪稱爲文化交流部的正、副部長。

　　一九九七年九月起，筆者全家又到九州大學研究一年，更受到劉教授無數次的招待。次年暑假，彰化師範大學的黃文吉教授也到九州大學中國文學研究室作研究，我們兩家九人一起到劉教授家作客。飯後，劉教授和文吉兄、清吉兄開懷暢飲，喝光四種酒。文吉兄在恍惚中花費相當的力氣才回到國際交流會館。後來，才知道清吉兄也醉倒了。這次事件，更讓我們加深了對劉教授的感念。

　　二○○一年十二月是劉教授六十壽慶，筆者奉清吉兄之命負責《論文集》的編輯工作，特別感到榮幸，也是責無旁貸的事。在編輯體例方面，因有中文和日文兩種不同文字的稿件，論文的格式也按中、日文各自的體例，未勉強加以統一。在編輯過程中，由於日文檔轉換的問題，多虧行政院國家科學委員會人文學研究中心研究助理陳靜慧小姐的協助；東吳大學中國文學系博士生葉純芳小姐、王清信先生，校對中文稿；雲林科技大學漢學資料整理研究所助理教授金培懿女士和夫婿藤井倫明先生校對日文稿。他們五位的熱心協助，在此表

達深深的謝意。

　　但願這部《論文集》能表達所有作者對劉教授的祝福和謝意。由於編輯
時間匆迫，如有任何缺失，筆者應負全部責任。

　　　　　　　　　　　　二〇〇一年十二月十日**林慶彰**誌於
　　　　　　　　　　　　　　中央研究院中國文哲研究所

國家圖書館出版品預行編目資料

笠征教授華甲紀念論文集

笠征教授華甲紀念論文集編輯委員會編. – 初版. –
臺北市：臺灣學生，2001[民 90]
面；公分

ISBN 957-15-1106-4 (精裝)
ISBN 957-15-1107-2 (平裝)

1. 哲學 – 中國 – 論文，講詞等

120.7   90021359

笠征教授華甲紀念論文集 (全一冊)

編　　　者：笠征教授華甲紀念論文集編輯委員會
出　版　者：臺　灣　學　生　書　局
發　行　人：孫　　　善　　　治
發　行　所：臺　灣　學　生　書　局
　　　　　　臺北市和平東路一段一九八號
　　　　　　郵 政 劃 撥 帳 號：00024668
　　　　　　電　話 ：（02）23634156
　　　　　　傳　眞 ：（02）23636334
　　　　　　E-mail：student.book@msa.hinet.net
　　　　　　http：//studentbook.web66.com.tw

本書局登
記證字號　：行政院新聞局局版北市業字第玖捌壹號

印　刷　所：宏　輝　彩　色　印　刷　公　司
　　　　　　中和市永和路三六三巷四二號
　　　　　　電　話 ：（02）22268853

　　　　　　　精裝新臺幣九○○元
定價：　　平裝新臺幣八○○元

西 元 二 ○ ○ 一 年 十 二 月 初 版